OEUVRES COMPLÈTES
DE
A. F. OZANAM

AVEC

UNE PRÉFACE PAR M. AMPÈRE
de l'Académie française

TROISIÈME ÉDITION

TOME NEUVIÈME

LE PURGATOIRE DE DANTE

PARIS. — IMP. SIMON RAÇON ET COMP., RUE D'ERFURTH, 1.

LE

PURGATOIRE

DE

DANTE

TRADUCTION ET COMMENTAIRE

AVEC TEXTE EN REGARD

PAR

A. F. OZANAM

PROFESSEUR DE LITTÉRATURE ÉTRANGÈRE A LA FACULTÉ DES LETTRES DE PARIS

TROISIÈME ÉDITION

PARIS

LIBRAIRIE JACQUES LECOFFRE

ANCIENNE MAISON PERISSE FRÈRES DE PARIS

LECOFFRE FILS ET Cⁱᵉ, SUCCESSEURS

RUE BONAPARTE, 90

1873

AVERTISSEMENT

La belle préface de M. J. J. Ampère a appris aux lecteurs des *OEuvres complètes* qu'outre les travaux réunis par les soins de ses amis, M. Ozanam laissait encore un grand nombre de notes inédites. C'étaient les matériaux des livres qu'il voulait écrire et publier plus tard, les fragments inachevés de cette grande histoire de la littérature et de la civilisation aux temps barbares dont il voulait embrasser l'ensemble dans une série d'ouvrages distincts, mais unis par une même pensée. Parmi ces œuvres projetées figurait une traduction de la *Divine Comédie*, accompagnée d'un commentaire qui eût résumé les longues études qu'il avait consacrées à son poëte favori. Nous donnons au public le *Purgatoire*, la seule partie qui soit terminée. Encore ce mot ne peut-il s'appliquer qu'à la traduction elle-même, dont la fidélité, la force, l'élégance ont paru aux juges les plus compétents surpasser les nombreux essais tentés récemment pour faire comprendre dans notre langue les vers du poëte florentin, sans leur enlever leur énergique précision et leur richesse d'images. Dans un commerce journalier et presque quotidien avec Dante, M. Ozanam avait acquis ce que j'appellerai volontiers le sens spécial de son auteur, cette intuition rapide et sûre de la traduction la plus convenable pour rendre une pensée dont il pénétrait si bien le secret.

Nous avons laissé le commentaire sous la forme de notes, tel qu'il fut écrit pour des leçons d'explication professées à la Sorbonne. On sait que M. Ozanam avait coutume de faire en quelque sorte l'épreuve de ses pensées dans son enseignement. Il apportait dans sa chaire les résultats de ses savantes recherches : au contact de son auditoire toute cette érudition s'animait, revêtait cette première forme si vive et si brillante, qui a laissé dans l'esprit de ses élèves tant de chers souvenirs ; puis ces mêmes pensées, méditées de nouveau dans le silence du cabinet, devenaient un livre. Ainsi se sont préparées dans son cours ses belles *Études germaniques* ; ainsi se préparaient dans ses leçons d'explication sa traduction et son commentaire de Dante. Mais la traduction recevait dès l'abord sa forme définitive, tandis que le commentaire devait être soumis à une révision ultérieure. Sept années furent ainsi consacrées à l'étude et à l'interprétation de la *Divine Comédie*, parmi lesquelles quatre furent réservées à l'étude du *Purgatoire*. Une sorte de prédilection particulière attachait M. Ozanam à ces chants destinés à célébrer la réhabilitation de l'homme coupable, et tout remplis de consolations et d'espérances célestes. Aussi ces notes renferment-elles un grand nombre de passages admirablement écrits, qui ne le cèdent en rien aux œuvres auxquelles il a mis la dernière main, et qui auraient passé sans doute avec assez peu de changements dans son commentaire définitif. D'autres moins achevés contiennent cependant des vues nouvelles, ou des indications précieuses pour ceux qui s'occupent spécialement de Dante et de l'histoire de son siècle. Ce n'est qu'un mot parfois, mais un mot que l'érudit comprendra et qui pourra ouvrir à sa pensée de nouveaux horizons. Nous avons donc scrupuleusement respecté la disposition et la forme qu'il avait données à ces notes, et jusqu'à ce défaut de proportions, inévitable dans ces annotations de premier jet, où certaines questions prennent, par l'entraînement de l'auteur, un développement considérable, tandis que d'autres sont plus rapidement indiquées[1]. Nous ne nous sommes permis aucune altération, et ce n'est que bien rarement que nous avons ajouté au texte quelques notes destinées à en faciliter l'intelligence[2].

---

[1] Ce sont ces parties moins achevées du commentaire qui ont été imprimées en petit texte.
[2] Ces notes sont indiquées par les initiales G. A. B

AVERTISSEMENT.

En conservant la forme primitive de ce commentaire, en y maintenant tout ce qui rappelle la communication intime et familière du professeur et de l'auditoire, il est une chose que nous avons cru devoir également laisser subsister, et qui rend à ces leçons éparses leur physionomie et leur intérêt. Ce sont les souvenirs contemporains de ces cours, professés de 1847 à 1850, les allusions aux événements qui préoccupaient alors tous les esprits. Sans doute nous sommes de ceux qui pensent qu'en des temps plus calmes la chaire du professeur doit être un sanctuaire fermé à tous les bruits du dehors; peut-être même en ferions-nous une règle invariable et absolue. Toutefois, dans ces moments d'agitation où se décident les destinées des peuples, à Paris surtout, où l'opinion sagement éclairée peut exercer une si décisive influence, l'homme de bien en possession de la parole pouvait-il hésiter à faire entendre à la jeunesse de salutaires conseils? Chez M. Ozanam, le professeur n'était point séparé du chrétien ardent, du libéral sincère, du serviteur infatigable de la vérité et de la justice. Dante, avec ses allusions perpétuelles à la vie orageuse des républiques italiennes, à la papauté, à l'empire, aux prétentions de monarchie universelle des césars germains, semblait redevenir contemporain de ces jours où l'Italie crut recouvrer son indépendance et sa gloire à la voix d'un généreux pontife, mais où bientôt aussi, trop faible contre ses ennemis du dehors, et ingrate envers celui qui avait fait lever sur sa patrie l'aurore d'une liberté nouvelle, elle vit à Novare la défaite de son armée et dans les murs de Rome la plus odieuse des révoltes. L'écho de toutes ces souffrances se fait entendre dans les notes éloquentes ajoutées à ces chants du *Purgatoire*, si pleins, eux aussi, des souvenirs de la défaite des meilleures causes, ou de la punition méritée des faiblesses des hommes et des crimes des partis. Mais, moins amer que le poëte, qui flagelle parfois ses ennemis avec une rudesse égale à celle des plus véhémentes strophes de son *Enfer*, le commentateur n'a que des paroles de conciliation et d'espérance. M. Ozanam était de ceux qui croyaient à l'avenir, qui, peu inquiets d'être, comme Dante, souvent seuls de leur parti, ne doutaient pas du triomphe de la justice même aux plus mauvais jours, ni surtout de la possibilité d'une réconciliation féconde de la religion et de la liberté dans nos sociétés modernes.

Aujourd'hui que les événements ont mêlé à ces nobles espérances de si cruelles inquiétudes, nous voudrions moins que jamais déguiser la pensée de notre maître, et faire taire cette voix qui semble encore, avec sa fermeté chrétienne à la fois si douce et si forte, revivre pour protester contre les ingratitudes, les injustices, les spoliations par lesquelles l'ambition a compromis la cause sacrée de l'indépendance. Cette publication trouve même dans cette affirmation généreuse d'une doctrine aujourd'hui méconnue, mais non vaincue, une actualité que nous n'avons pas cherchée, mais que nous acceptons. M. Ozanam apparaîtra dans quelques passages de ce livre tel qu'il se montrerait aujourd'hui : fils soumis de l'Église, serviteur dévoué du souverain pontife, défenseur jaloux de tout ce qui peut assurer sa dignité et son indépendance, ami de la liberté malgré les excès des partis, conseiller rigide et austère de cette Italie dont il partageait les espérances, dont il reconnaissait les droits, sans se dissimuler ni les faiblesses, ni les vices du caractère italien. Qu'importe donc que la Révolution paraisse un instant menacer l'Église! L'Église est immortelle, la papauté impérissable, et dans le fond de l'âme humaine, qui, elle aussi, ne change point, au-dessus des instincts révolutionnaires par moments déchaînés, subsiste l'amour inaltérable de la liberté. Les nations ne sauront pas plus se passer de foi que d'indépendance. Quelque longue que soit l'épreuve, le jour où il plaira à la miséricorde divine de la terminer, on verra ces deux éléments s'unir pour le bonheur des peuples, et une doctrine peut être patiente quand elle est sûre d'avoir raison.

Puisse maintenant la bien faible part que nous avons prise à cette publication être acceptée comme un nouvel hommage rendu à une chère mémoire, comme un témoignage de notre reconnaissance pour le maître que nous avons aimé!

G. A. HEINRICH.

INTRODUCTION

EXTRAIT D'UNE LEÇON D'OUVERTURE

20 décembre 1847.

Messieurs,

En reparaissant dans cette chaire, où vous me réserviez un si fraternel accueil, j'ai à me faire pardonner d'abord une longue absence exigée par ma santé, ensuite le retard de mes leçons, qui se ressentiront longtemps encore de l'épuisement de mes forces. Toutefois, en allant chercher le doux ciel de l'Italie, je m'éloignais moins de vous que vous ne pensez. J'y portais toutes les préoccupations d'un enseignement que vous m'avez rendu cher, toutes les questions que nous avions coutume d'agiter ensemble, et je m'en suis bien trouvé : car ce qui fait l'intérêt d'un voyage, ce sont les questions que l'on emporte, dont on est poursuivi, et qui vont se résoudre par le spectacle des lieux et des hommes. Les poëtes italiens n'ont pas de plus sûr commentaire que leur beau pays encore tout couvert de monuments ; ils n'ont pas de plus éloquent interprète que leur nation encore toute pénétrée des mêmes souvenirs, des mêmes passions qui les inspiraient. Là, les plus parfaites productions de l'art laissent voir au-dessous d'elles un fond de poésie populaire, d'où elles sortent, où elles retournent. Car tandis que la poésie n'est ailleurs qu'une plante de luxe, cultivée comme en serre chaude dans les théâtres et les académies, pour le plaisir d'un petit nombre d'esprits, en Italie c'est une fleur du pays que les pâtres ramassent, dont les enfants se font des guirlandes ; il n'y a pas d'hiver si rigoureux qui puisse en détruire l'espèce, ni de ravages qui l'empêchent de repousser. Je m'explique ainsi l'étonnante fécondité d'une contrée qui a produit à elle seule trois grandes épopées, la *Divine Comédie*, le *Roland furieux*, et la *Jérusalem*, lorsque le reste de l'Europe ne peut lui opposer que les *Lusiades*, le *Paradis perdu*, ou des fragments admirables, mais où le génie n'est pas venu mettre l'ordre et l'unité, comme les chants du *Cid* et des *Nibelungen*.

Voilà ce que je pense avoir appris dans un pèlerinage de huit mois, voilà le souvenir que je me proposais de vous en rapporter, comme les pèlerins du moyen âge rapportaient une branche coupée aux palmiers d'Orient. Je rattacherai à ce résumé rapide bien des impressions fugitives, bien des images qui m'ont charmé et qu'il m'est doux de retenir encore un moment. Toutefois ne craignez pas, messieurs, que je ressemble à ces voyageurs ingrats qui ne rentrent dans leur patrie que pour en médire, pour l'insulter par de méprisantes comparaisons. Si la France n'a pas le génie de la poésie populaire, elle a reçu de Dieu le génie de la prose, de l'éloquence, c'est-à-dire, celui qui fait les affaires du monde. Il est vrai qu'en revoyant la France je l'ai trouvée triste ; on la disait découragée ; on allait jusqu'à m'assurer que cette jeunesse, naguère si ardente, commençait à se lasser de ce qu'on appelle les illusions généreuses, et ne songeait plus qu'à ses intérêts et à ses plaisirs. Messieurs, je n'en ai rien voulu croire, et vous me donnez raison, puisque je vous vois réunis en si grand nombre pour prêter votre attention à des sujets d'un autre temps et d'un autre pays, aux œuvres d'une littérature qui n'est grande que par ses souvenirs héroïques, par la foi, par l'amour, et qui vous attachera cependant à cause de ses beautés, à cause du respect et de la chaleureuse sympathie, dus à ce peuple italien, si longtemps opprimé, calomnié, qu'on avait cru mort et qui revit!...

...Pardonnez-moi, messieurs, puisqu'on pardonne beaucoup aux voyageurs de retour; encore un souvenir, encore un exemple de poésie populaire, qui ne saurait s'effacer de ma mémoire, et que je raconterai, si Dieu me donne de vieillir, dans bien des années, avec la même émotion qu'aujourd'hui. C'était le 22 avril 1847, le lendemain du jour où l'on avait célébré par un banquet public l'an deux mille six cent de la fondation de Rome. L'édit qui constituait la consulte d'État venait de paraître. Rome entière s'agitait, et la reconnaissance publique ne pouvait se contenir, il fallait qu'elle éclatât. A la chute du jour, six mille hommes se trouvaient réunis sur la place du Peuple; ils s'armèrent de torches et commencèrent à défiler, précédés par un corps de musique et par une grande bannière blanche portant le texte de l'édit. Ils marchaient en bon ordre, dix par dix; des prêtres en cheveux blancs à côté des étudiants de l'université, des ouvriers en habit de travail à côté des princes romains. De cette longue et imposante colonne on n'entendait partir que des acclamations de joie et de gratitude; pas un cri qui fût menaçant; pas une parole de haine même contre le parti vaincu, même contre l'étranger. A mesure que le cortége s'avançait dans le Corso, les maisons s'ornaient de guirlandes et de draperies, s'illuminaient de lampions et de verres de couleur. La foule était immense, elle était enivrée d'allégresse, mais bienveillante, et les femmes et les enfants y pouvaient circuler sans crainte. On se rendait au Quirinal, et bientôt cinquante mille personnes se pressèrent sur la place qui précède le palais des Pontifes. Les hommes armés de torches se rangèrent devant la porte en carré, la bannière et les musiciens au milieu. Ils entonnèrent la cantate nationale, cet hymne pacifique qui fait la terreur de tant d'hommes d'État, et qu'il n'est pas permis de chanter partout. Un cri s'éleva; on avait vu derrière les fenêtres du palais passer des lumières, on les suivait avec une attente pleine d'amour jusqu'au balcon, dont les portes s'ouvrirent et laissèrent voir, à la clarté des flammes allumées sur les terrasses voisines, la noble et douce figure de Pie IX. Il parut, non pas effrayé comme on voudrait le faire croire, non pas comme un souverain vaincu par ses sujets, mais doucement ému de la reconnaissance publique, saluant à droite et à gauche avec une grâce qui ravissait tous les cœurs. Les acclamations, les applaudissements unanimes l'accueillaient. Tout à coup le silence se fit, le pape avait donné le signal de la prière ; il prononçait les longues oraisons par lesquelles il bénit son peuple ; la foule attendait, muette, découverte, agenouillée ; et quand les dernières paroles eurent été proférées, l'*Amen* solennel s'éleva de toute la place, des terrasses, des palais voisins, des rues adjacentes ; et il sembla que Rome entière répondait à son pontife, la Rome des martyrs comme celle du dix-neuvième siècle, et derrière elle tout le monde chrétien. Je ne sais rien de plus grand que cette prière du soir d'un peuple avec son évêque en ce lieu admirable, à la clarté des étoiles, sous un ciel sans nuage. Et pour bien marquer qu'il s'agissait d'un acte religieux, aussitôt que le pontife se fut retiré du balcon, les six mille torches s'éteignirent, et, un moment après, la foule s'est écoulée. Pour moi, je restai quelque temps encore au pied de l'obélisque qui domine la place, profondément ému par cette pensée que je venais de voir, s'il plaisait à Dieu, la fin du déchirement profond dont souffre depuis soixante ans la société européenne. Depuis soixante ans, la société veut, elle cherche la liberté ; elle ne saurait s'en passer à aucun prix, elle ne peut pas non plus se passer du christianisme : cependant on lui a fait croire que ces deux grands biens étaient incompatibles, qu'il fallait choisir ; et elle n'a pu prendre sur elle de renoncer ni à l'un ni à l'autre. Je pensais alors que la société avait eu raison, que je venais d'assister à l'un de ces actes qui jugent les questions de droit, quelles que puissent être dans la suite les difficultés de fait; je venais d'assister à la réconciliation éternelle du christianisme et de la liberté.

Je me propose d'expliquer avec vous la seconde partie de la *Divine Comédie*, le *Purgatoire*. Ces leçons seront philologiques. Nous lirons le texte, nous en dégagerons le sens, quelquefois obscur et contesté; nous y étudierons de près le caractère mal connu de la langue italienne, de cette langue douce et forte, qui a des caprices charmants et une grâce toute virile; cette langue que Charles-Quint trouvait faite pour les femmes, et qui, chez Dante, rappelle le mâle accent des vieux Romains. Sans doute je n'enseignerai pas l'italien; mais l'explication d'un texte si classique ne sera pas inutile à ceux qui étudient cette langue trop négligée. Depuis cent cinquante ans les esprits se sont tournés vers le Nord pour y chercher des lumières et des modèles qui les ont trompés souvent. On a oublié le Midi, c'est-à-dire l'Espagne et l'Italie, que le siècle de Louis XIV avait si bien connues; dont les langues étaient familières à Corneille, à Racine, à madame de Sévigné; dont les littératures, sœurs de la nôtre, ont pour elle des enseignements plus instructifs ; dont les libertés aujourd'hui renaissantes sont solidaires de nos libertés. Ces leçons seront aussi littéraires. Nous y assisterons de près à la lutte de l'esprit contre la parole, au combat de l'inspiration contre l'expression insuffisante et rebelle ; car l'inspiration du poëte n'appartient qu'à lui, et il faut qu'il la fasse passer dans la langue qui est à tous. Nous entrerons dans le secret du génie, et nous verrons comment Dante peut se vanter de n'avoir jamais sacrifié une seule de ses pensées au besoin du vers. On ne s'approche pas impunément d'un génie comme celui de Dante; on n'interprète pas ses paroles sans en être ému, échauffé, éclairé, sans y découvrir des beautés et des vérités inattendues. Nous consacrerons la moitié de nos conférences à commenter ce que nous aurons traduit. Comme la plupart des grands écrivains, Dante est tout entier dans quelques pages de son livre; il ne lui faut pas plus pour montrer tout ce qu'il peut. Il n'y est pas seul, il y porte avec lui tout son siècle, dont il consacre les doctrines, dont les passions l'enflamment, dont les inspirations éclatent dans ses chants. Mais le treizième siècle, le siècle de Dante, de saint Louis, de saint Thomas, tout grand qu'il est, n'est que le terme d'une période historique; il est poussé par les siècles qui l'ont précédé comme par autant de flots; il n'y a ni traditions ni inspirations qu'il ne doive à ces temps appelés barbares d'où il est sorti. Ainsi tout le moyen âge aboutit à la *Divine Comédie* où l'on peut étudier les temps héroïques du monde chrétien, comme on étudie dans l'*Iliade* l'âge héroïque de la Grèce.

LA LANGUE DE DANTE.

Avant de pousser plus loin ces conférences, j'ai besoin d'éclaircir un doute qui peut arrêter plusieurs esprits sur le seuil même de la *Divine Comédie*. C'est une opinion commune que Dante venu dans un siècle barbare, chez un peuple sans arts et sans lettres, y trouva tout à créer, jusqu'à l'idiome même qu'il parla. On lui en fait une gloire en même temps qu'un reproche, car s'il a créé sa langue, elle doit se sentir du chaos d'où il la tira, du limon dont il la pétrit. Si puissant qu'il fût, il ne pouvait achever à lui seul ce grand ouvrage qui voulait des siècles, d'où il suivrait que la langue de Dante serait une langue obscure et surannée, d'une étude épineuse et peu féconde, puisqu'en donnant la clef du moyen âge italien, elle ne saurait ouvrir les portes de l'Italie moderne.

On pourrait demander si ce n'est rien que de lire dans sa langue, c'est-à dire de la seule manière dont il puisse être lu, le plus grand poëte, l'Homère des temps chrétiens; si ce n'est rien de pénétrer jusqu'au cœur de cette Italie du douzième et du treizième siècle, qui agita tous les grands intérêts de l'humanité, qui fit engager la lutte du sacerdoce et de l'Empire, qui donna l'exemple des croisades, de l'affranchissement des communes, ouvrit les routes du commerce, commença le réveil des sciences et des arts; bien supérieure à cette Italie des Médicis qui vite finit tout ce que l'autre avait vu commencer, et qui s'endort du sommeil des esclaves, bercée par une politique énervante et par une poésie efféminée. Mais il n'est pas vrai que Dante ait créé sa langue : sa gloire n'a pas besoin de ce mensonge; ce grand homme est le fils d'un siècle plus grand que lui. De même qu'il trouvait toutes les idées qui devaient entrer dans son œuvre, puisqu'il venait après saint Bonaventure et saint Thomas d'Aquin, de même l'idiome qu'il devait immortaliser vivait déjà depuis cent cinquante ans dans les chants des poëtes siciliens, ombriens et toscans; lui-même le déclare dans son livre de la langue vulgaire, *de Vulgari Eloquio :* quatorze dialectes; idiome aulique, cardinal, langue des cours et des fêtes. Mais s'il n'a pas créé sa langue, il l'a fixée; il l'a arrêtée par un monument dont elle ne peut plus s'écarter, comme une ville ne peut plus s'écarter des grands édifices qu'on lui a bâtis; comme Rome reste éternellement groupée entre le Vatican et le Capitole, comme Venise autour de Saint-Marc et Pise auprès du Campo Santo. Ainsi la langue italienne n'a pas changé. Quelques mots, quelques formes, en petit nombre, ont pu vieillir comme Corneille a vieilli pour nous, mais non comme Villehardouin ni Froissard. C'est toujours le même idiome, si mâle dans la bouche des Romains, si doux sur les lèvres des habitants de Sienne. C'est la même langue qui a traversé six siècles sans s'épuiser et produit trois grandes générations littéraires. On a coutume de supposer que chaque littérature n'a qu'un âge d'or. Elle arrive lentement et péniblement à ce moment si court où elle a toute sa naïveté en même temps qu'elle a déjà toute sa force, cette floraison n'a que la durée d'un printemps, et la saison qui suit ouvre la décadence. C'est la destinée de la littérature latine, et s'il devait en être ainsi des autres, toutes les nations de l'Occident auraient achevé leur destinée littéraire; France, Espagne, Angleterre, Allemagne, il ne resterait plus à faire que de la chimie et de la numismatique; mais l'Italie oppose à cette désolante théorie un grand exemple. Trois moissons séparées par deux jachères. Dante, Pétrarque, Villani. — Machiavel, Arioste et le Tasse. — Réveil de la fin du dix-huitième siècle, Alfieri, Monti, Foscolo, Manzoni, Ventura. Les nations et les littératures chrétiennes ont la vie plus dure qu'on ne croit.

DANTE SUR LA LANGUE VULGAIRE.

Analyse des neuf chapitres du *Convito*, où il explique pourquoi il écrit en langue vulgaire. 1° Afin que sa libéralité soit plus étendue, plus prompte, plus facile. Car il écrit non pour les lettrés qui ne méritent point ce nom, cherchent le gain comme celui qui n'a une lyre que pour la donner à loyer; mais pour ceux qui ont le cœur noble et qui sont presque tous des illettrés, des seigneurs, des chevaliers, des femmes. 2° A cause de l'amour qu'il porte à la langue vulgaire. Il l'aime parce qu'il lui doit la naissance et la science, parce qu'elle rapproche ses parents, parce qu'elle lui a appris le latin et tout le reste. Il l'aime enfin parce qu'elle est belle, et il en donne pour preuve la douceur de ses syllabes, la propriété de ses constructions, la facilité avec laquelle elle exprime presque aussi parfaitement que le latin les pensées les plus hautes et les plus neuves. « En sorte qu'en y regardant de près, on y trouve une très-douce et très-aimable beauté. » Il s'irrite contre ceux qui lui préfèrent la langue d'Oc. « A la honte éternelle de ceux qui déprécient leur idiome et vantent celui d'autrui, il déclare qu'ils le font par cinq causes : aveuglement, mauvaise foi, vaine gloire, jalousie, pusillanimité. Et ceux-là, avec ceux qui leur ressemblent, sont les méchants de l'Italie, et si la langue vulgaire est quelquefois méprisable, c'est quand on l'entend sur leurs lèvres prostituées. » Après cette déclaration, il a raison d'ajouter que demander s'il aime sa langue, c'est demander si le feu est à la maison d'où les flammes sortent par les fenêtres.

Je reviens au poëme du *Purgatoire*, et j'ai besoin de rappeler quel attrait particulier me ramène à ce second acte de la *Divine Comédie*. On peut dire que la scène de l'Enfer est trop sombre, et que toute poésie expire dans ce lieu où *l'on n'aime pas*. Le Paradis est trop immatériel, et tout l'effort du génie n'atteint pas à des joies qui n'ont plus rien de terrestre. Le Purgatoire est sévère, il n'est pas désolé; il faut le comparer aux déserts des anachorètes où tout est pénitence, mais qui ont leurs palmiers, leurs fontaines et qui sont visités par les anges. En représentant le lieu des expiations comme une haute montagne isolée au milieu de la mer, Dante se réservait la liberté d'y répandre à son gré ces images de la nature où il se montre si grand maître dans l'art de décrire, soit qu'il représente les premiers feux du jour qui glissent en tremblant sur les eaux, soit les colombes qui mangent ensemble l'orge ou l'avoine, et qu'un bruit effraye et disperse, soit les brebis qui sortent du parc une à une, deux à deux, timides et l'œil à terre. Nulle part le poëte ne rencontre en plus grand nombre les caractères qui nous touchent davantage parce qu'ils nous ressemblent. L'Enfer est peuplé de grands criminels; le Paradis n'a que des âmes héroïques; le Purgatoire devient l'asile des cœurs faibles, des volontés chancelantes, de ceux qui se sont égarés parfois à la suite des beautés périssables, mais qui enfin se sont tournés vers la beauté éternelle.

Dans l'épopée antique, le poëte ne paraît pas. Jamais Homère ne se montre sur la scène où s'agitent ses héros. Virgile n'interrompt pas le récit des aventures d'Énée pour laisser un libre cours à ses émotions. Le spectacle de la nature et de l'humanité suffisait à occuper les esprits, et la poésie ne cherchait qu'à reproduire l'image du monde qu'elle découvrait. De là cette simplicité, cette impartialité de l'*Iliade* qui commence même à s'effacer dans la composition savante de l'*Énéide*.

Il n'en est pas ainsi de l'épopée moderne. Le génie moderne ne se contente pas de si peu... Dans cette variété des phénomènes et des événements qui remplissent le monde, il reconnaît les traces d'une lutte éternelle : le bien, le mal; il en est ému, il faut qu'il prenne parti; vous ne trouvez plus la sérénité des premiers siècles. Le poëte ne peut se contenir, il entre en scène. Voyez Arioste lui-même, voyez Camoëns et Milton.

Dante est le premier de cette génération nouvelle. Il ne dissimule point; il se rend lui-même le héros de ses chants épiques; il y porte toutes ses passions : c'est ce qui fait la sincérité et l'éloquence du poëme. L'exilé de Florence va plaider sa cause en appel devant tous les tribunaux de l'enfer, du purgatoire et du paradis.

ANALYSE DU PURGATOIRE.

DESCRIPTION DU PURGATOIRE. — Dante, en visitant les enfers, a pénétré jusqu'au centre de la terre où il a trouvé Satan; puis, remontant par un passage obscur, il arrive à la surface opposée à celle où il est descendu. Il se trouve au pied d'une montagne isolée au milieu de la mer. Quand Satan fut précipité du ciel, la terre voulut se cacher, la mer voila l'hémisphère austral, à l'exception de cette montagne mystérieuse. Elle est aux antipodes de Jérusalem, elle s'élève si haut qu'elle touche à la sphère de feu ; elle ne connaît pas les altérations du ciel, ni la pluie, ni la neige, ni la grêle. Le ciel pur y brille de la couleur du saphir oriental. Quatre étoiles l'éclairent, qui ne furent connues que du premier homme. Et ces quatre étoiles semblent la Croix du Sud, qui embellit les nuits de la zone torride.

La montagne, privée de ses premiers habitants, est réservée aux expiations des justes. Trois régions : 1° Vestibule où les âmes sont reçues et où les négligents attendent leur admission. 2° Une porte gardée par l'ange de la pénitence ferme le purgatoire divisé en sept zones qui correspondent aux sept péchés capitaux[1]. 3° Enfin, le paradis terrestre avec les fontaines de Léthé et d'Eunoé et l'arbre de la science du bien et du mal.

LES HABITANTS DU PURGATOIRE. — L'*Enfer* de Dante est peuplé de grands criminels ; il n'était pas maître de leur destinée : tyrans comme Néron et Attila ; ennemis de l'Église, Frédéric II et Mahomet ; traîtres comme Judas, comme Hugolin. — Dans le paradis il faut bien qu'il place les saints de l'Église, les docteurs, saint Thomas, saint Bonaventure ; les contemplatifs comme saint Bernard ; les apôtres saint Pierre, saint Jacques, saint Jean. Mais il est maître de son purgatoire. Il y peut mettre ce nombre, qui est le plus grand, des volontés faibles sans être perverses, des esprits malades, et il se montre plus indulgent qu'on ne pense. On s'étonne d'y trouver tant de rois, Rodolphe de Habsburg, Hugues Capet, Philippe le Hardi, Charles d'Anjou ; des papes, Adrien V et Martin IV ; plusieurs capitaines toscans et romagnols, Buonconte de Montefeltro, mort à Campaldino ; il finit avec le nom de Marie ; l'ange le sauve *per una lagrimetta* ; le démon se venge sur son corps.

Mais les figures dessinées de préférence sont celles des artistes et des poëtes ; de ces hommes vaniteux et passionnés, de ces cœurs

---

[1] Châtiments des péchés : orgueil, les fardeaux ; — envie, les yeux cousus ; — colère, la fumée ; — paresse, la course ; — avares, couchés à terre ; — gourmandise, le jeûne ; — luxure, la flamme.

pleins de faiblesses, mais à qui il sera beaucoup pardonné parce qu'ils ont beaucoup aimé, parce que, sous les beautés terrestres, ils ont cherché la beauté éternelle.

Ainsi il y place le musicien Casella, qu'il aima dans sa jeunesse. Il lui demande un de ces chants qui calmaient tous ses désirs. Casella chante : *Amor che nella mente mi ragiona.*

Le miniaturiste Oderigi de Gubbio. Il loue maintenant les manuscrits peints par Franco Bolognese. Ainsi Cimabue, dans la peinture, se crut le maître du champ clos ; maintenant Giotto a le cri public. Dante ami de Giotto.

Le poëte latin Stace, que Dante suppose converti par la quatrième églogue de Virgile : *Jam nova progenies cœlo demittitur alto.* Les prédicateurs de l'Évangile, la vue des persécutions firent le reste, mais Stace demeura chrétien caché.

Les poëtes en langue vulgaire : Sordello et Arnaud Daniel, qui composèrent en provençal. Les premiers poëtes italiens, Guido Guinicelli. Dante ému en entendant nommer son père et le père des autres meilleurs que lui, qui surent jamais rimer des vers d'amour; Buonagiunta de Lucques, *facilis inventor rhythmorum, sed facilior vinorum*. Dante interrogé lui dit : « Je suis un homme qui, lorsque l'amour m'inspire, écris sous sa dictée et qui m'applique à exprimer ce qu'il dit intérieurement. »

Ed io a lui : I' mi son un che, quando
Amore spira, noto, ed a quel modo
Che detta dentro, vo significando [1].

C'est en trois vers tout le secret du génie : c'est que l'expression sorte d'elle-même de l'émotion du cœur et que la parole serve, non pas à orner, mais à produire naïvement la pensée.

L'AMOUR EN PURGATOIRE. — Si la poésie tient tant de place en purgatoire, c'est que l'amour en est l'âme. Le purgatoire est un lieu de souffrances, mais de souffrances volontaires. Les âmes qui sont dans le feu se gardent bien d'en sortir. Elles sont dans la douleur, mais, au lieu de gémissements, elles n'ont sur les lèvres que des cantiques. Douleur et amour, c'est le fond de tous les poëtes du moyen âge. *Liebe und leid.* C'est la joie dans les larmes, c'est l'éternelle cou-

---

[1] *Purg.*, XXIV, 18.

tradiction de la nature. Toute la doctrine de l'amour dans le purgatoire. Aux chants XVI, XVII, XVIII, l'âme créée pour aimer, mais libre de bien placer son amour. L'amour se trompe : 1° dans son objet, s'il aime le mal du prochain (orgueil, envie, colère) ; 2° dans sa mesure (luxure, avarice, gourmandise, paresse) ; de là tous les désordres de l'humanité. Le songe de Dante, la volupté ; la femme bègue, louche, livide, mutilée ; les regards de Dante la redressent, elle chante, elle le séduit quand une autre femme sainte paraît, la saisit et la montre telle qu'elle est. Ces devis d'amour sont tout à fait dans l'esprit du temps.

Dante représente en lui-même toutes les vicissitudes de l'amour. Il avait neuf ans et Béatrix Portinari huit, quand il la vit dans une fête. Il connaît dès lors que son cœur n'est plus libre. Il va souvent voir ce jeune ange. Le salut de Béatrix : ceux dont elle approchait étaient saisis d'un sentiment si honnête qu'ils ne pouvaient lever les yeux. Béatrix meurt à vingt-quatre ans. *Vision de Dante* : « Enfin, j'eus une admirable vision où je vis de telles choses qu'elles me firent prendre le ferme propos de ne plus parler de cette bienheureuse, tant que je ne pourrais en parler plus dignement... Si donc la volonté de celui par qui toutes choses vivent est que ma vie se prolonge un peu, j'espère dire d'elle ce qui n'a jamais été dit d'aucune autre. » Infidélités de Dante. Cette vision annoncée avec tant de solennité, c'est celle que Dante trouve dans le paradis terrestre au sommet du purgatoire. *Peinture du paradis* : la divine forêt, épaisse, vive et toute pleine de parfums. Une brise toujours égale agite les feuilles dont le frémissement accompagne les joyeux concerts des oiseaux. Une douce mélodie court à travers l'air lumineux. Sept candélabres d'or. Vingt-quatre vieillards blancs couronnés de lis. Les quatre animaux d'Ezéchiel. Le char, traîné par le griffon, entouré de sept femmes et de sept vieillards couronnés de fleurs rouges. Les anges sèment les fleurs. « Ainsi dans une nuée de fleurs, ceinte d'olivier sur un voile blanc, une femme m'apparut, couverte d'un manteau vert, vêtue de couleur de flamme. Et sans que mes yeux en vissent davantage, par une secrète vertu, je sentis la puissance de l'ancien amour. » Elle reproche à Dante ses infidélités : « Non-seulement par l'influence des astres, mais par l'abondance des grâces divines, celui-ci, dans sa jeunesse, fut doué de telle sorte, que toute habitude droite eût produit en lui d'admirables effets. Quelque temps je le soutins de mes regards en lui montrant mes jeunes yeux; je le menais avec moi par les droits chemins. Mais aussitôt que je fus sur le seuil de mon second âge et que je changeai de vie, il se retira de moi et se donna à d'autres. Quand j'étais montée de la chair à l'esprit, quand j'avais grandi en beauté et en vertu; je lui fus moins chère et moins agréable. Il tomba si bas que tous les moyens étaient impuissants pour son salut, si je ne lui montrais les races damnées... d'où il est remonté jusqu'à cette hauteur. Mais le décret de Dieu serait violé, si le coupable passait le Léthé sans avoir payé le tribut de repentir par les larmes. » Elle l'interpelle. Il avoue avec un soupir amer : « Les choses présentes avec leurs faux plaisirs détournèrent mes pas, aussitôt que se fut caché votre visage. » Et il se tenait comme les petits enfants, honteux et muet, écoutant la réprimande, les yeux fixés à terre, se reconnaissant coupable et contrit.

Fin de l'apparition. Scène prophétique. Dante plongé dans le Léthé et l'Eunoé, il en sort rajeuni.

Puro e disposto a salire le Stelle.

PRINCIPES DE CRITIQUE QU'IL FAUT PORTER DANS L'EXPLICATION DU POËME.

Tout le pèlerinage de Dante est symbolique. Le poëte n'a jamais pensé composer une fable et charmer ses contemporains par de mélodieux mensonges. Ce n'est pas un rêve que ce voyage au monde invisible. À vrai dire, l'âme n'en habite pas d'autre : étrangère dans ce monde visible, elle n'en connaît l'existence que par les idées qu'elle s'en forme; elle n'aperçoit les choses passagères qu'à la clarté des lumières éternelles. L'éternité est donc le lieu où elle vit, où elle s'agite, et cependant, par une étrange contradiction, c'est aussi celui qu'elle oublie. Ce n'est pas la moindre preuve du désordre de la nature humaine que cette impuissance où l'âme se trouve de s'arracher aux impressions fugitives des sens pour se retourner vers les réalités métaphysiques. Et comme ce désordre est inexplicable aux seules conjectures de la raison, il est aussi irréparable aux seules forces de la volonté.

Il faut consulter avant tout le poëte lui-même. — LETTRE A CAN GRANDE : « Pour l'intelligence de ce qui sera dit, il faut savoir que le sens de cet ouvrage n'est pas simple, mais multiple. Car le premier sens est celui que donne la lettre, le second est celui que donnent les choses exprimées par la lettre. Le premier se nomme littéral, le second allégorique ou moral. C'est une méthode qu'on entendra mieux si on l'applique à ce verset : *In exitu Israël de Ægypto*, etc. Car, si nous considérons la lettre seule, ce verset nous fait connaître comment les fils d'Israël sortirent de l'Égypte au temps de Moïse. Si nous regardons l'allégorie, il s'agit de notre rédemption par le Christ ; si nous avons égard au sens moral, le verset signifie la conversion de l'âme du deuil et de la misère du péché à l'état de grâce. Si l'on prend garde au sens anagogique il signifie : l'âme sainte s'arrachant à la servitude de cette chair corrompue pour passer à la liberté de l'éternelle gloire. Et quoique ces différents sens mystiques soient appelés de divers noms, toutefois on peut les appeler généralement allégoriques, puisqu'ils diffèrent du sens historique ou littéral. Car, allégorie vient du grec ἀλλοῖος, qui signifie différent. De ces éclaircissements il résulte qu'il faut deux sujets répondant aux deux sens du poëme. Il faut donc voir : quel est le sujet de l'ouvrage pris littéralement, ensuite quel est le sujet au sens allégorique. Le sujet de tout l'ouvrage entendu littéralement est l'état des âmes après la mort, considéré en soi ; car c'est sur ce point et autour de ce point que roule le poëme. Mais si vous l'entendez allégoriquement, le sujet est l'homme, en tant que, par l'exercice de son libre arbitre, par le mérite et le démérite, il devient l'objet de la justice rémunératrice et vengeresse. Le genre de philosophie dans lequel rentre cet écrit est la morale ou l'éthique, puisque tout le but de l'invention est non pas la spéculation, mais la pratique. »

Rien ne semble plus pédantesque, mais rien n'es plus arrêté dans la pensée de Dante :

> O voi ch' avete gl' intelletti sani,
> Mirate la dottrina che s' asconde
> Sotto il velame degli versi strani [1].

> Aguzza qui, lettor, ben gli occhi al vero ;
> Che 'l velo è ora ben tanto sottile
> Certo, che 'l trapassar dentro è leggiero [2].

On s'étonne de ce langage, et l'on se demande comment cet esprit scolastique a trouvé la liberté qui fait les grands poëtes, où il a pris ses ailes? Nous l'examinerons ailleurs. Si le savoir de Dante a nui à son génie? Nous ne dissimulerons pas le défaut de ces formes pédantesques où il s'est trop complu. Mais nous verrons, de la lutte opiniâtre engagée contre la difficulté, ce puissant esprit sortir plus fort et plus radieux. Préjugé contre la poésie didactique... Le beau, c'est la splendeur du vrai.

[1] *Infern.*, IX, 21.
[2] *Purg.*, VIII, 7.

Il faut consulter le siècle. Tous les commentateurs contemporains sont unanimes. Bocace, Benvenuti, da Buti, Giacopo della Lana, Pietro et Giacopo di Dante. On l'interprétait comme l'Écriture sainte. Et on avait raison d'interpréter l'Écriture dans le génie de l'Orient, qui aima toujours les figures et les paraboles.

Il faut appliquer ces principes à la *Divine Comédie*.

Le cadre est une légende populaire, une vision comme le moyen âge en produisit des milliers ; mais aussi une composition savante qui répond aux trois destinées de Dante, comme homme d'État, comme poëte, comme savant. Poëme épique, élégiaque, didactique.

1. L'INSPIRATION POLITIQUE DANS LE PURGATOIRE. — Les préoccupations de Dante embrassent la chrétienté, l'Italie, Florence. Au chant VIIe, chant des rois dans la vallée réservée à ceux qui négligèrent le salut. Au XXe, Hugues Capet s'accusant d'être la racine de la mauvaise plante qui gêne toute la chrétienté. Il trouve Manfred, roi de Sicile, Moroello Malaspina, marquis de Lunigiane ; des Siennois, des hommes de toute l'Italie. Il apprend d'eux qu'il n'y a, dans toute l'Italie, que trois hommes de bien. — Entretien avec Sordello :

« Ah ! terre servile d'Italie, maison de douleur, vaisseau sans nocher dans la tempête, autrefois reine de tant de provinces, maintenant lieu de prostitution... Maintenant ceux que tu nourris ne savent vivre sans guerre, et il faut qu'ils se mangent l'un l'autre, ceux qu'enferment un même mur et un même fossé. Cherche, malheureuse ; fais le tour de tes plages, puis regarde dans ton sein s'il y a en toi quelque lieu qui jouisse de la paix !... Florence, ma patrie, tu peux être satisfaite de cette digression qui ne te touche point, grâce à ton peuple qui si bien se gouverne. Beaucoup ont la justice dans le cœur, mais ton peuple l'a sur les lèvres... Maintenant sois joyeuse, car tu as bien de quoi : tu es riche, tu as la paix, tu as la sagesse. Si je dis vrai, les effets le proclament. Athènes et Lacédémone qui firent les antiques lois et qui furent si polies, firent une mince preuve de leur savoir-vivre auprès de toi qui fais de si habiles règlements, que la trame commencée en octobre n'arrive pas à moitié de novembre... Ah ! si tu veux te souvenir et voir la lumière : tu te verras pareille à un malade qui ne peut trouver de repos sur les plumes de sa couche, et croit fuir la douleur en se retournant [1]. »

---

[1] *Purg.*, VI, 26.

2. Inspiration élégiaque. — *Béatrix*.

3. Inspiration théologique. — Toute la doctrine de l'amour, toute celle de l'origine du mal, de la pénitence terrestre, de l'expiation future.

CONCLUSION.

Plusieurs regardent l'étude du moyen âge comme une erreur du romantisme, comme un engouement passager, une mode finie. Il est vrai que le moyen âge, condamné par une école qui ne le comprenait pas, a été réhabilité par une école qui le comprenait mal. Le moyen âge, saint Thomas, Dante, sont grands, non pour avoir rompu avec l'antiquité, mais pour l'avoir continuée, pour avoir préparé les temps modernes, non pour en être séparés par des abîmes. Le mérite des travaux de ce siècle, que nulle réaction ne peut détruire, c'est d'avoir renoué les traditions, d'avoir cessé de supprimer d'un trait de plume dix siècles d'histoire. On nous accuse de mépriser l'esprit humain, c'est au contraire par respect pour lui que nous ne permettons pas qu'on oublie les travaux de nos pères. Rien n'est beau comme cette perpétuité... Le vieux poëte, six cents ans après lui, nous fait travailler encore. Comme l'architecte inconnu de la cathédrale de Cologne, dont le plan retrouvé tient en haleine des milliers d'ouvriers ; elle s'achèvera.

LE PURGATOIRE

DEL PURGATORIO

CANTO PRIMO

1 Per correr miglior acqua alza le vele
   Omai la navicella del mio ingegno,
   Che lascia dietro a sè mar sì crudele:
2 E canterò di quel secondo regno,
   Ove l'umano spirito si purga,
   E di salire al'ciel diventa degno.
3 Ma qui la morta poesia risurga,
   O sante Muse, poichè vostro sono,
   E qui Calliopea alquanto surga,
4 Seguitando il mio canto con quel suono,
   Di cui le Piche misere sentiro
   Lo colpo tal, che disperar perdono.
5 Dolce color d'oriental zaffiro,
   Che s'accoglieva nel sereno aspetto
   Dell'aer puro infino al primo giro,
6 Agli occhi miei ricominciò diletto,
   Tosto ch'io usci' fuor dell'aura morta
   Che m'avea contristato gli occhi e il petto.

LE PURGATOIRE

CHANT PREMIER

Pour courir sur de meilleures eaux, la nacelle de mon génie va hausser les voiles, maintenant qu'elle laisse derrière elle une mer si impitoyable.

Et je chanterai ce second royaume où l'âme de l'homme se purifie et devient digne de monter au ciel.

Mais ici que l'inspiration morte se ranime, ô saintes Muses! puisque je vous appartiens; et qu'ici Calliope s'élève un peu :

Et qu'elle accompagne mes chants de cette voix qui terrassa les misérables filles de Piérus, si bien qu'elles n'espérèrent plus de pardon.

Une douce couleur de saphir oriental qui s'étendait dans les sereines profondeurs d'un ciel pur jusqu'à la voûte étoilée.

Ramena la joie à mes yeux, aussitôt que je fus sorti de cet air de mort qui m'avait attristé les regards et le cœur.

7. Lo bel pianeta che ad amar conforta,
   Faceva tutto rider l'oriente,
   Velando i Pesci ch' erano in sua scorta.

8. Io mi volsi a man destra, e posi mente
   All' altro polo, e vidi quattro stelle
   Non viste mai fuor ch' alla prima gente.

9. Goder pareva il ciel di lor fiammelle.
   O settentrional vedovo sito,
   Poichè privato se' di mirar quelle!

10. Com' io dal loro sguardo fui partito,
    Un poco me volgendo all' altro polo,
    Là onde il Carro già era sparito;

11. Vidi presso di me un veglio solo,
    Degno di tanta reverenza in vista,
    Che più non dee a padre alcun figliuolo.

12. Lunga la barba e di pel bianco mista
    Portava, a' suoi capegli simigliante,
    De' quai cadeva al petto doppia lista.

13. Li raggi delle quattro luci sante
    Fregiavan sì la sua faccia di lume,
    Ch' io 'l vèdea come 'l Sol fosse davante.

14. Chi siete voi, che contra 'l cieco fiume
    Fuggito avete la prigione eterna?
    Diss' el, movendo quell' oneste piume:

15. Chi v' ha guidati? o chi vi fu lucerna,
    Uscendo fuor della profonda notte
    Che sempre nera fa la valle inferna?

16. Son le leggi d' abisso così rotte?
    O è mutato in Ciel nuovo consiglio,
    Che dannati venite alle mie grotte?

La belle planète qui conseille d'aimer faisait sourire tout l'Orient, voilant de ses clartés le signe des Poissons qui la suivait.

Je me tournai vers ma droite et j'arrêtai mon attention vers le pôle opposé au nôtre, et je vis quatre étoiles qui ne furent connues que des premiers hommes.

Le ciel semblait se réjouir de leurs feux. O Septentrion! je puis plaindre ton veuvage, puisque tu es privé de leur vue.

Quand je fus détaché de ce spectacle, me tournant un peu du côté de l'autre pôle, où l'on ne découvrait plus le Chariot,

Je vis près de moi un vieillard seul, digne, rien qu'à le voir, de tant de respects, qu'un fils n'en doit pas davantage à son père.

Il portait la barbe longue et déjà blanchissante, pareille à ses cheveux qui retombaient partagés sur sa poitrine.

Les rayons des quatre étoiles sacrées répandaient sur sa figure un si bel éclat, que je le voyais comme si le soleil eût donné sur lui.

« Qui êtes-vous, vous qui, remontant le fleuve noir, avez fui la prison éternelle? dit-il en agitant sa barbe vénérable.

« Qui vous a guidés, et qui vous a prêté le flambeau pour sortir de la nuit profonde qui obscurcit toujours la vallée de l'enfer?

« Les lois de l'abîme sont-elles donc renversées, ou bien le ciel a-t-il changé ses décrets, pour que vous vous approchiez de ma montagne? »

17 Lo Duca mio allor mi diè di piglio,
   E con parole e con mani e con cenni
   Reverenti mi fe le gambe e il ciglio.
18 Poscia rispose lui : Da me non venni :
   Donna scese dal Ciel, per li cui preghi
   Della mia compagnia costui sovvenni.
19 Ma da ch' è tuo voler che più si spieghi
   Di nostra condizion com' ella è vera,
   Esser non puote il mio che a te si nieghi.
20 Questi non vide mai l' ultima sera,
   Ma per la sua follia le fu sì presso,
   Che molto poco tempo a volger era.
21 Sì come i' dissi, fui mandato ad esso
   Per lui campare, e non c' era altra via
   Che questa per la quale io mi son messo.
22 Mostrata ho lui tutta la gente ria;
   E ora intendo mostrar quegli spirti
   Che purgan sè sotto la tua balìa.
23 Com' io l' ho tratto, saria lungo a dirti :
   Dell' alto scende virtù che m' aiuta
   Conducerlo a vederti, e a udirti.
24 Or ti piaccia gradir la sua venuta :
   Libertà va cercando, ch' è sì cara,
   Come sa chi per lei vita rifiuta.
25 Tu.'l sai, che non ti fu per lei amara
   In Utica la morte, ove lasciasti
   La veste ch' al gran dì sarà sì chiara.
26 Non son gli editti eterni per noi guasti,
   Chè questi vive, e Minos me non lega;
   Ma son del cerchio ove son gli occhi casti

Mon guide alors s'empara de moi, et par ses paroles, par ses gestes et par ses signes, il me fit respectueusement fléchir les genoux et baisser les paupières.

Ensuite il répondit : « Je ne suis point venu de moi-même. Une dame est descendue du ciel, de qui les prières m'ont fait accorder à celui-ci mon aide et ma compagnie.

« Mais puisque c'est ta volonté de connaître par un plus long récit notre condition dans toute sa vérité, mon vouloir ne peut être de te refuser rien.

« Celui-ci n'a pas encore vu son dernier soir, mais il en fut si près par sa folie, qu'il ne lui restait plus que bien peu de temps.

« Alors, comme je le disais, je fus envoyé à lui pour le sauver, et il n'y avait pas d'autre chemin que celui où je me suis engagé.

« Je lui ai montré toute la nation des pécheurs ; et maintenant j'entends lui montrer les esprits qui se purifient sous tes lois.

« Comment je l'ai entraîné, il serait long de te le dire. D'en haut descend une vertu qui m'aide à le conduire ici pour te voir et t'entendre.

« A présent qu'il te plaise agréer sa venue. Il va cherchant la liberté dont on sait le prix, quand pour elle on abandonne la vie.

« Tu le sais, toi qui ne trouvas pas trop amère la mort endurée pour elle dans Utique, où tu laissas ta dépouille destinée à devenir si glorieuse au grand jour.

« Non, nous n'outrageons point les décrets éternels. Car celui-ci vit, et je ne suis point de ceux que Minos enchaîne. Je suis du cercle où sont les chastes yeux

27 Di Marzia tua, che in vista ancor ti prega,
   O santo petto, che per tua la tegni:
   Per lo suo amore adunque a noi ti piega.
28 Lasciane andar per li tuoi sette regni:
   Grazie riporterò di te a lei,
   Se d'esser mentovato laggiù degni.
29 Marzia piacque tanto agli occhi miei,
   Mentre ch'i' fui di là, diss'egli allora,
   Che quante grazie volle da me, fei.
30 Or che di là dal mal fiume dimora,
   Più mover non mi può per quella legge
   Che fatta fu quand' io me n' usci' fuora.
31 Ma se donna del Ciel ti muove e regge,
   Come tu di, non c'è mestier lusinga:
   Bastiti ben, che per lei mi richegge.
32 Va dunque, e fa che tu costui ricinga
   D'un giunco schietto, e che gli lavi 'l viso,
   Sì che ogni sucidume quindi stinga:
33 Chè non si converria l'occhio sorpriso
   D'alcuna nebbia andar davanti al primo
   Ministro, ch'è di quei di Paradiso.

34 Questa isoletta intorno ad imo ad imo,
   Laggiù, colà dove la batte l'onda,
   Porta de' giunchi sovra 'l molle limo.
35 Null'altra pianta che facesse fronda,
   O indurasse, vi puote aver vita,
   Però ch'alle percosse non seconda.
36 Poscia non sia di qua vostra reddita;
   Lo Sol vi mostrerà, che surge omai,

« De Marcia, ta bien aimée, qui semble te prier encore, ô sainte âme, de la tenir pour ta compagne. Au nom de son amour, laisse-toi fléchir pour nous.

« Laisse-nous aller au travers de tes sept royaumes. Je me louerai de toi auprès d'elle, si tu ne dédaignes point que ton nom soit prononcé là-bas. »

Alors il répondit : « Marcia fut si agréable à mes yeux tant que j'habitai de l'autre côté de la terre, qu'autant de grâces elle voulut de moi, autant elle en obtint.

« Maintenant qu'elle demeure au delà du fleuve maudit, elle ne saurait plus me toucher, en vertu de la loi qui fut faite quand je sortis des limbes.

« Mais si une dame du ciel te pousse et te conduit, comme tu l'assures, il n'est pas besoin de discours flatteurs, c'est assez que tu réclames mon aide en son nom.

« Va donc, et fais en sorte de ceindre celui-ci d'un roseau sans feuille et de lui laver le visage, de manière à effacer toute souillure.

« Car il ne conviendrait pas de se présenter, l'œil encore couvert de quelque nuage, devant le premier des ministres que tu vas voir, qui est un des habitants du paradis.

« Cette petite île qui nous environne là-bas, là-bas, vers cette humble plage que battent les ondes, porte des roseaux sur son humide limon.

« Nulle plante qui donne des feuilles ou dont la tige s'endurcisse ne peut y prendre vie, parce qu'elle ne plierait pas sous le choc des flots.

« Ensuite que votre retour ne se fasse point de ce côté; le soleil, qui maintenant se lève, vous montrera où vous

Prender il monte a più lieve salita.
37 Così sparì; ed io su mi levai
Senza parlare, e tutto mi ritrassi
Al Duca mio, e gli occhi a lui drizzai.
38 Ei cominciò: Figliuol, segùi i miei passi:
Volgianci indietro, chè di qua dichina
Questa pianura a' suoi termini bassi.
L' alba vinceva l' ôra mattutina,
Che fuggia innanzi, si che di lontano
Conobbi il tremolar della marina.
40 Noi andavam per lo solingo piano
Com' uom che torna alla smarrita strada,
Che infino ad essa li par ire invano.
41 Quando noi fummo dove la rugiada
Pugna col Sole, e per essere in parte
Ove adorezza, poco si dirada;
42 Ambo le mani in su l' erbetta sparte
Soavemente il mio Maestro pose;
Ond' io che fui accorto di su' arte,
43 Porsi ver lui le guance lagrimose:
Quivi mi fece tutto discoperto
Quel còlor che l'Inferno mi nascose.
44 Venimmo poi in sul lito diserto,
Che mai non vide navicar sue acque
Uom, che di ritornar sia poscia esperto.
45 Quivi mi cinse, si come altrui piacque:
O maraviglia! che qual egli scelse
L' umile pianta, cotal si rinacque
46 Subitamente là onde la svelse.

pourrez attaquer la montagne par une pente plus douce.»

A ces mots il disparut, et moi je me levai en silence et je me serrai contre mon guide et je fixai mes yeux sur lui.

Il commença : « Mon fils, suis mes pas, retournons en arrière, car de ce côté la plage s'incline doucement jusqu'à sa dernière extrémité. »

Déjà l'aube chassait l'heure de matines qui fuyait devant elle, en sorte que de loin je reconnus le frémissement de la mer.

Nous cheminions sur la plage solitaire, comme un homme retourne au chemin qu'il a perdu, et croit perdre ses pas jusqu'à ce qu'il l'ait trouvé.

Quand nous fûmes à l'endroit où la rosée résiste au soleil et, protégée par l'ombre, s'évapore peu,

Mon maître posa doucement ses deux mains étendues sur l'herbe fraîche, et moi je m'avisai de son dessein.

Je lui présentai mes joues baignées de larmes, et il y fit reparaître les couleurs que la fumée de l'enfer avait cachées.

Nous arrivâmes ensuite sur le rivage désert qui ne vit jamais naviguer sur ses eaux un homme capable d'en revenir.

Là il me fit une guirlande comme on l'avait voulu. O merveille! telle il avait cueilli l'humble plante, telle une autre renaquit soudain au lieu même où il l'avait arrachée.

COMMENTAIRE DU CHANT PREMIER

J'ai donc entrepris de commenter la *Divine Comédie*. C'est un travail effrayant et qui voudra plusieurs années. — Mais rien de plus conforme aux besoins et aux habitudes de l'enseignement. Pour cela, deux méthodes. — Méthode historique, les lois de l'esprit humain, vues générales sur chaque siècle littéraire, l'étude des circonstances qui réveillèrent, qui provoquèrent le génie, des inspirations qui visitèrent les grands hommes. — Méthode exégétique, la critique des textes, nécessaire pour compléter, pour vérifier les aperçus de l'histoire. C'est le seul moyen de connaître les procédés du génie. L'inspiration est fréquente, mais souvent elle expire devant les difficultés de l'exécution, elle s'éteint dans la lutte contre les obstacles, elle se perd dans les détails. Le propre du génie, c'est de conserver l'inspiration au milieu des difficultés, des luttes et jusqu'au fond des derniers détails. Son triomphe, c'est de forcer l'instrument et la matière rebelle, et de faire passer l'idée dans le marbre, dans la toile ou dans le mot. Il faut donc étudier les mots. Voilà pourquoi l'enseignement s'est fait par voie de commentaire. Homère dans l'antiquité, Virgile au moyen âge, Dante à la renaissance. Voilà les livres qui ont attaché sur eux des milliers de scoliastes, d'interprètes, de commentateurs; ce sont ceux aussi qui ont fait des révolutions, fondé des États et des écoles, tenu en haleine l'esprit des peuples; d'où sont sorties toutes les connaissances humaines, théologie, jurisprudence, philosophie, littérature.

Commentaires minutieux, recherches, critique des textes, discussion des variantes; rien n'est plus glorieux que ce respect. Comme ces monuments, la cathédrale de Strasbourg, par exemple, qui nourrissent toute une tribu d'ouvriers employés à leur entretien, ainsi ces grands ouvrages ont besoin d'être conservés pièce à pièce.

C'est l'honneur de ces écrivains immortels d'être pour ainsi dire chargés de faire exécuter la loi du travail, de ne pas permettre à l'esprit humain de s'endormir, de lui poser des questions qui le tourmentent; et, en le faisant penser d'après autrui, de le forcer à penser d'après lui-même. Le commentaire, c'est la méditation. Comme il faut la parole pour exciter l'attention de l'enfant, de même il faut un enseignement qui commence l'éducation des intelligences, qui les féconde. Socrate inspire Platon, Homère fait Virgile et Virgile a fait Dante.

Dante était destiné à cette gloire de prendre place parmi les maîtres qui l'avaient précédé, d'exercer la magistrature de la pensée, d'avoir des disciples, d'être commenté à son tour. — Voici comment Benvenuto entend l'explication de ce poëme : « Lumière qui éclaira l'Italie, vérités voilées sous la fiction, doctrine cachée sous des sens divers; car j'y découvre l'histoire et la poésie, la science de la nature et celle des mœurs, l'antiquité et les temps modernes, tout ce qu'il y a de plus grand et de plus familier, et pour tout dire, en un mot, tout l'ensemble des choses divines et humaines. » (*Benvenut. Proœm.*) En Italie, la chaire de Dante est tombée avec la liberté. Il est juste qu'elle se relève en France, sur une terre libre, dans cette université de Paris dont Dante fut l'élève, en réparation de l'exil qui fut prononcé contre lui au nom d'un prince français.

Mais, si le commentaire se fait à la manière de Benvenuto, s'il embrasse toutes les choses divines et humaines, s'il dure dix ans, il est à craindre que peu d'auditeurs l'accompagnent jusqu'au bout [1]. — Mais Dante est tout entier dans chaque partie de son poëme. Ses passions, son savoir, son génie, le suivent partout. On ne lit pas trois chants de suite sans y trouver toutes les ressources de ce puissant esprit.

Amoureux de la clarté, nous nous défions des livres qui ont besoin de commentateurs. Il est faux que les livres soient faits pour être lus. Il y a d'abord les livres faits pour n'être pas lus, et ce sont les mauvais. Il y a ceux qui sont faits pour être lus seulement : ce sont les médiocres. Les grands livres, les beaux livres, sont faits pour être médités, étudiés, commentés : ce sont ceux qui tiennent plus qu'ils ne promettent, dont chaque parole porte une lumière, une inspiration, un enseignement, Homère, Virgile; parmi les modernes, Bossuet, Racine. — En philosophie, Aristote et Platon. — L'Écriture sainte même a besoin de ce commentaire perpétuel qui est la tradition de l'Église ; et ceux qui la rejettent

---

[1] Benvenuto d'Imola mit dix ans à commenter la *Divine Comédie*. Boccace mourut au dix-septième chant.

sont condamnés au désordre de leurs interprétations arbitraires. — C'est assez de grands exemples pour justifier la *Divine Comédie*.

Rien de plus injuste que le dédain pour les commentateurs. — Les plus beaux génies se sont formés de la sorte. Voyez Bossuet : quand il prend un texte, il l'entoure de lumières, elles deviennent des éclairs, des foudres; il semble que la parole de Dieu retentisse encore du haut du Sinaï parmi les tonnerres. Ce ne serait pas trop d'une vie consacrée à commenter Dante, à faire comprendre, à faire aimer ce grand homme et les choses plus grandes que lui qu'il aima et qu'il chanta.

Toute l'éducation du moyen âge se fondait sur ces principes : les professeurs étaient lecteurs. — Le 3 octobre 1373, dans une assemblée nombreuse réunie à l'église Saint-Étienne, près du Ponte-Vecchio, à Florence, on vit monter en chaire un homme célèbre par beaucoup d'écrits, Boccace, engagé pour cent florins. Par un décret du 9 août, la république florentine avait ordonné que Dante serait lu et expliqué publiquement. C'était une tardive réparation. Ravenne n'avait pas voulu rendre les ossements du poëte. On lisait ces mots sur sa tombe :

> Hic claudor Dantes, patriis extorris ab aris,
> Quem genuit parvi Florentia mater amoris.

Boccace commença en ces termes : « La nature humaine, encore qu'enrichie de tant de priviléges par le Créateur, est néanmoins si faible, qu'elle ne saurait faire nulle chose, si petite qu'elle soit, sans la grâce divine.

Ce que voyant, les plus grands hommes de l'antiquité et des temps modernes nous engagent à demander simplement cette grâce et à la solliciter de tout l'effort de notre dévotion, au moins au commencement de nos actes... Au moment donc où je me charge d'un poids beaucoup plus lourd qu'il ne convient à mes épaules, c'est-à-dire d'expliquer le texte savant, la multitude des histoires et l'élévation des pensées cachées sous le voile de la *Comédie* de notre Dante, et particulièrement devant des hommes d'une haute intelligence et d'une admirable perspicacité comme vous l'êtes en général, Seigneurs florentins, certes je sens plus que jamais le besoin d'un tel secours. A ces causes, afin que mes paroles tournent à l'honneur et à la gloire du très-saint nom de Dieu, à la consolation et à l'utilité de mes auditeurs, avant d'aller plus loin, j'entends invoquer aussi humblement que je puis l'assistance de Dieu, me fiant beaucoup plus en sa bonté qu'en mon mérite. »— Rien n'est plus touchant que cette émotion. Justice à rendre à un grand homme.—Nous avons à rendre justice à un grand siècle : c'est un ouvrage nouveau que nous tentons.

Dans la chaire de Florence, Philippe Villani, Filelfe, Landino. L'auditoire grossissant, il fallut aller dans l'église du Dôme. — La chaire de Dante finit au seizième siècle avec la liberté.

(*Commentaires traditionnels du quatorzième siècle.*) Pierre et Jacques, fils de Dante. — A Bologne, 1375, Benvenuto d'Imola ; à Pise, 1386, Francesco da Buti. Venise, Gabriello Squarro. Plaisance, Philippe de Reggio, 1399. — Matthieu Visconti, archevêque de Milan, réunit deux théologiens, deux philosophes, deux citoyens de Florence.

Les chaires ne suffisent pas. — Anonyme appelé l'Ottimo, 1334.

Jacopo della Lana, et le Falso Boccacio. (*Commentaires érudits des quinzième et seizième siècles.*) Au concile de Constance, 1416, Jean de Serravalle, évêque de Fermo, commente la *Divine Comédie* pour le cardinal de Saluces et deux évêques anglais. (*Commentaires du seizième siècle.*) Vellutello Daniello, le Tasse, Galilée, Bellarmin. Aux deux siècles suivants, l'étude de Dante est négligée; elle se ranime à la fin du siècle dernier. (*Commentaires littéraires, philologiques du dix-neuvième siècle.*) Alfieri, Monti, Foscolo, Tommaseo, Pellico. Toute cette génération nouvelle sort de l'étude de la *Divine Comédie*.

Les arts s'inspirent de la *Divine Comédie* : Orcagna reproduit l'*Enfer* à Pise et à Santa-Maria-Novella. Luca Signorelli, à Orvieto. Michel-Ange, à la Sixtine. Raphaël, au Vatican, place Dante dans la *Dispute du saint-sacrement*. — Nous pouvons commenter Dante en si bonne compagnie.

Terc. 4. — PAGANISME DE L'INVOCATION, SOUVENIR D'OVIDE :

Pierus has genuit Pellæis dives in agris
Raucaque garrulitas studiumque immane loquendi.

Ce n'est pas une distraction de Dante, il en fait système. Son enfer est peuplé des habitants de l'enfer païen. Il invoque Apollon à l'entrée du paradis, et appelle le Christ : *O sommo Giove, che fosti per noi crocefisso*. On a reproché la même confusion au Tasse dans son enfer; à Milton qui fait danser les Heures et les Nymphes au paradis terrestre; à Camoëns supposant un conseil des dieux Bacchus, Vénus, Téthys. — On a coutume d'expliquer cette erreur par les excès de la Renaissance. Cette explication est insuffisante.

Dante est nourri des poëtes latins, Virgile, Lucain, Ovide, Stace, qui sont sa société familière. Tous les poëtes latins dans l'enseignement scolastique. Chaires pour l'interprétation d'Ovide. Les écoles bénédictines d'Allemagne au dixième siècle. — Roswitha, et son admiration pour Térence. — Poëmes sur Troie, sur Dédale, sur Œdipe.

Mais le paganisme n'est pas seulement chez les savants. Au huitième siècle, les Lupercales sont célébrées à Rome. Au neuvième, temple de Jupiter sur le Saint-Bernard, statue d'Hercule à Milan, statue de Mars à Florence, culte d'Anténor à Padoue. Poésie populaire latine. Chant de Modène, 924. Après une invocation du Christ, on trouve ces vers :

> Et dum Hector vigil exstitit in Troja,
> Non eam cepit fraudulenta Græcia;
> Vigile voci avis anser candida
> Fugavit Gallos ex arce Romulea.

Il y a toute une tradition classique au moyen âge. Elle l'honore. C'est une preuve de sa tolérance, qui ne s'effraye pas; c'est un des secrets de son génie, qui ne recule pas devant l'étude.

Nécessité du travail pour féconder le génie, et de la foi pour féconder le travail. La volonté, c'est le plus grand maître du génie.—Que manque-t-il aux hommes de nos jours? — Ils ont beaucoup de velléités, beaucoup de pensées généreuses, pas de résolutions; jamais peut-être il n'y eut plus de grands talents, pas même au dix-septième siècle ; mais cette indécision, ce vague, cette mollesse de cœur, trahissent nos destinées et ne nous laissent pas aller jusqu'au bout.

> . . . . . Nec ultra
> Esse sinunt.....

Dante a fait comme Michel-Ange. Au commencement du seizième siècle, Rome était encore pleine de ruines; le pape chargea Michel-Ange Buonarotti de les utiliser. Il y avait à l'orient de Rome des thermes élevés par Dioclétien, dont les colonnades et les murs inutiles faisaient l'admiration de tout le monde. Le grand architecte lia ces constructions par d'autres ; il employa ces fondations solides, ces colonnes qui gardaient la trace du ciseau grec; il en fit Sainte-Marie-des-Anges, une des plus belles églises de la ville éternelle. Aujourd'hui ceux qui la visitent regrettent quelquefois que les ruines antiques ne soient point restées comme le temps les avait faites, sans que les hommes y portassent les mains. Pour moi, quand je les parcourais, il me semblait qu'on n'avait pu rien faire de plus pour ces ouvrages admirables que de leur rendre ce que veulent tous les monuments, une destination; de leur faire supporter un toit, abriter un autel, accueillir des pèlerins et des prières, de les ranimer en quelque sorte et de les ressusciter. Dante a agi de même; il a trouvé dans Boèce, dans Virgile, dans Aristote, de beaux fragments d'antiquité; il les a relevés de la poussière pour en faire des colonnes de son édifice.

8. — Les quatre étoiles. — Dante se représente la montagne du purgatoire dans l'hémisphère austral, aux antipodes. Le paradis terrestre la couronne et s'élève jusqu'à la sphère du feu.

Conformité de cette opinion avec celle du moyen âge. La croyance aux antipodes n'était point une hérésie. Géographie poétique. Le paradis terrestre placé dans l'hémisphère inconnu, et touchant au ciel. C'est l'opinion de saint Avitus, saint Isidore, saint Jean Damascène. Légende de saint Brandan et de saint Amaro, allant à la recherche du paradis terrestre. Influence de ces légendes sur les navigations du quinzième siècle. L'île Saint-Brandan au traité d'Évora[1]. Christophe Colomb croit toucher au paradis terrestre.

La plus belle constellation de l'hémisphère austral est la Croix du Sud. On la voit de Méroé et de tous les lieux à moins de quatorze degrés de la Ligne; elle est décrite dans le catalogue de Ptolémée. Elle figure dans un globe construit par l'Égyptien Abou-Cassem en 1225.

[1] L'île supposée de Saint-Brandan est citée dans le traité d'Évora, conclu, entre l'Espagne et le Portugal, pour le partage éventuel des terres à découvrir. G. A. H.

Améric Vespuce écrit à Pierre-François de Médicis : « Il me semble que dans ses vers Dante a eu l'intention de décrire par les quatre étoiles le pôle de l'autre hémisphère. Et jusqu'ici je n'ai nul doute qu'il n'en soit ainsi ; parce qu'en effet je vis quatre étoiles qui figuraient une amande, et qui avaient peu de mouvement. » — Voyage de Marco Polo ; de retour en 1295. Il a visité les îles de la Sonde et dit de celle de Sumatra : « Je vous dirai une chose qui semblera merveilleuse à tout homme, c'est que cette île est si loin vers le sud, qu'on n'y voit l'étoile polaire, ni peu ni beaucoup. » Opinion conforme de M. de Humboldt. (*Histoire de la géographie du nouveau continent.*)

8-11. — Caton, gardien du purgatoire, les quatre étoiles, symbole des quatre vertus cardinales qui se reflètent sur lui. Est-ce un caprice du poëte, ou un dessein arrêté?

C'est d'abord une imitation de Virgile. Au huitième chant de l'*Énéide*, bouclier d'Énée. Enfers peuplés de souvenirs romains ; Catilina suspendu à un rocher menaçant

Secretosque pios, his dantem jura Catonem.

Ce point touche d'ailleurs à tout l'ensemble des idées politiques, philosophiques et poétiques de Dante.

Traité *De Monarchia*. — La civilisation est le but du genre humain dans le temps. Il n'y peut arriver que par l'unité de gouvernement, toute l'histoire travaille à procurer l'unité politique du monde. L'empire, ou le droit de réunir le monde sous une seule loi, déféré par la Providence aux Romains. Les Romains en étaient les plus dignes. Sénat, peuple et grands, citoyens, tous n'ont travaillé qu'au bien général de l'univers. « Ne faut-il pas dire qu'ils ne songèrent qu'au bien général, tous ceux qui, par leurs sueurs, par la pauvreté, par l'exil, par la perte volontaire de leurs enfants, de leurs membres, de leur vie, ont travaillé à la félicité publique ? » Cincinnatus, Fabricius, Camille, les Décius. Laissez-moi citer encore cet ineffable sacrifice du très-sévère défenseur de la liberté, Marcus Caton, qui, pour embraser le monde de l'amour de la liberté, montra à quel prix il l'estimait en aimant mieux sortir libre de la vie qu'y demeurer esclave!

Convito, trattato IV, *cap.* IV *et* V. — Il reprend la même thèse.

Il montre comment la Providence divine présida aux destinées de Rome, en lui suscitant à chaque âge les héros dont elle eut besoin. Les sept rois, Brutus, Fabricius, Curius, Torquatus, Régulus. « Cœur très-saint de Caton, qui osera parler de toi ? *O sacratissimo petto di Catone, chi presumera di te parlare ?* Certes on ne saurait mieux te louer qu'en se taisant et en imitant saint Jérôme, qui, dans la préface de la Bible, arrivé à l'endroit où il faut nommer saint Paul, déclare que mieux vaut se taire que d'en dire trop peu ! »

Cap. 28. Il traite de la noblesse. Il énumère les vertus des quatre âges. Adolescence, jeunesse, maturité, vieillesse. Il a tiré pour les trois âges précédents ses exemples des poëtes. Il continue ainsi : « Je trouve l'exemple des vertus de cet âge dans le grand poëte Lucain, au IIe chant de la Pharsale, lorsqu'il raconte comment Marcia revint trouver Caton et le pria de la reprendre dans sa vieillesse. Par Marcia, j'entends l'âme noble, et nous pouvons ainsi ramener la figure à la réalité. Marcia fut d'abord vierge, et à cet âge elle représente l'adolescence. Ensuite elle devint l'épouse de Caton, et en cet état elle signifie la jeunesse ; elle eut de lui des enfants par lesquels j'entends les vertus du second âge. Caton la donna en mariage à Hortensius, ce qui veut dire qu'elle passa de la jeunesse à la maturité, et elle en eut encore des fils, qui signifient les vertus de la troisième saison. Marcia devient veuve, ce veuvage représente la vieillesse. Elle retourne à Caton, ce qui exprime que l'âme noble, dès le déclin de ses jours, doit retourner vers Dieu ! Et quel homme terrestre est plus digne de représenter Dieu que Caton ? »

Pédantisme de ce fragment, inégalité des grands hommes. C'est une mauvaise critique, celle qui, de l'infériorité d'un passage ou d'un livre, conclut contre son authenticité. Il faut ces faiblesses, non pour humilier la nature humaine, mais pour l'enhardir. Si ces grands esprits étaient toujours à la même hauteur, on croirait que ce sont des dieux, il faut qu'ils s'abaissent afin de nous faire voir qu'ils sont bien hommes. Il faut qu'ils descendent pour nous apprendre que nous pouvons monter.

25. — Comment Dante glorifie le suicide de Caton. — Dante condamne le suicide. Au XIe chant de l'*Enfer*, il range les suicidés parmi les violents. Au XIIIe, Pierre des Vignes explique le supplice des suicidés, condamnés à prendre la forme de buissons dans la

forêt infernale. Après la résurrection, chaque corps sera suspendu à son arbre.

>Che non è giusto aver ciò ch' uom si toglie[1].

Martial a jugé sévèrement le suicide de Caton :

> Sit Cato dum vivit sane vel Cæsare major
> Dum moritur numquid major Othone fuit?

Dante paraît s'être arrêté aux jugements portés par les philosophes romains. Cicéron (*De Officiis*) déclare que le suicide, qui ne convenait pas aux mœurs légères des autres partisans de Pompée, était le seul parti digne de l'opiniâtre vertu de Caton. De même Sénèque, dans ses lettres à Lucilius : « *Catonem autem certius exemplar veri sapientis nobis deos dedisse;* » et ailleurs : « *Catonem vivam imaginem virtutis et perconsequens honestatis.* » Mais Dante est surtout entraîné par Lucain, pour lequel il professe avec tout son siècle une admiration si passionnée.

Passage de Pietro sur Caton : « *Christus eum liberavit a limbo; cum possibile sit et verisimile Deum, qui fecit eum tantum virtuosum, inspirasse ei credulitatem Christi filii venturi et contritum decessisse, et sic salvatum.* » Admirable tolérance.

DANTE FIDÈLE A L'ESPRIT DE SON SIÈCLE. — Toute l'ambition du moyen âge est de continuer les Romains. Doctrine de saint Augustin sur les vertus temporelles des Romains, fondement de leur empire. Saint Thomas d'Aquin, traité *De Regimine principum*[2]; les héros de Rome y sont glorifiés dans les mêmes termes que chez Dante.

Admiration du moyen âge pour Lucain, lu, expliqué dans toutes les écoles.

Dante, aux Champs-Élysées, retrouve ensemble Homère, Virgile, Horace, Ovide, Lucain.

32. — LE ROSEAU, SYMBOLE DE L'HUMILITÉ. — *Ottimo Commento.* L'auteur met ici une allégorie dans son chant; et la pensée est celle-ci, que l'homme qui veut s'éloigner du péché et parvenir par la purification à l'état de grâce a besoin de s'humilier. Cette humilité est le commencement de la pénitence, et c'est pourquoi, sans

---

[1] *Infer.*, XIII.
[2] Liv. III, cap. IV.

elle, l'homme ne peut être pénitent. Le roseau est une plante qui n'a ni tronc ni feuilles, pour montrer que l'humble ne doit pas vouloir fleurir temporellement ; c'est-à-dire que qui veut faire un tel voyage doit être exempt de toute roideur et mondanité qui aurait sa racine dans l'appétit concupiscible. Si le roseau renaît, c'est que la grâce de Dieu ne se diminue point en se communiquant, et autant il en est donné, autant il s'en renouvelle.

Mêmes interprétations chez les autres commentateurs anciens.

COMMENT DANTE IMITE L'ANTIQUE. — En enfer le myrte de Polydore. (*Énéide*, III.) Ici le rameau d'or de Proserpine. (*Énéide*, VI.)

> Latet arbore opaca
> Aureus et foliis et lento vimine ramus.
> Hoc sibi pulchra suum ferri Proserpina munus
> Instituit : primo avulso non deficit alter
> Aureus, et simili frondescit virga metallo.

Le rameau d'or pouvait avoir un sens dans les liturgies, dans les mythologies païennes ; mais ce sens est perdu pour nous. Il semble que Proserpine, la déesse des morts, n'ait que faire de ce riche métal, elle qui voit descendre tous les jours dans les enfers tant de riches et de rois. Au contraire, le roseau de Dante est le symbole de l'humilité. Rien n'est plus humble que l'image, rien de plus élevé que le sens.

Dante ne copie pas, il s'approprie, il transforme, il ajoute un sens moral. Les grands poëtes imitent toujours, Virgile, Dante, le Tasse, Milton. Ils n'ont garde de négliger ces trésors de poésie que la tradition roule avec elle comme un fleuve roule des paillettes d'or. L'originalité n'est pas ignorante ; il n'y a point de plagiat, le beau est la chose de tous. Mais en même temps ils en font une œuvre nouvelle qui porte leur sceau. Ils ne vont pas cueillir les fleurs d'autrui pour les emporter toutes fanées et sans parfum ; ils savent en trouver la semence et les faire germer nouvelles et fraîches dans leur jardin.

Dans la dernière leçon, j'ai dit que Dante n'avait pas besoin de cette fausse louange qu'on lui donne souvent d'avoir créé la langue italienne; qu'il l'avait trouvée toute vivante, parlée, non par le peuple seulement, mais par les historiens et les poëtes. J'ai dit, mais je n'ai pas prouvé que l'idiome de la *Divine Comédie* avait déjà traversé plusieurs siècles et rassemblé, pour ainsi dire, sur sa route, les pierres dont il fallait construire ce monument. Cette assertion a besoin de preuves, et, sans vouloir faire des origines de la langue italienne une étude qui à elle seule occupa pendant toute une année dans cette chaire mon savant et regrettable maître, M. Fauriel, je ferai connaître brièvement le dernier état de la science sur un point si intéressant, en joignant aux observations de mes devanciers le petit nombre de faits qu'il m'a été permis de glaner à leur suite.

Rien de plus controversé que les origines italiennes. On a fait descendre la langue de Dante du celtique, du flamand, du suédois. — Hypothèse de Bembo : l'italien antérieur au latin. — Deux principes dans les langues : 1° Principe d'ordre, d'autorité, lois logiques et euphoniques, grammaire, langue savante. — 2° Principe de liberté, d'irrégularité, le peuple prononce mal, construit mal, langue populaire. A Rome, langue latine savante, origine orientale, éducation grecque, forme synthétique ; mais tendance perpétuelle du peuple à la corrompre, à la décomposer. Auguste emploie les particules, et Cicéron les auxiliaires : *Satis habeo dictum.* Mots populaires : *Minare, battuere,* etc.

CIRCONSTANCES QUI HATENT LA DÉCOMPOSITION DU LATIN. — Persistance des anciens dialectes liguriens, étrusques, celtiques. Celtique dans le Milanais, grec dans l'Italie méridionale et la Sicile. Invasion des barbares plus ancienne qu'on ne pense; esclaves affranchis : *Tota theatra exclamasse barbare.* La grande invasion achève le désordre, détruit les classes lettrées, jette des écrivains barbares dans les lettres. Dans les diplômes lombards du huitième siècle, plus de syntaxe. — Le christianisme innove dans la pensée, par conséquent dans la langue, hébraïsmes de la Vulgate, hellénismes des Pères, barbarismes des catacombes. Dans les hymnes du Vatican, plus de prosodie, plus de construction grammaticale.

> O bone pastor, Flaviane sacer
> Protege plebe tibique commissa
> Athletas Dei.

C'est le latin de l'Église qui fait l'éducation des langues modernes : naïveté et énergie.

Mais l'esprit humain ne peut s'accommoder longtemps de ce désordre. Les lois de la pensée se font jour dans la confusion du langage. Un idiome nouveau se constitue : épitaphe de Grégoire V.

> Usus francigena, vulgari, et voce latina
> Edocuit populos eloquio triplici.

Premières traces de la langue italienne dans les recettes de mosaïstes du septième siècle ; litanies carolines au huitième. Au neuvième, l'italien s'introduit dans les affaires, formule de serment dans un jugement d'Arichis, juge de Capoue. Un peu plus tard il paraît sur les monuments. En 1186, inscriptions sur les portes du Dôme de Montréal. Vers le même temps, inscription d'un tombeau à Pise, imité de l'antiquité, strié avec deux têtes de lions dévorant des chevreaux : *Hore vai per via. — Pregando dell' anima mia. — Siccome tu sei ego fui. — Sicu sum ego tu dei essere.* Et au-dessus, *Biduinus maister.* Une inscription sur l'architrave de la grande porte de l'église de Saint-Cassiano à Pise, atteste que Biduino vivait en 1180. Vers la fin du même siècle paraît Ciullo d'Alcamo, et à sa suite toute l'école sicilienne, toute l'école ombrienne, toute l'école toscane. On ne diminue point la gloire de Dante en lui donnant des prédécesseurs, en montrant tous les siècles à l'œuvre pour ce grand ouvrage.

> Poema sacro
> Al quale ha posto mano cielo e terra.
> (*Parad.*, XXV.)

CANTO II

1 Già era il Sole all'orizonte giunto,
   Lo cui meridian cerchio coverchia
   Jerusalem col suo più alto punto:
2 E la notte che opposita a lui cerchia,
   Uscia di Gange fuor colle bilance,
   Che la caggion di man quando soverchia;
3 Si che le bianche e le vermiglie guance,
   Là dove io era, della bella Aurora,
   Per troppa etate divenivan rance.
4 Noi eravam lunghesso 'l mare ancora,
   Come gente che pensa suo cammino,
   Che va col core, e col corpo dimora:
5 Ed ecco qual, su 'l presso del mattino,
   Per li grossi vapor Marte rosseggia
   Giù nel ponente sopra 'l suol marino;

6 Cotal m'apparve, s'io ancor lo veggia,
   Un lume per lo mar venir si ratto,
   Che 'l mover suo nessun volar pareggia;

CHANT II

Déjà le soleil était arrivé à l'horizon dont le méridien a son point le plus élevé au-dessus de Jérusalem ;

Et la nuit qui tourne à l'opposite sortait du Gange avec les balances qui lui tombent des mains quand elle l'emporte ;

En sorte qu'au lieu où j'étais les joues blanches et vermeilles de la belle Aurore commençaient à prendre en mûrissant les couleurs de l'orange ;

Nous étions encore tout au bord de la mer, comme des gens qui pensent à leur route ; ils cheminent déjà par la pensée, mais leurs pieds demeurent.

Et voici que, pareille à la planète de Mars, qui aux approches du matin, voilée d'épaisses vapeurs, se montre comme un point rouge à l'occident suspendu sur la plaine des mers,

Une lumière m'apparut (ainsi puissé-je la revoir!) glissant sur la mer d'un mouvement si rapide, qu'il n'y a pas de vol capable de l'égaler ;

7 Dal qual com'io un poco ebbi ritratto
   L' occhio per dimandar lo Duca mio,
   Rividil più lucente e maggior fatto.
8 Poi d' ogni lato ad esso m' appario
   Un non sapea che bianco, e di sotto
   A poco a poco un altro a lui n' uscio.
9 Lo mio Maestro ancor non fece motto
   Mentre che i primi bianchi apparser ali.
   Allor che ben conobbe il galeotto,
10 Gridò : Fa, fa che le ginocchia cali;
   Ecco l' Angel di Dio : piega le mani :
   Omai vedrai di sì fatti uficiali.
11 Vedi che sdegna gli argomenti umani,
   Sì che remo non vuol, nè altro velo
   Che l' ale sue, tra liti sì lontani.
12 Vedi come l' ha dritte verso 'l cielo,
   Trattando l' aere con l'eterne penne,
   Che non si mutan come mortal pelo.
13 Poi come più e più verso noi venne
   L' uccel divino, più chiaro appariva;
   Perchè l' occhio da presso nol sostenne,
14 Ma chinail giuso; e quei sen venne a riva
   Con un vasello snelleto e leggiero,
   Tanto che l' acqua nulla ne inghiottiva.
15 Da poppa stava il celestial nocchiero,
   Tal, che parea beato per iscripto;
   E più di cento spirti entro sediero.
16 *In exitu Israel de Ægypto*
   Cantavan tutti insieme ad una voce,
   Con quanto di quel salmo è poscia scripto.

Et après que j'eus un peu détourné les yeux pour interroger mon guide, je la revis plus vive et plus grande.

Puis de chaque côté m'apparaissait je ne sais quoi de blanc, et au-dessous peu à peu se découvrait une autre blancheur.

Mon maître d'abord ne dit mot, jusqu'à ce que les premières formes blanches se dessinassent comme des ailes, alors reconnaissant bien le pilote,

Il s'écria : « Hâte-toi, hâte-toi de plier les genoux. Voici l'ange de Dieu. Joins les mains. Tels sont les ministres que tu verras désormais.

« Vois comme il dédaigne les moyens humains ; si bien qu'entre des rivages si éloignés, il ne veut ni rames ni d'autres voiles que ses ailes.

« Vois comme il les tient dressées vers le ciel, battant l'air de ses plumes éternelles, qui ne se renouvellent point comme celles des êtres périssables. »

Ensuite, plus approchait de nous l'oiseau divin, plus il paraissait resplendissant; en sorte que de près mes yeux ne soutenaient plus son éclat.

Je les baissai donc ; et lui vint toucher au bord avec une nacelle si agile et si légère que l'eau n'en atteignait pas les flancs.

A la poupe se tenait debout le céleste nocher, tel que la béatitude semblait écrite sur son front; et plus de cent esprits étaient assis au dedans.

In exitu Israel de Ægypto, c'était le chant qu'ils répétaient tous ensemble d'une seule voix, en y ajoutant la suite du psaume autant qu'il y en a dans le livre.

17 Poi fece il segno lor di santa croce;
   Ond' ei si gittar tutti in sulla piaggia,
   Ed ei sen gì, come venne, veloce.
18 La turba che rimase lì, selvaggia
   Parea del loco, rimirando intorno,
   Come colui che nuove cose assaggia.
19 Da tutte parti saettava il giorno
   Lo Sol, ch' avea colle saette conte
   Di mezzo 'l ciel cacciato il Capricorno;
20 Quando la nova gente alzò la fronte
   Ver noi, dicendo a noi: Se voi sapete,
   Mostratene la via di gire al monte.
21 E Virgilio rispose: Voi credete
   Forse che siamo sperti d' esto loco;
   Ma noi sem peregrin, come voi sete.
22 Dianzi venimmo, innanzi a voi un poco,
   Per altra via, che fu sì aspra e forte,
   Che lo salire omai ne parrà gioco.
23 L' anime che si fur di me accorte,
   Per lo spirar, che io era ancor vivo,
   Maravigliando diventaro smorte;
24 E come a messaggier, che porta olivo,
   Tragge la gente per udir novelle,
   E di calcar nessun si mostra schivo;
25 Così al viso mio s'affisar quelle
   Anime fortunate tutte quante,
   Quasi obbliando d' ire a farsi belle.
26 Io vidi una di lor trarresi avante
   Per abbracciarmi con sì grande affetto,
   Che mosse me a far lo somigliante.

Puis l'ange leur fit le signe de la sainte croix; alors ils se jetèrent tous sur la plage. Et lui s'en retourna rapide comme il était venu.

La troupe qui resta semblait effarouchée de se trouver en ce lieu : elle regardait tout autour comme quand on examine des choses nouvelles.

De toutes parts le soleil dardait le jour, et ses flèches lumineuses avaient chassé le Capricorne de la moitié du ciel.

Quand la nouvelle troupe leva les yeux vers nous en nous disant : « Si vous le savez, montrez-nous le chemin qui conduit à la montagne. »

Et Virgile répondit : « Vous croyez peut-être que nous connaissons ces lieux, mais nous sommes comme vous étrangers.

« Nous venons d'y arriver un peu avant vous, par un autre chemin si âpre et si escarpé que la montée désormais ne nous paraîtra plus qu'un jeu. »

Les âmes qui s'aperçurent à ma respiration que je vivais encore devinrent pâles de surprise.

Et, comme autour d'un messager portant la branche d'olivier, la multitude court pour entendre les nouvelles, et personne ne semble craindre la presse ;

Ainsi se suspendirent à mon regard ces âmes fortunées, autant qu'il y en avait, comme si elles oubliaient de s'aller faire belles.

J'en vis une se détacher des autres et s'avancer avec tant d'affection qu'elle m'entraîna à faire de même.

27. O ombre vane, fuor che nell'aspetto!
Tre volte dietro a lei le mani avvinsi,
E tante mi tornai con esse al petto.
28. Di maraviglia, credo, mi dipinsi;
Perchè l'ombra sorrise e si ritrasse,
Ed io, seguendo lei, oltre mi pinsi.
29. Soavemente disse, ch'io posasse:
Allor conobbi chi era, e pregai
Che per parlarmi un poco s'arrestasse.
30. Risposemi: Così com'io t'amai
Nel mortal corpo, così t'amo sciolta;
Però m'arresto: ma tu perchè vai?
31. Casella mio, per tornare altra volta
Laddove io son, fo io questo viaggio,
Diss'io; ma a te come tant'ora è tolta?
32. Ed egli a me: Nessun m'è fatto oltraggio,
Se quei, che leva e quando e cui gli piace,
Più volte m'ha negato esto passaggio;
33. Chè di giusto voler lo suo si face.
Veramente da tre mesi egli ha tolto
Chi a voluto entrar con tutta pace.
34. Ond'io che er'ora alla marina volto,
Dove l'acqua di Tevere s'insala,
Benignamente fui da lui ricolto.
35. A quella foce ha egli or dritta l'ala;
Perocchè sempre quivi si raccoglie,
Qual verso d'Acheronte non si cala.
36. Ed io: Se nuova legge non ti toglie
Memoria o uso all'amoroso canto,
Che mi solea quetar tutte mie voglie,

O ombres vaines, et qui n'ont de vérité que par la vue, trois fois j'enlaçai mes mains derrière elle, et trois fois je les ramenai vides sur mon cœur!

L'étonnement se peignit, je crois, sur mon visage : c'est pourquoi l'ombre sourit et se retira, et moi je m'avançai pour la suivre.

Elle m'invita doucement à me tenir en repos; alors je connus qui elle était, et je la priai de s'arrêter un peu pour converser avec moi.

Elle me répondit : « Comme je t'aimai dans mon corps mortel, ainsi je t'aime libre de ses liens. Je m'arrête donc; mais toi, pourquoi viens-tu ?

« Casella, mon bien-aimé, c'est pour revenir une autre fois au lieu où me voici que je fais ce voyage. Mais toi, comment donc as-tu perdu tant d'heures. »

Et lui : « Aucune injure ne m'est faite, si l'ange qui nous passe dans le temps et dans l'ordre qui lui plaît m'a refusé plusieurs fois le passage;

« Car une volonté juste règle la sienne. Il est vrai que depuis trois mois, il a reçu en toute paix quiconque voulait entrer.

« Ainsi moi qui attendais alors sur la plage, où l'eau du Tibre se mêle aux flots amers, je fus accueilli de lui avec bonté.

« C'est vers cette embouchure qu'il dirige maintenant ses ailes; car c'est là que se rassemblent toujours ceux qui ne descendent point vers l'Achéron. »

Et moi : « Si une loi nouvelle ne t'enlève point la mémoire ou l'usage de ces chants amoureux, qui avaient coutume d'apaiser tous mes désirs;

37 Di ciò ti piaccia consolare alquanto
   L'anima mia, che, con la sua persona
   Venendo qui, è affannata tanto.
38 *Amor che nella mente mi ragiona,*
   Cominciò egli allör sì dolcemente,
   Che la dolcezza ancor dentro mi suona.
39 Lo mio Maestro, ed io, e quella gente
   Ch'eran con lui, parevan sì contenti,
   Com'a nessun toccasse altro la mente.
40 Noi eravam tutti fissi ed attenti
   Alle sue note, ed ecco il veglio onesto,
   Gridando: Che è ciò, spiriti lenti?
41 Qual negligenza, quale stare è questo?
   Correte al monte a spogliarvi lo scoglio,
   Ch'esser non lascia a voi Dio manifesto.
42 Come quando, cogliendo biada o loglio,
   Gli colombi adunati alla pastura,
   Queti, senza mostrar l'usato orgoglio,
43 Se cosa appare ond'elli abbian paura,
   Subitamente lasciano star l'esca,
   Perchè assaliti son da maggior cura;
44 Così vid' io quella masnada fresca
   Lasciar il canto, e fuggir ver la costa,
   Com' uom che va, nè sa dove riesca:
45 Nè la nostra partita fu men tosta.

« Qu'il te plaise de donner cette consolation à mon âme, qui en venant ici avec son corps a tant souffert. »

Alors il commença : « *Amor che nella mente mi ragiona* » avec tant de charme, que sa douce voix chante encore dans mon cœur.

Mon maître et moi, et toute cette foule qui était avec le chanteur, nous paraissions si contents que nul autre soin ne semblait nous toucher.

Tous nous restions immobiles et attentifs à ses accents. Et voilà que l'austère vieillard nous crie : « Qu'est ceci, esprits paresseux !

« Quelle est cette négligence, et pourquoi ce retard ? courez à la montagne et dépouillez vos yeux des écailles qui ne vous laissent pas voir Dieu. »

Telles des colombes becquetant le blé ou l'ivraie, mangent ensemble, paisibles et sans faire entendre leur roucoulement accoutumé;

Si quelque chose survient dont elles aient peur, elles abandonnent soudain leur pâture, parce qu'un soin plus grand vient les assaillir.

Ainsi je vis cette bande nouvelle venue abandonner le chant et s'acheminer vers la montée, comme un homme va sans savoir où il doit arriver : et notre fuite ne fut pas moins prompte.

COMMENTAIRE DU CHANT II.

Dans les vers que nous expliquions ensemble, il y a huit jours, Dante nous donnait deux leçons qui contiennent pour ainsi dire tout l'art poétique et qui répondent à toutes les fausses doctrines littéraires : il nous montrait comment l'art doit imiter l'antique et s'attacher à la tradition; comment il doit imiter la nature et s'attacher à la réalité. En effet, c'est la destinée de l'art de chercher l'idéal et de le chercher dans le réel. L'idéal est connu par la tradition, par cette longue suite de poëtes qui l'ont poursuivi depuis Homère, qui ont poursuivi le rêve d'une beauté parfaite, d'une beauté qui ne se montre jamais tout entière dans les choses terrestres. Dante n'a garde de négliger cet exemple de ses devanciers, il a les yeux sur l'antiquité classique, il se serre contre son maître Virgile, il l'étudie, il l'imite; mais le génie n'imite qu'en faisant une œuvre nouvelle : du rameau d'or de Proserpine il fait le roseau qui doit ceindre le pèlerin du purgatoire; l'image est plus simple et le sens plus élevé. C'est toute la différence du paganisme au christianisme.

COMMENT DANTE IMITE LA NATURE. — Aux lueurs blanchissantes de l'aube, il reconnaît le frémissement de la mer. Ce charme du matin, ces premières clartés tremblantes sur les eaux, c'est bien la nature prise sur le fait.

Conobbi il tremolar della marina.— Tous ceux qui ont passé quelques heures sur mer ont admiré ces jeux de la lumière et des eaux; penché au bord du navire, on voit se succéder les flots qui viennent de loin, roulent, s'approchent jusqu'à l'endroit où le soleil donne et redescendent ensuite pour faire place au flot qui suit. C'est l'image de nos vies : elles viennent ainsi, se poussant jusqu'à ce moment unique où un rayon de bonheur les touche, et retombent ensuite où Dieu a voulu.

Dante sait bien que l'idéal ne peut être cherché que dans la réalité; que cette beauté rêvée par les poëtes, ils ne l'ont entrevue que dans la nature, qui ne la laisse pas voir sans voile; qui la cache, mais qui la possède. Cet homme savant, ce disciple des écoles, a étudié la création ailleurs que dans la physique d'Aristote, ailleurs que chez les naturalistes et les poëtes. Il est allé la chercher hors des villes, loin de tout ce qui rétrécit l'horizon. C'est une grâce d'état que la Providence lui a faite de l'exiler, de le faire sortir de cette Florence si belle, de le forcer d'errer de province en province, sans repos, de 1300 à 1321.

Florence est bien belle, il semble qu'entre les murs de ses palais, sous les dômes de ses églises, rien ne puisse manquer à l'inspiration : montez cependant sur les hauteurs de Fiesole, la ville diminue, elle ne me semble plus qu'un ouvrage d'ivoire dans une corbeille de verdure. L'ouvrage qui est de la main des hommes est beau, mais j'aime mieux la nature qui est de Dieu.

Comme Camoëns, Dante est un poëte voyageur; et pour le commenter il faudrait voyager sur ses traces.

Ce voyage dantesque, M. J. J. Ampère l'a fait et l'a raconté dans un livre charmant : la *Grèce, Rome et Dante*. On y suit le poëte d'un bout à l'autre de cette Italie, qu'on a le tort de se figurer toujours comme une molle et grasse contrée, comme l'Italie des *Églogues* de Virgile. C'est qu'on n'a pas gravi les laves de l'Etna, longé le lac sombre de Bolsena, traversé la forêt de pins de Ravenne et remonté ces côtes des Alpes qui dominent les plaines de la Lombardie comme une menace éternelle. Toute la nature était là pour instruire le poëte avec toutes ses grâces et toutes ses horreurs. Aussi n'est-il pas un disciple indocile : il n'y a pas de spectacle terrible ou charmant dont il n'emporte le souvenir. S'il traverse la vallée de l'Adige, il y trouve des collines éboulées, un chaos de rochers; il la comparera à la pente rapide qu'il descend pour arriver au cercle où les violents sont punis. Il a monté et redescendu dans les jours cruels de son exil les passages difficiles de l'Apennin; il s'en souvient en gravissant la montagne du Purgatoire :

> Vassi in Sanleo, e discendesi in Noli
> Montasi su Bismantova in cacume
> Con esso i piè; ma qui convien ch' uom voli [1].

S'il a erré sur les vertes collines du Casentin, il n'en oublie plus les mille ruisseaux qui descendent dans l'Arno en portant la fraîcheur et l'humidité sur leurs bords :

> Li ruscelletti, che de' verdi colli
> Del Casentin discendon giuso in Arno,
> Facendo i lor canali freddi e molli [2].

[1] *Purg.*, IV, 9.
[2] *Infern*, XXX, 22.

Il n'est pas moins frappé des ouvrages des hommes. Au neuvième chant de l'*Enfer*, il décrit les sépultures d'Arles. Au dix-huitième, les perfides, divisés en deux bandes qui vont en sens contraire, lui rappellent le pont Saint-Ange au jubilé. Les moindres tableaux, ceux que le reste des hommes néglige, ne lui échappent pas. Les brebis qui sortent du parc, le faucon qui sort de sa cage et vole vers le fauconnier, les oiseaux de passage, le chevrier.

« Telles les chèvres qui tout à l'heure étaient si agiles et si hardies sur les pointes des rochers avant d'être repues, se tiennent tranquilles en ruminant et demeurent silencieuses à l'ombre, pendant que le soleil flamboie, gardées par le pâtre qui s'appuie sur sa houlette. ».

> Tacite all' ombra, mentre che 'l sol fervo,
> Guardate dal pastor, che in su la verga
> Poggiato s'è, e lor di posa serve [1].

Ce ne sont point chez Dante d'heureux instincts; c'est une doctrine : au onzième chant de l'*Enfer*, parmi les violents contre Dieu, il range ceux qui attaquent la nature et l'art. La nature est l'art de Dieu reproduit par l'homme.

> Sì che vostr' arte a Dio quasi è nipote [2].

Cette opinion que le poëte a de son art, n'est ni un lieu commun ni une ambition déréglée. Depuis Homère, qui commence par ces mots : « Muses, chantez la colère d'Achille, » jusqu'à Byron, poëte du désespoir qui presse

---

[1] *Purg.*, XXVII, 27.
[2] *Infern.*, XI, 35.

convulsivement sa plume sous l'empire de la fatalité qu'il croit acharnée à sa suite, aucun homme n'a jamais voulu faire au sérieux ce métier de poëte, ce métier dont on sue, dont on pleure, dont on finit par mourir, sans croire qu'il obéissait à quelque chose de plus qu'humain.

Derrière chaque inspiration de Dante il y a un principe, derrière chaque beauté une doctrine.

Terc. 10. — Les anges de Dante. — C'est une des prédilections de la poésie de Dante, et c'est un de ses charmes que ces figures d'anges dont il peuple pour ainsi dire la *Divine Comédie*.

Ce que Dante trouvait dans la théologie. — Au-dessous de Dieu, esprit pur et infini, sont les anges, esprits purs, mais finis, placés au-dessus de l'homme, esprit fini et uni au corps. C'est l'ordre dans la création. — Chute des anges. — L'humanité destinée à réparer le vide du ciel. L'ange est l'idéal de la nature humaine.

Ce qu'il trouvait dans son cœur. — Lui aussi il avait poursuivi un idéal de beauté chrétienne, Béatrix, son ange envolé.

Passage de la Vita Nuova. « Le jour qui achevait l'année, depuis que cette dame avait pris rang parmi les citoyens du paradis, j'étais assis en un lieu où me souvenant d'elle, je dessinais un ange sur des tablettes, et pendant que je dessinais, je levai les yeux et je vis des hommes auxquels il convenait de faire honneur et qui regardaient ce que je faisais; et, selon ce qui me fut dit ensuite, ils étaient là depuis un moment sans que je m'en aperçusse. Quand je les vis, je me levai, et les saluant, je leur dis : « Une autre personne était naguère « avec moi et c'est à elle que je pensais. » Ils s'éloignèrent, et reprenant mon ouvrage, je recommençai à dessiner des figures d'anges, et cependant la pensée me vint de dire des paroles en vers comme pour l'anniversaire de celle que je pleurais. » Toute la pensée de Dante est là. Voilà pourquoi il ne se lasse point de dessiner des anges[1].

Dante est fidèle aux habitudes de l'art contemporain. L'art chrétien représente les anges par des jeunes gens ailés. La jeunesse, c'est-à-dire la force et la grâce, est le plus beau moment de la nature. Les ailes, c'est-à-dire l'idéal, la spiritualité, l'immortalité. Les anges des mosaïques. — Les beaux anges des fresques florentines. — Cimabue, Fra Angelico, Pérugin. Quand les hommes étaient si violents, où donc les peintres allaient-ils prendre ces têtes charmantes et radieuses ? Les anges après eux sont changés en amours. Dante a donné la parole aux anges de Giotto, Giotto a saisi les anges de Dante, et les a fixés par le crayon et la couleur pour qu'ils ne s'envolassent plus.

Ainsi ce poëte qui trouve son commentaire dans la nature, le trouve aussi dans les monuments. Cette même

---

[1] Au IX⁰ de l'*Enfer*. Cité de Dité. L'ange chassant l'air, l'épée dans la main gauche, la verge dans la droite. Aux VIII⁰ et IX⁰ du *Purg.*, l'ange à la nacelle ; l'ange à la porte. Les âmes dans la vallée. L'hymne du soir. Les deux anges gardiens. Vêtements verts comme les feuilles nouvelles. Glaives enflammés. L'ange de la pénitence ; vêtement cendré, glaive et clefs. Les sept anges qui effacent les sept péchés.

Paradis, XXXI⁰. La rose blanche. Les anges au visage de flamme, ailes d'or, les vêtements blancs ; comme un essaim d'abeilles descendant dans la fleur pour y porter l'ardeur et la paix, et remontant vers Dieu pour y porter la louange.

Italie qui offre l'interprétation éternelle de la *Divine Comédie* dans ses montagnes, ses lacs et ses vallées, la commente aussi par les fresques de ses palais et de ses églises. Il n'y a pas une pierre qui ne soit sacrée, puisqu'il n'y en a pas une qui ne soit la glose de quelque livre immortel.

On a coutume de se représenter Dante sous ces traits un peu durs que lui avaient donnés l'âge, le malheur et la colère. Dante, dans la Dispute du saint Sacrement, par Raphaël, c'est le pèlerin de l'enfer et le chantre d'Ugolin. Une autre image, peinte à Florence par Giotto dans la chapelle de l'ancien palais du Bargello, le montre au paradis avec plusieurs citoyens de Florence, une grenade à la main, jeune, plein de grâce, ouvert à l'amour de Béatrix, aux souffles les plus doux de la poésie, aux visions du purgatoire et du ciel.

Nous l'avons vu lié avec les peintres de son temps, donnant des conseils à Giotto et dessinant des anges. Nous le trouvons ami du musicien Casella. « Il prit un souverain plaisir aux chants et au jeu des instruments, et séduit par ce plaisir, il composa un grand nombre de poëmes auxquels il faisait ensuite ajouter des airs agréables [1]. »

Lui-même, au livre II du *Convito*, dit : « La musique enlève aussi les esprits des hommes, de façon à ne leur plus laisser aucun emploi, tant l'âme est attentive. » Au moyen âge point de vers sans chant, la musique était la moitié du charme : *Amor che nella mente mi ragiona.*

---

[1] Boccace.

« L'amour qui dans mon cœur devise tendrement avec moi de ma noble dame, m'en dit souvent des choses si hautes que la pensée s'y égare. » Et cependant ses paroles ont un accent si doux que l'âme qui l'écoute et l'entend s'écrie : « Ah ! pauvrette, que ne puis-je dire de ma dame ce que j'en entends ! Assurément si je veux répéter ce que j'apprends d'elle, force m'est de laisser d'abord ce que mon entendement ne comprend pas, et de ce qu'il comprend une grande partie que je ne saurais redire ! Si donc il y a quelque défaut dans les vers dont je ferai le tissu de ses louanges, qu'on en fasse le reproche à notre faible intelligence, à notre langage, qui n'a pas le pouvoir de reproduire tout ce que dicte l'amour. »

CANTO III

1 Avvegnachè la subitana fuga
   Dispergesse color per la campagna,
   Rivolti al monte, ove ragion ne fruga;
2 Io mi ristrinsi alla fida compagna:
   E come sare' io senza lui corso?
   Chi m'avria tratto su per la montagna?
3 Ei mi parea da sè stesso rimorso:
   O dignitosa coscienza e netta,
   Come t'è picciol fallo amaro morso!
4 Quando li piedi suoi lasciar la fretta,
   Che l'onestade ad ogni atto dismaga,
   La mente mia, che prima era ristretta,
5 Lo intento rallargò, sì come vaga,
   E diedi il viso mio incontro al poggio,
   Che inverso il ciel più alto si dislaga.
6 Lo Sol, che dietro fiammeggiava roggio,
   Rotto m'era dinanzi, alla figura
   Ch'aveva in me de' suoi raggi l'appoggio.

CHANT III

Pendant qu'une fuite soudaine dispersait à travers la campagne ces âmes qui se dirigeaient vers le mont où la loi divine nous châtie :

Je me serrai contre mon compagnon fidèle; et comment sans lui aurais-je hâté ma course? Qui m'aurait traîné le long de la montagne?

Il me semblait pressé de remords. Conscience digne et pure, comme une petite faute te devient une morsure cruelle !

Quand ses pieds quittèrent cette marche précipitée qui ôte à l'attitude toute noblesse, mon intelligence, d'abord fixée sur un point,

Étendit son effort comme ses désirs, et je portai mes yeux sur ce mont, le plus élevé de tous, qui sort des eaux et touche au ciel.

Le soleil, dont la rouge lumière flamboyait derrière moi, n'éclairait point la terre devant ma figure; car mon corps faisait obstacle à ses rayons.

7 Io mi volsi da lato con paura
   D' essere abbandonato, quando i' vidi
   Solo dinanzi a me la terra oscura:
8 E 'l mio Conforto: Perchè pur diffidi,
   A dir mi cominciò tutto rivolto;
   Non credi tu me teco, e ch' io ti guidi?
9 Vespero è già colà, dov' è sepolto
   Lo corpo, dentro al quale io facev' ombra:
   Napoli l' ha, e da Brandizio è tolto.
10 Ora, se innanzi a me nulla s' adombra,
   Non ti maravigliar più che de' cieli,
   Che l' uno all' altro raggio non ingombra.

11 A sofferir tormenti e caldi e gieli
   Simili corpi la Virtù dispone,
   Che come fa non vuol ch' a noi si sveli.

12 Matto è chi spera che nostra ragione
   Possa trascorrer la infinita via,
   Che tiene una sustanzia in tre persone.
13 State contenti, umana gente, al *quia*;
   Chè se potuto aveste veder tutto,
   Mestier non era partorir Maria;
14 E disiar vedeste senza frutto
   Tai, che sarebbe lor disio quetato,
   Ch' eternalmente è dato lor per lutto.
15 Io dico d' Aristotile e di Plato,
   E di molti altri. E qui chinò la fronte;
   E più non disse, e rimase turbato.
16 Noi divenimmo intanto appiè del monte:

Je me tournai de côté, avec la crainte d'être abandonné, quand je vis que devant moi seulement la terre était obscure;

Et mon consolateur commença en ces mots : « Pourquoi craindre encore et te retourner ainsi? Ne me crois-tu point avec toi et venu pour te guider?

« Il est déjà l'heure du soir au lieu où repose le corps, dans lequel je projetais une ombre : Naples l'a recueilli, et l'a enlevé à Brindes.

« Maintenant, si rien ne s'obscurcit devant moi, ne t'en étonne pas plus que de la construction des cieux, superposés sans que l'un intercepte à l'autre les rayons des astres.

« La vertu divine nous forme les corps que tu vois, capables de souffrir les tourments, la chaleur et la froidure; mais comment elle le fait, elle ne veut pas le révéler.

« Insensé, qui espère que notre raison puisse suivre jusqu'au bout les voies mystérieuses de Celui qui est une substance unique en trois personnes.

« Sachez vous contenir, race humaine, quand il s'agit du pourquoi; car, si vous aviez pu tout voir, il n'était pas besoin que Marie enfantât.

« Et vous avez vu tels désirer inutilement qui auraient eu leur désir apaisé, et qui l'ont maintenant pour éternel regret.

« Je parle d'Aristote et de Platon et de plusieurs autres, » et là il baissa la tête, n'en dit pas davantage et demeura troublé.

Nous arrivâmes cependant au pied de la montagne :

Quivi trovammo la roccia sì erta,
Che indarno vi sarien le gambe pronte.

17 Tra Lerici e Turbía, la più diserta,
La più rotta ruina è una scala,
Verso di quella, agevole ed aperta.

18 Or chi sa da qual man la costa cala,
Disse 'l Maestro mio fermando il passo,
Sì che possa salir chi va senz' ala?

19 E mentre che, tenendo il viso basso,
Esaminava del cammin la mente;
Ed'io mirava suso intorno al sasso,

20 Da man sinistra m' apparì una gente
D' anime, che movieno i piè ver noi,
E non pareva, sì venivan lente.

21 Leva, dissi al Maestro, gli occhi tuoi:
Ecco di qua chi ne darà consiglio,
Se tu da te medesmo aver nol puoi.

22 Guardommi allora, e con libero piglio
Rispose: Andiamo in là, ch' ei vengon piano;
E tu ferma la speme, dolce figlio.

23 Ancora era quel popol di lontano,
I' dico dopo i nostri mille passi,
Quanto un buon gittator trarria con mano;

24 Quando si strinser tutti a' duri massi
Dell' alta ripa, e stetter fermi e stretti,
Come a guardar, chi va dubbiando, stassi.

25 O ben finiti, o già spiritti eletti,
Virgilio incominciò, per quella pace
Ch' io credo che per voi tutti s' aspetti,

là nous trouvâmes la roche si escarpée que l'agilité des jambes n'y pourraient rien.

Entre Lerici et Turbia, le sentier le plus désert, le plus sauvage, est auprès de cet endroit-ci un escalier facile et large.

« Maintenant qui sait, dit mon maître en arrêtant le pas, qui sait de quel côté la pente s'incline, de façon à laisser accès à qui chemine sans ailes? »

Et pendant qu'il tenait les yeux baissés, interrogeant sa pensée sur le chemin qu'il fallait tenir, je regardais en haut tout autour du rocher.

A ma main gauche m'apparut une troupe d'âmes qui portaient leurs pas vers nous. Et à peine y paraissait-il tant elles venaient lentement.

« Lève, dis-je à mon maître, lève les yeux; vois de ce côté qui nous donnera conseil, si tu ne peux le prendre toi-même. »

Alors il me regarda, et, d'un air rassuré, il répondit: « Allons, car elles viennent à pas lents, et toi, fixe l'espérance dans ton cœur, mon doux fils. »

Cette troupe était encore loin de nous, et après que nous eûmes fait mille pas, elle se trouvait à la distance qu'une main forte atteindrait d'un jet de pierre.

Quand toutes les âmes se pressèrent contre les âpres rochers de la côte escarpée, et se tinrent immobiles et serrées, comme on s'arrête incertain pour regarder qui vient,

Virgile commença : « O vous qui avez bien fini, esprits déjà sûrs de votre élection, au nom de cette paix que je crois attendue de vous tous,

26 Ditene dove la montagna giace,
   Si che possibil sia l'andare in suso;
   Chè 'l perder tempo a chi più sa più spiace.
27 Come le pecorelle escon del chiuso
   Ad una, a due, a tre, e l'altre stanno
   Timidette atterrando l'occhio e 'l muso,
28 E ciò che fa la prima, e l'altre fanno,
   Addossandosi a lei s'ella s'arresta,
   Semplici e quete, e lo 'mperchè non sanno:
29 Sì vid' io mover, a venir, la testa
   Di quella mandria fortunata allotta,
   Pudica in faccia, e nell'andare onesta.
30 Come color dinanzi vider rotta
   La luce in terra dal mio destro canto,
   Sì che l'ombra era da me alla grotta,
31 Ristaro, e trasser sè indietro alquanto;
   E tutti gli altri che venieno appresso,
   Non sappiendo il perchè, fero altrettanto.
32 Senza vostra dimanda io vi confesso,
   Che questi è corpo uman che voi vedete,
   Per che il lume del sole in terra è fesso.
33 Non vi maravigliate; ma credete,
   Che, non senza virtù che dal ciel vegna,
   Cerca di soverchiar questa parete.
34 Così 'l Maestro. E quella gente degna,
   Tornate, disse, intràte innanzi dunque,
   Co' dossi delle man facendo insegna.
35 Ed un di loro incominciò: Chiunque
   Tu se', così andando volgi il viso,
   Pon mente, se di là mi vedesti unque.

« Dites-nous où la montagne s'incline, de façon qu'il soit possible de la gravir, car la perte du temps est plus déplaisante à qui sait davantage. »

Comme les brebis sortent du parc une à une, deux à deux, trois à trois, et les autres se tiennent toutes timides, baissant vers la terre l'œil et le museau.

Et ce que fait la première les autres le font, montant sur son dos si elle s'arrête, simples et tranquilles, et sans savoir pourquoi;

Ainsi je vis s'avancer et venir à nous les premiers rangs de ce troupeau bienheureux; leur visage était pudique et leur démarche modeste.

Quand ils virent devant eux la lumière interrompue, à ma droite, sur la terre, par l'effet de mon ombre qui se portait sur le rocher;

Ils s'arrêtèrent et se retirèrent un peu en arrière, et tous les autres qui venaient ensuite, sans savoir pourquoi, en firent autant.

« Sans attendre votre demande, je vous confesse que vous voyez un corps humain, c'est pourquoi le reflet du soleil s'interrompt sur la terre.

« Ne vous étonnez pas ; mais croyez que ce n'est pas sans une vertu venue du ciel qu'il cherche à franchir cette muraille. »

Ainsi dit le maître, et cette troupe respectable répondit : « Retournez sur vos pas et marchez devant nous. » Et du revers de la main ils nous montraient la route;

Et l'un d'eux commença : « Qui que tu sois, tout en cheminant, porte sur moi les yeux, et cherche dans ta mémoire si là-bas tu me vis jamais. »

36 Io mi volsi ver lui, e guardail fiso:
   Biondo era e bello, e di gentile aspetto;
   Ma l' un de' cigli un colpo avea diviso.
37 Quand' i' mi fui umilmente disdetto
   D' averlo visto mai, ei disse: Or vedi:
   E mostrommi una piaga a sommo il petto.
38 Poi disse sorridendo: I' son Manfredi,
   Nipote di Gostanza imperadrice:
   Ond' io ti prego che quando tu riedi,
39 Vadi a mia bella figlia, genitrice
   Dell' onor di Cicilia e d' Aragona,
   E dichi a lei il ver, s' altro si dice.
40 Poscia ch' i' ebbi rotta la persona
   Di due punte mortali, io mi rendei
   Piangendo a Quei che volentier perdona.
41 Orribil furon li peccati miei;
   Ma la bontà infinita ha sì gran braccia,
   Che prende ciò che si rivolve a lei.
42 Se 'l pastor di Cosenza, ch' alla caccia
   Di me fu messo per Clemente, allora
   Avesse in Dio ben letta questa faccia,
43 L' ossa del corpo mio sarieno ancora
   In co' del ponte presso a Benevento,
   Sotto la guardia della grave mora.
44 Or le bagna la pioggia e mové il vento
   Di fuor dal Regno, quasi lungo il Verde,
   Ove le trasmutò a lume spento.
45 Per lor maladizion sì non si perde,
   Che non possa tornar l' eterno amore,
   Mentre che la speranza ha fior del verde.

Je me tournai vers lui et le regardai fixement : il était blond et beau, et d'un noble aspect; mais une blessure avait fendu l'un de ses sourcils.

Quand je me fus humblement excusé de l'avoir jamais vu, il me dit : « Vois, maintenant, » et il me montra une plaie au haut de sa poitrine;

Puis avec un sourire, il ajouta : « Je suis Manfred, petit-fils de l'impératrice Constance, et c'est pourquoi je te prie, quand tu retourneras sur la terre,

« D'aller trouver ma gracieuse fille, mère des deux rois qui sont l'honneur de la Sicile et de l'Aragon, et dis-lui la vérité si on dit le contraire.

« Après que mon corps eut été percé de deux coups mortels, je me rendis en pleurant à celui qui volontiers pardonne.

« Mes péchés furent horribles; mais la bonté infinie a les bras si grands qu'elle prend tous ceux qui se tournent vers elle.

« Si l'évêque de Cosenza, qui fut mis à la chasse de mes restes par le pape Clément, avait bien lu cette page dans la parole de Dieu,

« Mes os reposeraient encore à la tête du pont, près de Bénévent, sous la garde de lourdes pierres.

« Maintenant la pluie les trempe et le vent les bat, près des bords du Verde, hors du royaume, où le prélat les fit jeter en éteignant les torches.

« Mais leur malédiction ne perd par les âmes, de telle sorte que l'éternel amour ne puisse y descendre pour que l'espérance y reverdisse encore.

46 Ver è che quale in contumacia muore
    Di Santa Chiesa, ancor che alfin si penta,
    Star li convien da questa ripa in fuore
47 Per ogni tempo, ch' egli è stato, trenta,
    In sua presunzion, se tal decreto
    Più corto per buon prieghi non diventa.
48 Vedi oramai se tu mi puoi far lieto,
    Rivelando alla mia buona Gostanza
    Come m' hai visto, ed anco esto divieto;
49 Chè qui per quei di là molto s' avanza.

« Il est vrai que si quelqu'un meurt contumace envers la sainte Église, encore qu'il se repente à la fin, il lui faut rester dehors de cette côte escarpée

« Trente fois autant de temps qu'il a persévéré dans sa présomption, à moins que cet arrêt ne soit abrégé par des prières charitables.

« Vois, maintenant, si tu peux me consoler en révélant à ma bien-aimée Constance comment tu m'as vu et aussi l'arrêt qui me retient;

« Car ici on obtient beaucoup par les prières de là-bas. »

COMMENTAIRE DU CHANT III.

A mesure que nous avançons dans la lecture du poëme, nous entrons plus profondément dans la connaissance du poëte. Nous commençons à pénétrer ce génie mal compris, qui passe pour le plus fougueux des esprits et qui en est le plus réglé. Nous savons tout ce qu'il y a de calcul et d'ordre dans son dessein, d'habileté à réunir et à soutenir jusqu'au bout le sens littéral et le sens allégorique, tout ce qu'il a puisé de science à l'école des anciens et sur les bancs des universités contemporaines, tout ce qu'il y a d'art dans sa manière de composer et d'imiter l'antique, et de reproduire la nature. Le texte que nous expliquâmes dans la dernière séance et celui qui doit nous occuper aujourd'hui nous livreront un autre secret du poëte, une autre source de ses inspirations. Je veux parler de ses croyances religieuses. Dante a eu cette gloire réservée aux plus grands hommes, que la postérité ne l'a pas laissé dormir tranquille dans son tombeau. La réforme qui détruisait toute autorité a voulu s'entourer d'autorités, elle a invoqué celle de Dante et de Pétrarque. Foscolo et Rossetti ont vu dans la *Divine Comédie* un manifeste antipapal.

Les trois griefs principaux de Dante contre les papes sont : la lutte contre l'Empire, l'intervention de Boniface VIII dans les affaires de Florence, la translation du saint-siége à Avignon. Il s'acharne contre Boniface VIII, dont il montre la place préparée entre les simoniaques[1] et saint Pierre maudissant celui qui usurpe sa chaire et la déclare vacante. Cependant, voici comment il juge un des actes les plus éclatants et les plus accusés de ce pontificat.

DANTE ET LE JUBILÉ DE BONIFACE VIII. — Par une bulle du 22 février 1300, rappelant que la tradition accorde de grandes indulgences à ceux qui visitent le tombeau de saint Pierre, « il promet la rémission des péchés à tous ceux qui, vraiment pénitents et confus, viendront aux basiliques des Saints-Apôtres, cette année 1300 et chaque année séculaire. » Nombre infini de pèlerins; il en arrive jusqu'à trente mille par jour, et Rome ne cessa pas d'en compter deux cent mille à la fois; en tout environ deux millions. Il en vient d'Espagne, d'Angleterre, de Hongrie. Un vieux Savoyard centenaire porté par ses fils. On campa sur les places et dans les rues, et plusieurs furent étouffés dans la foule. Quelques écrivains n'ont vu là qu'une spéculation pécuniaire[2]. Le cardinal Stefaneschi atteste qu'annuellement les autels des Saints-Apôtres recevaient d'ordinaire trente mille florins, qu'ils en reçurent cette année cinquante mille (à 12 francs le florin selon Cibrario, 600,000 francs), non en or et en argent, mais en petites monnaies, des mains des pauvres, dont beaucoup n'offraient rien. Cet argent est affecté à l'entretien des basiliques et du culte sacré; mais Boniface VIII avait des pensées plus hautes.

Utilité des pèlerinages pour réveiller les esprits, les arracher à l'égoïsme de la vie ordinaire, pour rapprocher les peuples, pour resserrer les liens de la chrétienté. Plus de croisades depuis la chute de Ptolémaïs; le pèlerinage de Rome remplaçait les croisades. On en rapportait l'inspiration qui ose tout.

Ce qu'était encore Rome au treizième siècle. — Il y vient trois pèlerins célèbres. 1° Giotto. — Emploi des cinquante mille florins à l'embellissement des basiliques. Peinture de Giotto représentant Bo-

---

[1] *Infern.*, XIX. — *Parad.*, XXVII.
[2] Le chroniqueur d'Asti : « Papa innumerabilem pecuniam ab eisdem recepit, quia die ac nocte duo clerici stabant ad altare sancti Pauli, tenentes in eorum manibus rastellos, rastellantes pecuniam infinitam. »

niface qui publie le jubilé avec trois clercs dont un tient la bulle. Autres peintures dans le portique de Saint-Jean de Latran. Mosaïque de la barque de Pierre, de Cavallini. — 2° Jean Villani « se trouvant tout jeune au bienheureux pèlerinage dans cette ville de Rome, au milieu de tant de grandes choses, et considérant les histoires et actions des Romains écrites par Virgile, Salluste, Lucain, Tite Live, il résolut d'imiter leur travail et leur style. » — 3° Dante dut faire partie d'une des deux ambassades envoyées par les guelfes de Florence au pape, pendant les premiers mois de l'année.

Il représente (*Parad.*, XXXI) l'étonnement des barbares du Nord, découvrant de loin Rome et ses hauts monuments, et le Latran qui s'élève au-dessus des choses humaines : la piété des pèlerins qui se reposent dans le parvis, heureux de redire un jour comment l'église était faite. Il décrit (*Inf.*, XVIII) l'ordre établi pour que l'armée pieuse du jubilé s'écoulât sur le pont, les uns marchant vers Saint-Pierre, les autres vers le Capitole. Il croit à ce pardon : « l'ange a recueilli depuis trois mois dans sa barque quiconque a voulu y entrer [1]. »

Lui-même en profite. Au IXe chant, il se présente aux pieds de l'ange de la pénitence. Celui-ci a l'épée et les deux clefs qu'il tient de saint Pierre, assis devant la porte sainte sur trois marches de marbre blanc et poli, de pierre rude et sombre, de porphyre sanguin. Dante se jette à ses pieds et frappe trois fois sa poitrine. *Ottimo Commento* : « Convertito l'autore per la illuminazione della divina grazia accede il vicaro di Cristo per confessare le peccata. » — En effet, il se présente à la porte sainte du jubilé, le jeudi saint 7 avril 1300. Cette pénitence sera féconde. Béatrix morte depuis huit ans; il avait promis de la chanter. Désordres de Dante; il se déclare un homme qui vivait charnellement. Il arrivait cependant à sa trente-cinquième année. Il fallait un grand événement pour vaincre sa conscience et lui arracher l'accomplissement de son vœu. C'est l'origine de la *Divine Comédie.*

Terc. 13. — Sur la philosophie et ses limites. — Passion de Dante pour la philosophie, cette *fille de l'empereur de l'univers* [2].

---

[1] Veramento da tre mesi ha tolto chi a voluto entrar con tutta pace. (*Purg.*, ch. II, 33.)

[2] *Convito*, IV.

Question du souverain bien. Il compte trois écoles : Épicure, Zénon, Platon et Aristote. Aristote est le dernier effort de la raison ; mais il ne peut arriver au terme. Comme les trois Maries vont au tombeau du Sauveur, les trois écoles vont au tombeau qui est le monde présent, et n'y trouvent pas le Christ, c'est-à-dire le souverain bien ; mais seulement le messager qui leur annonce où il faut le chercher. — Parmi les dix cieux, le huitième est le symbole de la métaphysique et physique, le neuvième de la morale, le dixième de la théologie.

Doctrine de saint Thomas : « Pour la connaissance même de Dieu, telle que la raison humaine peut l'obtenir, il fut nécessaire que l'homme fût assisté d'une révélation divine. Parce que la vérité sur Dieu, telle que la raison l'obtient, n'est acquise que pour un petit nombre et au prix de beaucoup de temps, et avec le mélange de beaucoup d'erreurs, et c'est néanmoins de cette vérité que dépend tout le salut de l'homme qui est en Dieu. Afin donc que le salut des hommes fût plus facile et plus assuré, il était nécessaire qu'ils fussent instruits des choses divines par révélation divine ; donc il fallait qu'outre les sciences philosophiques, objet de la raison, il y eût une doctrine sacrée que la révélation donnerait[1]. » — La doctrine du moyen âge n'est pas l'impuissance, mais l'insuffisance de la raison ; c'est la doctrine de Descartes et de Bossuet.

Jean de Serravalle, évêque de Fermo, *Sur les études philosophiques de Dante :*

« Il étudia la théologie tant à Oxford, au royaume d'Angleterre, qu'à Paris, au royaume de France ; et devint bachelier en l'université de Paris, où il expliqua les sentences pour remplir les conditions de la maîtrise. Il lut aussi la Bible, répondit à tous les docteurs comme c'est l'usage, et fit tous les actes qui doivent être faits pour le doctorat dans la sacrée Théologie. Il ne restait à faire que la réception, c'est-à-dire le banquet, mais l'argent lui manquant, il retourne à Florence, maître ès arts excellent et théologien parfait. Et comme il était de noble naissance et doué d'une grande sagesse, on le fit prieur au palais du Peuple florentin, en sorte qu'il s'occupe des affaires du palais, néglige l'étude, et ne retourne plus à Paris. »

[1] *Summa*, pars. I, art. 1.

38. — Manfred[1]. 1251. — Mort de Frédéric II, grand et mauvais prince, la plus grande figure despotique du moyen âge, protecteur des lettres, législateur couvrant l'Italie de bandes sarrasines. Vaincu par la nouvelle ligue lombarde, il mourut misérablement à Fiorenzuola, étouffé, dit-on, par Manfred.

Il laissait cinq enfants, dont deux légitimes. Manfred, prince de Tarente, résidait en Pouille comme régent du royaume ; il avait vingt et un ans, il était beau, blond, chevaleresque dans ses habitudes, il aimait les lettres. A Barletta, il s'en allait le soir chanter avec des joueurs d'instruments et des troubadours. « Ces deux héros illustres, l'empereur Frédéric et son fils, Manfred, montraient toute la noblesse et la droiture de leur caractère, tant que la fortune leur demeura fidèle, s'attachant aux lettres qui sont l'honneur de l'humanité et dédaignant ce qui est le propre des brutes. C'est pourquoi ceux qui avaient le cœur noble et qui étaient dotés du don des grâces s'efforcèrent de s'attacher à des princes si grands, et tout ce qu'il y avait d'excellent parmi les Italiens se produisait à leur cour. Et parce que le trône royal était en Sicile, tout ce que nos prédécesseurs écrivirent en langue vulgaire s'appela sicilien. »

Saba Malaspina. — A la naissance de Manfred, des tempêtes passèrent sur la Toscane, deux fantômes de femmes dont on entendit les noms prononcés comme par une voix de tonnerre : Guelfe et Gibeline. Elles en viennent aux mains et luttent ensemble de l'aurore jusqu'à l'heure de midi.

Manfred tente d'empoisonner Conradin, répand le bruit de sa mort et se fait roi. Il s'entoure de Sarrasins. Garnison sarrasine de Lucéria, Arabes justiciers de toutes les provinces, gouverneurs, chefs des ports. Il ravage la marche d'Ancône, avec neuf mille infidèles, ligué avec Eccelin le Féroce.

Terreur de la papauté et des guelfes. Recours à l'étranger. Urbain IV négocia avec saint Louis, qui refusa la couronne de Sicile pour un de ses fils. Son frère, Charles d'Anjou, comte de Provence, accepte. Bataille de Bénévent, 12 février 1266. Les barons de Pouille abandonnent Manfred sur le champ de bataille. L'aigle d'argent tombe de son casque, il meurt. L'archevêque de Cosenza

---

[1] Saba Malaspina. — Journal de Giovenazzo. — Nicolas de Jamsilla, etc.

jette ses os. Charles d'Anjou abuse de la victoire; il prend pour la reine et pour lui les deux tiers du trésor, opprime les Siciliens. Remontrances de Clément IV. Mort de Conradin. Il jette son gant.

Manfred avait marié sa fille Constance à Pierre d'Aragon. Négociations de Jean de Procida avec Pierre d'Aragon. Il était campé devant Rome et simulait une croisade, quand sonnèrent les Vêpres siciliennes, le lundi de Pâques 1282. Quatre mille Français égorgés dans une nuit, les femmes éventrées, les religieux égorgés sur les autels, et un grand nombre dans le reste de l'île. Pierre d'Aragon descend en Sicile au mois d'août, est couronné roi, il meurt en 1285. Et en 1295, son fils Jacques ayant renoncé à la Sicile, Frédéric qui y commandait en devient roi. De là cette séparation des deux Siciles qui devait durer jusqu'à la fin de la dynastie angevine, se prolonger sous les Espagnols et éclater encore de nos jours.

CANTO IV

1 Quando per dillettanze ovver per doglie,
    Che alcuna virtù nostra comprenda,
    L'anima bene ad essa si raccoglie,
2 Par ch'a nulla potenzia più intenda :
    E questo è contra quello error, che crede
    Che un'anima sovr'altra in noi s'accenda.

3 E però quando s'ode cosa o vede,
    Che tenga forte a sè l'anima volta,
    Vassene il tempo, e l'uom non se n'avvede :
4 Ch'altra potenzia è quella che l'ascolta,
    E altra è quella che ha l'anima intera :
    Questa è quasi legata, e quella è sciolta.
5 Di ciò ebb'io esperienzia vera,
    Udendo quello spirto, ed ammirando;
    Chè ben cinquanta gradi salito era
6 Lo Sole, ed io non m'era accorto, quando
    Venimmo dove quell'anime ad una

CHANT IV

Quand, par l'effet du plaisir ou de la douleur qu'une de nos facultés perçoit, notre âme se recueille tout entière de ce côté,

Il semble qu'elle ne donne plus d'attention à nulle autre de ses puissances; et ceci est contre l'erreur qui professe qu'en nous une seconde âme s'allume au-dessus de la première.

Et c'est pourquoi si l'on entend ou si l'on voit une chose qui retienne fortement l'âme tournée vers elle, le temps passe et l'homme ne s'en aperçoit point.

Car autre est la puissance qui écoute, autre la puissance de l'âme entière : celle-ci est comme enchaînée, et celle-là reste libre.

C'est de quoi je fis une sûre expérience en écoutant et en admirant l'esprit qui me parlait; car le soleil était bien monté de cinquante degrés.

Et je ne m'en étais point aperçu, quand nous arrivâmes à un lieu où les âmes mes compagnes nous criè-

      Gridaro a noi : Qui è vostro dimando.
7 Maggiore aperta molte volte impruna,
      Con una forcatella di sue spine,
      L' uom della villa quando l' uva imbruna,
8 Che non era la calla, onde saline
      Lo Duca mio ed io appresso soli,
      Come da noi la schiera si partine.
9 Vassi in Sanleo, e discendesi in Noli :
      Montasi su Bismantova in cacume
      Con esso i piè; ma qui convien ch' uom voli :
10 Dico con l' ali snelle e con le piume
      Del gran disio, diretro a quel condotto,
      Che speranza mi dava, e facea lume.
11 Noi salevam per entro il sasso rotto,
      E d'ogni lato ne stringea lo stremo,
      E piedi e man voleva il suol di sotto.

12 Quando noi fummo in su l' orlo supremo
      Dell' alta ripa, alla scoperta piaggia,
      Maestro mio, diss' io, che via faremo?
13 Ed egli a me : Nessun tuo passo caggia;
      Pur suso al monte dietro a me acquista,
      Fin che n' appaia alcuna scorta saggia.

14 Lo sommo er' alto che vincea la vista,
      E la costa superba più assai,
      Che da mezzo quadrante a centro lista.
15 Io era lasso, quando comminciai :
      O dolce padre, volgiti e rimira
      Com' io rimango sol, se non ristai.

rent tout d'une voix : « Ici est ce que vous demandez. »

L'homme des champs, quand brunit le raisin, n'a besoin que d'une seule fourchée d'épines pour fermer une ouverture souvent plus large.

Que n'était le sentier par où mon guide et moi après lui nous montâmes, tous deux seuls, dès que la troupe des morts se fut séparée de nous.

On monte à San Léo, on descend à Noli, on gravit jusqu'au sommet de Bismantova, on y arrive sur ses pieds; ici il faut voler.

Voler, dis-je, avec les ailes rapides, avec les plumes d'un désir puissant, à la suite du guide qui me donnait l'espérance et me prêtait sa lumière.

Nous montions par le sentier creusé dans le roc, et des deux côtés les parois nous pressaient, et le sol que nous foulions voulait qu'on s'aidât des pieds et des mains.

Quand nous fûmes sur le bord supérieur de la terrasse élevée et dans un lieu découvert : « Mon maître, dis-je, quel chemin tiendrons-nous? »

Et lui : « Qu'aucun de tes pas ne descende, avance toujours à ma suite vers le haut de la montagne, jusqu'à ce que nous apparaisse quelque sage compagnon de route. »

La cime était si haute qu'elle dépassait la vue, et la côte bien plus escarpée que la ligne qui traverse le milieu du quart de cercle du centre à la circonférence.

J'étais las quand je m'écriai : « O mon doux père, tourne-toi et considère comme je reste seul si tu ne t'arrêtes. »

16 O figliuol, disse, insin quivi ti tira,
   Abditandomi un balzo poco in sue,
   Che da quel lato, il poggio tutto gira.
17 Sì mi spronaron le parole sue,
   Ch' i' mi sforzai, carpando appresso lui,
   Tanto che il cinghio sotto i piè mi fue.
18 A seder ci ponemmo ivi ambedui
   Volti a levante, ond' eravam saliti,
   Chè suole a riguardar giovare altrui.
19 Gli occhi prima drizzai a' bassi liti;
   Poscia gli alzai al Sole, ed ammirava
   Che da sinistra n' eravam feriti.
20 Ben s' avvide il Poeta, che io stava
   Stupido tutto al carro della luce,
   Ove tra noi ed Aquilone intrava.
21 Ond' egli a me: Se Castore e Polluce
   Fossero in compagnia di quello specchio,
   Che su e giù del suo lume conduce,
22 Tu vedresti il Zodiaco rubecchio
   Ancora all' Orse più stretto rotare,
   Se non uscisse fuor del cammin vecchio,
23 Come ciò sia, se 'l vuoi poter pensare,
   Dentro raccolto imagina Siòn
   Con questo monte in su la terra stare
24 Sì, ch' ambedue hanno un solo orrizòn,
   E diversi emisperi; onde la strada,
   Che mal non seppe carreggiar Fetòn,
25 Vedrai com' a costui convien che vada
   Dall' un, quando a colui dall' altro fianco,
   Se l' intelletto tuo ben chiaro bada.

« Mon fils, dit-il, traîne-toi jusqu'ici; » et il me montra du doigt une saillie de rocher qui, à partir de là, faisait le tour de la montagne.

Ses paroles m'éperonnèrent de telle sorte que je m'efforçai de ramper après lui, tant que la roche fut enfin sous mes pieds.

Là, nous nous assîmes tous deux, tournés vers l'Orient d'où nous étions venus. Car le voyageur prend courage à regarder la route qu'il a faite.

Je dirigeai d'abord mes regards vers la plage que nous avions laissée en bas, puis je les levai vers le soleil et j'admirai que les rayons nous frappassent du côté gauche.

Le poëte s'aperçut bien que je demeurais stupéfait à considérer le char de la lumière qui cheminait entre nous et l'aquilon.

C'est pourquoi il me dit : « Si les Gémeaux étaient en compagnie de ce disque brillant qui verse sa lumière en haut et en bas,

« Tu verrais le point flamboyant du zodiaque, tourner plus près encore des deux Ourses, s'il ne sortait de son chemin accoutumé.

« Si tu veux comprendre comment il en est ainsi, recueille-toi, et figure-toi la montagne de Sion et celle où nous sommes opposées à la terre.

« De façon qu'elles ont un seul horizon et des hémisphères différents. Donc le chemin où Phaéton pour son malheur ne sut pas guider son char.

« Tu le verras nécessairement d'un côté de cette montagne, tandis qu'il passe du côté opposé de l'autre, si ton intelligence s'y applique et y voit clair. »

26 Certo, Maestro mio, diss'io, unquanco
   Non vid'io chiaro sì, com'io discerno,
   Là dove mio ingegno parea manco,
27 Che 'l mezzo cerchio del moto superno,
   Che si chiama Equatore in alcun'arte,
   E che sempre riman tra 'l Sole e il verno,
28 Per la ragion che dì, quinci si parte
   Verso settentrion, quanto gli Ebrei
   Vedevan lui verso la calda parte.
29 Ma se a te piace, volentier saprei
   Quanto avemo ad andar, chè il poggio sale
   Più che salir non posson gli occhi miei.
30 Ed egli a me: Questa montagna è tale,
   Che sempre al cominciar di sotto è grave,
   E quanto uom più va su, e men fa male.
31 Però quand'ella ti parrà soave
   Tanto, che 'l suo andar ti sia leggiero,
   Come a seconda giù l'andar per nave;
32 Allor sarai al fin d'esto sentiero;
   Quivi di risposar l'affano aspetta:
   Più non rispondo, e questo so per vero.
33 E, com'egli ebbe sua parola detta,
   Una voce di presso sonò: Forse
   Che di sedere in prima avrai distretta.
34 Al suon di lei ciascun di noi si torse,
   E vedemmo a mancina un gran petrone,
   Del qual nè io, ned ei prima s'accorse.
35 Là ci traemmo; ed ivi eran persone
   Che si stavano all'ombra dietro al sasso,
   Come l'uom per negghienza a star si pone.

« Certes, mon maître, répondis-je, jamais je ne vis si clairement qu'à cette heure, en un point où mon esprit semblait impuissant.

« Ainsi le cercle intermédiaire du mouvement céleste, qui s'appelle équateur dans quelques livres, et qui se trouve toujours entre le soleil et l'hiver,

« Par la raison que tu donnes, nous paraît au septentrion de cette montagne, tandis que les Hébreux le voyaient du côté du midi.

« Mais si c'est ton plaisir, volontiers j'apprendrai combien nous avons à marcher, car la cime s'élève plus que ne peuvent s'élever mes regards. »

Et lui : « Telle est cette montagne qu'au bas on la trouve toujours rude à commencer, mais plus on avance vers le haut et moins elle donne de fatigue.

Ainsi quand elle te paraîtra si douce, que la marche vers le haut sera devenue facile comme la course d'une barque qui descend au fil de l'eau,

« Alors tu seras à la fin de ce sentier. C'est là qu'il faut attendre le repos de tes peines. Je n'en dis pas davantage, mais ceci je le tiens pour vrai. »

Et quand il eut achevé cette parole, une voix se fit entendre près de nous : « Peut-être avant d'arriver auras-tu besoin de t'asseoir. »

Au son de cette voix, chacun de nous deux se retourna, et nous vîmes à notre gauche un grand rocher auquel ni moi ni lui n'avions pris garde.

Nous nous traînâmes jusque-là, et nous y vîmes des âmes qui se tenaient à l'ombre derrière la pierre, comme un homme qui par indolence s'arrête et se repose.

36 Ed un di lor che mi sembrava lasso
   Sedeva ed abbracciava le ginocchia,
   Tenendo 'l viso giù tra esse basso.

37 O dolce Signor mio, diss'io, adocchia
   Colui che mostra sè più negligente,
   Che se pigrizia fosse sua sirocchia.

38 Allor si volse a noi, e pose mente,
   Movendo il viso pur su per la coscia,
   E disse: Va su tu, che se' valente.

39 Conobbi allor chi era; e quell'angoscia,
   Che m'avacciava un poco ancor la lena,
   Non m'impedì d'andare a lui: e poscia

40 Che a lui fui giunto alzò la testa appena,
   Dicendo: Hai ben veduto, come il Sole
   Dall'omero sinistro il carro mena?

41 Gli atti suoi pigri, e le corte parole
   Mosson le labbra mie un poco a riso;
   Poi comminciai: Belacqua, a me non duole

42 Di te omai; ma dimmi, perchè assiso
   Quiritta se'? attendi tu iscorta,
   O pur lo modo usato t'hai ripriso?

43 Ed ei: Frate l'andare in su che porta?
   Che non mi lascerebbe ire a' martiri
   L'angel di Dio che siede in su la porta.

44 Prima convien che tanto il ciel m'aggiri
   Di fuor da essa, quanto fece in vita,
   Perch'io indugiai al fin li buon sospiri;

45 Se orazione in prima non m'aita,
   Che surga su di cor che in grazia viva:

Et l'un d'eux, qui me semblait las, restait assis embrassant ses genoux, entre lesquels il tenait le front baissé.

« Mon doux seigneur, dis-je, considère celui-ci qui se montre plus négligent, que si la paresse était sa sœur. »

Alors il se tourna vers nous et arrêta son attention en laissant glisser son regard le long de sa cuisse, et il dit : « Va donc et monte, toi qui es si vaillant. »

Je connus alors qui c'était, et cette angoisse qui pressait encore ma respiration ne m'empêcha pas d'aller à lui, et après

Que je fus arrivé, il leva la tête à peine en disant : « As-tu bien compris pourquoi tu vois le soleil mener son char du côté gauche? »

Ses mouvements paresseux et ses brèves paroles firent un peu venir le rire sur mes lèvres; puis je commençai : « Belacqua, je ne suis plus inquiet

« De toi désormais; mais dis-moi pourquoi tu es accroupi précisément ici. Attends-tu des compagnons, ou bien es-tu repris de tes anciennes habitudes? »

Et lui : « O frère, que sert de monter plus haut, puisque l'ange de Dieu, assis sur la porte, ne me laisserait pas aller aux expiations!

« Il faut premièrement que le ciel tourne sur ma tête, hors de l'enceinte, autant que je le vis tourner dans ma vie, parce que j'ai retardé jusqu'à la fin les soupirs salutaires;

« A moins que je ne sois plutôt secouru par une prière qui s'élève d'un cœur vivant par la grâce; tout autre

L'altra che val, che in ciel non è udita?
46. E già 'l Poeta innanzi mi saliva,
E dicea: Vienne omai, vedi ch'è tocco
Meridian dal Sole, ed alla riva
47 Copre la notte già col piè Marrocco.

prière que vaut-elle, puisqu'au ciel elle n'est pas entendue? »

Et déjà le poëte marchait devant moi et disait : « Viens, maintenant; tu vois que le soleil touche au méridien, et déjà la nuit couvre de son pied le rivage de Maroc. »

COMMENTAIRE DU CHANT IV

Terc. 9. — San-Leo, ville du duché d'Urbin. Noli, petite ville de de l'État de Gênes. Bismantova, montagne de Lombardie. *G. A. H.*

2-5. — Platon avait professé l'existence de trois âmes : rationnelle, concupiscible, irascible ou nutritive, au cerveau, au cœur, au foie. Aristote le contredit au traité *De Anima*, lib. III. Les Manichéens reproduisirent l'opinion platonicienne en la modifiant : deux âmes, l'une animale et mêlée au sang, l'autre spirituelle, en qui réside la raison. Le huitième concile général prononce sur ce point, can. XI : « *Apparet quosdam in tantum impietatis venisse, ut hominem duas animas habere impudenter dogmatizent.* » Le manichéisme reconnaissait deux principes. De là l'excuse de tous les désordres des sens, pourvu que la raison n'y consente pas. Le *Livre des Dogmes ecclésiastiques*, cité par saint Thomas : « Nous ne reconnaissons point deux âmes en un seul homme, comme Jacques et d'autres Syriens l'ont écrit... Mais nous disons qu'il n'y a dans l'homme qu'une seule et même âme qui vivifie le corps par sa présence, et se gouverne elle-même par sa raison. » Saint Thomas appuie cette doctrine et combat l'opinion contraire par trois raisons. 1° L'âme est la forme du corps; s'il y avait plusieurs âmes, il y aurait plusieurs *animaux*. 2° S'il y avait deux formes, l'une ne pourrait se dire de l'autre que par accident ; or l'animalité est au contraire de l'essence même de l'humanité. 3° Parce qu'une opération de l'âme, quand elle est intense, empêche les autres; ce qui n'arriverait point si le principe des actions n'était essentiellement un. Mais il reconnaît trois sortes de puissances, végétative, nutritive, intellective. — Dante, *Convito*. IV, 7. « Comme le dit le Philosophe au deuxième livre *De Anima*, les puissances de l'âme sont les unes sur les autres, comme la figure du carré est sur le triangle et le pentagone sur le carré, et ainsi la sensitive est sur la végétative, et l'intellective sur la sensitive. » — Il ne s'agit pas de subtilités établies. L'unité de l'âme, c'est la responsabilité et aussi la dignité de la chair, c'est l'unité de la vie humaine : c'est le secret de la force. C'est dans les jours comme les nôtres, qu'on éprouve tout ce qu'il y a de force dans cette union, dans cette harmonie de l'intelligence, de la volonté, des sens, et que ce n'est pas trop de toute notre pensée pour servir notre pays, et de tout notre sang, s'il le faut, pour le défendre.

CARACTÈRE ALLÉGORIQUE DE TOUT CE CHANT. — Ce chemin rapide, c'est celui de la pénitence, c'est la voie étroite qui mène au ciel. « *Insuavem et asperam facit nobis viam virtutis longa consuetudo peccandi*. — Sénèque : « Le chemin qui mène à la vertu est
« rude au commencement, parce que c'est le propre d'une âme
« malade, et qui n'est point aguerrie, de se livrer à la crainte. » Si donc elle est inexpérimentée, il faut la contraindre à se mettre en route; plus tard la vertu ne lui sera point amère, car ce qui guérit ne tarde point à plaire, et quand la santé est rendue, le remède a sa volupté.

57. — Les négligents. — La paresse maltraitée dans les Proverbes de Salomon : « Le paresseux met ses mains sous ses aisselles et c'est un travail pour lui de les porter à sa bouche[1]. » Et au livre des Décrétales : « Sache donc ceci, ô toi qui te sens coupable de quelque erreur, autant de temps tu te souviens d'avoir passé dans l'erreur, autant dois-tu en passer à t'humilier devant Dieu. »

41. — Belacqua : — Le glossateur du mont Cassin donne sur Belacqua le renseignement que voici : « *Iste Bevilacqua fuit optimus magister cithararum et leutorum et pigrissimus* (sic) *homo in operibus mundi, sicut in operibus animæ.* » C'est un peu l'image de cette Italie qui se laisse endormir aux chants de ses musiciens et de ses poëtes, et qui mérita d'attendre si longtemps la liberté.

[1] Abscondet piger manum suam sub ascella sua, et laborat si ad os suum eam converterit. (Prov., IX, 24.)

CANTO V

1 Io era già da quell' ombre partito,
 E seguitava l' orme del mio Duca.
 Quando diretro a me, drizzando il dito,
2 Una gridò : Ve', che non par che luca,
 Lo raggio da sinistra a quel di sotto,
 E come vivo par che si conduca.
3 Gli occhi rivolsi al suon di questo motto,
 E vidile guardar per maraviglia
 Pur me, pur me, e il lume ch' era rotto.
4 Perchè l' animo tuo tanto s' impiglia,
 Disse 'l Maestro, che l' andare allenti?
 Che ti fa ciò che quivi si pispiglia?
5 Vien dietro a me, e lascia dir le genti;
 Sta, come torre, fermo, che non crolla
 Giammai la cima per soffiar di venti.
6 Che sempre l' uomo, in cui pensier rampolla
 Sovra pensier, da sè dilunga il segno,
 Perchè la foga l' un dell' altro insolla.

CHANT V

Déjà je m'étais séparé de ces ombres, et je suivais les traces de mon guide, quand par derrière, et me montrant du doigt,

L'une d'elles s'écria : « Vois. Il me semble que le dernier des deux fait obstacle au rayon qui n'éclaire pas la terre à sa gauche. Il semble qu'il se comporte comme un vivant. »

Je détournai les yeux au son de ces paroles, et je vis les ombres étonnées me regarder moi seul, moi seul et la lumière que j'interrompais.

« Pourquoi, dit le maître, ton esprit s'embarrasse-t-il de telle sorte que tu retardes le pas ? Que te fait ce que murmurent ceux-ci ?

« Viens derrière moi, et laisse dire les gens. Reste comme une tour solide dont le souffle des vents ne fait jamais branler la cime ;

« Car toujours l'homme en qui une pensée jaillit sur une autre pensée éloigne de lui le but, parce que l'une affaiblit l'impétuosité de l'autre. »

7 Che potev' io ridir, se non : l' vegno ?
Dissilo, alquanto del color consperso
Che fa l' uom di perdon talvolta degno.

8 E intanto per la costa da traverso
Venivan genti innanzi a noi un poco,
Cantando *Miserere* a verso a verso.

9 Quando s' accorser ch' io non dava loco,
Per lo mio corpo, al trapassar de' raggi,
Mutar lo canto in un O lungo e roco,

10 E due di loro in forma di messaggi
Corsero incontr'. a noi, e dimandarne :
Di vostra condizion fatene saggi.

11 E 'l mio Maestro : Voi potete andarne,
E ritrarre a color che vi mandaro,
Che il corpo di costui è vera carne.

12 Se per veder la sua ombra ristaro,
Com' io avviso, assai è lor risposto :
Faccianli onore, ed esser può lor caro.

13 Vapori accesi non vid' io sì tosto
Di prima notte mai fender sereno,
Nè, Sol calando, nuvole d' agosto,

14 Che color non tornasser suso in meno,
E giunti là, con gli altri a noi dier volta,
Come schiera che corre senza freno.

15 Questa gente che prenne a noi, è molta,
E vengonti a pregar, disse 'l Poeta;
Però pur va, e in andando ascolta.

16 O anima, che vai per esser lieta

Que pouvais-je répondre, sinon : « Me voici? » Je le répondis, un peu couvert de cette rougeur qui plus d'une fois rend l'homme digne de pardon.

Et cependant un peu devant nous, et par le travers de la côte, venait une troupe qui chantait le *Miserere* verset par verset.

Quand ils s'aperçurent que mon corps ne donnait point passage aux rayons, leur chant se changea en une exclamation longue et rauque,

Et deux des leurs, en manière de messagers, coururent au-devant de nous, et nous interrogèrent : « Instruisez-nous de votre condition. »

Et mon maître : « Vous pouvez aller, dit-il, et rapporter à ceux qui vous envoient que le corps de celui-ci est chair véritable.

« S'ils se sont arrêtés pour considérer son ombre, comme je le devine, on leur a amplement répondu : Qu'ils lui fassent honneur : il peut leur devenir précieux. »

Jamais je ne vis au commencement de la nuit les vapeurs embrasées fendre si rapidement le ciel serein, ni au coucher du soleil l'éclair traverser si promptement les nuées d'août,

Que ces âmes ne retournassent en moins de temps encore vers la hauteur; et arrivées là, elles revinrent courant à nous avec les autres, comme un escadron qui s'élance à toute bride.

« Cette foule qui nous presse est nombreuse, dit le poëte, ils viennent t'adresser une prière. Va donc toujours, et tout en cheminant, écoute :

« O toi, âme qui, pour mériter le bonheur, t'en vas

      Con quelle membra, con le quai nascesti,
      Venian gridando, un poco il passo queta.
17 Guarda, se alcun di noi unque vedesti,
      Sì che di lui di là novelle porti:
      Deh perchè vai? deh perchè non t'arresti?
18 Noi fummo già tutti per forza morti,
      E peccatori infino all'ultim'ora:
      Quivi lume del ciel ne fece accorti
19 Sì che, pentendo e perdonando, fuora
      Di vita uscimmo a Dio pacificati,
      Che del disio di sè veder n'accora.
20 Ed io: Perchè ne' vostri visi guati,
      Non riconosco alcun; ma s'a voi piace
      Cosa ch'io possa, spiriti ben nati,
21 Voi dite, ed io farò per quella pace,
      Che, dietro a' piedi di sì fatta guida,
      Di mondo in mondo cercar mi si face.
22 Ed uno incominciò: Ciascun si fida
      Del beneficio tuo senza giurarlo,
      Pur che 'l voler nonpossa non ricida.
23 Ond'io, che solo, innanzi agli altri, parlo,
      Ti prego, se mai vedi quel paese
      Che siede tra Romagna e quel di Carlo,
24 Che tu mi sie de' tuoi prieghi cortese
      In Fano sì, che ben per me s'adori,
      Perch'io possa purgar le gravi offese.
25 Quindi fu' io, ma li profondi fori,
      Ond'uscì 'l sangue, in sul qual io sedea,
      Fatti mi furo in grembo agli Antenori,
26 Là dov'io più sicuro esser credea:

avec les mêmes membres que tu apportas à ta naissance, modère un peu tes pas; » ainsi allaient-ils criant.

« Regarde si tu vis jamais quelqu'un de nous dont tu puisses rapporter là-bas des nouvelles. De grâce pourquoi t'en vas-tu? Pourquoi ne t'arrêtes-tu point?

« Nous mourûmes tous de mort violente, et nous restâmes pécheurs jusqu'à l'heure dernière; c'est alors que la lumière du ciel nous fit ouvrir les yeux,

« Si bien que, repentants et pardonnant, nous sortîmes de la vie réconciliés à Dieu, qui tourmente notre cœur du désir de le voir. »

Et moi : « J'ai beau fixer vos visages, je ne reconnais personne; mais si telle chose vous plaît qui soit en mon pouvoir, esprits prédestinés,

« Dites-la et je l'accomplirai au nom de cette paix qui se fait chercher par moi de monde en monde, sur les traces du guide que voici. »

Et l'un d'eux commença : « Chacun a confiance dans tes bons services, sans qu'il soit besoin de serment, pourvu que l'impuissance ne détruise pas ta volonté.

« D'où vient que moi, qui seul te parle avant les autres, je te conjure, si jamais tu vois le pays situé entre la Romagne et le royaume de Charles,

« De m'assister généreusement de tes prières à Fano, de façon qu'on prie beaucoup pour moi, et que je puisse expier mes graves offenses.

« C'est là que je naquis; mais les profondes blessures d'où sortait le sang qui me portait me furent faites au giron des fils d'Anténor,

« Au lieu même où je me croyais le plus en sûreté, le

Quel da Esti il fe far, che m' avea in ira
Assai più là che dritto non volea.

27 Ma s' io fossi fuggito inver la Mira,
Quand' i' fui sovraggiunto ad Oriaco,
Ancor sarei di là dove si spira.

28 Corsi al palude, e le cannucce e il braco
M' impigliar sì, ch' io caddi, e lì vid' io
Delle mie vene farsi in terra laco.

29 Poi disse un altro : Deh, se quel disio
Si compia che ti tragge all' alto monte,
Con buona pietate aiuta il mio.

30 Io fui di Montefeltro, i' son Buonconte :
Giovanna, o altri non ha di me cura;
Perch' io vo tra costor con bassa fronte.

31 Ed io a lui : Qual forza, o qual ventura
Ti traviò sì fuor di Campaldino,
Che non si seppe mai tua sepoltura?

32 Oh, rispos' egli, appiè del Casentino
Traversa un' acqua c' ha nome l'Archiano,
Che sopra l' Ermo nasce in Apennino.

33 Là 've 'l vocabol suo diventa vano
Arriva' io forato nella gola,
Fuggendo a piede, e sanguinando il piano.

34 Quivi perdei la vista, e la parola
Nel nome di Maria fini, e quivi
Caddi, e rimase la mia carne sola.

35 I' dirò 'l vero, e tu 'l ridì tra i vivi:

seigneur d'Este fit commettre le crime, lui qui m'avait pris en haine bien plus que la justice ne le voulait.

« Si je me fusse enfui vers la Mira, quand je fus arrivé à Oriaco, j'habiterais encore au lieu où l'on respire.

« Mais je courus au marais, et les roseaux et la fange me retinrent de telle sorte que je tombai, et c'est en ce lieu que je vis du sang de mes veines se faire un lac sur la terre. »

Ensuite un autre me parla : « Ainsi puisse s'accomplir le désir qui t'entraîne au sommet de la haute montagne ! De grâce, aide aussi mon désir par une douce compassion !

« Je naquis à Montelfeltro, je suis Buonconte ; ni Jeanne ni les autres n'ont souci de moi ; c'est pourquoi je marche le front baissé au milieu de ces morts. »

Et je lui dis : « Quelle violence ou quelle aventure t'égara si loin de Campaldino, qu'on ne connut jamais ta sépulture ? »

« Oh ! répondit-il, au pied du Casentino roule un courant d'eau qu'on nomme l'Archiano, qui naît dans l'Apennin au-dessus du saint désert.

« Là où son nom se perd, j'arrivai blessé à la gorge, fuyant à pied et ensanglantant la plaine.

« C'est là que je perdis la vue, et la parole s'éteignit sur mes lèvres avec le nom de Marie ; c'est là que je tombai et que ma chair demeura seule.

« Je dirai la vérité, et toi répète-la parmi les vivants :

L'Angel di Dio mi prese, e quel d'Inferno
   Gridava : O tu dal ciel, perchè mi privi?
36 Tu te ne porti di costui l'eterno
   Per una lagrimetta che 'l mi toglie;
   Ma io farò dell'altro altro governo.
37 Ben sai come nell'aer si raccoglie
   Quell'umido vapor che in acqua riede,
   Tosto che sale dove 'l freddo il coglie.
38 Giunse quel mal voler, che pur mal chiede,
   Con l'intelletto, e mosse il fumo e il vento
   Per la virtù, che sua natura diede.

39 Ind'e la valle, come il di' fu spento.
   Da Pratomagno al gran giogo coperse
   Di nebbia, e il ciel di sopra fece intento

40 Si, che 'l pregno aere in acqua si converse :
   La pioggia cadde, ed a' fossati venne
   Di lei ciò che la terra non sofferse :
41 E come a' rivi grandi si convenne,
   Ver lo fiume real tanto veloce
   Si ruinò, che nulla la ritenne.
42 Lo corpo mio gelato in su la foce
   Trovò l'Archian rubesto; e quel sospinse
   Nell'Arno, e sciolse al mio petto la croce,
43 Ch'io fei di me quando il dolor mi vinse :
   Voltommi per le ripe e per lo fondo;
   Poi di sua preda mi coperse e cinse.

44 Deh, quando tu sarai tornato al mondo,

l'ange de Dieu me prit et celui de l'enfer criait : O toi qui viens du ciel, pourquoi me faire tort?

« Tu emportes avec toi ce qu'il y a d'immortel en celui-ci, pour une petite larme qui me le dérobe : mais pour le reste je le traiterai autrement.

« Tu sais bien comment se ramasse dans l'air cette humide vapeur qui retourne en eau aussitôt qu'elle monte dans une région où le froid la saisit.

« Le démon mit son intelligence au service de ce mauvais vouloir qui ne cherche que le mal, déchaîna le vent et les nuées, avec cette puissance qu'il tient de sa nature.

« Ensuite, et dès que le jour fut éteint, il couvrit de brume toute la vallée, depuis Pratomagno jusqu'au sommet de l'Apennin, et au-dessus il disposa les régions du ciel,

« De telle sorte que l'air imprégné se résolut en eau. La pluie tomba, et ce que la terre n'absorba pas roula dans les ravins.

« Et à mesure que les eaux se réunirent en torrents, elles se précipitèrent vers le fleuve royal avec tant de rapidité, que rien ne les retint.

« L'Archiano impétueux trouva sur son embouchure mon corps glacé, et le poussa dans l'Arno, et défit sur ma poitrine la croix

« Que j'y fis de mes bras quand je fus vaincu par la douleur. Il me roula sur ses rives et sur ses bas-fonds, puis il m'enveloppa et me couvrit du sable dont il avait fait sa proie. »

« De grâce! quand tu seras retourné au monde, et re-

E riposato della lunga via,
Seguitò il terzo spirito al secondo,
45 Ricorditi di me, che son la Pia :
Siena mi fe, disfecemi Maremma :
Salsi colui che innanellata pria,
46 Disposato m' avea con la sua gemma.

posé de ton long voyage, » dit un troisième esprit succédant au second,

« Souviens-toi de moi, je suis la Pia. Sienne me donna la vie, la Maremme me la reprit. Celui-là le sait bien, qui m'épousant m'avait mis au doigt la pierre de son anneau. »

COMMENTAIRE DU CHANT V

En reparaissant devant vous après les grands événements qui viennent de s'accomplir [1], je suis heureux de ne trouver dans mes souvenirs de six ans de leçons aucune parole que j'aie à retirer aujourd'hui. Vous m'avez toujours connu passionné pour la liberté, pour les conquêtes légitimes des peuples, pour les réformes qui moralisent les hommes en les relevant, pour ces dogmes d'égalité et de fraternité qui ne sont que l'avénement de l'Évangile dans le domaine temporel.

Aujourd'hui je reviens à des études moins inopportunes qu'elles ne semblent. J'y reviens pour donner, autant qu'il est en moi, le bon exemple de la confiance dans l'ordre qui sera mieux maintenu par l'unanimité des citoyens que par l'échafaudage des fictions légales. J'y reviens parce que le poëte que nous expliquons est le poëte du présent comme il fut celui de son siècle, le poëte de la liberté comme celui de l'Italie et du christianisme. Il n'y a pas d'esprit si hardi qui n'ait à s'instruire à l'école de ce républicain de Florence, si sévère pour les fautes des pouvoirs contemporains, si emporté dans son amour pour l'indépendance de sa patrie. Il n'y a pas de grande question parmi celles qu'on agitera bientôt autour de nous qui n'ait ému cette puissante intel-

[1] Reprise du cours après les événements du 24 février 1848.

ligence. C'est le privilége des hommes de génie de prendre possession des temps futurs par la hardiesse prophétique de leurs vues, de toucher à ce fond de la nature humaine qui ne vieillit jamais, de rester toujours jeunes, toujours au niveau des générations qui se succèdent, et de les accompagner jusqu'au bout, comme l'étoile avec laquelle le navigateur est parti, et qui luit encore sur sa tête quand il touche au port. Dante a pris Virgile pour guide ; pourquoi ne pas marcher à la suite de Dante ?

Terc. 26. — Padoue, dont la légende attribuait la fondation à Anténor. G. A. H.

26. — Extrait de l'Ottimo Commento. — Le marquis d'Este, Azzo de Ferrare, fit tout son pouvoir en son temps pour se créer des alliances à Bologne, et cela dans l'intention d'acquérir la seigneurie de la ville, comme il avait celle de Ferrare. Il en trouva beaucoup, tant par argent que par promesses. Le peuple de Bologne, s'apercevant de ceci, et craignant de tomber sous une seigneurie tyrannique, chassa de la ville tous ceux qu'on croyait ou qu'on pouvait présumer amis du marquis, et quelques-uns furent justiciés, et on en fit grande déconfiture dans toute la seigneurie et le gouvernement de Bologne. Or il arriva que les Bolonais appelèrent maître Jacopo del Cassero pour être le podestat de la cité, et il en vint prendre l'administration. Celui-là ne se tint pas content d'agir contre les amis du marquis, mais il répétait sans cesse les calomnies populaires répandues contre lui : savoir, qu'il avait déshonoré sa belle-mère, qu'il était descendu d'une lavandière, et qu'il était chétif et couard, et jamais la langue du podestat ne se rassasiait de l'avilir. Ainsi, par actions et par paroles, il excita si bien la colère du marquis, que celui-ci trama sa mort. Quand donc Jacopo eut quitté le gouvernement de Bologne, il ne cessa d'avoir sur ses talons les assassins apostés par le marquis pour le tuer quand ils en auraient trouvé la facilité. Dans la suite, messire Mattéo Visconti, étant seigneur de Milan, choisit Jacopo pour podestat. Celui-

ci accepta la fonction et vint par mer jusqu'à Venise, puis, quand il voulut aller à Padoue, ceux qui étaient à sa chasse le tuèrent dans la vallée d'Oriaco. Maintenant ce même Jacopo, dans les vers qui suivent, prie Dante de notifier à ses parents l'état où il l'a vu, afin qu'on fasse pour lui quelque prière qui puisse abréger son exil.

La foule de ceux qui ont péri de mort violente est grande. Le tort du moyen âge est de n'avoir pas assez respecté la vie de l'homme. L'antiquité ne la respectait pas ; la barbarie encore moins. Lutte du christianisme, *Non occides, Ecclesia abhorret a sanguine.* — L'Italie du moyen âge. Vengeances sanglantes, supplices politiques. Instabilité des républiques italiennes, fondées sur la violence. La légende rapporte qu'on trouva une tête fraîchement coupée dans les fondations du Capitole. Si l'on jette des têtes dans les fondations des républiques modernes, elles ne se soutiennent pas.

30. — Mort de Buonconte de Montefeltro. Le combat de l'ange et du démon est un texte favori des légendes chrétiennes. — Dagobert poussé par les diables dans la barque, d'où viennent l'arracher saint Maurice et saint Martin. — Charlemagne mis en jugement. Les démons jettent ses péchés dans la balance, saint Jacques et saint Martin mettent dans l'autre bassin les églises et abbayes qu'il a fondées et qui le font absoudre.

Admirable récit dans la vision d'Albéric[1]. Le riche voluptueux. Ses larmes sur la captivité de son rival. Après sa mort, le démon l'accuse ; mais une larme de charité recueillie par l'ange efface sa condamnation.

Une larme de cette poésie chrétienne suffit aussi pour effacer toutes les pages sanglantes du moyen âge.

31. — Bataille de Campaldino. — Arezzo, guelfe comme le reste de la Toscane, se fit gibeline en 1287 à l'instigation de son évêque Ubertino de Pazzi, qui y appela en qualité de capitaine de guerre Buonconte de Montefeltro. Les Guelfes, chassés d'Arezzo, viennent implorer le secours de Florence. Ligue de tout le parti guelfe, Florence, Bologne, Lucques, Pistoia, environ douze mille hommes, 1289. *Récit de Dino Compagni.* « Au jour fixé, les Florentins portèrent les enseignes en avant pour entrer sur le territoire

---

[1] Voir les *Sources de la Divine Comédie*, œuvres complètes, t. V, p. 415.

des ennemis; ils traversèrent le Casentino par des mauvais chemins où, s'ils eussent trouvé l'ennemi, ils eurent essuyé de graves dommages. Mais Dieu ne le voulut pas, et ils arrivèrent près de Bibbiena, en un lieu qui se nomme Campaldino, où étaient les ennemis, et ils s'arrêtèrent et se mirent en bataille. Les capitaines de la guerre mirent les *feditori* au front de la bataille, et au-dèvant furent placés les hommes armés de pavois au champ blanc avec le lis vermeil. Alors l'évêque, qui avait la vue courte, s'écria : « Qu'est-ce que ces murailles? » Et on lui répondit : « Ce sont les pavois des ennemis. » Messire le baron de Mangiadori de San-Miniato, cavalier hardi et éprouvé en fait d'armes, rassembla les hommes d'armes et leur dit : « Seigneurs, les guerres de Toscane se décidaient autrefois par une charge vigoureuse, le combat ne durait guère, et peu de gens y mouraient, l'usage n'étant point de les tuer. Aujourd'hui, la coutume est changée, l'art de vaincre c'est de tenir ferme. Je vous conseille donc d'avoir du cœur et de les laisser assaillir. » Et il fut résolu qu'on ferait ainsi. Les Arétins menèrent la charge si vigoureusement et avec tant de force, que l'armée des Florentins recula de beaucoup. La bataille devint opiniâtre et dure. Messire Corso Donati avec la bande de Pistoia prit les ennemis en flanc, les flèches pleuvaient, les Arétins en avaient peu, et étaient attaqués sur les flancs où ils étaient découverts. L'air était couvert de nuages et la poussière très-épaisse. Les gens de pied des Arétins se jetaient accroupis sous le ventre des chevaux, le couteau à la main, et les éventraient. De leurs cavaliers plusieurs s'avancèrent si fort, qu'au milieu de l'armée il y en eut beaucoup de tués de part et d'autre. Ce jour-là, beaucoup dont on avait estimé la prouesse furent trouvés lâches, et plusieurs dont on ne parlait pas acquirent de la gloire. Du côté des ennemis périrent l'évêque et messire Guillaume de Pazzi, hardi cavalier, Buonconte et Loccio de Montefeltro et d'autres vaillants hommes... Les Arétins furent vaincus, non par lâcheté ni par défaut de prouesse; mais à cause du trop grand nombre de leurs ennemis, qui les mirent en déroute et en tuèrent un grand nombre. Les soldats florentins, habitués à la poursuite des fuyards les assommaient, les paysans n'en avaient pas de pitié. »

Dante avait pris part au combat comme il l'attestait dans une lettre où il déclare qu'il éprouva du commencement une grande crainte, et à la fin une extrême joie, à cause des vicissitudes de la bataille,

CANTO VI

1 Quando si parte il giuoco della zara,
   Colui che perde si riman dolente
   Ripetendo le volte, e tristo impara;
2 Con l'altro se ne va tutta la gente:
   Qual va dinanzi, e qual diretro il prende,
   E qual da lato gli si reca a mente;
3 Ei non s'arresta, e questo e quello intende;
   A cui porge la man, più non fa pressa;
   E così dalla calca si difende.
4 Tal era io in quella turba spessa,
   Volgendo a loro e qua e là la faccia,
   E promettendo mi scioglìea da essa.
5 Quivi era l'Aretin, che dalle braccia
   Fiere di Ghin di Tacco ebbe la morte;
   E l'altro che annegò correndo in caccia.
6 Quivi pergava con le mani sporte
   Federigo Novello, e qual da Pisa
   Che fe parer lo buon Marzucco forte.

CHANT VI

Quand on quitte le jeu de dés, celui qui perd demeure chagrin, répétant les coups, et triste il s'étudie à mieux faire;

Avec le gagnant s'en va toute la troupe : l'un marche devant, l'autre le suit par derrière, et le troisième de côté se rappelle à son souvenir;

Lui ne s'arrête point, il écoute l'un et l'autre; celui à qui il tend la main cesse de le presser; et c'est ainsi qu'il se défend de la foule.

Tel j'étais dans cette multitude pressée, tournant vers eux mes regards à droite et à gauche, et à force de promesses, je me dégageais.

Là, je vis l'habitant d'Arezzo qui reçut la mort du bras cruel de Ghino di Tacco, et cet autre qui se noya quand ses ennemis lui donnaient la chasse.

Là priaient, les mains étendues, Federigo Novello et ce jeune homme de Pise qui fit paraître la force d'âme du généreux Marzucco.

7 Vidi Cont' Orso, e l'anima divisa
    Dal corpo suo per astio e per inveggia,
    Come dicea, non per colpa commisa;

8 Pier dalla Broccia dico : e qui provveggia,
    Mentr' è di qua, la donna di Brabante,
    Si che però non sia di peggior greggia.

9 Come libero fui da tutte quante
    Quelle ombre che pregar pur ch'altri preghi,
    Si che s'avacci il lor divenir sante,

10 Io cominciai : E' par che tu mi nieghi,
    O luce mia, espresso in alcun testo,
    Che decreto del Cielo orazión pieghi ;

11 E queste genti pregan pur di questo.
    Sarebbe dunque loro speme vana?
    O non m'è il detto tuo ben manifesto?

12 Ed egli a me : La mia scrittura è piana,
    E la speranza di costor non falla,
    Se ben si guarda con la mente sana ;

13 Chè cima di giudicio non s'avvalla,
    Perchè fuoco d'amor compia in un punto
    Ciò che dee soddisfar chi qui s'astalla :

14 E là dov' io fermai cotesto punto,
    Non si ammendava, per pregar, difetto,
    Perchè il prego da Dio era disgiunto.

15 Veramente a così alto sospetto
    Non ti fermar, se quella nol ti dice,
    Che lume fia tra 'l vero e l'intelletto.

16 Non so se intendi : io dico di Beatrice :

Je vis le comte Orso et une autre âme séparée de son corps par le ressentiment et l'envie d'autrui s'il fallait l'en croire, et non pour aucune faute qu'elle eût commise ;

Je veux dire Pierre de la Brosse, et qu'elle y avise pendant qu'elle est sur terre, la noble dame de Brabant, afin de n'être pas un jour en pire compagnie.

Aussitôt que je fus délivré de toutes ces ombres qui priaient seulement qu'on priât pour elles, pour hâter l'heure où elles deviendraient saintes,

Je commençai : « O toi qui es ma lumière, il semble que tu me nies expressément, dans un texte, que l'oraison puisse fléchir un décret du ciel ;

« Et cette foule ne demande pas autre chose. Leur espérance serait-elle donc vaine, ou ta parole ne m'est-elle entièrement claire. »

Et lui me répondit : « Le sens de mon écrit est facile, et l'espoir de ceux-ci ne les trompe pas, si l'on y regarde attentivement avec une raison saine.

« Car la hauteur du jugement divin ne s'abaisse pas, encore que le feu de l'amour accomplisse en un moment la satisfaction que doit toute âme ici reléguée :

« Et dans le lieu où j'établis ce point, la souillure ne pouvait se purger par la prière, parce que la prière était séparée de la grâce de Dieu.

« Toutefois ne t'arrête point à un doute si profond, si tu n'y es invité par celle qui servira de lumière entre la vérité et ton intelligence.

« Je ne sais si tu m'entends : je parle de Béatrix. Tu la

Tu la vedrai di sopra, in su la vetta
Di questo monte, ridente e felice.

17 Ed io : Buon Duca, andiamo a maggior fretta;
Chè gia non m'affatico come dianzi;
E vedi omai che il poggio l'ombra getta.

18 Noi anderem con questo giorno innanzi,
Rispose, quanto più potremo omai;
Ma il fatto è d'altra forma che non stanzi.

19 Prima che sii lassù, tornar vedrai
Colui che già si copre della costa,
Sì che i suoi raggi tu romper non fai.

20 Ma vedi là un'anima, che a posta
Sola soletta verso noi riguarda :
Quella ne insegnerà la via più tosta.

21 Venimmo a lei : O anima lombarda,
Come ti stavi altera e disdegnosa,
E nel mover degli occhi onesta e tarda!

22 Ella non ci diceva alcuna cosa;
Ma lasciavane gir, solo guardando
A guisa di leon quando si posa.

23 Pur Virgilio si trasse a lei, pregando
Che ne mostrasse la miglior salita;
E quella non rispose al suo dimando;

24 Ma di nostro paese e della vita
C'inchiese. E il dolce Duca incominciava
Mantova... E l'ombra, tutta in sè romita,

25 Surse ver lui del luogo ove pria stava,
Dicendo : O Mantovano, i' son Sordello
Della tua terra. E l'un l'altro abbracciava.

CHANT VI.

verras plus haut, à la cime de ce mont, en un lieu riant et fortuné. »

Et moi : « O mon bon guide, repris-je, hâtons la marche, car déjà je ne me fatigue plus comme auparavant, et vois que désormais la montagne allonge son ombre. »

« Nous marcherons aujourd'hui, répondit-il, aussi loin qu'il nous sera possible. Mais le fait est tout autre que tu ne penses.

« Avant d'être là-haut, tu verras revenir l'astre qui déjà se cache derrière cette côte escarpée, de manière que tu n'interromps plus ses rayons.

« Mais vois là haut, une âme qui se tient seule, toute seule, et qui regarde vers nous. Celle-là nous enseignera la voie la plus prompte. »

Nous nous approchâmes d'elle. Ah ! grande âme lombarde, comme tu te tenais altière et dédaigneuse, grave et lente à lever les yeux !

Elle ne nous adressait pas une parole, mais elle nous laissait passer, nous suivant seulement du regard, à la manière du lion qui se repose.

Cependant Virgile s'approcha d'elle, la priant de nous indiquer le meilleur chemin. Elle ne répondit pas à sa demande.

Mais elle s'enquit de notre pays et de notre condition, et mon doux guide commença : « Mantoue, » dit-il, et l'ombre, jusque-là toute recueillie en elle-même,

Se leva du lieu où jusque-là elle se tenait, et vint à lui, disant : « O Mantouan, je suis Sordello, de ta ville chérie, » et l'un et l'autre ils s'embrassèrent.

26 Ahi serva Italia, di dolore ostello,
Nave senza nocchiero in gran tempesta,
Non donna di provincie, ma bordello!

27 Quell'anima gentil fu così presta,
Sol per lo dolce suon della sua terra,
Di fare al cittadin suo quivi festa;

28 Ed ora in te non stanno senza guerra
Li vivi tuoi, e l'un l'altro si rode
Di quei che un muro ed una fossa serra.

29 Cerca, misera, intorno dalle prode
Le tue marine, e poi ti guarda in seno
S'alcuna parte in te di pace gode.

30 Che val, perchè ti racconciasse il freno
Giustiniano, se la sella è vota?
Senz'esso fora la vergogna meno.

31 Ahi gente, che dovresti esser divota,
E lasciar seder Cesar nella sella,
Se bene intendi ciò che Dio ti nota!

32 Guarda com'esta fiera è fatta fella,
Per non esser corretta dagli sproni,
Poi che ponesti mono alla predella.

33 O Alberto Tedesco, che abbandoni
Costei ch'è fatta indomita e selvaggia,
E dovresti inforcar li suoi arcioni,

34 Giusto giudicio dalle stelle caggia
Sovra 'l tuo sangue, e sia nuovo ed aperto,
Tal che il tuo successor temenza n'aggia:

35 Chè avete tu e il tuo padre sofferto,
Per cupidigia di costà distretti,
Che il giardin dell'imperio sia diserto.

Ah! terre esclave d'Italie, maison de douleur, navire sans nocher dans une grande tempête! Toi qui n'es plus la reine des provinces, mais leur prostituée!

Cette âme généreuse fut si prompte, rien que pour avoir entendu le doux nom de son pays, à fêter là-bas son concitoyen;

Et maintenant les vivants ne peuvent se tenir chez toi sans se faire la guerre, ils se dévorent les uns les autres, ceux qu'enferment un même mur et un même fossé.

Cherche, malheureuse, tout autour de tes plages et regarde aujourd'hui dans ton sein, s'il reste un lieu qui jouisse de la paix.

A quoi sert-il que Justinien t'ait rajusté le frein, si la selle est vide? Sans lui la honte serait moindre.

Ah! nation, qui devais être obéissante et laisser César se mettre en selle, si tu entendais bien ce que Dieu t'apprend?

Regarde comme cette bête est devenue rebelle, pour n'avoir pas été corrigée de l'éperon, depuis que tu as mis la main sur la bride.

Albert d'Allemagne, ô toi qui abandonnes cette cavale désormais indomptée et sauvage, quand tu devrais enfourcher les arçons!

Puisse un juste jugement tomber des étoiles sur ceux de ton sang! et qu'il soit éclatant et nouveau, et tel que ton successeur en demeure épouvanté!

Parce que ton père et toi, éloignés par le désir de conquérir ailleurs, vous avez souffert que le jardin de l'empire ne soit plus qu'un désert!

36 Vieni a veder Montecchi e Cappelletti,
   Monaldi e Filippeschi, uom senza cura,
   Color già tristi, e costor con sospetti.

37 Vien, crudel, vieni e vedi la pressura
   De' tuoi gentili, e cura lor magagne,
   E vedrai Santafior com' è sicura.

38 Vieni a veder la tua Roma che piagne,
   Vedòva, sola, e di' e notte chiama:
   Cesare mio, perchè non m' accompagne?

39 Vieni a veder la gente quanto s'ama;
   E se nulla di noi pietà ti muove,
   A vergognar ti vien della tua fama.

40 E se licito m' è, o sommo Giove,
   Che fosti in terra per noi crucifisso,
   Son li giusti occhi tuoi rivolti altrove?

41 O è preparazion, che nell' abisso
   Del tuo consiglio fai per alcun bene,
   In tutto dall' accorger nostro scisso?

42 Chè le terre d'Italia tutte piene
   Son di tiranni, ed un Marcel diventa
   Ogni villan che parteggiando viene.

43 Fiorenza mia, ben puoi esser contenta
   Di questa digression che non ti tocca,
   Mercè del popol tuo che si argomenta.

44 Molti han giustizia in cor, ma tardi scocca,
   Per non venir senza consiglio all' arco:
   Ma il popol tuo l' ha in sommo della bocca.

45 Molti rifiutan lo comune incarco;

Viens voir les Montaigus et les Capulets, les Monaldi et les Philippeschi, hommes sans souci de l'avenir, viens voir ceux-là déjà odieux, et ceux-ci poursuivis de soupçons.

Viens, cruel, viens voir l'oppression de tes nobles, et guéris leurs blessures, et tu verras comme Santafiora est en sûreté.

Viens voir ta Rome qui pleure, veuve délaissée, et te criant jour et nuit : « O mon César, pourquoi ne me fais-tu point compagnie? »

Viens voir comme les gens s'aiment, et si nulle pitié ne te touche pour nous, viens rougir de ta renommée.

Et s'il m'est permis de m'adresser à toi, ô mon souverain Jupiter, qui fus sur la terre crucifié pour nous, tes justes yeux sont-ils tournés ailleurs?

Ou bien est-ce une mesure que tu prends de loin dans l'abîme de tes conseils, pour quelque bien entièrement caché à nos regards?

Car les cités d'Italie sont toutes pleines de tyrans, et tout vilain y devient un Marcellus s'il se jette dans un parti.

O ma Florence, tu peux bien te réjouir de cette digression qui ne te touche point, grâce à ton peuple qui est si sage.

Beaucoup ont la justice dans le cœur, mais comme une flèche qu'ils sont lents à décocher pour ne point tirer l'arc imprudemment. Ton peuple, au contraire, la porte sur le bord de ses lèvres.

Beaucoup refusent le fardeau public. Mais ton peuple

Ma il popol tuo sollecito risponde
Senza chiamare, e grida: I' mi sobbarco.
46 Or ti fa lieta, chè tu hai ben onde:
Tu ricca, tu con pace, tu con senno.
S'io dico ver, l'effeto nol n'asconde.
47 Atene e Lacedemona, che fenno
L'antiche leggi, e furon si civili,
Fecero al viver bene un picciol cenno
48 Verso di te, che fai tanto sottili
Provvedimenti, ch'a mezzo novembre
Non giugne quel che tu d'ottobre fili.
49 Quante volte del tempo che rimembre,
Legge, moneta, e ufici, e costume
Hai tu mutato, e rinnovato membre!
50 E se ben ti ricorda, e vedi lume,
Vedrai te somigliante a quella inferma,
Che non può trovar posa in su le piume,
51] Ma con dar volta suo dolore scherma.

empressé répond sans qu'on l'appelle et s'écrie : « C'est moi qui veux porter la charge. »

Maintenant sois joyeuse, car tu as bien de quoi ; tu es riche, tu as la paix, tu as la prudence ; si je dis la vérité, l'effet le témoigne.

Athènes et Lacédémone, qui firent les antiques lois, et qui furent si polies, donnèrent un petit exemple dans l'art de bien vivre,

Auprès de toi qui fais la trame de tes règlements si fine qu'on voit que le fil que tu commences en octobre n'arrive pas à la moitié de novembre.

Que de fois depuis le temps dont tu gardes la mémoire as-tu changé les lois, les monnaies, les charges, les coutumes et renouvelé les membres de l'État !

Et si tu reviens à toi-même, et que tu ouvres tes yeux à la lumière, tu te verras semblable à cette malade, qui ne peut trouver de repos sur les plumes de sa couche,

Et qui en se retournant croit se défendre de la douleur.

COMMENTAIRE DU CHANT VI

Terc. 6. — *L'Arétin.* — Benincasa, juge d'Arezzo, étant vicaire du podestat à Sienne, fit mourir un frère de Ghino di Tacco, pour vol de grand chemin. Plus tard, Benincasa ayant été appelé à la cour de Rome, Ghino le tua et emporta sa tête. — *L'Altro.* — Cione de Tarlati, à la défaite de Bibbiena, fut poursuivi et se noya dans l'Arno.

6. — *Federigo Rovello*, mis à mort par Fornaiuolo de Bostoli. — *Marzucco* alla demander à Ugolin la permission d'ensevelir son fils.

7. — *Orso degli Alberti* mis à mort par ses parents.

8. — *Pierre de la Brosse*, secrétaire et conseiller de Philippe le Hardi, accusé d'avoir empoisonné Louis, fils aîné du roi et de sa première femme, Isabelle d'Aragon. Lui-même en avait accusé la seconde femme, Marie de Brabant.

26. — [1] Grand exemple des dangers de la liberté quand elle est mal servie par les passions des hommes. — Dante est mêlée à toutes les divisions des nobles et des pébléiens; il est Prieur de Florence en 1300, puis exilé. Il se détache de son parti; forme son parti à lui-même. — Il écrit le livre *De Monarchia* et sa lettre à Henri VII. Le voilà devenu l'ennemi de sa patrie; il a trouvé moyen de mériter son exil. — Sa lettre aux Florentins.

Dante Alighieri, Florentin et puni de l'exil qu'il n'a pas mérité, aux criminels habitants de Florence.

« La miséricordieuse providence du Roi éternel qui, en conservant l'ordre immuable des cieux, n'abandonne pas le soin des choses d'ici-bas, a donné au Saint-Empire romain le gouvernement des affaires humaines, afin que sous sa protection, comme sous un ciel serein, le genre humain fût en repos; et qu'on vécût sous la loi de société que réclame la nature. Bien que les textes divins établissent cette vérité, bien que la sagesse antique l'atteste, c'est néanmoins pour elle une confirmation considérable qu'en la vacance du trône impérial, tout

---

[1] Voir : Si Dante fut Guelfe ou Gibelin. — Œuv. comp., *Dante*, t. VI, p. 339.

COMMENTAIRE DU CHANT VI.   125

l'univers sorte de son orbite, que le pilote et les rameurs de la barque de Pierre s'endorment, et que la malheureuse Italie, abandonnée à ses passions, destituée de tout pouvoir public, soit agitée par des flots et des tempêtes que la parole n'exprime pas et qu'on peut mesurer à peine aux larmes des Italiens!...

« Et vous, insensés, oubliant ces maximes, vous abandonnez votre empire, pour essayer d'en fonder un nouveau et pour faire à côté de la société romaine une société florentine... Ah! si votre arrogance vous a rendus insensibles à la rosée de la grâce, jusqu'au point de résister sans crainte au sénatus-consulte éternel, comment éviterez-vous la terreur des châtiments humains? Auriez-vous mis par hasard votre confiance dans ce rempart dérisoire dont vous venez de vous enfermer? Que vous servira de vous être fermés de murs, de vous être armés de bastilles et de créneaux, quand se dirigera vers vous le vol terrible de l'aigle noir au champ d'or qui, planant tour à tour sur les Pyrénées, le Caucase et l'Atlas, poussée par le souffle des anges, a passé jadis si facilement les mers? Que sera-ce quand frappés d'horreur, ô les plus malheureux des hommes! vous verrez devant vous celui qui est destiné à dompter l'Italie en délire...

« Alors, ces édifices que vous avez élevés non pour le besoin, mais pour le plaisir, périront sous le bélier ou dans les flammes. Vous verrez le peuple furieux, maintenant divisé entre les factions, se réunir contre vous à grands cris, parce qu'il ne peut supporter à la fois l'épouvante et la faim. Vous aurez la douleur d'avoir vos temples dépouillés, vainement encombrés de vos femmes en pleurs, et vos enfants étonnés d'avoir à expier les crimes de leurs pères, et si les pressentiments de mon âme ne me trompent point, votre ville, après un long deuil, finira par tomber aux mains de l'étranger, la plupart d'entre vous ayant disparu dans la mort ou dans la servitude.

« Si donc ma juste frayeur vous touche de repentir, et fait couler de vos yeux des ruisseaux de larmes expiatoires, persuadez-vous que le soutien de la république romaine, le pieux et triomphateur Henri, avide, non de son bien, mais du bien universel du monde, a voulu affronter pour nous tous les périls et prendre sa part de nos peines, comme si Isaïe avait voulu le désigner après le Christ quand il dit : « Vraiment celui-ci a porté nos maux et s'est chargé de nos douleurs! » *Vere languores nostros ipse tulit, et dolores nostros ipse portavit.* »

CANTO VII

1 Posciachè l' accoglienze oneste e liete
   Furo iterate tre e quattro volte,
   Sordel si trasse, e disse: Voi chi siete?
2 Prima ch' a questo monte fosser volte
   L' anime degne di salire a Dio,
   Fur l' ossa mie per Ottavian sepolte.
3 I' son Virgilio; e per null' altro rio
   Lo ciel perdei, che per non aver fè:
   Così rispose allora il Duca mio.
4 Qual è colui che cosa innanzi a sè
   Subita vede, ond' ei si maraviglia,
   Che crede e no, dicendo: ell' è, non è;
5 Tal parve quegli, e poi chino le ciglia,
   E umilmente ritornò ver lui,
   E abbracciollo ove 'l minor s' appiglia.
6 O gloria de' Latin, disse, per cui
   Mostrò ciò che potea la lingua nostra:
   O pregio eterno del loco ond' io fui,

CHANT VII

Après que les embrassements graves et joyeux se furent trois et quatre fois répétés, Sordello se retira un peu et dit : « Qui êtes-vous ?

« Avant que les âmes dignes de monter à Dieu fussent conduites vers cette montagne, Octavien donna la sépulture à mes os.

« Je suis Virgile, et la seule faute qui me fit perdre le Ciel fut de n'avoir point la foi. » Ainsi répondit alors mon guide.

Comme un homme qui voit tout à coup devant lui une chose dont il s'étonne. Il croit et ne croit plus, disant : « Elle est, elle n'est pas. »

Tel parut Sordello, puis, baissant les yeux, il s'approcha humblement de mon maître et l'embrassa à l'endroit où les petits embrassent les grands.

« O gloire des Latins, dit-il, toi par qui notre langue montra ce qu'elle pouvait, ô éternel honneur du lieu où je naquis !

7 Qual merito o qual grazia mi ti mostra?
   S' io son d' udir le tue parole degno,
   Dimmi se vien d' Inferno, e di qual chiostra.

8 Per tutti i cerchi del dolente regno,
   Rispose lui, son io di qua venuto:
   Virtù del ciel mi mosse, e con lei vegno.

9 Non per far, ma per non fare, ho perduto
   Di veder l' alto Sol che tu disiri,
   E che fu tardi da me conosciuto.

10 Luogo è laggiù non tristo da martiri,
   Ma di tenebre solo, ove i lamenti
   Non suonan come guai, ma son sospiri.

11 Quivi sto io co' parvoli innocenti,
   Da' denti morsi della morte, avante
   Che fosser dall' umana colpa esenti.

12 Quivi sto io con quei che le tre sante
   Virtù non si vestiro, e senza vizio
   Conobber l' altre, e seguir tutte quante

13 Ma se tu sai e puoi, alcuno indizio
   Dà noi, perchè venir possiam più tosto
   Là dove il Purgatorio ha dritto inizio

14 Rispose: Luogo certo non c' è posto:
   Licito m' è andar suso ed intorno:
   Per quanto ir posso, a guida mi t'accosto.

15 Ma vedi già come dichina il giorno,
   E andar su di notte non si puote;
   Però è buon pensar di bel soggiorno.

16 Anime sono a destra qua remote:
   Se 'l mi consenti, menerotti ad esse,
   E non senza diletto ti fien note.

« Quel mérite où quelle grâce me donne le bien de te voir? dis-moi si tu viens de l'enfer ou de quel autre séjour? »

« — J'ai franchi tous les cercles du royaume des douleurs, répondit-il, pour venir jusqu'ici. Une vertu du ciel m'a poussé et je marche avec elle.

« Ce n'est point pour avoir fait, c'est pour n'avoir pas fait, que j'ai perdu de voir le divin soleil que tu désires, et que je connus trop tard.

« Là-bas est un lieu attristé, non par des supplices, mais seulement par les ténèbres, où les plaintes ne retentissent pas comme des cris, mais se perdent en soupirs.

« C'est là que j'habite avec les enfants innocents, mordus des dents de la mort, avant d'être lavés de la souillure humaine.

« C'est là que j'habite avec ceux qui ne revêtirent pas les trois vertus des saints, mais qui, exempts de vices, connurent les autres vertus et les pratiquèrent toutes.

« Mais si tu le sais, et si tu le peux, donne-nous quelque indice pour que nous puissions arriver où le purgatoire a sa véritable entrée. »

Il répondit : « Aucun lieu déterminé ne nous est assigné, il m'est permis de monter et d'errer alentour; autant que je puis aller, je m'attache à toi comme un guide.

« Mais vois déjà comme baisse le jour, et sache qu'on ne peut monter pendant la nuit; en sorte qu'il convient de penser à un bon gîte.

« Des âmes sont là vers notre droite, retirées à l'écart. Si tu me le permets, je te mènerai vers elles; et tu ne les connaîtras pas sans plaisir.

9

17 Com' è ciò? fu risposto: chi volesse
    Salir di notte, fora egli impedito
    D' altrui? ovver saria che non potesse?
18 E il buon Sordello in terra fregò 'l dito
    Dicendo: Vedi, sola questa riga
    Non varcheresti dopo 'l Sol partito:
19 Non però che altra cosa desse briga,
    Che la notturna tenebra, ad ir suso:
    Quella col non poter la voglia intriga.
20 Ben si poria con lei tornare in giuso,
    E passeggiar la costa intorno errando,
    Mentre che l' orizzonte il di' tien chiuso.
21 Al' ora il mio Signor, quasi ammirando:
    Menane, disse, dunque là 've dici
    Ch' aver si può diletto dimorando.
22 Poco allungati c' eravam di lici,
    Quand' io m' accorsi che 'l monte era scemo,
    A guisa che i valloni sceman quici.
23 Colà, disse quell' ombra, n' anderemo
    Dove la costa face di sè grembo,
    E quivi 'l nuovo giorno attenderemo.
24 Tra erto e piano era un sentiero sghembo,
    Che ne condusse in fianco della lacca,
    Là dove più ch' a mezzo muore il lembo.
25 Oro ed argento fino e cocco e biacca,
    Indico legno lucido e sereno,
    Fresco smeraldo in l' ora che si fiacca,
26 Dall' erba e dalli fior dentro a quel seno
    Posti, ciascun saria di color vinto,
    Come dal suo maggiore è vinto il meno.

« Comment cela? répondit Virgile, si quelqu'un voulait monter durant la nuit, en serait-il empêché par un autre ou renoncerait-il à gravir la montagne par impuissance?»

Et le bon Sordello frotta la terre de son doigt en disant : « Vois seulement cette ligne, tu ne la franchirais point après le soleil couché.

« Non pourtant que tu fusses arrêté dans ta course par autre chose que par l'obscurité nocturne ; mais celle-ci met obstacle par l'impuissance à la volonté.

« Sans doute on pourrait sous ses ombres retourner en bas, et perdre ses pas en errant sur la côte, pendant que l'horizon retient le jour prisonnier. »

Alors mon Seigneur, comme ravi d'admiration : « Mène-nous donc, répliqua-t-il, où tu dis qu'on peut trouver plaisir à s'arrêter. »

Nous nous étions peu éloignés de ce lieu, quand je m'aperçus que la montagne était creuse, comme ici-bas se creusent les vallons.

« C'est là, dit cette âme, que nous irons, à l'endroit même où la côte fait comme un pli, et c'est là que nous attendrons le jour renaissant. »

Entre la montée et la plaine était un oblique sentier qui nous conduisit au flanc du ravin, là où la pente est plus qu'à moitié chemin.

L'or et l'argent fin, la pourpre et la céruse, le bois de l'Inde avec son azur lumineux, l'émeraude fraîche au moment où on la rompt,

Auprès de l'herbe et des fleurs de ce vallon, seraient vaincus en éclat, comme le moins est surpassé par le plus.

27 Non avea pur natura ivi dipinto,
    Ma di soavità di mille odori
    Vi faceva un incognito indistinto.

28 *Salve Regina* in sul verde e in su' fiori
    Quindi seder cantando anime vidi,
    Che per la valle non parean di fuori.

29 Prima che 'l poco sole omai s' annidi,
    Cominciò 'l Mantovan che ci avea volti,
    Tra color non vogliate ch' io vi guidi.

30 Da questo balzo meglio gli atti e i volti
    Conoscerete voi di tutti quanti,
    Che nella lama giù tra essi accolti.

31 Colui che più sied' alto, ed ha sembianti
    D' aver negletto ciò che far dovea,
    E che non muove bocca agli altrui canti,

32 Ridolfo imperador fu, che potea
    Sanar le piaghe c' hanno Italia morta,
    Sì che tardi per altri si ricrea.

33 L' altro, che nella vista lui conforta,
    Resse la terra dove l' acqua nasce,
    Che Molta in Albia, ed Albia in mar ne porta:

34 Ottachèro ebbe nome, e nelle fasce
    Fu meglio assai che Vincislao suo figlio
    Barbuto, cui lussuria ed ozio pasce.

35 E quel Nasetto, che stretto a consiglio
    Par con colui c' ha sì benigno aspetto,
    Morì fuggendo e disfiorando il giglio:

36 Guardate là, come si batte il petto.
    L' altro vedete c' ha fatto alla guancia
    Della sua palma, sospirando, letto.

La nature ne s'était pas contentée d'y peindre : mais de la suavité de mille odeurs elle avait fait un parfum sans nom.

Là je vis assises sur la verdure et sur les fleurs des âmes qui chantaient le *Salve Regina* et que la vallée dérobait aux regards du dehors.

« Avant que ce peu de soleil descende dans sa couche, ainsi commença le Mantouan qui nous avait conduits, n'exigez pas que je vous mène parmi ces ombres.

« De cette hauteur vous reconnaîtrez mieux l'attitude et le visage de toutes, tant qu'elles sont, qu'au fond même du ravin et mêlés dans leurs rangs.

« Celui qui siége le plus haut et qui a l'air d'avoir négligé son devoir et qui n'ouvre pas la bouche aux chants des autres,

» Ce fut Rodolphe l'empereur; il pouvait guérir les blessures qui ont tué l'Italie, de telle sorte qu'il est trop tard pour qu'un autre la ressuscite.

« L'autre, dont la seule vue le console, gouverna le pays où naissent les eaux que la Moldava porte dans l'Elbe et l'Elbe dans la mer.

« Ottocar fut son nom, et dans les langes il valut beaucoup mieux que son fils Venceslas, avec toute sa barbe, nourri dans la mollesse et l'oisiveté.

« Et cet autre au court nez qui semble tenir un conseil secret avec celui dont la figure est si débonnaire, mourut en fuyant et en déflorant le lis.

« Regardez là, comme il se frappe la poitrine, et voyez l'autre qui en soupirant a fait de la paume de sa main un lit pour sa joue.

37 Padre e suocero son del mal di Francia:
　　Sanno la vita sua viziata e lorda,
　　E quindi viene il duol che sì li lancia.
38 Quel che par sì membruto, e che s'accorda
　　Cantando con colui dal maschio naso,
　　D'ogni valor portò cinta la corda.
39 E se re dopo lui fosse rimaso
　　Lo giovinetto che retro a lui siede,
　　Bene andava il valor di vaso in vaso;
40 Che non si puote dir dell'altre rede.
　　Jacomo e Federigo hanno i reami:
　　Del retaggio miglior nessun possiede.
41 Rade volte risurge per li rami
　　L'umana probitate: e questo vuole
　　Quei che la dà, perchè da lui si chiami.
42 Anco al Nasuto vanno mie parole
　　(Non men ch'all'altro, Pier, che con lui canta),
　　Onde Puglia e Proenza già si duole.

43 Tant'è del seme suo minor la pianta,
　　Quanto, più che Beatrice e Margherita,
　　Gostanza di marito ancor si vanta.
44 Vedete il re della semplice vita
　　Seder là solo, Arrigo d'Inghilterra;
　　Questi ha ne' rami suoi migliore uscita.
45 Quel che più basso tra costor s'atterra,
　　Guardando in suso, è Guglielmo marchese,
　　Per cui e Alessandria e la sua guerra
46 Fa pianger Monferrato e il Canavese.

« Ils sont père et beau-père du fléau de la France. Ils connaissent sa vie vicieuse et souillée, et de là vient la douleur qui les aiguillonne si fort.

« Celui qui paraît si membru et qui s'accorde pour chanter avec cet autre au nez puissant, ceignit ses reins de la corde de tous les honneurs.

« Et si après lui fût resté roi le jouvenceau qui derrière lui s'assied, l'honneur eût bien passé de vase en vase.

« Ce qu'on ne peut dire de ses autres héritiers. Jacques et Frédéric ont bien ses royaumes, mais personne n'a recueilli l'héritage meilleur.

« Rarement voit-on remonter dans les rameaux la séve de l'humaine vertu ; et c'est ce que veut celui qui la donne, afin qu'on ne l'attende que de lui.

« C'est encore à l'ombre au grand nez que s'adressent mes paroles, non moins qu'à Pierre, cet autre qui chante avec lui, et c'est pourquoi déjà Pouille et Provence sont en pleurs.

« Autant la plante a dégénéré de sa semence, autant Constance est plus encore fière de son mari que Béatrix et Marguerite.

« Voyez s'asseoir à l'écart ce roi simple dans sa vie, Henri d'Angleterre. Celui-là a poussé de meilleurs rejetons.

« Cet autre qui plus bas est étendu parmi eux regardant vers le ciel est Guillaume le marquis, au sujet de qui Alexandrie et ses guerriers font pleurer le Montferrat et le pays de Canava ! »

COMMENTAIRE DU CHANT VII

Terc. 5. — Admirable scène de Sordello et de Virgile. Le baiser des deux Italiens. Dante fait éclater tout son patriotisme et toutes ses colères. Querelles et divisions de l'Italie. — Que les Italiens auraient besoin de relire ce sixième chant. — Rivalités de Bellune et Udina, de Venise et Milan, de Parme et Plaisance, de Naples et Messine.

> Ed ora in te non stanno senza guerra
> Li vivi tuoi, e l'un l'altro si rode
> Di quei ch' un muro ed una fossa serra.

14. — Imitation de Virgile. — Anchise et Énée. Les champs-Élysées. (*Æn*. VI.)

> Nulli certa domus, lucus habitamus opacis.
> Riparumque toros et prata recentia rivis ¹
> Incolimus : sed vos si fert ita corde voluntas
> Hoc superate jugum, et facili jam tramite sistam.

18. — Originalité du poëte chrétien. — Pietro di Dante.

Et quod dicit Sordellus, quod post recessum solis impossibile est ibi ascendere sed descendere errando, figuratur quod sine sole divinæ gratiæ a quo illuminamur, ad recta, dum lucet in nostra mente, debemus et possumus ascendere; sed secus dum non lucet; quia tunc nos movendo, errando et in nocte iremus.

25. — Imitation des champs Élysées de Virgile. Cette aimable peinture sollicite l'imagination de Dante, il y revient à plusieurs reprises dans l'Enfer, le Purgatoire et le Paradis. Il aime à peindre le repos, la sérénité. — Objection de l'*Ottimo commento*, pourquoi rendre le vestibule du purgatoire si enchanteur? Pour rendre le ciel encore plus désirable.

L'histoire anime la scène. Tous les vieux peintres animent ainsi leurs tableaux par des portraits contemporains. Orcagna dans les fresques du Campo Santo juge les rois.

32. — Rodolphe de Habsburg. C'est lui qui, par un acte auquel adhérèrent les électeurs, abandonna pour toujours l'Exarchat et la Pentapole. Il avait des mœurs simples et parcimonieuses, et portait un pourpoint gris auquel il mettait des pièces aux coudes. Il reçut le roi de Bohême mal vêtu, assis sur une mauvaise chaise dans un grand chemin. Plainte des poëtes allemands à ce sujet.

33 et 34. — Philippe III, roi de France, et Henri de Navarre. G. A. H.

36. — Pierre III, roi d'Aragon. Cette corde dont parle ici Dante est ou une allusion au cordon des Frères Mineurs, ou une imitation de la parole de Salomon : *Accinxit in fortitudine lumbos suos.* — *Colui dal maschio naso* désigne Charles Ier de Pouille, roi de Naples et comte de Provence. G. A. H.

41. — Constance, femme de Pierre III. — Sur l'histoire de Raymond Bérenger, comte de Provence, et du mariage de ses quatre filles, V. Villani, liv. VI, c. 92.

42. — Le roi d'Angleterre Henri III, fils de Jean-sans-Terre, et non de Richard Cœur-de-lion, comme l'ont répété quelques commentaires d'après Villani.

43. — Guillaume, marquis de Montferrat. Ses fils firent la guerre aux habitants d'Alexandrie. G. A. H.

CANTO VIII

1 · Era già l' ora che volge il disio
    Ai naviganti e intenerisce il core,
    Lo di' c' han detto a' dolci amici addio:
2 E che lo novo peregrin d' amore
    Punge, se ode squilla di lontano,
    Che paia il giorno pianger che si muore;
3 Quand' io incominciai a render vano
    L' udire, ed a mirare una dell' alme
    Surta, che l' ascoltar chiedea con mano.
4 Ella giunse e levò ambo le palme,
    Ficcando gli occhi verso l' oriente,
    Como dicesse a Dio: D' altro non calme.
5 *Te lucis ante* sì divotamente
    Le uscì di bocca, e con sì dolci note,
    Che fece me a me uscir di mente.
6 · E l' altre poi dolcemente e divote
    Seguitar lei per tutto l' inno intero,
    Avendo gli occhi alle superne ruote.

CHANT VIII

Déjà c'était l'heure qui tourne vers la terre les regrets des navigateurs, et qui attendrit leurs cœurs à la pensée du moment où ils dirent adieu à leurs doux amis;

L'heure qui blesse d'amour le nouveau pèlerin, s'il entend de loin la cloche qui semble pleurer le jour près de mourir ;

Quand je commençai à ne plus rien entendre, et à regarder une âme debout, et qui d'un signe de la main demandait qu'on l'écoutât.

Elle joignit les mains et les leva, fixant les yeux vers l'Orient, comme si elle disait à Dieu : « Le reste ne m'est plus rien. »

L'hymne *Te lucis ante* s'échappa de sa bouche avec tant de dévotion, et avec des modulations si douces, qu'elle me fit oublier à moi-même.

Puis les autres dévotement et doucement l'accompagnèrent jusqu'au bout de l'hymne, ayant les yeux fixés sur les sphères éternelles.

7 Aguzza qui, lettor, ben gli occhi al vero,
   Chè il velo è ora ben tanto sottile,
   Certo, che 'l trapassar dentro è leggiero.

8 I' vidi quello esercito gentile
   Tacito poscia riguardar in sue,
   Quasi aspettando pallido ed umile :

9 E vidi uscir dell' alto, e scender giue
   Due angeli con duo spade affocate,
   Tronche e private delle punte sue.

10 Verdi, come fogliette pur mo nate,
   Erano in veste, che da verdi penne
   Percosse traén dietro e ventilate.

11 L' un poco sovr' a noi a star si venne,
   E l' altro scese nell' opposta sponda,
   Sì che la gente in mezzo si contenne.

12 Ben discerneva in lor la testa bionda ;
   Ma nelle facce l' occhio si smarria,
   Come virtù ch' a troppo si confonda.

13 Ambo vegnon del grembo di Maria,
   Disse Sordello, a guardia della valle,
   Per lo serpente che verrà via via.

14 Ond' io che non sapeva per qual calle,
   Mi volsi intorno, e stretto m' accostai
   Tutto gelato alle fidate spalle.

15 E Sordello anche : Ora avvalliamo omai
   Tra le grandi ombre, e parleremo ad esse :
   Grazioso fia lor vedervi assai.

16 Solo tre passi credo ch' io scendesse,
   E fui di sotto, e vidi un che mirava
   Pur me, come conoscer mi volesse.

Ici, lecteur, aiguise ton regard, et fais-le pénétrer jusqu'à la vérité, car le voile a une trame si subtile, qu'il est certes facile de passer au travers.

Je vis ensuite cette généreuse armée regarder en silence vers le ciel ; elle demeurait comme dans l'attente, humble et pâle.

Et je vis sortir d'en haut, et descendre sur la terre, deux anges avec deux épées flamboyantes, émoussées et privées de leurs pointes.

Vertes comme des feuilles qui viennent seulement de naître, étaient leurs robes qui, agitées par les plumes vertes de leurs ailes, flottaient derrière eux au gré du vent.

L'un vint se poser un peu au-dessus de nous, et l'autre descendit sur le bord opposé, de sorte que le peuple des âmes se trouva au milieu.

Je distinguais bien leur blonde tête ; mais mon œil ne supportait pas l'éclat de leur face, comme toute faculté se trouble en présence d'un objet trop grand.

« Tous deux viennent du giron de Marie, dit alors Sordello, commis à la garde de la vallée, à cause du serpent qui viendra tout à l'heure. »

Et moi qui ne savais pas par quel chemin il viendrait, je regardai autour de moi, et, tout glacé, je me serrai contre les épaules de mon fidèle guide.

Et Sordello reprenant : « Maintenant, dit-il, descendons près des ombres illustres, et nous parlerons avec elles. Il leur sera très-doux de vous voir. »

Je crois que je descendis trois pas seulement, et je me trouvai au milieu des âmes, et j'en vis une qui ne regardait que moi, comme si elle avait voulu me connaître.

17 Tempo era già che l' aer s' annerava,
   Ma non sì, che tra gli occhi suoi e' miei
   Non dichiarasse ciò che pria serrava.

18 Ver me si fece, ed io lui mi fei:
   Giudice Nin gentil, quanto mi piacque,
   Quando ti vidi non esser tra' rei!

19 Nullo bel salutar tra noi si tacque:
   Poi dimandò: Quant' è che tu venisti
   Appiè del monte per le lontane acque?

20 Oh! dissi lui, per entro i luoghi tristi
   Venni stamane, e sono in prima vita,
   Ancor che l' altra sì andando acquisti.

21 E come fu la mia risposta udita,
   Sordello ed egli indietro si raccolse,
   Come gente di subito smarrita.

22 L' uno a Virgilio, e l' altro ad un si volse
   Che sedea lì, gridando: Su, Currado,
   Vieni a veder che Dio per grazia volse.

23 Poi volto a me: Per quel singular grado,
   Che tu dèi a colui, che sì nasconde
   Lo suo primo perchè, che non gli è guado,

24 Quando sarai di là dalle larghe onde,
   Dì a Giovanna mia, che per me chiami
   Là dove agl' innocenti si risponde.

25 Non credo che la sua madre più m' ami,
   Poscia che trasmutò le bianche bende,
   Le quai convien che misera ancor brami.

26 Per lei assai di lieve si comprende,

C'était déjà le moment où l'air s'obscurcissait, mais non point si fort qu'il n'éclairât entre les yeux du mort et les miens ce que d'abord il nous cachait.

Le mort vint à moi et j'allai à lui. Nino, le noble juge, qu'il me fut doux de voir que tu n'étais point parmi les condamnés !

Nous n'oubliâmes rien de ce qui fait un courtois accueil ; puis il demanda : « Depuis quand es-tu arrivé au pied de la montagne à travers les ondes lointaines ? »

« Oh ! lui dis-je, c'est par le triste séjour que je suis venu ce matin. Je vis de la première vie, bien que je gagne la seconde à ce voyage. »

Et aussitôt que fut entendue ma réponse, Sordello et lui se retirèrent en arrière, comme une troupe soudainement étonnée.

L'un se tourna vers Virgile et l'autre vers une âme assise au même endroit, et il criait : « Lève-toi, Conrad, et viens voir ce que Dieu par sa grâce a voulu faire. »

Puis se retournant vers moi : « Au nom de la reconnaissance que tu dois à celui qui cache si profondément sa première raison d'agir qu'il n'est point de gué pour y arriver.

« Quand tu seras au delà des larges ondes, dis à Jeanne, ma fille, d'intercéder pour moi là où l'on répond aux innocents.

« Je ne crois pas que sa mère m'aime plus, puisqu'elle a quitté les bandeaux blancs que la malheureuse doit regretter un jour.

« Par son exemple, on voit trop facilement combien

Quanto in femmina fuoco d' amor dura,
Se l' occhio ò il tatto spesso nol raccende

27 Non le farà sì bella sepoltura
La vipera che il Melanese accampa,
Com' avria fatto il gallo di Gallura.

28 Così dicea, segnato della stampa
Nel suo aspetto di quel dritto zelo,
Che misuratamente in core avvampa.

29 Gli occhi miei ghiotti andavan pure al cielo,
Pur là dove le stelle son più tarde,
Sì come ruota più presso allo stelo.

30 E il Duca mio : Figliuol, che lassù guarde?
Ed io a lui : A quelle tre facelle,
Di che il polo di qua tutto quanto arde.

31 Ed egli a me : Le quattro chiare stelle
Che vedevi staman, son di là basse,
E queste son salite ov' eran quelle.

32 Com' ei parlava, e Sordello a sè 'l trasse
Dicendo : Vedi là 'l nostro avversaro;
E drizzò 'l dito, perchè in là guatasse.

33 Da quella parte, onde non ha riparo
La picciola vallea, era una biscia,
Forse qual diede ad Eva il cibo amaro.

34 Tra l' erba e i fior venia la mala striscia,
Volgendo ad or ad or la testa, e il dosso
Leccando come bestia che si liscia.

35 Io nol vidi, e però dicer nol posso,
Come mosser gli astor celestiali,
Ma vidi bene e l' uno e l' altro mosso.

36 Sentendo fender l' aere alle verdi ali,

dure dans une femme le feu d'amour si les yeux et les embrassements souvent ne le rallument.

« La vipère, qui marque l'écusson du Milanais, n'ornera pas si bien sa sépulture que n'aurait fait le coq de Gallura. »

Ainsi disait-il, marqué au visage de l'empreinte de cette juste jalousie qui brûle avec mesure dans le cœur.

Mes yeux avides ne se tournaient plus que vers le ciel et vers l'endroit seulement où les étoiles sont plus lentes, comme une roue plus près de son essieu.

Et mon guide : « Mon fils, dit-il, que regardes-tu là-haut ? » Et je lui répondis : « Je considère ces trois flambeaux qui embrasent tout le pôle. »

Et lui : « Les quatre étoiles brillantes que tu voyais ce matin, reprit-il, sont maintenant couchées là-bas, et celles-ci sont montées à leur place. »

Comme il parlait, Sordello l'attira vers lui en disant : « Voilà notre ennemi, » et il étendit le doigt pour que Virgile regardât de ce côté.

Du côté où la petite vallée n'a pas de rempart, on voyait un serpent, tel peut-être que celui qui fit prendre à Ève le fruit amer.

Entre l'herbe et les fleurs se glissait le reptile pervers, retournant de temps à autre la tête, et se léchant le dos comme une bête qui lisse son poil.

Je ne vis point, et pourtant je ne puis dire comment les deux célestes autours prirent leur vol ; mais je les vis bien volant tous deux.

Au bruit de l'air qui se fendait sous leurs ailes ver-

Fuggìo 'l serpente, e gli Angeli dier volta
Suso alle poste rivolando iguali.

37 L' ombra che s' era al giudice raccolta,
Quando chiamò, per tutto quell' assalto
Punto non fu da me guardare sciolta.

38 Se la lucerna che ti mena in alto
Trovi nel tuo arbitrio tanta cera,
Quant' è mestiero infino al sommo smalto,

39 Cominciò ella, se novella vera
Di Valdimagra; o di parte vicina
Sai, dilla a me, che già grande là era.

40 Chiamato fui Currado Malaspina:
Non son l' antico, ma di lui discesi:
A' miei portai l' amor che qui raffina.

41 O! dissi lui, per li vostri paesi
Giammai non fui; ma dove si dimora
Per tutta Europa, ch' ei non sien palesi?

42 La fama che la vostra casa onora,
Grida i signori, e grida la contrada,
Sì che ne sa chi non vi fu ancora.

43 Ed io vi giuro, s' io di sopra vada,
Che vostra gente onrata non si sfregia
Del pregio della borsa e della spada.

44 Uso e natura sì la privilegia,
Che, perchè il capo reo lo mondo torca,
Sola va dritta, e il mal cammin dispregia.

45 Ed egli: Or va, chè il Sol non si ricorca

CHANT VIII.

tes, le serpent s'enfuit, et les anges retournèrent à leur poste, en s'élevant d'un vol égal.

L'ombre qui s'était rapprochée du juge quand il l'appela, ne laissa pas un moment de me regarder tant que dura l'assaut.

« Ainsi puisse la lumière qui te mène en haut trouver dans ton libre arbitre assez de cire pour te conduire à la volonté d'azur ! »

C'est en ces mots que l'ombre commença : « Si tu sais quelque nouvelle véritable de Valdimagra ou de quelque endroit voisin, dis-la-moi, car je fus grand dans ce lieu.

« On m'appela Conrad Malaspina. Je ne suis pas l'ancien de ce nom, mais j'en suis descendu. Je portai à ceux de mon sang l'amour qui se purifie ici. »

« Oh ! lui répondis-je, jamais je ne visitai vos pays ; mais où peut-on demeurer dans toute l'Europe que leur nom n'y soit connu ?

« La renommée qui honore votre maison publie les louanges des seigneurs, publie celle de la contrée, tant que celui-là même la connaît qui ne l'a pas visitée encore.

« Et je vous jure, ainsi puissé-je arriver là-haut ! que votre famille honorée ne perd ni la gloire de la richesse, ni celle de l'épée.

« La tradition et la nature l'ont douée d'une manière si privilégiée, qu'en vain le monde détourne sa tête coupable ; elle seule marche droit et méprise le mauvais chemin. »

Et lui : « Va maintenant ; car le soleil ne se couchera

Sette volte nel letto che il Montone
Con tutti e quattro i piè copre ed inforca,
46 Che cotesta cortese opinione
Ti fia chiavata in mezzo della testa
Con maggior chiovi che d' altrui sermone;
47 Se corso di giudicio non s' arresta.

pas sept fois dans le lit que le bélier couvre et enfourché de ses quatre pieds,

« Avant que cette opinion courtoise te soit clouée dans la tête avec des plus grands clous que le discours d'autrui,

« Si le cours des jugements célestes ne s'arrête point. »

COMMENTAIRE DU CHANT VIII

Ce chant est un de ceux où Dante a répandu le plus de ces beautés mélancoliques si bien faites pour la peinture du Purgatoire. L'heure du soir et les pensées qu'elle réveille. La prière des âmes. Les anges. L'entretien du juge de Gallaur, ce pauvre mort oublié par sa veuve.

Terc. 18. — Nino juge de Gallura, pendant que la Sardaigne était sous le joug des Pisans. Beatrix d'Este, veuve de Nino, épousa Galeazzo Visconti, chassé de Milan par la famille della Torre.

6, 7, 34, 35. — *L'Allégorie.* — Dante rappelle le IXe ch. de l'*Enfer. O voi ch'avete gl'intelletti sani.* Explication de Pietro di Dante. — En disant que ces esprits silencieux, humbles et pâles regardent vers le ciel, il veut dire que le devoir des hommes vertueux est de prier, selon cette parole de saint Jean Damascène : que la prière est l'ascension de l'esprit vers Dieu. L'heure du soir, c'est celle où l'Église fait sonner trois fois en commémoration de la Vierge, reine des anges, afin qu'elle envoie un ange à notre secours contre le serpent, c'est-à-dire contre la tentation. — Deux anges avec deux épées. La première est ce premier effet de la prière qui fait éviter la tentation. Saint Augustin : *Oratio oranti præsidium, adversario incendium.* Voilà pourquoi l'épée est flamboyante. La seconde est le deuxième effet de la prière, d'embraser l'Espérance et la Charité. La vallée, symbole de la vallée des larmes : *Super muros tuos, Jerusalem, constitui custodes.* (Isaïe.) L'ange garde l'Éden avec l'épée de feu ; les épées sont émoussées parce qu'il leur est donné de mettre en fuite, mais non de tuer le serpent. La couleur verte signifie l'espérance. Les deux anges viennent du giron de Marie, parce que tout secours vient du Christ. Les anges se tiennent aux deux extrémités, parce que les extrémités sont périlleuses et que toute vertu est placée entre deux excès. Le serpent rampe comme la tentation se glisse dans le cœur.

Comparaison avec Milton, *Paradis perdu*, chant IV. — « La nuit avait mesuré de son cours ténébreux la moitié de sa route sous la voûte sublunaire, quand les chérubins, sortant à l'heure accoutumée de leur porte d'ivoire, se rangèrent armés en parade guerrière pour la veille nocturne, lorsque Gabriel, s'adressant à ceux qui l'approchaient le plus en pouvoir, leur parla ainsi :

« — Ituriel et Sapher, cherchez rapidement à travers le jardin, ne laissez pas un lieu qui ne soit visité; mais surtout celui où les deux belles créatures habitent, où elles dorment peut-être sans crainte et sans alarme. Ce soir, du lieu où le soleil se couche est venu un messager qui assure avoir vu un esprit infernal échappé des portes de la mort, engagé dans un voyage mauvais sans doute. Si vous le trouvez, assurez-vous de lui et me l'amenez. »

« En disant ainsi il passa en revue leurs files resplendissantes aux clartés de la lune. Les deux autres se portèrent à la recherche de celui qu'ils poursuivaient. Ils le trouvèrent rampant comme un reptile à l'oreille même d'Ève. »

Chant IX. — « Le serpent dirige sa course vers Ève, non pas sur le sol en rampant comme il l'a fait depuis, mais posé sur sa croupe d'où s'élèvent plusieurs cercles, amoncelant contours sur contours, plis sur plis; labyrinthe mouvant, il se dresse comme une tour. Sa tête haute se couronne d'une crête superbe, ses yeux étincellent comme l'escarboucle, et son cou, resplendissant d'un or aux verts reflets, se dresse au centre des anneaux de son corps, dont une partie s'élève en spirale pendant que l'autre en flottant rebondit sur l'herbe. Jamais serpent ne fut plus beau; ni le serpent d'Illyrie, où s'enveloppèrent Hermonie et Cadmus, ni celui qui prêta sa figure au dieu d'Épicure, ni les serpents qui recélèrent Jupiter Ammon et le Jupiter du Capitole. »

Terc. 40. — Conrad, l'ancien seigneur de Lunigiane, au commencement du treizième siècle. Conrad II son petit-fils.

En 1306, on a un acte authentique par lequel le seigneur Franceschino Malaspina charge Dante de faire la paix entre lui, Moroello et Conradin, marquis Malaspina d'une part, et D. Antoine, évêque de Luni, d'autre part. Acte de cette paix, 6 octobre. — Boccace rapporte que Dante était chez Moroello, lorsqu'en 1307 on lui envoie l'ébauche des sept premiers chants de son poëme. Il y avait un autre

Moroello Malaspina auquel Dante fait allusion, Inf. XXIV, dans la prédiction de Vanni Fucci. C'est probablement au premier que fut dédié le *Purgatoire*.

Je remonte dans cette chaire pour continuer l'explication de la *Divine Comédie*, et à la suite de Dante, je me vois entouré de votre nombreux et fraternel concours. J'admire, messieurs, comment cet ancien, cet étranger, cet homme nourri de pensées si différentes des nôtres, vous retient cependant à la lecture de ses vers ; quand nous sommes si loin de ces années paisibles qui avaient des loisirs pour toutes les littératures, quand le moment présent a pour vous tant de grands spectacles, tant de menaces, tant d'espoir. C'est qu'en effet le poëte italien est aussi celui de toute la chrétienté, et qu'il a mis la main, non sur les antiquités de son pays seulement, mais sur tout ce moyen âge où nous avons nos pères, auquel nous tenons malgré nous, auquel reviennent, après les dédains du dix-huitième siècle, les études du dix-neuvième. C'est que ce poëte de l'éternité est aussi celui de tous les temps, mais surtout des temps orageux. Ce génie sorti des tempêtes politiques est fait pour la consolation et pour l'enseignement des hommes qui vivent dans des jours comme les siens. Pour leur consolation, puisqu'il fait voir qu'il n'y a pas dans l'histoire de saison si mauvaise où ne puisse fleurir cette plante si vivace de la poésie; pour leur enseignement, puisqu'il n'y a guère de question qui n'ait sollicité ce grand esprit, de passion qui n'ait troublé son repos, et qu'il est capable de vous instruire à la fois par ses jugements et par ses erreurs.

Les grandes questions qui tourmentent l'humanité changent moins qu'on ne pense. Non que je croie au cercle éternel de Vico; il faut croire au progrès, mais en même temps à la permanence de tous les besoins, de tous les instincts, de toutes les tentations de la nature humaine. Pénétrez au treizième siècle : tous les problèmes sont posés. On agite dans les écoles quelle est la meilleure forme de gouvernement, et les esprits se partagent entre la démocratie et la royauté tempérée par des formes démocratiques, — le droit d'insurrection, — la propriété.— Dante est poursuivi de ces problèmes. Il nous donne cette leçon première d'en chercher la solution, non dans les faits, mais dans les doctrines, dans la métaphysique. Sa politique est spiritualiste. Il remue toute l'histoire, l'humanité entière passe devant lui, il s'éclaire des lumières de toute l'antiquité, il ne rompt point avec le passé, il marche sous la conduite de Virgile. Sa politique est traditionnelle. Enfin, sa politique est celle de la liberté, le pouvoir serviteur de tous; de l'égalité, protestation contre l'hérédité des charges; de la fraternité, cet admirable sixième chant du Purgatoire et l'invective contre ces haines, qui devaient faire alors, qui font encore, et qui feront toujours la désunion de l'Italie et le péril des États libres. Il ne veut point de cette liberté qui serait l'oppression d'autrui, de cette égalité qui serait l'abaissement d'autrui, de cette fraternité qui serait la spoliation d'autrui. Il mit Fra-

Dolcino en enfer. Sa politique est celle de la démocratie chrétienne.

L'année dernière j'ouvrais ce cours de littérature italienne sous de meilleurs auspices. Je revenais d'Italie. J'avais vu sous le balcon du Quirinal Rome entière, la réconciliation de l'Église et de la société moderne : j'avais assisté à ces premières joies de la renaissance ; ces peuples allant à la liberté par des chemins semés de fleurs; les hommes sages, commençant cette éducation politique et militaire qui au bout de plusieurs années devait mettre l'Italie en possession d'elle-même.

Aujourd'hui, la cause de l'indépendance est écrasée en Lombardie par les gros bataillons ; la cause de la liberté déshonorée à Rome par l'ingratitude et par l'assassinat; le peuple se détache d'une faction qui veut lui infliger la responsabilité de ses crimes. L'exil de Gaëte, l'ostracisme, et tout ce qui rappelle les vieilles injustices de ces patries ingrates où les grands citoyens n'ont pas eu leur tombeau, depuis Scipion jusqu'à Grégoire VII et Dante,

<small>Quem genuit parvi Florentia mater amoris.</small>

Une seule consolation nous reste, messieurs. Venise si courageuse devant l'ennemi, si calme dans l'usage de ses libertés, la seule qui ait protesté contre la grande iniquité romaine, et qui ait offert au nouvel Alexandre III un asile dans ses lagunes, Venise a donné la sépulture à Dante dans Ravenne; elle lui a élevé un monument dans l'édition de Zatta, elle lui a donné un commentateur, Tommaseo, qui est venu tendre la main pour elle. Inaugurons par une bonne action ce cours et cette année. Une souscription est ouverte en Italie et dans toute l'Europe pour la ville de Venise. Cette héroïque cité a recueilli tout ce qui reste des espérances de la liberté italienne; elle ne lui a marchandé ni l'or ni le sang de ses enfants. Longtemps l'injustice d'une presse rivale a laissé ignorer les sacrifices des Vénitiens : aujourd'hui le monde les connaît. Mais il faut qu'il connaisse en même temps l'épuisement de leurs ressources, qui ne peuvent plus suffire aux besoins d'une guerre si longue et si inégale; l'armistice même, en prolongeant le blocus des lagunes et en achevant la ruine du commerce, réduit ce peuple à la détresse. La ville de Saint-Marc tend maintenant la main aux nations. Beaucoup lui donneront, à cause des vieilles gloires, et beaucoup à cause de l'intérêt moderne qu'elle représente. Nous nous souviendrons aussi de sa grandeur chrétienne, des morts héroïques qu'elle a laissés sur toutes les plages de l'Archipel pour sauver l'Europe de l'Alcoran. Les besoins de la France sont immenses, mais elle n'est pas plus pauvre que la veuve de l'Évangile : elle ne refusera pas son obole à qui la lui demande au nom de Dieu *et de la fraternité*[1].

---

[1] Cet appel, prononcé à la reprise du cours du mois de janvier 1849 et reproduit par l'*Ère nouvelle*, fut à peu près le seul qui s'éleva alors en faveur de Venise assiégée. M. Manin, président de la république de Venise, remercia publiquement M. Ozanam dans la *Gazette officielle* au nom de cette cité héroïque et abandonnée.

CANTO IX

1 La concubina di Titone antico
   Già s' imbiancava al balzo d' oriente,
   Fuor delle braccia del suo dolce amico:
2 Di gemme la sua fronte era lucente,
   Poste in figura del freddo animale,
   Che con la coda percuote la gente:
3 E la notte de' passi, con che sale,
   Fatti avea duo nel loco ov' eravamo,
   E il terzo già chinava in giuso l' ale;
4 Quand' io che meco avea di quel d' Adamo,
   Vinto dal sonno, in su l' herba inchinai
   Là 've già tutti e cinque sedevamo.
5 Nell' ora che comincia i tristi lai
   La rondinella presso alla mattina,
   Forse a memoria de' suoi primi guai,
6 E che la mente nostra pellegrina
   Più dalla carne, e men da' pensier presa,
   Alle sue vision quasi è divina;

CHANT IX

La concubine de l'antique Titon, sortant des bras de son doux ami, se montrait déjà blanche au bord de l'Orient.

Son front portait, comme autant de pierreries, les étoiles du froid animal qui frappe avec sa queue.

Et la nuit, au lieu où nous étions, n'avait achevé que deux des pas dont elle marche, et le troisième faisait déjà pencher ses ailes.

Quand moi, qui n'étais pas dépouillé de ce qui nous vient d'Adam, vaincu par le sommeil, je m'étendis sur l'herbe, où déjà tous les cinq nous étions assis ;

A l'heure voisine du matin, où l'hirondelle commence ses tristes chansons, peut-être en souvenir de ses premières douleurs;

Quand notre esprit plus exilé de la chair et moins assiégé de pensées porte un regard prophétique dans ses visions;

7 In sogno mi parea veder sospesa
 Un' aquila nel ciel con penne d' oro,
 Con l' ale aperte, ed a calare intesa :

8 Ed esser mi parea là dove foro
 Abbandonati i suoi da Ganimede,
 Quando fu ratto al sommo concistoro.

9 Fra me pensava : forse questa fiede
 Pur qui per uso, e forse d' altro loco
 Disdegna di portarne suso in piede.

10 Poi mi parea che, più rotata un poco,
 Terribil come folgor discendesse,
 E me rapisse suso infino al foco.

11 Ivi pareva ch' ella ed io ardesse,
 E sì l 'incendio immaginato cosse,
 Che convenne che il sonno si rompesse.

12 Non altrimente Achille si riscosse,
 Gli occhi svegliati rivolgendo in giro,
 E non sapendo là dove si fosse,

13 Quando la madre da Chirone a Schiro
 Trafugò lui dormendo in le sue braccia,
 Là onde poi gli Greci il dipartiro ;

14 Che mi scoss' io, sì come dalla faccia
 Mi fuggì 'l sonno, e diventai smorto,
 Come fa l' uom che spaventato agghiaccia.

15 Da lato m' era solo il mio Conforto,
 E il Sole er' alto già più di due ore,
 E il viso m' era alla marina torto.

16 Non aver tema, disse il mio Signore :

CHANT IX. 159

Il me sembla voir en songe, suspendu dans le ciel, un aigle au plumage d'or, les ailes ouvertes et menaçant de fondre sur moi.

Et je croyais être au lieu où Ganymède abandonna les siens quand il fut emporté au conseil des dieux.

Je pensais en moi-même : « Peut-être cet aigle a-t-il coutume de ne chasser qu'en ce lieu, et peut-être dédaigne-t-il de chercher ailleurs la proie qu'il enlève dans ses serres. »

Puis il me sembla qu'ayant encore un peu tournoyé, l'oiseau descendait terrible comme la foudre, et m'enlevait jusqu'à la sphère du feu.

Là je croyais brûler avec lui, et l'embrassement rêvé devint si douloureux, qu'il fallut que mon sommeil se rompît.

Ainsi tressaillit Achille, promenant autour de lui ses yeux qui venaient de s'ouvrir, et ne sachant où il était,

Quand sa mère l'enlevait à Chiron, et, endormi dans ses bras, alla le cacher à Scyros, d'où plus tard l'arrachèrent les Grecs.

Ainsi je tressaillis moi-même quand le sommeil quitta mon visage, et je devins pâle comme l'homme que l'épouvante a glacé.

Mon consolateur était seul à mes côtés, et le soleil était déjà monté de plus de deux heures, et j'avais la face tournée vers la plage.

« Ne crains pas, dit mon maître, rassure-toi, puisque

Fatti sicur, chè noi siamo a buon punto:
Non stringer ma rallarga ogni vigore.

17 Tu se' omai al Purgatorio giunto:
Vedi là 'l balzo che il chiude d' intorno;
Vedi l' entrata là 've par disgiunto.

18 Dianzi, nell' alba che precede al giorno,
Quando l' anima tua dentro dormia
Sopra li fiori, onde laggiù è adorno,

19 Venne una donna, e disse: I' son Lucia;
Lasciatemi pigliar costui che dorme,
Si l' agevolerò per la sua via.

20 Sordel rimasse, e l' altre gentil forme:
Ella ti tolse, e come il dì fu chiaro,
Sen venne suso, ed io per le sue orme.

21 Qui ti posò: e pria mi dimostraro
Gli occhi suoi belli quell' entrata aperta;
Poi ella e il sonno ad una se n' andaro.

22 A guisa d' uom che in dubbio si raccerta,
E che muti in conforto sua paura,
Poi che la verità gli è discoverta,

23 Mi cambia' io: e come senza cura
Videmi il Duca mio, su per lo balzo
Si mosse, ed io diretro in ver l' altura.

24 Lettor, tu vedi ben com' io innalzo
La mia materia, e però con più arte
Non ti maravigliar s' io la rincalzo.

25 Noi ci appressammo, ed eravamo in parte,
Che là, dove pareami in prima un rotto,
Pur com' un fesso che muro diparte,

26 Vidi una porta, e tre gradi di sotto,

nous sommes à bon port ; il est temps non de resserrer, mais de dilater ton cœur et toutes ses forces.

« Te voilà désormais arrivé au purgatoire. Vois l'enceinte qui l'enferme ; vois l'entrée au lieu où le mur semble s'entr'ouvrir.

« Tout à l'heure et durant l'aube qui précède le jour, quand ton âme sommeillait en toi là-bas sur les fleurs dont ce lieu est émaillé,

« Une femme est venue ; elle a dit : « Je suis Lucie, laissez-moi prendre celui-ci qui dort. Ainsi je lui faciliterai la route. »

« Sordello est resté et avec lui les autres âmes généreuses. Mais elle t'a pris, et, quand le jour fut clair, elle s'en est venue, montant jusqu'ici, et j'ai suivi ses traces.

« C'est ici qu'elle t'a posé, et d'abord ses beaux yeux m'ont montré cette porte ouverte. Puis Lucie et le soleil s'en sont allés ensemble. »

Comme un homme dans le doute qui se rassure, et qui change sa crainte en confiance lorsque la vérité lui est découverte,

Ainsi je changeai, et, dès que mon guide me vit sans inquiétude, il se mit en route sur le bord escarpé, et je le suivis vers la montagne.

Lecteur, tu vois bien comme je relève mon sujet, et ne t'étonne point si je le rehausse de plus d'art.

Nous approchâmes, et déjà nous étions dans un lieu d'où je pus voir à l'endroit de l'ouverture, qui ne m'avait d'abord paru qu'une fente dans la muraille,

Une porte, et au-dessous pour y monter trois marches

Per gire ad essa, di color diversi,
Ed un portier che ancor non facea motto.
27 E come l'occhio più e più v' apersi,
Vidil seder sopra 'l grado soprano,
Tal nella faccia, ch' io non lo soffersi:
28 Ed una spada nuda aveva in mano
Che rifletteva i raggi sì ver noi,
Ch' io dirizzava spesso il viso invano.
29 Ditel costinci: che volete voi?
Cominciò egli a dire: ov' è la scorta?
Guardate che 'l venir su non vi nôi.
30 Donna del Ciel, di queste cose accorta,
Rispose il mio Maestro a lui, pur dianzi
Ne disse: Andate là, quivi è la porta.
31 Ed ella i passi vostri in bene avanzi,
Ricominciò il cortese portinaio:
Venite dunque a' nostri gradi innanzi.
32 Là ne venimmo; e lo scaglion primaio
Bianco marmo era sì pulito e terso,
Ch' io mi specchiava in esso quale i' paio.
33 Era il secondo, tinto più che perso,
D' una petrina ruvida ed arsiccia,
Crepata per lo lungo e per traverso.
34 Lo terzo che di sopra s' ammassiccia,
Porfido mi parea sì fiammeggiante,
Come sangue che fuor di vena spiccia.
35 Sopra questo teneva ambo le piante
L' Angel di Dio, sedendo in su la soglia,
Che mi sembiava pietra di diamante.
36 Per li tre gradi su di buona voglia

de couleurs différentes, et un portier qui encore ne disait mot.

Et à mesure que mes yeux s'ouvrirent davantage, je le vis assis sur la plus haute marche, et le visage si éclatant, que je ne pus en soutenir l'aspect.

Il avait à la main une épée nue qui réfléchissait vers nous ses rayons, de telle sorte que vainement j'essayai plusieurs fois de diriger ma vue de ce côté.

« N'avancez pas et parlez; que prétendez-vous? commença-t-il; où est votre guide? Prenez garde que vous ne vous repentiez d'être venus si haut? »

« Une dame du ciel, instruite de ces choses, répondit mon maître, vient de nous dire tout-à-l'heure : « Allez, « la porte est là. »

« Et puisse-t-elle conduire vos pas à bonne fin, reprit le portier courtois; venez donc au pied de nos trois marches. »

Nous avançâmes : le premier degré était de marbre blanc, si poli et si bien lavé, que je me voyais dedans tel qu'on me voit.

Le second était d'une couleur plus sombre que le pers, et d'une pierre raboteuse, calcinée, crevassée en long et en travers.

Le troisième qui se superpose me parut d'un porphyre aussi éclatant que ce sang qui jaillit de la veine.

Sur cette marche reposaient les deux pieds de l'ange assis sur le seuil, qui me semblait de diamant.

Mon guide m'entraîna par les trois marches, où je le

Mi trasse il Duca mio, dicendo: Chiedi
Umilemente che 'l serrame scioglia.

37 Divoto mi gittai a' santi piedi:
Misericordia chiesi, e ch' ei m' aprisse;
Ma pria nel petto tre fiate mi diedi.

38 Sette P nella fronte mi descrisse
Col punton della spada, e: Fa che lavi,
Quando se' dentro, queste piaghe, disse.

39 Cenere o terra che secca si cavi,
D' un color fora col suo vestimento,
E di sotto da quel trasse duo chiavi.

40 L' una era d'oro, et l' altra era d'argento:
Pria con la bianca, e poscia con la gialla
Fece alla porta sì ch' io fui contento.

41 Quandunque l' una d' este chiavi falla,
Che non si volga dritta per la toppa,
Diss' egli a noi, non s' apre questa calla.

42 Più cara è l' una; ma l' altra vuol troppa
D' arte e d' ingegno avanti che disserri,
Perch' ell' è quella che il nodo disgroppa.

43 Da Pier le tengo; e dissemi, ch' io erri
Anzi ad aprir, ch' a tenerla serrata,
Pur che la gente a' piedi mi s' atterri.

44 Poi pinse l' uscio alla porta sacrata,
Dicendo: Intrate; ma faccivi accorti
Che di fuor torna chi indietro si guata.

45 E quando fur ne' cardini distorti
Gli spigoli di quella regge sacra,
Che di metallo son sonanti e forti,

suivis de bon gré : « Demande humblement, dit-il, que l'ange t'ouvre la serrure. »

Je me jetai dévotement à ses pieds sacrés, demandant qu'il m'ouvrît par miséricorde ; mais auparavant je me frappai trois fois la poitrine.

De la pointe de son épée il écrivit sept fois sur mon front la lettre P, et « quand tu seras entré, dit-il, fais en sorte d'effacer ces taches. »

La cendre ou la terre sèche qu'on vient de creuser seraient de la même couleur que le vêtement de l'ange, et il en tira deux clefs.

L'une était d'or et l'autre d'argent ; d'abord avec la blanche, ensuite avec la jaune, il fit si bien qu'il me contenta.

« Quand une de ces clefs fait défaut et ne tourne pas exactement dans la serrure, nous dit-il, cette entrée ne s'ouvre pas.

« L'une est plus précieuse, mais l'autre veut beaucoup d'art et d'intelligence avant d'ouvrir, car c'est elle qui démêle le nœud.

« Je les tiens de Pierre, et il m'a recommandé de me tromper plutôt en ouvrant trop aisément la porte, qu'en la tenant fermée, pourvu que le pécheur se jette à mes pieds. »

Puis il poussa la porte du côté de l'enceinte sacrée, et il dit : « Entrez ; mais je vous avertis que celui-là retourne dehors qui regarde en arrière. »

Et quand roulèrent sur leurs gonds les battants de cette porte sacrée, qui sont d'un métal solide et retentissant,

46 Non ruggio sì, nè si mostrò sì acra
Tarpeia, come tolto le fu il buono
Metello, per che poi rimase macra.

47 Io mi rivolsi attento al primo tuono,
E, *Te Deum laudamus,* mi parea
Udir in voce mista al dolce suono.

48 Tale imagine appunto mi rendea
Ciò ch' i' udiva, qual prender si suole
Quando a cantar con organi si stea:

49 Ch' or sì or no s'intendon le parole.

La roche Tarpéïenne ne rugit pas si fort ni d'un bruit si criant, lorsqu'on lui enleva le fidèle Métellus pour le dépouiller de son trésor.

Je me retournai attentif au premier bruit, et je crus entendre le chant du *Te Deum laudamus* mêlé à de doux accords.

Ce qui frappait mon oreille me rappelait ce qu'on éprouve quand le chant se marie à l'orgue, et que tantôt on entend les paroles, tantôt on ne les entend plus.

COMMENTAIRE DU CHANT IX

La porte du purgatoire. — Nous trouvons ici une de ces belles allégories aimées du moyen âge. Ces siècles si simples sont en même temps passionnés pour l'allégorie. Ils la cherchent dans l'interprétation de l'Écriture, ils la veulent dans les monuments[1]. Ils ne comprennent pas de poésie sans une pensée allégorique. C'est ainsi qu'ils expliquent Virgile et Ovide : c'est l'âme de tout le poëme du Saint-Graal qui symbolise toutes les lois de la chevalerie.

Terc. 24. — *Lettor tu vedi ben.* Toute la distribution du purgatoire représente l'économie de l'expiation chrétienne. La porte, c'est le sacrement de la Pénitence. Le péché se commet de trois manières, pensée, parole, action : à quoi correspondent les trois degrés de la pénitence, contrition, confession, satisfaction. Le marbre poli, la confession ; la pierre fendue et tourmentée, la contrition ; le porphyre, la satisfaction. L'ange est le juge spirituel « *in forma di sacerdote.* » Assis sur le diamant, symbole de réconciliation et de charité. Le vêtement couleur de cendre, humilité et mortification. La clef d'argent, la science. La clef d'or est l'autorité. Le retour en arrière, c'est la rechute dans le péché, et le bruit de la porte montre la grande difficulté d'une conversion sérieuse.

La poésie de Dante est tout allégorique, mais elle est aussi toute personnelle. La pénitence dont il donne le spectacle, c'est bien celle de l'humanité coupable, mais c'est aussi la sienne. Quand il se montre à l'entrée de l'enfer, son fils Jacopo le commente ainsi : « *Vuol dire l'autore che in quel tempo ch' egli cominciò questo trattato era peccatore e vizioso, e era quasi in ima selva di vizi e d'ignorenza, sicche della via di virtude e di veritade errava.* » Il insiste, et quand, au deuxième chant, Dante parle de la louve, « *avarizia per la quale egli lasciò lo studio della scienza che*

---

[1] Tout le *Speculum* de Vincent de Beauvais est dans les sculptures de la cathédrale de Chartres.

comminciato avéa nel tempo della giovinezza. » Quand il sera au sommet du purgatoire, il avouera ses torts envers Béatrix. Si c'est son péché qu'il décrit, il décrit aussi sa pénitence.

On est au quatrième jour du pèlerinage. Dante, entré en enfer le 4 avril, lundi saint, se trouve au pied de l'ange le jeudi saint 7 avril au matin, au moment de l'absolution générale des pécheurs. Virgile, c'est-à-dire la raison, entraîne Dante sur les marches du tribunal. Il frappe sa poitrine.

L'ange tient les clefs de saint Pierre, exercice de la prérogative papale, et la porte sainte est un souvenir du jubilé.

Nous avons étudié un passage trop peu connu de la *Divine Comédie*, et dans la scène qui retient le poëte à la porte du purgatoire, nous avons retrouvé le souvenir d'une grande époque de sa vie, son pèlerinage au jubilé de Rome en 1300, la grande révolution qui se fit dans son âme, et des larmes de cette glorieuse pénitence nous avons vu sortir un poëme immortel.

CANTO X

1 Poi fummo dentro al soglio della porta
   Che il malo amor dell'anime disusa,
   Perchè fa parer dritta la via torta,
2 Sonando la senti' esser richiusa:
   E s'io avessi gli occhi volti ad essa,
   Qual fora stata al fallo degna scusa?
3 Noi salivam per una pietra fessa,
   Che si moveva d'una e d'altra parte,
   Sì come l'onda che fugge e s'appressa.
4 Qui si conviene usare un poco d'arte,
   Cominciò 'l Duca mio, in accostarsi
   Or quinci or quindi al lato che si parte.
5 E ciò fece li nostri passi scarsi
   Tanto, che pria lo scemo della luna
   Rigiunse al letto suo per ricorcarsi,
6 Che noi fossimo fuor di quella cruna.
   Ma quando fummo liberi ed aperti
   Su dove 'l monte indietro si rauna,

CHANT X

Quand nous eûmes franchi le seuil de la porte qui s'ouvre si rarement, parce que le mauvais penchant des âmes leur fait paraître droit le chemin tortueux,

Au bruit qu'elle fit je connus qu'elle s'était fermée et si j'avais détourné les yeux vers elle, quelle excuse eût été digne de ma faute?

Nous montions à travers la fente d'un rocher dont les parois alternativement avançaient et reculaient, comme l'onde qui fuit et revient.

« Ici, commença mon guide, il faut user d'un peu d'art, pour côtoyer tantôt par ici, tantôt par là, le flanc du rocher qui se creuse. »

Et ce soin rendit mes pas si lents, que le disque décroissant de la lune rejoignit son lit pour se coucher

Avant que nous fussions sortis de cet étroit passage. Mais, quand nous nous trouvâmes libres et à découvert à l'endroit où la montagne se retire en arrière,

7 Io stancato, ed ambedue incerti
 Di nostra via, ristemmo su in un piano
 Solingo più che strade per diserti.

8 Dalla sua sponda, ove confina il vano,
 Appiè dell' alta ripa, che pur sale,
 Misurrebbe in tre volte un corpo umano:

9 E quanto l' occhio mio potea trar d' ale
 Or dal sinistro ed or dal destro fianco,
 Questa cornice mi parea cotale.

10 Lassù non eran mossi i piè nostri anco,
 Quand'io conobbi quella ripa intorno,
 Che dritto di salita avea manco,

11 Esser di marmo candido e adorno
 D' intagli sì, che non pur Policleto,
 Ma la natura gli averebbe scorno.

12 L'angel che venne in terra col decreto
 Della molt' anni lagrimata pace,
 Ch' aperse il Ciel dal suo lungo divieto,

13 Dinanzi a noi pareva sì verace
 Quivi intagliato in un atto soave,
 Che non sembiava imagine che tace.

14 Giurato si saria ch' ei dicess' *Ave;*
 Perchè quivi era immaginata Quella,
 Ch' ad aprir l' alto amor volse la chiave.

15 Ed avea in atto impressa esta favella,
 Ecce ancilla Dei; sì propriamente,
 Come figura in cera si suggella.

16 Non tener pure ad un luogo la mente,
 Disse il dolce Maestro, che m' avea
 Da quella parte, onde il core a ha gente:

Moi fatigué, et tous deux incertains de notre route, nous nous arrêtâmes sur une terrasse aplanie et plus solitaire qu'un chemin dans le désert.

Du bord où commence l'abîme jusqu'à l'escarpement qui continue la montagne, la distance mesurerait par trois fois la longuer du corps humain.

Et aussi loin que pouvaient planer mes regards, tantôt du côté gauche et tantôt du côté droit, cette corniche me paraissait de la même largeur.

Nos pieds n'avaient pas encore fait un pas sur ce chemin, quand je reconnus que le mur vertical qui faisait le tour, et qu'on ne pouvait gravir,

Était de marbre blanc et tout orné de sculptures telles, qu'elles eussent fait honte je ne dis pas à Polyclète, mais à la nature.

L'ange qui vint sur la terre avec le décret de la paix, appelée avec larmes depuis tant d'années, pour ouvrir le ciel si longtemps fermé,

Paraissait devant nous si vivant, sculpté avec une expression si suave, qu'on ne pouvait le prendre pour une image qui se tait.

On eût juré qu'il disait *Ave* : car là aussi était représentée celle qui tint la clef, quand s'ouvrit la porte du divin amour.

Et toute l'expression de sa personne rendait cette parole : « Voici la servante du Seigneur, » aussi fidèlement que la cire rend la figure qu'on y empreint.

« N'arrête pas ton esprit sur un seul point, » dit alors mon doux maître, qui m'avait près de lui, du côté où les hommes ont le cœur.

17 Per ch'io mi volsi col viso, e vedea
   Diretro da Maria, per quella costa,
   Onde m'era colui che mi movea,
18 Un'altra istoria nella roccia imposta:
   Per ch'io varcai Virgilio, e fe' mi presso,
   Acciocchè fosse agli occhi miei disposta.
19 Era intagliato lì nel marmo stesso
   Lo carro e i buoi traendo l'arca santa,
   Per che si teme uffìcio non commesso.
20 Dinanzi parea gente; e tutta quanta,
   Partita in sette cori, a duo miei sensi
   Facea dicer l'un No, l'altro Sì canta,
21 Similemente al fumo degl'incensi,
   Che v'era immaginato, e gli occhi e il naso
   Ed al sì ed al no discordi fensi.
22 Lì precedeva al benedetto vaso,
   Trescando alzato, l'umile Salmista,
   E più e men che re era in quel caso.
23 Di contra effigiata, ad una vista
   D'un gran palazzo, Micol ammirava,
   Sì come donna dispettosa e trista.
24 Io mossi i piè del loco dov'io stava,
   Per avvisar da presso un'altra storia
   Che diretro a Micòl mi biancheggiava.
25 Quivi era storiata l'alta gloria
   Del roman prince, lo cui gran valore
   Mosse Gregorio alla sua gran vittoria:
26 Io dico di Traiano imperadore:
   Ed una vedovella gli era al freno,
   Di lagrime atteggiata e di dolore.

CHANT X. 175

Je portai donc plus loin mes regards, et je vis derrière la figure de Marie, et du côté de celui qui me conduisait,

Une autre histoire sculptée sur le rocher. C'est pourquoi je passai à la droite de Virgile et je m'approchai pour que l'image fût à portée de mes yeux.

Là étaient taillés dans le marbre vif le char et les bœufs traînant l'arche sainte qui apprit aux hommes à craindre l'office qui ne leur est pas commis.

Devant on voyait une foule nombreuse et divisée en sept chœurs, elle faisait dire à deux de mes sens alternativement : Ces gens chantent, ils ne chantent pas.

Semblablement la fumée de l'encens y était figurée, si bien que la vue et l'odorat ne pouvaient s'accorder ni au oui ni au non.

Là, devant l'arche bénie, marchait en dansant et suspendu en l'air l'humble psalmiste ; et dans cette action, il se montrait plus et moins qu'un roi.

Vis-à-vis, et représentée à la fenêtre d'un grand palais, Michol étonnée regardait de l'air d'une femme dédaigneuse et irritée.

Je m'arrachai du lieu où j'étais pour considérer de près une autre histoire sculptée derrière la figure de Michol, et dans le marbre blanchissant.

Là était représenté le haut fait du guerrier romain dont la grande vertu excita le pape Grégoire à sa grande victoire.

Je parle de l'empereur Trajan : une pauvre veuve saisissait le frein de son cheval, tout en larmes et dans le désordre de la douleur.

27 Dintorno a lui parea calcato e pieno
 Di cavalieri, e l'aquile dell'oro
 Sovresso in vista al vento si movieno.

28 La miserella infra tutti costoro
 Parea dicer: Signor, fammi vendetta
 Del mio figliuol ch'è morto, ond'io m'accoro.

29 Ed egli a lei rispondere: Ora aspetta
 Tanto ch'io torni. Ed ella: Signor mio,
 Come persona in cui dolor s'affretta,

30 Se tu non torni? Ed ei: Chi fia dov'io,
 La ti farà. Ed ella: L'altrui bene
 A te che fia, se 'l tuo metti in obblio?

31 Ond'egli: Or ti conforta, chè conviene
 Ch'io solva il mio dovere, anzi ch'io muova:
 Giustizia vuole, e pietà mi ritiene.

32 Colui, che mai non vide cosa nuova,
 Produsse esto visibile parlare
 Novello a noi, perchè qui non si truova.

33 Mentr'io mi dilettava di guardare
 Le immagimini di tante umilitadi,
 E per lo Fabro loro a veder care;

34 Ecco di qua, ma fanno i passi radi,
 Mormorava il Poeta, molte genti:
 Questi ne invieranno agli alti gradi.

35 Gli occhi miei ch'a mirar erano intenti,
 Per veder novitadi, onde son vaghi,
 Volgendosi ver lui non furon lenti.

36 Non vo' però, lettor, che tu ti smaghi

Autour de lui paraissait une foule pressée de cavaliers, et au-dessus d'eux on croyait voir les aigles d'or s'agiter au gré du vent.

La pauvrette, au milieu de tant de monde, semblait dire : « Seigneur donne-moi vengeance pour mon fils qu'on a tué, au désespoir de mon cœur. »

Et Trajan semblait répondre: « Attends que je revienne; » mais elle, comme une personne dont la douleur est impatiente : « Mon seigneur, dit elle :

« Et si tu ne reviens pas ? » Et lui : « Celui qui tiendra ma place te fera justice. » Et elle : « Que te servira qu'un autre ait fait le bien, si tu mets en oubli celui que tu dois faire ? »

Sur quoi Trajan repartit : « Console-toi donc, car il faut que je fasse mon devoir avant de sortir d'ici ; la justice le veut et la pitié me retient. »

Dieu, pour qui rien n'est nouveau, produisit ce langage visible, nouveau pour nous, puisqu'on ne le connaît point sur la terre.

Tandis que je prenais plaisir à regarder ces grands exemples d'humilité, précieux à voir à cause de l'Ouvrier qui les traça :

« Voici de ce côté beaucoup d'âmes, murmura le poëte, mais elles viennent à pas lents ; elles nous mettront sur le chemin des degrés supérieurs. »

Mes yeux, attentifs à considérer les nouveautés dont ils sont avides, ne furent pas lents à se tourner vers lui.

Je ne veux pourtant point, lecteur, que tu renonces à

12

Di buon proponimento, per udire
Come Dio vuol che il debito si paghi.

37 Non attender la forma del martire:
Pensa la succession; pensa che, a peggio,
Oltre la gran sentenzia non può ire.

38 I' cominciai: Maestro, quel ch' io veggio
Muovere a noi, non mi sembran persone,
E non so che: sì nel veder vaneggio.

39 Ed egli a me: La grave condizione
Di lor tormento a terra gli rannicchia
Sì, che i miei occhi pria n' ebber tenzione.

40 Ma guarda fiso là, e disviticchia
Col viso quel che vien sotto a quei sassi:
Già scorger puoi come ciascun si picchia.

41 O superbi Cristian miseri lassi,
Che, della vista della mente infermi,
Fidanza avete ne' ritrosi passi;

42 Non v' accorgete voi, che noi siam vermi
Nati a formar l' angelica farfalla,
Che vola alla giustizia senza schermi?

43 Di che l' animo vostro in alto galla?
Voi siete quasi entomata in difetto,
Sì come verme, in cui formazion falla.

44 Come, per sostentar solaio o tetto,
Per mensola talvolta una figura
Si vede giunger le ginocchia al petto,

45 La qual fa del non ver vera rancura
Nascere a chi la vede; così fatti
Vid' io color, quando posi ben cura.

ton bon propos pour avoir entendu comment Dieu veut que la dette se paye.

Ne t'arrête point à la vue des supplices, songe à ce qui doit venir après, songe qu'au pire il ne peut aller au delà du grand Jugement.

Je commençai : « Maître, ce que je vois venir vers nous n'a point la forme de personnes humaines, et je ne sais ce que je vois, tant mon regard s'y perd. »

Et lui : « La pesante condition de leur tourment les replie vers la terre, si bien que mes yeux d'abord en ont disputé. »

« Mais fixe ta vue de ce côté et démêle du regard la figure qui vient courbée sous ces pierres. Déjà tu peux juger de quelle peine ils sont frappés. »

O chrétiens orgueilleux, misérables et faibles, qui, malades des yeux de l'esprit, mettez votre confiance dans les pas que vous faites en arrière,

Ne vous apercevez-vous pas que nous sommes des vers nés pour former le papillon angélique qui vole sans obstacle vers la justice de Dieu ?

D'où vient que votre cœur se dresse en haut ? Vous êtes comme des insectes défectueux, comme le ver en qui l'organisation manque.

Comme pour soutenir un lambri ou un toit souvent on voit, en guise de console, une figure repliant les genoux contre la poitrine,

Qui d'un supplice imaginaire fait naître une vraie tristesse dans l'ame du spectateur, ainsi me parurent ces âmes quand je les considérai avec soin.

46 Ver è che più e meno eran contratti,
Secondo ch' avean più e meno addosso;
E qual più pazienza avea negli atti,
47 Piangendo parea dicer : Più non posso.

Il est vrai qu'on les voyait plus ou moins contractées,
selon qu'elles portaient un fardeau plus ou moins lourd,
et celles qui montraient le plus de patience,
Semblaient dire en pleurant: « Je n'en puis plus. »

CANTO XI

1 O Padre nostro, che ne' cieli stai,
   Non circonscritto, ma per più amore
   Ch' a' primi effecti di lassù tu hai,
2 Laudato sia il tuo nome e il tuo valore
   Da ogni creatura, com' è degno
   Di render grazie al tuo dolce vapore.
3 Vegna ver noi la pace del tuo regno,
   Chè noi ad essa non potem da noi,
   S' ella non vien, con tutto nostro ingegno.
4 Come del suo voler gli angeli tuoi
   Fan sacrificio a te, cantando Osanna,
   Così facciano gli uomini de' suoi.
5 Dà oggi a noi la cotidiana manna,
   Senza la qual per questo aspro diserto
   A retro va chi più di gir s' affanna.
6 E come noi lo mal ch' avem sofferto
   Perdoniamo a ciascuno, e tu perdona
   Benigno, e non guardare al nostro merto.

CHANT XI

« O notre Père, qui es aux cieux, non que tu souffres des bornes, mais parce que tu portes plus d'amour à tes premiers ouvrages qui sont là-haut,

« Loués soient ton nom et ton pouvoir par toute créature, comme il est juste de rendre grâces à ta souveraine sagesse.

« Que la paix de ton règne nous arrive, car de nous-mêmes, et avec tout l'effort de notre esprit, nous ne pouvons aller à elle, si elle ne vient à nous.

« Comme tes anges qui te chantent : « Hosanna, » te font le sacrifice de leur volonté, qu'ainsi les hommes te sacrifient la leur.

« Donne-nous aujourd'hui la manne de chaque jour, sans laquelle dans cet âpre désert celui-là va en arrière qui a plus hâte d'avancer.

« Et comme nous pardonnons à chacun le mal que nous avons souffert, ainsi pardonne-nous dans ta clémence, et ne considère point notre mérite.

7 Nostra virtù che di leggier s' adona,
  Non spermentar con l'antico avversaro,
  Ma liberà da lui, che sì la sprona.

8 Quest' ultima preghiera, Signor caro,
  Gia non si fa per noi, chè non bisogna,
  Ma per color che dietro a noi restaro.

9 Così a sè e a noi buona ramogna
  Quell' ombre orando, andavan sotto il pondo,
  Simile a quel che talvolta si sogna,

10 Disparmente angosciate tutte a tondo,
   E lasse su per la prima cornice,
   Purgando le caligini del mondo.

11 Se di là sempre ben per noi si dice,
   Di qua che dire e far per lor si puote
   Da quei, c'hanno al voler buona radice?

12 Ben si dee loro aitar lavar le note,
   Che portar quinci, sì che mondi e lievi
   Possano uscire alle stellate rote.

13 Deh! se giustizia e pietà vi disgrevi
   Tosto, sì che possiate mover l' ala,
   Che secondo il disio vostro vi levi,

14 Mostrate da qual mano in ver la scala
   Si va più corto; e se c' è più d' un varco,
   Quel ne insegnate che men erto cala;

15 Chè questi che vièn meco, per l' incarco
   Della carne d' Adamo, onde si veste,
   Al montar su, contra sua voglia, è parco.

16 Le lor parole, che rendero a queste,
   Che dette avea colui cu' io seguiva,
   Non fur da cui venisser manifeste;

«Notre vertu se laisse facilement abattre; ne l'éprouve point contre l'antique adversaire, mais délivre-la de lui, qui la pousse si opiniâtrément au mal.

« Cette dernière prière, Seigneur bien-aimé, n'est déjà plus pour nous qui n'en avons plus besoin, mais pour ceux qui sont restés derrière nous. »

Ainsi, faisant des vœux pour leur voyage et pour le nôtre, allaient ces âmes courbées sous des fardeaux, tels que parfois on croit en porter quand on rêve.

Inégalement tourmentées, toutes cheminaient autour de la montagne, le long de la première corniche, lasses et se purifiant de la fumée du monde.

Si dans ce lieu on a toujours des bénédictions pour nous, ici-bas que ne doivent pas dire et faire pour le repos de ces âmes ceux dont la volonté a de bonnes racines?

Certes il faut les aider à laver les taches qu'elles emporteront d'ici, de sorte que, pures et légères, elles puissent s'élever aux sphères étoilées.

« Ah! qu'ainsi veuillent la justice et la miséricorde bientôt vous décharger, et permettre à vos ailes de vous enlever selon votre désir!

« Montrez-nous de quel côté le chemin le plus court mène vers l'escalier, et s'il y a plus d'un passage, enseignez-nous le moins escarpé,

« Car celui qui vient avec moi, chargé de la chair d'Adam comme d'un vêtement trop lourd, est avare de ses pas, malgré son bon vouloir, quand il faut monter. »

Les paroles qu'ils répondirent à celles-ci prononcées par mon guide, je ne vis point d'où elles vinrent;

17 Ma fu detto: A man destra per la riva
Con noi venite, e troverete il passo
Possibile a salir persona viva.

18 E s'io non fossi impedito dal sasso,
Che la cervice mia superba doma,
Onde portar conviemmi il viso basso,

19 Cotesti che ancor vive, e non si noma,
Guardere' io, per veder s'io 'l conosco,
E per farlo pietoso a questa soma.

20 I' fui Latino, e nato d'un gran Tosco:
Guglielmo Aldobrandeschi fu mio padre:
Non so se 'l nome suo giammai fu vosco.

21 L'antico sangue e l'opere leggiadre
De' miei maggior mi fer sì arrogante,
Che non pensando alla comune madre,

22 Ogni uomo ebbi in dispetto tanto avante,
Ch'io ne mori', come i Senesi sanno,
E sallo in Campagnatico ogni fante.

23 Io sono Omberto: e non pure a me danno
Superbia fe, chè tutti i miei consorti
Ha ella tratti seco nel malanno.

24 E qui convien che questo peso porti
Per lei, tanto ch'a Dio si soddisfaccia,
Poi ch'io nol fei tra' vivi, qui tra' morti.

25 Ascoltando, chinai in giù la fascia;
Ed un di lor (non questi che parlava)
Si torse sotto 'l peso che lo impaccia:

26 E videmi e conobbemi, e chiamava,
Tenendo gli occhi con fatica fisi
A me che tutto chin con loro andava.

Mais une voix nous dit : « Prenez à main droite et suivez le bord avec nous, et vous trouverez le passage où peut monter un vivant.

« Et si je n'étais empêché par cette pierre qui fait fléchir mon front orgueilleux, et me force à porter les yeux bas,

« Je regarderais celui de vous qui vit encore et qui ne se nomme point, pour voir si je le connais, et pour l'attendrir sur mon supplice.

« Je fus Latin et fils d'un illustre Toscan ; Guillaume Aldobrandeschi était mon père ; je ne sais si son nom est jamais arrivé jusqu'à vous.

« Le vieux sang de mes ancêtres et leurs actions glorieuses me rendirent si arrogant, qu'oubliant la mère commune,

« J'eus tout honneur en mépris, jusqu'à ce point que j'en mourus, comme les Siennois le savent, et comme dans le Campagnatico le sait tout enfant capable de parler.

« Je suis Omberto, et ce n'est pas à moi seul que l'orgueil a nui, mais à tous ceux de ma race, qu'il a entraînés dans le même malheur.

« Et c'est pourquoi il faut qu'ici je porte ce poids jusqu'à ce que j'aie satisfait à la justice de Dieu, faute de l'avoir fait chez les vivants, du moins parmi les morts. »

En l'écoutant je baissai le front, et l'une des âmes, non celle qui me parlait, se tourna la tête sous le fardeau dont elle était chargée ;

Elle me vit, me reconnut, elle m'appela, tenant avec effort ses yeux fixés sur moi, qui, tout penché, marchais en leur compagnie.

27 O, dissi lui, non se tu' Oderisi,
L' onor d' Agubbio, e l' onor di quell' arte
Che *alluminare* è chiamata in Parisi?

28 Frate, diss'egli, più ridon le carte
Che pennelleggia Franco Bolognese:
L' onore è tutto or suo, e mio in parte.

29 Ben non sare' io stato sì cortese
Mentre ch' io vissi, per lo gran disio
Dell' eccellenza, ove mio core intese.

30 Di tal superbia qui si paga il fio:
Ed ancor non sarei qui, se non fosse
Che, possendo peccar, mi volsi a Dio.

31 O vana gloria delle umane posse,
Com' poco verde in sulla cima dura,
Se non è giunta dall' etati grosse!

32 Credette Cimabue nella pintura
Tener lo campo, ed ora ha Giotto il grido,
Sì che la fama di colui oscura.

33 Così ha tolto l' uno all' altro Guido
La gloria della lingua; e forse è nato
Chi l' uno e l' altro caccerà di nido.

34 Non è il mondan rumore altro che un fiato
Di vento, ch' or vien quinci ed or vien quindi,
E muta nome, perchè muta lato.

35 Che fama avrai tu più, se vecchia scindi
Da te la carne, che se fossi morto
Innanzi che lasciassi il pappo e il dindi,

36 Pria che passin mill' anni? ch' è più corto
Spazio all' eterno, che un mover di ciglia

« Oh! lui dis-je, n'es-tu pas Oderisi, l'honneur de Gubbio, l'honneur de cet art qu'à Paris on nomme *enluminer?* »

« Frère, dit-il, elles sont plus riantes que les miennes, les feuilles qui sortent du pinceau de Franco Bolognèse. Aujourd'hui l'honneur est tout à lui, il ne m'en reste qu'une part.

« Assurément quand je vivais, je n'aurais pas été si courtois, à cause du grand désir d'exceller qui possédait mon cœur.

« C'est ici qu'on paye le tribut de cet orgueil, et encore n'y serais-je pas si, pouvant encore pécher, je ne m'étais tourné vers Dieu.

« O vaine gloire du génie humain ! Combien peu dure la verdure de son feuillage, à moins que des temps barbares ne viennent après!

« Cimabue se crut maître du champ clos de la peinture, et maintenant c'est Giotto qui a pour lui le cri public, si bien que la renommée de l'autre s'en est obscurcie.

« Ainsi le second des Guido a ravi à l'autre la gloire de la langue, et peut-être est-il né celui qui les chassera tous deux de leurs nids.

« Le bruit du monde n'est qu'un souffle qui va tantôt de ci, tantôt de là, et qui change de nom en changeant de côté.

« Quand tu ne dépouillerais qu'une chair vieillie, ta renommée en sera-t-elle plus grande que si tu fusses mort avant de quitter le doux parler des enfants?

« Sera-t-elle plus grande avant mille ans d'ici, c'est-à-dire dans un temps plus court, comparé à l'éternité, que

Al cerchio che più tardi in cielo è torto.

37 Colui, che del cammin sì poco piglia
   Dinanzi a me, Toscana sonò tutta,
   E ora appena in Siena sen pispiglia,
38 Ond' era sire, quando fu distrutta
   La rabbia fiorentina, che superba
   Fu a quel tempo, si com' ora è putta.
39 La vostra nominanza è color d'erba,
   Che viene e va, e quei la discolora,
   Per cui ell' esce della terra acerba.
40 Ed io a lui: Lo tuo ver dir m'incuora
   Buona umiltà, e gran tumor m'appiani:
   Ma chi è quei di cui tu parlavi ora?

41 Quegli è, rispose, Provenzan Salvani;
   Ed è qui, perchè fu presuntuoso
   A recar Siena tutta alle sue mani.
42 Ito è così, e va senza riposo,
   Poi che morì: cotal moneta rende
   A soddisfar, chi è di là tropp' oso.
43 Ed io: Se quello spirito ch'attende,
   Pria che si penta, l'orlo della vita,
   Laggiù dimora, e quassù non ascende,
44 Se buona orazion lui non aita,
   Prima che passi tempo quanto visse,
   Come fu la venuta a lui largita?
45 Quando vivea più glorioso, disse,
   Liberamente nel campo di Siena,
   Ogni vergogna deposta, s' affisse:

le mouvement d'un cil comparé à la révolution du plus lent des cieux?

« Celui qui devant toi fait si peu de chemin fit retentir de son nom toute la Toscane ; c'est à peine si aujourd'hui on le murmure à Sienne,

« Où il était seigneur, quand fut vaincue la rage de Florence, aussi orgueilleuse alors qu'elle est aujourd'hui prostituée.

« Votre renommée est de la couleur de l'herbe qui vient et passe, et le soleil qui la décolore est le même qui la fit sortir de terre dans sa fraîcheur. »

Et je lui dis : « Tes paroles véridiques m'inspirent une salutaire humilité, et tu réprimes la grande enflure de mon âme. Mais qui est celui dont tout à l'heure tu parlais ? »

« C'est, répliqua-t-il, Provenzano Salvani : tu le vois ici, parce qu'il eut la présomption de réduire Sienne tout entière dans ses mains.

« Il a marché de la sorte et continue de marcher sans repos depuis qu'il est mort. C'est en cette monnaie que doit payer quiconque sur la terre a trop osé. »

Et moi : « Si l'âme qui attend pour se repentir la dernière heure de la vie demeure là-bas, et ne monte point ici.

« Avant d'avoir vu s'écouler autant de temps qu'elle en a vécu, à moins qu'une prière efficace ne vienne à son aide, comment l'accès lui fut-il donné? »

« Au temps où il vivait dans toute sa gloire, répondit Oderisi, il descendit sans hésiter dans la place de Sienne, dépouillant toute honte.

46 E li, per trar l'amico suo di pena,
　　Che sostenea nella prigion di Carlo,
　　Si condusse a tremar per ogni vena.
47 Più non dirò, e scuro so che parlo;
　　Ma poco tempo andrà che i tuoi vicini
　　Faranno sì, che tu potrai chiosarlo.
48 Quest' opera gli tolse quei confini.

« Et là, pour tirer son ami de la peine qu'il endurait dans la prison de Charles, il se conduisit de manière à trembler de tous ses membres.

« Je n'en dirai pas davantage, et je sais que mon langage est obscur. Mais avant peu tes concitoyens feront si bien que tu pourras l'interpréter.

« C'est l'œuvre qui l'exempta de cet exil. »

COMMENTAIRES DES CHANTS X ET XI

En franchissant la porte du purgatoire, nous entrons dans le lieu des expiations; le poëte s'engage dans une rude épreuve; il trouve peu de secours chez les anciens, il n'imite ni le Tartare, ni l'Élysée : il était réduit à la légende populaire et à son génie.

La pénitence suppose l'horreur du mal et la connaissance du bien. Voilà pourquoi il met sous les yeux de ceux qui expient les exemples des vices dont ils furent atteints et les exemples de la vertu contraire. — Cette galerie d'images, qui peupleront le dixième et le onzième chant du *Purgatoire*, est un souvenir du bouclier d'Achille, du bouclier d'Énée; mais surtout de l'art contemporain.

Nous nous sommes arrêtés devant cette galerie de bas-reliefs que Dante représente sculptés dans le marbre blanc de la montagne du purgatoire; nous avons admiré la vie qu'il a su donner aux figures de l'Ange et de la Vierge, de David devant l'arche et de Trajan. En relevant les expressions lumineuses et passionnées que le poëte emploie pour décrire la perfection de ces ouvrages, nous avons conclu qu'il avait de grands modèles sous les yeux, et que si la langue de l'art était faite au treizième siècle, il fallait que l'art même fût bien près de sa perfection.

Dante, qui vécut de trois vies, homme d'État, poëte, philosophe chrétien, a voulu passer tout entier dans son poëme, et, disposant du monde invisible pour y reproduire l'idéal du monde présent, il a mis la politique dans l'*Enfer*, l'art dans le *Purgatoire*, la théologie dans le *Paradis*. Non qu'il ait voulu violenter la nature et faire rentrer la réalité de gré ou de force dans le cadre qu'il traçait. Il peint les passions implacables de la guerre civile, la sérénité de la science chrétienne, et ce mélange de grandeur et de faiblesse, d'inspiration pure et de volontés impuissantes qui fait le caractère des poëtes et des artistes. Voilà comment le purgatoire, déjà peuplé d'anges, se trouve peuplé de sculpteurs, de peintres, de poëtes, de musiciens. C'est là que Dante a commencé l'histoire de l'art italien au moment où l'art commençait.

La sculpture au siècle de Dante. — L'Italie ne s'est jamais détachée de cet amour de la beauté plastique. — Peintures des catacombes, et des basiliques primitives. — Les mosaïques. Saint Paulin et le tombeau de saint Félix de Nole. Par la querelle des Iconoclastes tout cet enseignement est mis en cause. — Les églises italiennes sont des livres. Saint-Marc de Venise, l'Annunziata de Padoue. L'église de San Gemignano, peinte par Berna, Bartoli et Benozzo Gozzoli, etc.

La sculpture chrétienne est plus ancienne qu'on ne pense. — Sculptures aux catacombes de Saint-Hippolyte et de Saint-Pierre. Bas-reliefs des sarcophages de Rome, de Ravenne, d'Arles. Bas-reliefs symboliques : le monogramme, les colombes. Bas-reliefs historiques : la vie du Sauveur, le passage de la mer Rouge...

Renaissance de la sculpture à Pise. — Croisades des Pisans. — Ils avaient des comptoirs à Constantinople où l'on voyait encore la Junon de Lysippe, le Jupiter de Phidias. — Nombre infini de morceaux enlevés par eux sur les côtes d'Italie, d'Afrique, etc. Tombeaux gréco-romains. Tombeau de la grande comtesse Mathilde; premières imitations des anciens. Tombeau exécuté par Biduinus à Pise. Chasse de Méléagre au baptistère.

Nicolas de Pise, en 1225. — Ses principaux ouvrages : Tombeau de saint Dominique à Bologne, chaire du baptistère de Pise où il imite les anciens. Chaire à Pistoia, ouvrages à Sienne, à Padoue, à Venise. — Jean de Pise, son fils : Fontaine de Pérouse, église de la Spina à Pise, chaire de Sienne, autel d'Arezzo, chaire de Pise.

> Laudo Deum verum per quem sunt optima rerum,
> Qui dedit has puras homini formare figuras.

Portail d'Orvieto. — Ces belles églises, images du ciel, sont livrées aux mendiants et aux pauvres. *Ipsorum est regnum cœlorum.*

Chant XI. Terc. 27. — *Alluminare.* — La miniature, la passion des livres au moyen âge. Oderisi de Gubbio employé par Boniface VIII à embellir les livres de la bibliothèque du Vatican. Le même pape employa au même travail Franco Bolognese, dont nous n'avons plus rien, mais dont Vasari avait deux beaux dessins, un aigle et un lion brisant un arbre. Il ne faut pas croire que tout fût métier dans l'art des enlumineurs. Francesco forme des élèves. Vital et Laurent furent les fondateurs de la première école de Bologne, où respire le plus tendre mysticisme. Vital refusait de peindre les crucifix, disant que c'était bien assez que les juifs l'eussent crucifié une fois sans que ce supplice fût renouvelé tous les jours par les mauvais chrétiens [1].

32. — Cimabue. Il ne s'agit pas de refaire ici l'histoire de la peinture. Il faut repousser cette idée fausse que Cimabue fut le premier. Avant lui florissait l'école de Pise : Giunta. Mais surtout l'école de Sienne : Duccio et Guido [2].

Rien n'égale la gloire de Cimabue. Charles d'Anjou et la madone Borgo Allegri [3].

---

[1] Rio, *De la Poésie chrétienne*, p. 142.

[2] Me Guido de Senis diebus pinxit amaris ; inscription d'un portrait.

[3] Lorsque Charles d'Anjou traversa Florence, on le conduisit voir la madone que peignait alors Cimabue. L'affluence des visiteurs fut si grande que les voisins de Cimabue donnèrent à la rue qu'il habitait le nom de Borgo Allegri, qu'elle a conservé depuis. La madone achevée fut portée en triomphe à Santa Maria Novella. (Vasari, *Vita di Cimabue.*)

Épitaphe de Cimabue :

> Credidit ut Cimabus picturæ castra tenere
> Sic tenuit vivens, nunc tenet astra poli.

Orgueil de Cimabue, qui abandonnait ses ouvrages dès qu'il y apercevait un défaut.

Dante a choisi le purgatoire pour y sauver les souvenirs de cette renaissance des arts et de la poésie qui fit la gloire de l'Italie au treizième siècle.

33. — Les deux Guido. — Le premier est Guido Guinicelli de Bologne, mort en 1276. Selon Benvenuto d'Imola, il était homme de guerre et de la noble famille des *Principi*, chassée de Bologne comme gibeline. Dante (*De vulg. eloq.*) le cite plusieurs fois ; il l'appelle un noble poëte, un très-grand poëte. Au XXVI° chant du *Purgatoire*, il le trouve et s'en réjouit : « Quand j'entendis nommer celui qui « fut mon père, et des autres meilleurs que moi, qui ont pratiqué « l'art doux et charmant des vers d'amour... » Et il proteste que ces doux chants dureront autant que la langue moderne. C'est le chef de cette école Bolonaise qui semble suivre l'école de Sicile et précéder celle de Toscane.

Mais les Toscans détrônent leurs prédécesseurs. Guido Cavalcanti, ami de Dante, partagea les mêmes vicissitudes politiques; exilé à Sarzane en 1300, il meurt à Florence en 1300 ou 1301. C'était un philosophe, un des meilleurs logiciens que le monde eût vu ; très-distrait et tenant un peu aux opinions épicuriennes, d'où vient qu'on disait dans le peuple qu'il cherchait si on pourrait prouver que Dieu n'est pas.

Canzone sur l'amour, commentée par Egidius Colonna. Il introduit cette poésie philosophique, savante, qui fait le cachet des Toscans et les distingue de la volupté des Siciliens et de la frivolité des Provençaux. Il introduit l'amour platonique qui donnera Béatrix à Dante, Laure à Pétrarque et aux cœurs élevés cette leçon de savoir aimer sans jouir.

46. — Provenzano Salvani mendia sur la place de Sienne pour payer la rançon de son ami.

CANTO XII

1 Di pari, come buoi che vanno a giogo,
   M' andava io con quall' anima carca,
   Fin che 'l sofferse il dolce pedagogo.
2 Ma quando disse: Lascia lui, e varca,
   Chè qui è buon con la vela e co' remi,
   Quantunque può ciascun, pinger sua barca;
3 Dritto sì, com' andar vuolsi, rife' mi
   Con la persona, avvegna che i pensieri
   Mi rimanessero e chinati e scemi.
4 Io m' era mosso, e seguia volentieri
   Del mio Maestro i passi, ed ambedue
   Già mostravam com' eravam leggieri;
5 Quando mi disse: Volgi gli occhi in giue:
   Buon ti sarà, per alleggiar la via,
   Veder lo letto delle piante tue.
6 Come, perchè di lor memoria sia,
   Sovr' a' sepolti le tombe terragne
   Portan segnato quel ch' elli eran pria;
7 Onde lì molte volte si ripiagne

CHANT XII

Du même pas et comme des bœufs qui marchent sous le joug, cette âme chargée et moi nous cheminâmes ensemble, tant que le permit mon doux maître.

Mais quand il me dit : « Quitte ce mort et marche ; car voici un endroit où chacun doit de son mieux, à force de voiles et de rames, pousser sa barque, »

Je redressai mon corps et je marchai comme il est naturel de le faire, bien que mes pensées demeurassent abattues et humiliées.

Je m'étais mis en route, et volontiers je suivais les pas de mon maître ; déjà tous deux nous montrions que nous ne portions pas de fardeaux,

Lorsqu'il me dit : « Baisse les yeux ; il te sera bon pour faciliter la route de voir le sol où reposent tes pieds. »

Comme pour conserver la mémoire des morts, les tombes qu'on leur donne dans la terre portent leurs traits figurés tels qu'ils furent jadis,

De sorte que bien des fois on se reprend à pleurer,

Per la puntura della rimembranza,
Che solo a' pii dà delle calcagne :
8 Sì vid' io lì, ma di miglior sembianza,
Secondo l' artificio, figurato,
Quanto per via di fuor dal monte avanza.
9 Vedea colui che fu nobil creato
Più d' altra creatura, giù dal cielo
Folgoreggiando scendere, da un lato.
10 Vedeva Briareo, fitto dal telo
Celestial, giacer dall' altra parte,
Grave alla terra per lo mortal gelo.
11 Vedea Timbreo, vedea Pallade e Marte,
Armati ancora, intorno al padre loro,
Mirar le membra de' Giganti sparte.
12 Vedea Nembrotte appiè del gran lavoro,
Quasi smarrito, e riguardar le genti
Che in Sennaar con lui superbi foro.
13 O Niobe, con che occhi dolenti
Vedeva io te segnata in su la strada
Tra sette e sette tuoi figliuoli spenti!
14 O Saul, come in su la propria spada
Quivi parevi morto in Gelboè,
Che poi non sentì pioggia nè rugiada!
15 O folle Aragne, sì vedea io te,
Già mezza aragna, trista in su gli stracci
Dell' opera che mal per te si fe!
16 O Roboam, già non par che minacci
Quivi il tuo segno; ma pien di spavento
Nel porta un carro prima ch' altri il cacci.
17 Mostrava ancor lo duro pavimento

le cœur percé de ce souvenir, qui n'a d'aiguillon que pour les hommes pieux;

Ainsi, mais avec plus de vérité, et selon toutes les règles de l'art, je vis sculptée toute la surface de la route qui se détache de la montagne.

Je voyais, d'un côté, celui qui fut créé plus noble que toute autre créature tomber du ciel comme l'éclair.

De l'autre côté, je voyais Briarée frappé du carreau céleste, étendu sur la terre, qui gémit sous le poids de son corps glacé.

Je voyais le dieu de Thymbrée, Pallas et Mars, encore tout armés autour de leur père, contempler les membres épars des géants.

Je voyais Nembrod au pied de son grand ouvrage, éperdu et regardant les nations qui partagèrent son orgueil dans la plaine de Sennaar.

O Niobé! avec quels tristes yeux je te voyais représentée sur le pavé de la route, au milieu de tes enfants expirés, sept d'un côté et sept de l'autre!

O Saül! comme tu m'apparus te précipitant sur ton épée, et mourant sur le Gelboé, qui depuis lors ne connut jamais ni la rosée ni la pluie!

O folle Arachné! je te voyais aussi déjà à demi changée en araignée sur les débris de la toile ourdie pour ton malheur!

O Roboam! ton image ici n'a plus rien de menaçant; mais, plein d'épouvante, un char t'emporte avant qu'on te poursuive!

Come Almeone a sua madre fe caro
Parer lo sventurato adornamento.
18 Mostrava come i figli si gittaro
Sovra Sennacherib dentro dal tempio,
E come morto lui quivi lasciaro.
19 Mostrava la ruina e il crudo scempio
Che fe Tamiri, quando disse a Ciro :
Sangue sitisti, ed io di sangue t' empio.
20 Mostrava come in rotta si fuggiro
Gli Assiri, poi che fu morto Oloferne,
Ed anche le reliquie del martiro.
21 Vedeva Troia in cenere e in caverne :
O Iliòn, come te basso e vile
Mostrava il segno che lì si discerne !
22 Qual di pennel fu maestro e di stile,
Che ritraesse l' ombre e gli atti, ch' ivi
Farien mirar ogni ingegno sottile ?
23. Morti li morti, e i vivi parean vivi :
Non vide me' di me chi vide il vero,
Quant' io calcai fin che chinato givi.

24 Or superbite, e via col viso altiero,
Figliuoli d' Eva, e non chinate il volto,
Sì che veggiate il vostro mal sentiero.
25 Più era già per noi del monte volto,
E del cammin del Sole assai più speso,
Che non stimava l' animo non sciolto :
26 Quando colui che sempre innanzi atteso
Andava, cominciò : Drizza la testa ;
Non è più tempo da gir sì sospeso.

CHANT XII.

Le dur pavé montrait encore comment Alcméon fit payer cher à sa mère sa funeste parure.

Il montrait comment les fils de Sennachérib se jetèrent sur lui dans le temple, et comment ils le laissèrent mort.

Il montrait la chute et le cruel supplice de Cyrus quand Tamyris lui dit : « Tu fus altéré de sang, je te rassasie de sang. »

Il montrait comment s'enfuirent les Assyriens en déroute, après la mort d'Holopherne, et on apercevait encore ce qui restait du meurtre.

Je voyais Troie en cendres et en ruines. O cité d'Ilion! combien avilie et déchue te montrait l'image qu'on voyait en ce lieu !

Quel fut le maître dont le pinceau ou le crayon retraça les figures et les poses qui étonneraient ici le génie le plus subtil.

Les morts paraissaient morts, et les vivants semblaient vivants. Celui qui a vu la réalité n'a pas mieux vu que moi tout ce que mes pieds foulèrent tant que je marchai les yeux baissés.

Et maintenant enorgueillissez-vous, levez un visage altier, fils d'Ève, et gardez-vous de courber la tête de peur de voir le mauvais chemin où vous marchez.

Déjà nous avions plus cheminé autour de la montagne, et le soleil était plus avancé dans sa course que ne le pensait mon esprit préoccupé.

Quand celui qui allait devant moi, toujours attentif, commença : « Lève la tête, il n'est plus temps de marcher d'un pas si distrait.

27 Vedi colà un Angel che s'appresta
   Per venir verso noi : vedi che torna
   Dal servigio del dì l'ancella sesta.

28 Di riverenza gli atti e il viso adorna,
   Sì che i diletti lo inviarci in suso :
   Pensa che questo dì mai non raggiorna:

29 Io era ben del suo ammonir uso,
   Pur di non perder tempo, sì che in quella
   Materia non potea parlarmi chiuso.

30 A noi venia la creatura bella
   Bianco vestita, e nella faccia quale
   Par tremolando mattutina stella.

31 Le braccia aperse, e indi aperse l'ale :
   Disse : Venite; qui son presso i gradi,
   Ed agevolmente omai si sale.

32 A questo invito vengon molto radi :
   O gente umana, per volar su nata,
   Perchè a poco vento così cadi?

33 Menocci ove la roccia era tagliata :
   Quivi mi batteo l'ale per la fronte;
   Poi mi promise sicura l'andata.

34 Come, a man destra, per salire al monte,
   Dove siede la Chiesa che soggioga
   La ben guidata sopra Rubaconte,

35 Si rompe del montar l'ardita foga,
   Per le scalee che si fero ad etade
   Ch'era sicuro il quaderno o la doga;

36 Così s'allenta la ripa che cade

« Vois de ce côté un ange qui s'apprête à venir vers nous. Vois que la sixième servante du jour vient d'achever son service.

« Que ton attitude et ton visage expriment un saint respect, si bien que l'ange prenne plaisir à nous envoyer là haut ; pense que le jour où nous sommes ne se lèvera plus. »

Je m'étais familiarisé avec cette façon de m'exhorter à ne point perdre de temps ; de sorte qu'en pareille matière il ne pouvait me parler d'un langage obscur.

La belle créature venait à nous vêtue de blanc et le visage étincelant comme l'étoile du matin.

Elle ouvrit les bras, et ensuite elle ouvrit les ailes, disant : « Venez, ici près sont les marches, et désormais la montée devient facile. »

Bien peu viennent recevoir cette bonne nouvelle. O race humaine, née pour voler en haut, pourquoi faut-il si peu de vent pour te faire tomber.

L'ange nous mena où la roche était entaillée ; là, d'un battement de ses ailes il m'effleura le front, puis il me promit un passage sans danger.

Comme pour gravir la montagne où repose l'Église qui domine Florence la bien gouvernée, au-dessus du pont Rubaconte,

A main droite, la pente hardie de la montée s'adoucit par l'escalier qu'on y fit au temps où l'on respectait le registre et la mesure publique ;

Ainsi s'adoucit la pente qui tombe brusquement du

  Quivi ben ratta dall' altro girone :
  Ma quinci e quindi l' alta pietra rade.
37 Noi volgendo ivi le nostre persone,
  Beati pauperes spiritu, voci
  Cantaron sì, che nol diria sermone.
38 Ahi quanto son diverse quelle foci
  Dalle infernali! chè quivi per canti
  S' entra, e laggiù per lamenti feroci.
39 Già montavam su per li scaglion santi,
  Ed esser mi parea troppo più lieve,
  Che per lo pian non mi parea davanti :
40 Ond' io : Maestro, dì, qual cosa greve
  Levata s' è da me, chè nulla quasi
  Per me fatica andando si riceve ?
41 Rispose : Quando i P, che son rimasi
  Ancor nel volto tuo presso che stinti,
  Saranno, come l' un, del tutto rasi,
42 Fien li tuoi piè dal buon voler sì vinti,
  Che non pur non fatica sentiranno,
  Ma fia diletto loro esser su pinti.
43 Allor fec' io come color che vanno
  Con cosa in capo non da lor saputa,
  Se non che i cenni altrui suspicar fanno ;
44 Perchè la mano ad accertar s' aiuta,
  E cerca e trova, e quell' ufficio adempie
  Che non si può fornir per la veduta :
45 E con le dita della destra scempie
  Trovai pur sei le lettere, che incise
  Quel dalle chiavi a me sopra le tempie :
46 A che guardando il mio Duca sorrise.

cercle supérieur, mais de part et d'autre on rase la haute muraille.

Au moment où nous tournions de ce côté, des voix chantèrent *Beati pauperes spiritu*, d'un tel accent, que la parole ne peut le rendre.

Ah! que ces étroits chemins ressemblent peu à ceux de l'enfer; ici l'on entre avec des chants, et là-bas avec des rugissements de douleur.

Déjà nous montions par les marches saintes, et je me sentais bien plus léger qu'auparavant quand je cheminais par la plaine.

C'est pourquoi je dis : « Maître, réponds, de quel poids m'a-t-on soulagé pour qu'en cheminant je ne ressente presque plus de fatigue? »

Il répondit : « Quand les P qui restent presque effacés sur ton visage auront comme le premier tout à fait disparu,

« La bonne volonté sera si bien la maîtresse de tes pieds, que non-seulement ils ne ressentiront plus de fatigue, mais ce sera pour eux un plaisir de monter. »

Alors je fis comme ceux qui vont portant sur la tête une chose qu'ils ne voient point, mais que les gestes d'autrui leur font soupçonner.

D'où vient que leur main cherche à s'en assurer, cherche, trouve, et accomplit l'office dont ne pouvaient s'acquitter les yeux.

Ainsi, en écartant les doigts de la main droite, je ne trouvai plus que six lettres des sept que l'ange des clefs avait gravées sur mon front.

Ce que voyant mon guide, il se prit à sourire.

CANTO XIII

1 Noi eravano al sommo della scala,
   Ove secondamente si risega
   Lo monte che, salendo, altrui dismala:
2 Ivi così una cornice lega
   Dintorno il poggio, come la primaia,
   Se non che l' arco suo più tosto piega.
3 Ombra non gli è, nè segno che si paia;
   Par sì la ripa, e par sì la via schietta,
   Col livido color della petraia.
4 Se qui per dimandar gente s' aspetta,
   Ragionava il Poeta, io temo forse
   Che troppo avrà d' indugio nostra cletta.
5 Poi fisamente al Sole gli occhi porse;
   Fece del destro lato al mover centro,
   E la sinistra parte di sè torse.
6 O dolce lume, a cui fidanza i' entro
   Per lo nuovo cammin, tu ne conduci,
   Dicea, come condur si vuol quinc' entro:

CHANT XIII

Nous étions au sommet de l'escalier, à l'endroit où pour la seconde fois s'interrompt la montagne qu'on monte en se purifiant de tout mal.

Là aussi règne autour du pic une corniche semblable à la première, mais l'arc qu'elle décrit se courbe plus vite.

On n'y voit ni image ni dessin qui se détache, le bord et le chemin sont nus et sans autre couleur que celle du rocher livide.

« Si nous attendons ici quelqu'un pour demander notre route, disait le poëte, je crains que peut-être notre choix éprouve trop de retard. »

Puis il fixa les yeux sur le soleil, fit de son pied droit le pivot de son mouvement, et tourna le côté gauche de sa personne.

« O douce lumière sur la foi de laquelle j'entre dans ce nouveau chemin, conduis-nous, disait-il, comme on doit se conduire en ce lieu.

7 Tu scaldi il mondo, tu sovr' esso luci :
　　S' altra cagione in contrario non pronta,
　　Esser den sempre li tuoi raggi duci.

8 Quanto di qua per un migliaio si conta,
　　Tanto di là eravam noi già iti,
　　Con poco tempo, per la voglia pronta.

9 E verso noi volar furon sentiti,
　　Non però visti, spiriti, parlando
　　Alla mensa d' amor cortesi inviti.

10 La prima voce che passò volando,
　　Vinum non habent, altamente disse,
　　E dietro a noi l' andò reiterando.

11 E prima che del tutto non s' udisse
　　Per allungarsi, un' altra : I' sono Oreste :
　　Passò gridando, ed anche non s' affisse.

12 O, diss' io, Padre, che voci son queste?
　　E com' io dimandai, ecco la terza
　　Dicendo : Amate da cui male aveste.

13 Lo buon Maestro : Questo cinghio sferza
　　La colpa della invidia, e però sono
　　Tratte da amor le corde della ferza.

14 Lo fren vuol esser del contrario suono;
　　Credo che l' udirai, per mio avviso,
　　Prima che giunghi al passo del perdono.

15 Ma ficca gli occhi per l' aer ben fiso,
　　E vedrai gente innanzi a noi sedersi,
　　E ciascun è lungo la grotta assiso.

16 Allora più che prima gli occhi apersi;
　　Guarda' mi innanzi, e vidi ombre con manti
　　Al color della piedra non diversi.

« Tu réchauffes le monde et tu l'éclaires; si quelque autre motif ne nous force au parti contraire, tes rayons doivent toujours être nos guides. »

L'espace qu'ici-bas on compte pour un mille, nous l'avions déjà parcouru en peu de temps, grâce à l'impatience de notre volonté.

Et nous sentîmes voler vers nous, mais nous ne les vîmes pas, des esprits dont les paroles étaient une invitation courtoise à la table d'amour.

La première voix qui passa en volant, cria : « *Vinum non habent;* » et l'alla répétant derrière nous.

Et avant qu'elle se fût assez éloignée pour qu'on ne l'entendît plus, une autre voix passa en criant : « Je suis Oreste. » Et comme l'autre elle ne s'arrêta pas.

O mon père, dis-je, quelles sont ces voix ? Et comme je l'interrogeais, voici qu'une troisième cria : « Aimez qui vous a fait du mal. »

Mon bon maître répondit : « Ce cercle voit châtier le péché de l'envie, et c'est pourquoi l'amour fournit les cordes du fouet.

« Le frein sera formé de paroles contraires, et m'est avis que tu les entendras avant d'arriver à la porte du pardon.

« Mais plonge attentivement tes regards dans l'air et tu verras des gens assis devant nous, et chacun d'eux est accroupi contre le rocher. »

Alors plus qu'auparavant j'ouvris les yeux, je regardai devant moi, et je vis des ombres couvertes de manteaux de la même couleur que la pierre.

17 E poi che fummo un poco più avanti,
Udi' gridar: Maria, ora per noi:
Gridar Michele, e Pietro, e tutti i Santi.

18 Non credo che per terra vada ancoi
Uomo sì duro, che non fosse punto
Per compassion di quel ch' i' vidi poi:

19 Chè quando fui sì presso di lor giunto,
Che gli atti loro a me venivan certi,
Per gli occhi fui di grave dolor munto.

20 Di vil cilicio mi parean coperti,
E l'un sofferia l'altro con la spalla,
E tutti dalla ripa eran sofferti.

21 Così li ciechi, a cui la roba falla,
Stanno a' perdoni a chieder lor bisogna,
E l'uno il capo sopra l'altro avvalla,

22 Perchè in altrui pietà tosto si pogna,
Non pur per lo sonar delle parole,
Ma per la vista che non meno agogna.

23 E come agli orbi non approda il Sole,
Così all'ombre, dov'io parlav'ora
Luce del ciel di sè largir non vuole;

24 Chè a tutte un fil di ferro il ciglio fora,
E cuce sì, com' a sparvier selvaggio
Si fa, però che queto non dimora.

25 A me pareva andando fare oltraggio,
Vedendo altrui, non essendo veduto:
Perch' io mi volsi al mio Consiglio saggio.

26 Ben sapev'ei, che volea dir lo muto;
E però non attese mia dimanda;
Ma disse: Parla, e sii breve ed arguto.

CHANT XIII.

Et lorsque nous fûmes un peu plus avancés, j'entendis crier : « Marie, priez pour nous. » J'entendis invoquer Michel, Pierre et tous les saints.

Je ne crois pas que la terre porte encore un homme si dur qu'il ne fût touché de pitié de ce que je vis ensuite.

Car, lorsque je fus assez près d'eux pour m'assurer de leur attitude et de leurs mouvements, une cruelle douleur mouilla mes yeux.

Ils me semblaient couverts d'un vil cilice, chacun d'eux s'appuyait à l'épaule d'autrui et tous s'appuyaient au rocher.

Ainsi les aveugles à qui manque le nécessaire se tiennent aux pardons, quêtant pour leurs besoins, et l'un repose la tête sur l'épaule de l'autre,

Afin de mettre la pitié dans les cœurs, non-seulement par le son des paroles, mais par la vue qui n'est pas moins pressante.

Et comme le soleil n'arrive pas jusqu'aux aveugles, ainsi la lumière du ciel ne veut pas se communiquer aux ombres dont je parlais.

Car toutes ont la paupière percée et cousue d'un fil de fer, comme on fait à l'épervier sauvage tant qu'il ne veut point se tenir tranquille.

Tout en marchant, il me semblait contre l'honneur de voir autrui sans être vu ; c'est pourquoi je me tournai vers mon sage conseiller.

Il savait bien ce que muet je voulais dire ; et c'est pourquoi il n'attendit point ma demande ; mais il me dit : « Parle, sois bref, et qu'on t'entende à demi-mot. »

27 Virgilio mi venia da quella banda
 Della cornice, onde cader si puote,
 Perchè da nulla sponda s' inghirlanda:
28 Dall' altra parte m' eran le devote
 Ombre, che per l' orribile costura
 Premevan sì, che bagnavan le gote.
29 Volsimi a loro, ed: O gente sicura,
 Incominciai, di veder l' alto lume
 Che il disio vostro solo ha in sua cura,
30 Se tosto grazia risolva le schiume
 Di vostra coscienza, sì che chiaro
 Per essa scenda della mente il fiume,
31 Ditemi (chè mi fia grazioso e caro)
 S' anima è qui tra voi, che sia latina;
 E forse a lei sarà buon, s' io l' apparo.
32 O frate mio, ciascuna è cittadina
 D' una vera città; ma tu vuoi dire,
 Che vivesse in Italia peregrina.
33 Questo mi parve per risposta udire
 Più innanzi alquanto, che là dov' io stava;
 Ond' io mi feci ancor più là sentire.
34 Tra l' altre vidi un' ombra che aspettava
 In vista; e se volesse alcun dir come,
 Lo mento, a guisa d' orbo, in su levava.
35 Spirto, diss' io, che per salir ti dome,
 Se tu se' quegli che mi rispondesti,
 Fammiti conto o per luogo o per nome.
36 I' fui Senese, rispose, e con questi
 Altri rimondo qui la vita ria,
 Lagrimando a Colui, che sè ne presti.

Virgile cheminait avec moi du côté de la corniche où l'on peut tomber, puisqu'elle n'a pas de parapet qui lui serve de ceinture.

De l'autre côté j'avais ces ombres pieuses qui souffraient si cruellement de l'horrible couture, que leurs joues étaient baignées de larmes.

Je me tournai vers elles et je commençai : « O peuple assuré de voir la céleste lumière qui fait la seule occupation de vos désirs ;

« Ainsi puisse bientôt la grâce balayer les écumes de votre conscience, de telle sorte que par elle le fleuve de votre âme coule parfaitement pur.

« Dites-moi (et votre parole me sera gracieuse et chère) s'il est parmi vous quelque âme latine, et peut-être lui sera-t-il bon que je l'aie connue. »

« O mon frère, chacune de nous est citoyenne d'une cité véritable, mais tu peux parler d'une âme qui fit son pèlerinage en Italie. »

Je crus entendre cette réponse un peu au-delà du lieu où j'étais ; d'où vient que je m'avançai encore de ce côté.

Entre les autres je vis une ombre qui semblait m'attendre, et si quelqu'un demande comment, c'est qu'elle levait le menton à la manière des aveugles.

« Esprit, lui dis-je, qui pour monter s'humilie, si c'est toi qui m'as répondu, fais-toi connaître ou par ta patrie ou par ton nom.

« Je fus Siennoise, répondit-elle, et avec les autres que voici, je purge les fautes de ma vie, en offrant mes pleurs à celui que nous prions de se donner à nous.

37 Savia non fui, avvegna che Sapìa
   Fossi chiamata, e fui degli altrui danni
   Più lieta assai, che di ventura mia.
38 E perchè tu non credi ch' io t' inganni,
   Odi se fui, com' io ti dico, folle.
   Già discendendo l' arco de' miei anni,
39 Erano i cittadin miei presso a Colle
   In campo giunti co'loro avversari,
   Ed io pregava Dio di quel ch' ei volle.
40 Rotti fur quivi, e volti negli amari
   Passi di fuga, e veggendo la caccia,
   Letizia presi ad ogni altra dispari:
41 Tanto ch' io levai in su l' ardita faccia,
   Gridando a Dio: Omai più non ti temo:
   Come fe il merlo per poca bonaccia.
42 Pace volli con Dio in su lo stremo
   Della mia vita; ed ancor non sarebbe
   Lo mio dover per penitenza scemo,
43 Se ciò non fosse, ch'a memoria m'ebbe
   Pier Pettinagno in sue sante orazioni,
   A cui di me per caritate increbbe.
44 Ma tu chi se', che nostre condizioni
   Vai dimandando, e porti gli occhi sciolti,
   Sì come io credo, e spirando ragioni?
45 Gli occhi, diss'io, mi fieno ancor qui tolti;
   Ma picciol tempo, chè poca è l' offesa
   Fatta per esser con invidia volti.
46 Troppa è più la paura, ond' è sospesa
   L' anima mia, del tormento di sotto,
   Che già lo incarco di laggiù mi pesa.

« Je ne fus point sage, bien que Sage on m'eût nommée, et je trouvai plus de joie au mal d'autrui qu'à mon bonheur.

« Et pour que tu ne croies pas que je te trompe, écoute si je fus insensée comme je le dis. Déjà je descendais l'arc de mes années,

« Quand, mes concitoyens étant près de Colle, sur le champ de bataille avec leurs ennemis, je demandai à Dieu ce qu'il voulut.

« Ils furent battus en cet endroit et condamnés à tourner leurs tristes pas en arrière; et en voyant la chasse qu'on en fit, je ressentis une joie à nulle autre pareille;

« Si bien que je levai vers le ciel mon front insolent, criant à Dieu : « Je ne te crains plus ! » Comme fait le merle trompé par un peu de beau temps.

« Je voulus faire ma paix avec Dieu sur la fin de ma vie ; et encore ma dette ne serait pas diminuée par la pénitence,

« Si ce n'est que Pierre Pettinagno se souvint de moi dans ses saintes prières, touché de charité pour mon malheur.

« Mais toi, qui es-tu, qui vas t'informant de notre condition, qui portes les yeux ouverts comme je le crois, et qui parles en respirant? »

« Les yeux, répondis-je, me seront aussi fermés dans ce lieu, mais pour peu de temps; car petite est l'offense que j'ai commise par des regards d'envie.

« Bien plus grande est la peur que ressent mon âme du tourment de ci-dessous : déjà je sens le poids du fardeau qu'on porte là-bas. »

47 Ed ella a me: Chi t'ha dunque condotto
   Quassù tra noi, se giù ritornar credi?
   Ed io: Costui ch'è meco, e non fa motto:
48 E vivo sono; e però mi richiedi,
   Spirito eletto, se tu vuoi ch'io muova
   Di là per te ancor li mortai piedi.
49 Oh questa è ad udir sì cosa nuova,
   Rispose, che gran segno è che Dio t'ami;
   Però col prego tuo talor mi giova.
50 E chieggoti per quel che tu più brami,
   Se mai calchi la terra di Toscana,
   Ch'a' miei propinqui tu ben mi rinfami.
51 Tu gli vedrai tra quella gente vana
   Che spera in Talamone, e perderagli
   Più di speranza, ch'a trovar la Diana:
52 Ma più vi perderanno gli ammiragli.

Et l'âme me répondit : « Qui donc t'a fait monter jusqu'à nous, si tu comptes retourner en bas? » Et je répondis : « Celui qui m'accompagne et qui ne dit mot.

« Je suis vivant; et c'est pourquoi, parle, esprit élu, si tu veux que sur la terre je mette à ton service mes pieds mortels. »

« Oh, répondit-elle, la chose est si nouvelle à entendre, que j'y vois un signe de l'amour de Dieu pour toi ; aide-moi donc quelquefois de ta prière ;

« Et je te prie au nom de ce que tu aimes le mieux, si tu foules jamais la terre de Toscane, de me remettre en bonne renommée parmi mes proches.

« Tu les verras parmi ce peuple vain qui met son espoir dans le port de Talamone et qui doit y perdre son temps plus qu'à retrouver la Diana.

« Mais les amiraux y perdront encore davantage. »

COMMENTAIRE DU CHANT XII

Terc. 17. — Alcméon, fils du devin Amphiaraüs, tua sa mère qui, séduite par le don d'un collier, avait révélé la retraite de son mari. Amphiaraüs s'était caché pour ne point aller au siége de Thèbes, où son art lui avait révélé qu'il trouverait la mort. *G. A. H.*

34. — L'église ici désignée est San Miniato.

Nous achevons avec Dante le cercle de l'Orgueil. Le poëte a consacré près de trois chants aux expiations dont il donne le spectacle. Il a réuni tous les grands exemples de l'antiquité sacrée et de l'antiquité profane, toutes les lumières de la raison et de la foi pour flétrir ce premier péché, parce qu'il s'agit du péché originel du genre humain, de celui qui fait le fond de la nature déchue. Voyez les vertus du paganisme : vous trouverez des hommes sans ambition, vous en trouverez sans faiblesse de la chair, vous n'en trouverez pas sans orgueil. C'est aussi le péché dominant des poëtes.

> Troppa è più la paura, ond' è sospesa
> L' anima mia, del tormento di sotto,
> Che già lo incarco di laggiù mi pesa.
> (*Purg.*, XIII, t. 46.)

COMMENTAIRE DU CHANT XIII

Terc. 43. — Pierre Pettinagno, ermite florentin, selon d'autres, siennois. Il était du tiers ordre de Saint-François. *G. A. H.*

51. — Les Siennois avaient acheté le port et le château de Talamone, dans la Maremne. Ils avaient dépensé des sommes considérables pour le fortifier; mais le mauvais air de la Maremne rendit toutes ces dépenses inutiles; la place resta dépourvue d'habitants. La Diana est une rivière qu'on disait couler sous la ville de Sienne. *G. A. H.*

CANTO XIV

1 Chi è costui che il nostro monte cerchia,
   Prima che morte gli abbia dato il volo,
   Ed apre gli occhi a sua voglia e coperchia?
2 Non so chi sia; ma so ch'ei non è solo:
   Dimandal tu che più gli t'avvicini,
   E dolcemente, sì che parli, accolo.
3 Così duo spirti, l'uno all'altro chini,
   Ragionavan di me ivi a man dritta;
   Poi fer li visi, per dirmi, supini;
4 E disse l'uno: O anima, che fitta
   Nel corpo ancora in ver lo ciel ten vai,
   Per carità ne consola, e ne ditta,
5 Onde vieni, e chi se'; chè tu ne fai
   Tanto maravigliar della tua grazia,
   Quanto vuol cosa, che non fu più mai.
6 Ed io: Per mezza Toscana si spazia
   Un fiumicel che nasce in Falterona,
   E cento miglia di corso nol sazia.

CHANT XIV

« Quel est celui qui fait le tour de notre montagne avant que le trépas lui ait donné l'essor, et qui à son gré ouvre et ferme les yeux ? »

« Je ne sais ce qu'il est, mais je sais qu'il n'est pas seul. Interroge-le, toi qui es plus voisin de lui, et aborde-le avec douceur, en sorte qu'il consente à parler. »

Ainsi deux esprits penchés l'un vers l'autre discouraient de moi en ce même lieu, à ma main droite, puis ils renversèrent la tête pour m'adresser la parole.

Et l'un me dit : « O âme qui encore prisonnière du corps t'en vas vers le ciel, par charité console-nous, et fais-nous savoir

« D'où tu viens et qui tu es ; car la grâce que tu obtins nous émerveille autant que doit le faire une chose qui n'a jamais été. »

Et moi : « Par le milieu de la Toscane se promène un petit fleuve qui naît à Falterona, et un cours de cent milles ne le satisfait pas.

7 Di sovr' esso rech'io questa persona;
　Dirvi chi sia, saria parlare indarno;
　Chè 'l nome mio ancor molto non suona.

8 Se ben lo intendimento tuo accarno
　Con lo intelletto, allora mi rispose
　Quei che prima dicea, tu parli d'Arno.

9 E l'altro disse a lui: Perchè nascose
　Questi il vocabol di quella rivera,
　Pur com' uom fa delle orribili cose?

10 E l'ombra che di ciò dimandata era,
　Si sdebitò così: Non so, ma degno
　Ben è che 'l nome di tal valle pera;

11 Chè dal principio suo (dov' è sì pregno
　L' alpestro monte, ond' è tronco Peloro,
　Che in pochi luoghi passa oltra quel segno)

12 Infin là, 've si rende per ristoro
　Di quel che il ciel della marina asciuga,
　Ond' hanno i fiumi ciò che va con loro,

13 Virtù così per nimica si fuga
　Da tutti, come biscia, o per sventura
　Del loco, o per mal uso che li fruga;

14 Ond' hanno sì mutata lor natura
　Gli abitator della misera valle,
　Che par che Circe gli avesse in pastura.

15 Tra brutti porci, più degni di galle,
　Che d'altro cibo fatto in uman uso,
　Dirizza prima il suo povero calle.

16 Botoli trova poi, venendo giuso,
　Ringhiosi più che non chiede lor possa,
　Ed a lor disdegnosa torce il muso.

« C'est de ses rives que j'apporte ce corps mortel. Vous dire qui je suis serait perdre mes paroles, car mon nom ne fait pas encore beaucoup de bruit. »

« Si mon intelligence pénètre bien ce que tu entends dire, répondit alors celui qui m'avait interrogé, tu parles de l'Arno ! »

Et l'autre lui dit : « Pourquoi donc a-t-il caché le nom de cette rivière, comme on fait des choses qui sont dignes d'horreur ? »

Et l'ombre questionnée sur ce point s'acquitta en ces termes : « Je ne sais, mais il est bien juste que le nom de cette vallée périsse ;

« Car, depuis son origine, là où la chaîne escarpée dont se détacha Pelore est si élevée, qu'en peu d'endroits elle dépasse cette hauteur ;

« Jusqu'au lieu où la rivière se rend pour réparer ce que le ciel enlève de la mer, dont les fleuves reçoivent les eaux qu'ils mènent avec eux.

« La vertu traitée en ennemie est chassée de toutes parts comme un serpent, soit par le malheur du lieu, soit par la mauvaise habitude qui pousse les peuples :

« D'où vient que les habitants de la misérable vallée ont changé de nature, tellement qu'il semble que Circé les ait gardés dans ses pâturages.

« Parmi d'odieux pourceaux plus dignes de vivre de glands que d'une nourriture faite pour les hommes, l'Arno se fraye d'abord un étroit passage ;

« Puis il trouve en descendant des roquets plus hargneux qu'il ne convient à leur force, et il en détourne la tête avec dédain.

17 Vassi caggendo, e quanto ella più ingrossa,
   Tanto più trova di can farsi lupi
   La maledetta e sventurata fossa.

18 Discesa poi per più pelaghi cupi,
   Trova le volpi sì piene di froda,
   Che non temono ingegno che le occupi.

19 Nè lascerò di dir, perch' altri m' oda:
   E buon sarà costui s' ancor s' ammenta
   Di ciò che vero spirto mi disnoda.

20 Io veggio tuo nipote, che diventa
   Cacciator di que' lupi in sulla riva
   Del fiero fiume, e tutti gli sgomenta:

21 Vende la carne loro, essendo viva,
   Poscia gli ancide come antica belva:
   Molti di vita, e sè di pregio priva.

22 Sanguinoso esce della trista selva;
   Lasciala tal, che di qui a mill' anni
   Nello stato primaio non si rinselva.

23 Come all' annunzio de' futuri danni
   Si turba il viso di colui che ascolta,
   Da qual che parte il periglio lo assanni;

24 Così vid' io l' altr' anima, che volta
   Stava ad udir, turbarsi e farsi trista,
   Poi ch' ebbe la parola a sè raccolta.

25 Lo dir dell' una e dell' altra la vista
   Mi fe voglioso di saper lor nomi,
   E dimanda ne feì con prieghi mista.

26 Perchè lo spirto, che di pria parlòmi,
   Ricominciò: Tu vuoi ch' io mi deduca
   Nel fare a te ciò che tu far non vuo' mi;

« Il chemine plus bas, et à mesure qu'il grossit davantage, le fleuve maudit et malencontreux trouve que les chiens se font loups.

« Enfin, descendu par des plaines profondes, il trouve des renards si pleins de fraude, qu'il ne craignent aucun engin qui puisse les prendre.

« Et je ne laisserai pas de tout dire, encore que d'autres m'entendent, et ce sera pour le bien de celui-ci s'il se souvient de ce qu'un esprit véridique me découvre :

« Je vois ton petit-fils qui se met à la chasse de ces loups au bord du fleuve sauvage et qui les met tous dans 'épouvante.

« Il vend leur chair toute vive, puis il les tue comme des bêtes hors de service, il ôte à beaucoup la vie, et à lui, l'honneur.

« Il sort tout ensanglanté de la funeste forêt, et la laisse telle, que d'ici à mille ans, elle ne repoussera pas dans sa force première. »

Comme à l'annonce d'un malheur prochain, se trouble le visage de celui qui écoute, de quelque côté que le péril le menace.

Ainsi je vis l'autre âme qui s'était tournée vers nous pour entendre, se troubler et devenir triste quand elle eut recueilli ces paroles.

Le discours de l'une et l'aspect de l'autre me rendirent désireux de savoir leur nom, et j'en fis la demande mêlée de prières.

C'est pourquoi l'esprit qui d'abord m'avait parlé, recommença en ces termes : « Tu veux que je me rende à faire pour toi ce que pour moi tu ne veux point faire.

27 Ma dacchè Dio in te vuol che traluca
    Tanta sua grazia, non ti sarò scarso :
    Però sappi ch' io son Guido del Duca.

28 Fu il sangue mio d' invidia sì riarso,
    Che se veduto avessi uom farsi lieto,
    Visto m' avresti di livore sparso.

29 Di mia semenza cotal paglia mieto.
    O gente umana, perchè poni il core
    Là 'v' è mestier di consorto divieto?

30 Questi è Rinier; questi è 'l pregio e l' onore
    Della casa da Calboli, ove nullo
    Fatto s' è reda poi del suo valore.

31 E non pur lo suo sangue è fatto brullo
    Tra 'l Po e il monte, e la marina e il Reno,
    Del ben richiesto al vero ed al trastullo;

32 Chè dentro a questi termini è ripieno
    Di venenosi sterpi, sì che tardi
    Per coltivare omai verrebber meno.

33 Ov' è il buon Lizio, ed Arrigo Manardi,
    Pier Traversaro, e Guido di Carpigna?
    O Romagnuoli tornati in bastardi!

34 Quando in Bologna un Fabbro si ralligna?
    Quando in Faenza un Bernardin di Fosco,
    Verga gentil di picciola gramigna?

35 Non ti maravigliar, s' io piango, Tosco,
    Quando rimembro con Guido da Prata
    Ugolin d' Azzo che vivette nosco;

36 Federigo Tignoso e sua brigata,
    La casa Traversara, e gli Anastagi,
    (E l' una gente e l' altra è diretata!)

« Mais puisque Dieu permet que sa grâce reluise en toi si fort, je ne te serai point avare. Sache donc que je suis Guido del Duca.

« Mon sang fut tellement brûlé d'envie, que si j'avais vu un homme se montrer joyeux, tu m'aurais vu devenir livide.

« Voilà donc la paille que je recueille de ma semence. O race humaine, pourquoi livres-tu ton cœur à ces biens qui ne souffrent pas de partage?

« Celui-ci est Rinieri; c'est l'honneur et la gloire de la maison de Calboli, où personne après lui ne s'est fait l'héritier de son mérite.

« Et celui-là n'est pas le seul, entre le Pô, l'Apennin, le Reno et la mer, dont la race se soit laissée appauvrir des biens sans lesquels il n'y a ni vérité ni bonheur.

« Car dans ces confins la terre est pleine de rejetons vénéneux, si bien qu'en dépit de toute culture on arriverait tardivement à les extirper.

« Où est le vertueux Licio? Où sont Arrigo Manardi, Pierre Traversaro et Guido de Carpigna? ô Romagnols tombés en bâtardise !

« Quand dans Bologne un Fabbro fait souche, et dans Faenza un Bernardin di Fosco, noble tige sortie d'une petite graine !

« Ne t'étonne point si je pleure, ô Toscan, lorsque je me rappelle Guido da Prata, Ugolin d'Azzo, qui vécut avec nous ;

« Frédéric Tignoso et tous les siens, la maison Traversara et celle des Anastagi : deux familles qui ont perdu leur héritage !

37 Le donne e i cavalier, gli affanni e gli agi,
   Che ne 'nvogliava amore e cortesia,
   Là dove i cuor son fatti sì malvagi.
38 O Brettinoro, chè non fuggi via,
   Poichè gita se n'è la tua famiglia,
   E molta gente per non esser ria?
39 Ben fa Bagnacaval, che non rifiglia,
   E mal fa Castrocaro, e peggio Conio,
   Che di figliar tai conti più s'impiglia.
40 Ben faranno i Pagan, da che il Demonio
   Lor sen girà; ma non però che puro
   Giammai rimanga d'essi testimonio.
41 O Ugolin de' Fantoli, sicuro
   E il nome tuo, da che più non s'aspetta
   Chi far lo possa tralignando oscuro.
42 Ma va via, Tosco, omai, ch'or mi diletta
   Troppo di pianger più che di parlare,
   Sì m'ha nostra region la mente stretta.
43 Noi sapevam che quell'anime care
   Ci sentivano andar: però tacendo
   Facevan noi del cammin confidare.
44 Poi fummo fatti soli procedendo,
   Folgore parve, quando l'aer fende,
   Voce che giunse di contra, dicendo:
45 Anciderammi qualunque m'apprende;
   E fuggio, come tuon che si dilegua,
   Se subito la nuvola scoscende.
46 Come da lei l'udir nostro ebbe tregua,
   Ed ecco l'altra con sì gran fracasso,
   Che somigliò tonar che tosto segua:

« Et les dames et les chevaliers, et les peines et les joies, car l'amour et la courtoisie possédaient nos volontés là où les cœurs sont devenus si mauvais.

« O Brettinoro, pourquoi ne point t'enfuir, puisque la famille qui te donnait son nom, et beaucoup d'autres, s'en sont allées pour ne point se rendre criminelles.

« Bagnacavallo fait bien de mettre fin à sa lignée, et Castrocaro mal et Conio encore pis de prendre peine à produire de tels comtes.

« Bien feront les Pagani quand leur démon les aura quittés; mais non cependant qu'il puisse rester d'eux un témoignage parfaitement pur.

« O Ugolin de Fantoli, ton nom n'a plus rien à craindre, puisqu'il n'attend plus d'héritiers qui en forlignant puisse l'obscurcir.

« Mais poursuis ta route, ô Toscan; car à cette heure je me plais à pleurer bien plus qu'à parler, tant le souvenir de notre pays m'a serré le cœur. »

Nous savions que ces âmes chéries nous entendaient marcher; c'est pourquoi leur silence nous rassurait sur notre chemin.

Lorsqu'en nous avançant nous nous trouvâmes seuls, comme un éclair qui fend l'air, ainsi vint au-devant de nous une voix qui disait :

« Quiconque mettra sur moi la main me tuera. » Et la voix s'enfuit comme un tonnerre qui s'éloigne, lorsque subitement la nuée se déchire.

A peine notre oreille se reposait de ce bruit, voilà qu'une autre voix retentit avec tant de fracas qu'elle sembla comme un tonnerre qui suivait le premier.

47 Io sono Aglauro che divenni sasso.
E allor per istringermi al poeta,
Indietro feci e non innanzi il passo.

48 Già era l' aura d' ogni parte queta,
Ed ei mi disse : Quel fu il duro camo,
Che dovria l' uom tener dentro a sua meta.

49 Ma voi prendete l' esca, sì che l' amo
Dell' antico avversario a sè vi tira;
E però poco val freno o richiamo.

50 Chiàmavi il cielo, e intorno vi si gira,
Mostrandovi le sue bellezze eterne,
E l' occhio vostro pure a terra mira;

51 Onde vi batte chi tutto discerne.

« Je suis Aglaure qui devins pierre. » Et alors pour me serrer contre le poëte, je fis un pas en arrière, non en avant.

Déjà de toutes parts l'air était calme, et Virgile me dit : « C'était là le rude frein qui devait retenir l'homme dans le chemin de son but.

« Mais vous mordez à l'appât de telle sorte que l'hameçon de l'antique ennemi vous attire ; et c'est pourquoi le frein et les paroles ne peuvent que bien peu.

« Le ciel vous appelle et tourne autour de vous, vous montrant ses éternelles beautés, et cependant votre œil ne voit que la terre ;

« D'où vient que vous êtes châtiés par celui qui juge toutes choses. »

COMMENTAIRE DU CHANT XIV

Terc. 7. — Imitation de l'antique. Stace, *Théb. I*. Polynice parle :

> Cadmus origo patrum, tellus mavortia Thebe.
> Est genitrix Jocasta mihi.

11. — Lucain, *Phars.* :

> Ast postquam gremio tellus illisa profundo est
> Extremi colles Siculo cessere Peloro

15, 18. — Les pourceaux sont les habitants du Casentino; les roquets, les citoyens d'Arezzo; les loups, les Florentins; les renards, les Pisans. Les deux interlocuteurs sont, Rinieri et Guido del Duca, de Brettinoro.

Boccac. lib. III, prosa 4. « *Evenit igitur ut, quem transformatum vitiis vides, hominem existimare non possis. Avaritia fervet alienarum opum violentus ereptor? Similem lupi dixeris. Ferox atque inquietus linguam litigiis exercet? Cani comparabis. Insidiator occultus surripuisse gaudet? Vulpeculis exæquetur... Fœdis immundisque libidinibus immergitur? Sordida sus voluptate detinetur.*

A ces peintures que Dante fait de sa patrie qui pourrait croire qu'il l'aime? Qui croirait qu'il ne s'agit pas d'un peuple fini, mais de cette Toscane destinée à régner encore pendant trois siècles par l'inspiration qui fait les peintres et les poëtes. Dante n'y voit que des bêtes, Giotto y trouve assez d'anges pour en peupler ses fresques. Tout semble perdu dans l'ordre temporel, dans l'ordre spirituel tout est sauvé. Voilà ce que l'Italie moderne n'a pas assez compris. Elle a cru à la force quand sa seule force était dans l'esprit. Elle a péri par les armes, mais la foi la sauvera. L'Autriche a beau multiplier les bataillons, où est la supériorité? Que peut-elle opposer à ces nobles intelligences : Manzoni, Pellico, Gioberti, Balbo, Capponi, Tommaseo, Pie IX? Ne croyons pas que tant de nobles efforts seront perdus.

21. — Villani : « Ladite année 1302, Florence ayant pour podestat Fulcieri da Calvoli de Romagne, homme féroce et cruel, à l'instigation des chefs du parti noir qui vivaient dans de grands ombrages parce qu'ils sentaient que la section blanche et gibeline était très-puissante, et que les exilés écrivaient chaque jour et avaient des intelligences avec ceux qui étaient restés dans la ville, ledit Fulcieri fit arrêter tout à coup un certain nombre de citoyens du parti blanc et gibelin... les accusant d'avoir traité de livrer la ville aux exilés. Faute ou non, il leur fit avouer par la torture qu'ils devaient livrer la cité et donner certaines portes aux blancs et gibelins; en conséquence de quoi il les jugea et leur fit couper la tête; et condamner comme rebelles tous ceux de la maison des Abati et leurs propriétés furent détruites, d'où s'ensuivirent de grands troubles dans la cité, et plus tard beaucoup de maux et de scandales. »

33. — Licio de Valbona apprenant la mort d'un de ses fils qui vivait mal, répondit : « Il n'y a là rien de nouveau pour moi, car il n'a jamais vécu : la nouvelle, c'est qu'il est enterré.. » — Henri Manardi fit scier, après la mort de Guido del Duca, un tronc sur lequel il avait coutume de s'asseoir avec lui, disant qu'il ne trouverait pas son égal. — Guido de Carpigna vendit la moitié d'une couverture de soie pour payer un repas, et répondit à ses amis. « *Quod in æstate præ calore tenebat pedes extra in hieme vero præ frigore tenebat crura contracta.* » (Benvenuto.)

34. — Benvenuto qui expliquait la *Divine Comédie* à Bologne, connaît Fabbro pour le chef de la maison des Lambertazzi.

36. — Frédéric *le Teigneux*, ainsi nommé par antiphrase, à cause de sa belle tête et de ses cheveux blonds.

CANTO XV

1 Quanto tra l'ultimar dell'ora terza,
   E il principio del di' par della spera,
   Che sempre a guisa di fanciullo scherza,
2 Tanto pareva già in ver la sera
   Essere al Sol del suo corso rimaso:
   Vespero là, e qui mezza notte era.
3 E i raggi ne ferian per mezzo il naso,
   Perchè per noi girato era sì il monte,
   Che già dritti andavamo in ver l'occaso;
4 Quand'io senti' a me gravar la fronte
   Allo splendore assai più che di prima,
   E stupor m'eran le cose non conte:
5 Ond'io levai le mani in ver la cima
   Delle mie ciglia, e fecimi il solecchio,
   Che del soverchio visibile lima.
6 Come quando dall'acqua o dallo specchio
   Salta lo raggio all'opposita parte,
   Salendo su per lo modo parecchio

CHANT XV

Entre le commencement du jour et la troisième heure, la sphère qui se joue comme un enfant sans se reposer jamais, mesure autant d'espace

Que le soleil en avait encore à parcourir pour arriver au soir ; là, c'était l'heure de vêpres et ici celle de minuit.

Et les rayons nous frappaient au milieu du visage : car, nous avions fait le tour de la montagne, de manière que nous marchions droit vers l'Occident ;

Quand je sentis mon front plier devant une lumière bien plus éblouissante qu'auparavant, et dans l'ignorance des causes, j'étais frappé de stupeur.

C'est pourquoi je levai les mains à la hauteur de mes cils et je me fis cet abri naturel qui retranche l'excès de la clarté.

Comme le rayon du soleil réfléchi par l'eau ou par le miroir rejaillit de l'autre côté, remontant de la même manière

7 A quel che scende, e tanto si diparte
  Dal cader della pietra in igual tratta,
  Sì come mostra esperienza ed arte;
8 Così mi parve da luce rifratta
  Ivi dinanzi a me esser percosso;
  Perchè a fuggir la mia vista fu ratta.
9 Che è quel, dolce Padre, a che non posso
  Schermar lo viso tanto che mi vaglia,
  Diss' io, e pare in ver noi esser mosso?
10 Non ti maravigliar se ancor t'abbaglia
  La famiglia del cielo, a me rispose;
  Messo è, che viene ad invitar ch' uom saglia.
11 Tosto sarà ch' a veder queste cose
  Non ti fia grave, ma fieti diletto,
  Quanto natura a sentir ti dispose.

12 Poi giunti fummo all'Angel benedetto,
  Con lieta voce disse: Intrate quinci,
  Ad un scaleo vie men che gli altri eretto.
13 Noi montavamo, già partiti linci,
  E, *Beati misericordes*, fue
  Cantato retro, e : Godi tu che vinci.
14 Lo mio Maestro ed io soli ambedue
  Suso andavamo, ed io pensava, andando,
  Prode acquistar nelle parole sue;
15 E dirizza' mi a lui sì dimandando:
  Che volle dir lo spirto di Romagna,
  E divieto e consorto menzionando?
16 Perch' egli a me : Di sua maggior magagna
  Conosce il danno; e però non s'ammiri

Qu'il est descendu, et s'écarte tout autant de la ligne marquée par la chute d'une pierre, comme le démontrent l'expérience et l'art;

De même je crus être frappé d'une lumière réfléchie devant moi, en sorte que ma vue fut prompte à se détourner.

« Quel est, ô mon doux père, cet objet dont je ne puis réussir à défendre ma vue et qui semble s'avancer vers nous : »

« Ne t'étonne point, répondit-il, si les serviteurs du ciel t'éblouissent encore : c'est un messager qui vient inviter les âmes à monter plus haut.

« Le moment n'est pas loin où la vue de ces choses n'aura plus rien de pénible pour toi, mais te deviendra un plaisir aussi grand que la nature t'a rendu capable d'en goûter. »

Dès que nous fûmes arrivés à l'ange béni, il dit d'une voix joyeuse : « Entrez par cet escalier, bien moins rapide que les autres. »

Nous montions et nous avions déjà quitté le cercle quand nous entendîmes chanter derrière nous : « *Beati misericordes*, et : Sois joyeux, toi qui es vainqueur. »

Mon maître et moi nous étions tous deux seuls, et chemin faisant, je songeai à tirer profit de ses discours;

Et je me tournai vers lui l'interrogeant en ces termes : « Que voulait dire l'esprit du Romagnol, quand il parlait de partage et d'interdiction ? »

A quoi Virgile répondit : « Il reconnaît présentement les fâcheux effets de son plus grand péché, et c'est

Se ne riprende, perchè men sen piagna.

17 Perchè s'appuntano i vostri desiri,
  Dove per compagnia parte si scema,
  Invidia muove il mantaco a' sospiri.
18 Ma se l'amor della spera suprema
  Torcesse in suso il desiderio vostro,
  Non vi sarebbe al petto quella tema;
19 Perchè quanto si dice più lì nostro,
  Tanto possiede più di ben ciascuno,
  E più di caritate arde in quel chiostro.
20 Io son d'esser contento più digiuno,
  Diss'io, che se mi fosse pria taciuto,
  E più di dubbio nella mente aduno.
21 Com' esser puote che un ben distributo
  I più possedilor faccia più ricchi
  Di sè, che se da pochi è posseduto?
22 Ed egli a me: Perocchè tu rificchi
  La mente pure alle cose terrene,
  Di vera luce tenebre dispicchi.
23 Quello infinito ed ineffabil bene
  Che lassù è, così corre ad amore,
  Come a lucido corpo raggio viene.
24 Tanto si dà, quanto trova d'ardore:
  Sì che quantunque carità si stende,
  Cresce sovr'essa l'eterno valore.
25 E quanta gente più lassù s'intende,
  Più v'è da bene amare, e più vi s'ama,
  E come specchio l'uno all'altro rende.
26 E se la mia ragion non ti disfama,

pourquoi ne nous étonnons point s'il nous en fait le reproche afin qu'il ait moins à le pleurer un jour.

« Vos désirs se dirigent vers des biens que le partage diminue : par ce motif l'envie tire des soupirs de vos poitrines.

« Mais si l'amour de la sphère suprême tournait vos vœux plus haut, vos cœurs ne seraient pas occupés de cette crainte.

« Car, plus les biens de là-haut sont mis en commun, plus chacun en possède, et plus la charité s'embrase dans ce cloître divin. »

« Je suis plus loin de me sentir rassasié que si je m'étais tu d'abord, répondis-je, et mon âme recèle plus de doute.

« Comment se peut-il qu'un bien partagé entre de nombreux possesseurs les enrichisse plus que s'il est possédé par un petit nombre? »

Et lui à moi : « Parce que tu rattaches toujours ton esprit aux seules choses terrestres, de la vraie lumière tu ne tires que ténèbres.

« Ce bien infini et ineffable qui est là-haut, court au-devant de l'amour comme un rayon vient frapper un corps lumineux.

« Il se donne autant qu'il trouve d'ardeur, en sorte que plus s'étend la charité, plus s'épanche sur elle l'éternelle grâce.

« Et plus il y a d'âmes qui aspirent au ciel, plus il y a lieu d'aimer, et plus on aime, et comme autant de miroirs, l'un embrase l'autre.

« Et si mon discours ne te rassasie pas, tu verras Béa-

Vedrai Beatrice, ed ella pienamente
Ti torrà questa e ciascun' altra brama.

27 Procaccia pur, che tosto sieno spente,
Come son già le due, le cinque piaghe,
Che si richiudon per esser dolente.

28 Com' io voleva dicer: Tu m'appaghe:
Vidimi giunto in su l'altro girone,
Sì che tacer mi fer le luci vaghe.

29 Ivi mi parve in una visione
Estatica di subito esser tratto,
E vedere in un tempio più persone:

30 Ed una donna in su l'entrar, con atto
Dolce di madre, dicer: Figliuol mio,
Perchè hai tu così verso noi fatto?

31 Ecco, dolenti lo tuo padre ed io
Ti cercavamo. E come qui si tacque,
Ciò che pareva prima dispario.

32 Indi m'apparve un'altra con quelle acque
Giù per le gote, che 'l dolor distilla,
Quando per gran dispetto in altrui nacque;

33 E dir: Se tu se' sire della villa,
Del cui nome ne' Dei fu tanta lite,
E onde ogni scienza disfavilla,

34 Vendica te di quelle braccia ardite
Che abbracciar nostra figlia, o Pisistrato.
E il signor mi parea benigno e mite

35 Risponder lei con viso temperato:
Che farem noi a chi mal ne disira,
Se quei che ci ama è per noi condannato?

36 Poi vidi genti accese in fuoco d'ira,

'trix, et c'est elle qui apaisera pleinement ce désir et tous les autres.

« Fais en sorte seulement d'effacer bientôt, comme ont déjà disparu les deux premières, les cinq plaies qui te restent et qui ne se ferment que par la douleur. »

J'allais répondre : « Tu m'as satisfait, » lorsque je me vis arrivé à l'autre cercle, en sorte que l'impatience de mes yeux me fit taire.

Là, je crus tout à coup être ravi en extase et voir en vision un temple où se tenaient plusieurs personnes;

Et une femme à l'entrée, avec la douce expression d'une mère, semblait dire : « Mon fils, pourquoi en agir de la sorte envers nous ?

« Et voilà que, tout affligés, ton père et moi nous te cherchions. » Et comme elle se tut, ce qui m'apparaissait d'abord s'effaça.

Ensuite m'apparut une femme toute baignée de ces eaux que la douleur distille le long des joues, quand elle naît d'une grande colère à l'égard d'autrui.

Et elle disait : « Si tu es le seigneur de la ville dont le nom fit un si grand débat entre les dieux, et d'où toute science rayonne,

« Venge-toi de ces mains téméraires qui ont embrassé notre fille, ô Pisistrate ! » Et le seigneur doux et débonnaire

Semblait lui répondre avec un visage serein : « Que ferons-nous à qui nous veut du mal, si nous condamnons qui nous aime ? »

Puis je vis des gens tout embrasés du feu de la co-

Con pietre un giovinetto ancider, forte
　　　Gridando a sè pur : Martira, martira :
37　E lui vedea chinarsi per la morte,
　　　Che l'aggravava già, in ver la terra,
　　　Ma degli occhi facea sempre al ciel porte;
38　Orando all'alto Sire in tanta guerra,
　　　Che perdonasse a'suoi persecutori,
　　　Con quell'aspetto che pietà disserra.
39　Quando l'anima mia tornò di fuori
　　　Alle cose, che son fuor di lei vere,
　　　Io riconobbi i miei non falsi errori.
40　Lo Duca mio, che mi potea vedere
　　　Far sì com'uom che dal sonno si slega,
　　　Disse : Che hai, che non ti puoi tenere;
41　Ma se' venuto più che mezza lega
　　　Velando gli occhi, e con le gambe avvolte
　　　A guisa di cui vino o sonno piega?
42　O dolce Padre mio, se tu m'ascolte,
　　　I' ti dirò, diss'io, ciò che mi apparve
　　　Quando le gambe mi furon sì tolte.
43　Ed ei : Se tu avessi cento larve
　　　Sovra la faccia, non mi sarien chiuse
　　　Le tue cogitazion quantunque parve.
44　Ciò che vedesti fu, perchè non scuse
　　　D'aprir lo cuore all'acque della pace,
　　　Che dall'eterno fonte son diffuse.
45　Non dimandai, *Che hai?* per quel che face
　　　Chi guarda pur con l'occhio che non vede,
　　　Quando disanimato il corpo giace;
46　Ma dimandai per darti forza al piede :

lère, lapider un jeune homme, en s'encourageant à grand cris : « Tue, tue ! »

Et lui, je le voyais plier déjà vers la terre sous le poids de la mort ; mais ses yeux restaient ouverts et tournés vers le ciel.

Au milieu d'un combat si terrible, il priait le souverain Seigneur de pardonner à ses persécuteurs, avec cette expression de visage qui force la pitié.

Quand mon âme revint de ce ravissement, aux objets qui ont leur réalité hors d'elle, je reconnus mes trop véritables erreurs.

Mon guide, qui me voyait faire comme un homme qui s'arrache au sommeil, me dit : « Qu'as-tu donc ? car tu ne peux plus te soutenir ?

« Mais tu as marché plus d'une demi-lieue les yeux fermés et les jambes chancelantes, comme un homme plié sous le vin ou le sommeil. »

« O mon doux père, si tu m'écoutes, répondis-je, je te dirai ce qui m'apparaissait quand les jambes me manquèrent ainsi. »

Et lui : « Quand tu aurais cent masques sur le visage, tes pensées quelles qu'elles fussent ne me resteraient pas inconnues.

« Ce que tu as vu te fut montré pour que tu ne refuses pas d'ouvrir ton cœur aux eaux de la paix qui débordent de la source éternelle.

« Je ne t'ai point demandé : qu'as-tu ? comme celui qui ne voit qu'avec l'œil terrestre, incapable de voir dès que le corps est inanimé ;

« Mais je t'ai interrogé pour prêter force à tes pieds :

Così frugar conviensi i pigri, lenti
Ad usar lor vigilia quando riede.

47 Noi andavam per lo vespero attenti
   Oltre, quanto potèn gli occhi allungarsi,
   Contra i raggi serotini e lucenti:

48 Ed ecco a poco a poco un fumo farsi
   Verso di noi, come la notte, oscuro,
   Nè da quello era loco da cansarsi:
49 Questo ne tolse gli occhi e l'aer puro.

CHANT XV.

c'est ainsi qu'il convient d'aiguillonner les paresseux trop lents à bien employer le temps de la veille quand il est revenu. »

Nous marchions impatients de voir devant nous, à cause du soir qui s'avançait, portant nos regards aussi loin qu'ils pouvaient aller contre les rayons lumineux du couchant ;

Et voici que peu à peu une fumée s'avançait au-devant de nous, sombre comme la nuit, et il n'y avait pas de lieu où l'on pût s'en garantir.

Elle nous priva de la vue et de l'air pur.

COMMENTAIRE DU CHANT XV

Beautés philosophiques de ce chant. — Des biens qui se partagent et de ceux qui ne se partagent pas : le siècle de Dante était troublé des mêmes questions que le nôtre : *Convito* IV. De l'iniquité des richesses.—On n'a rien inventé contre les torts du capital que Dante n'eût déjà dit et qu'on n'eût dit avant lui. Mais la supériorité de Dante est d'avoir connu le remède, de l'avoir cherché non dans le matérialisme, mais dans le spiritualisme, non dans les choses terrestres qui se partagent, mais dans les biens impartageables.

De la Colère : Saint Thomas, 2ª 2æ, 158, se range à l'opinion de saint Jean Chrysostome : « Celui-là est coupable qui s'irrite sans raison, mais celui qui a raison de s'irriter n'est pas coupable ; car, sans colère, il n'y a ni progrès de la doctrine, ni vigueur des jugements, ni répression des crimes. » Elle devient coupable de deux manières : quand elle est contre la raison, quand, raisonnable dans son principe elle cesse d'être soumise à la raison dans ses excès.

Saint Grégoire, *Moralia*, V. « Il faut souverainement prendre garde que la colère, qui peut devenir l'instrument de la vertu, domine l'intelligence. Il ne faut point qu'elle domine en reine, mais qu'elle soit, comme une servante, attachée à la raison et toujours prête à la servir... »

. . . . Ces haines vigoureuses
Que doit donner le vice aux âmes généreuses.

Terc. 33. — Il s'agit d'Athènes. La femme de Pisistrate lui demandait vengeance, selon la tradition, contre un jeune homme qui, amoureux de sa fille, avait osé l'embrasser publiquement.

Sur le débat des dieux.—Commentaire de Pietro di Dante. — *Et misit Apollo dicto Cecropi etiam, quod esset in civium potestate, ex cujus nomine illorum duorum deorum nominaretur. Unde hoc præscito Cecrops convenit omnes cives masculos et feminas et facto scrutinio masculi consenserunt quod vocaretur a Neptuno, feminæ vero a Pallade. Et quia una femina major fuerit numerus fœminarum quam masculorum obtentum est quod a Pallade dicta sit, scilicet Athena. Et quo Neptunus indignatus fuit et inundationibus dictam civitatem operuit. Qua de causa dicti cives ut placaretur statuerunt quod nunquam mulieres plus interessent conciliis et scrutiniis.*

Même récit dans le faux Boccace. Au lieu d'un cheval c'est une fontaine que Neptune fait sortir de terre.

CANTO XVI

1 Buio d'inferno, e di notte privata
   D'ogni pianeta sotto pover cielo,
   Quant' esser può di nuvol tenebrata,

2 Non fece al viso mio sì grosso velo,
   Come quel fumo ch'ivi ci coperse,
   Nè a sentir di così aspro pelo;

3 Che l'occhio stare aperto non sofferse:
   Onde la Scorta mia saputa e fida
   Mi s'accostò, e l'omero m'offerse.

4 Sì come cieco va dietro a sua guida
   Per non smarrirsi, e per non dar di cozzo
   In cosa che 'l molesti, o forse ancida;

5 M'andava io per l'aere amaro e sozzo,
   Ascoltando il mio Duca che diceva
   Pur: Guarda, che da me tu non sie mozzo.

6 Io sentia voci, e ciascuna pareva
   Pregar per pace e per misericordia
   L'Agnel di Dio, che le peccata leva.

CHANT XVI

L'obscurité de l'enfer et d'une nuit sans étoiles sous un ciel triste, si chargée qu'elle puisse être de ténébreuses nuées,

Ne m'enveloppa jamais d'un voile si épais à la vue, si rude au toucher, que la fumée qui nous couvrit en ce lieu ;

Si bien que l'œil ne pouvait rester ouvert : c'est pourquoi mon guide sage et fidèle s'approcha de moi et m'offrit l'épaule,

Tout comme un aveugle suit son guide pour ne point s'égarer, et ne point se heurter contre une chose qui le blesse ou peut-être le tue ;

J'allais à travers le brouillard amer et noir, écoutant mon conducteur qui disait seulement : « Prends garde d'être séparé de moi. »

J'entendais des voix, et chacune semblait demander paix et miséricorde à l'Agneau de Dieu qui lave les péchés du monde.

7 Pure *Agnus Dei* eran le loro esordia:
Una parola in tutti era ed un modo,
Sì che parea tra esse ogni concordia.

8 Quei sono spirti, Maestro, ch'i' odo?
Diss'io. Ed egli a me: Tu vero apprendi,
E d'iracondia van solvendo il nodo.
9 Or tu chi se' che 'l nostro fumo fendi,
E di noi parli pur, come se tue
Partissi ancor lo tempo per calendi?
10 Così per una voce detto fue.
Onde il Maestro mio disse: Rispondi,
E dimanda se quinci si va sue.
11 Ed io: O creatura, che ti mondi,
Per tornar bella a colui che ti fece,
Maraviglia udirai se mi secondi.
12 Io ti seguiterò quanto mi lece,
Rispose; e se veder fumo non lascia,
L'udir ci terrà giunti in quella vece.
13 Allora incominciai: Con quella fascia,
Che la morte dissolve, men vo suso,
E venni qui per la infernale ambascia;
14 E se Dio m'ha in sua grazia richiuso
Tanto, ch'e' vuol ch'io vegga la sua corte
Per modo tutto fuor del modern' uso,
15 Non mi celar chi fosti anzi la morte,
Ma dilmi, e dimmi s'io vo bene al varco;
E tue parole fien le nostre scorte.

16 Lombardo fui, e fui chiamato Marco·

Agnus Dei, ainsi commençaient toutes leurs invocations : une seule parole était sur toutes les lèvres, avec un seul rhythme, de sorte qu'entre ces âmes la concorde semblait parfaite.

« Maître, dis-je, qui sont ces esprits que j'entends? Et lui : « Sache la vérité, ils vont dénouant le nœud de la colère. »

« Or qui es-tu, toi qui fends notre fumée et qui parles de nous comme si tu divisais encore le temps à la façon des hommes ? »

Ainsi parla une voix, et mon maître me dit : « Réponds et demande si l'on peut monter par ce chemin. »

Et moi : « O créature qui te purifies pour retourner belle à Celui qui t'a faite, tu entendras des choses merveilleuses si tu m'accompagnes. »

« — Je te suivrai autant qu'il m'est permis, répliqua-t-il; et si la fumée ne me laisse pas voir, l'ouïe nous rapprochera à défaut de la vue. »

Alors je commençai : « Je m'en vais en haut tout chargé de ces langes que la mort détache, et je suis arrivé jusqu'ici, en traversant les supplices de l'enfer ;

« Et si Dieu m'a admis dans sa grâce à ce point de vouloir que je voie sa cour d'une manière tout étrangère à l'usage du temps présent,

« Ne me cache point qui tu fus avant la mort, mais dis-le-moi, et fais-moi connaître si je vais bien au lieu par où l'on sort, et tes paroles nous serviront de guide.

« — Je fus Lombard, et Marco était mon nom : je

Del mondo seppi, e quel valore amai
Al quale ha or ciascun disteso l'arco;
17 Per montar su dirittamente vai.
Così rispose; e soggiunse: Io ti prego
Che per me preghi, quando su sarai.
18 Ed io a lui: Per fede mi ti lego
Di far ciò che mi chiedi; ma io scoppio
Dentro da un dubbio; s'i' non me ne spiego.
19 Prima era scempio, ed ora è fatto doppio
Nella sentenzia tua, che mi fa certo
Qui ed altrove, quello ov' io l'accoppio.
20 Lo mondo è ben così tutto diserto
D'ogni virtute, come tu mi suone,
E di malizia gravido e coverto;
21 Ma prego che m'additi la cagione,
Sì ch'io la vegga, e ch'io la mostri altrui;
Chè nel cielo uno, ed un quaggiù la pone.
22 Alto sospir, che duolo strinse in hui,
Mise fuor prima, e poi cominciò: Frate,
Lo mondo è cieco, e tu vien ben da lui.
23 Voi che vivete ogni cagion recate
Pur suso al cielo, sì come se tutto
Movesse seco di necessitate.
24 Se così fosse, in voi fora distrutto
Libero arbitrio, e non fora giustizia,
Per ben, letizia, e per male, aver lutto.
25 Lo cielo i vostri movimenti inizia;
Non dico tutti; ma, posto ch'io 'l dica,
Lume v'è dato a bene ed a malizia,
26 E libero voler che, se fatica

connus le monde et j'aimai la vertu, vers laquelle personne ne tend plus son arc.

« Tu chemines dans la voie droite pour monter; » et il ajouta : « Je te prie d'intercéder pour moi quand tu seras en haut. »

Et moi : « Je t'engage ma foi de faire ce dont tu me requiers; mais je porte en moi un doute qui m'étouffe si je ne m'en délivre.

« Premièrement il était simple, et maintenant il est devenu double par ton discours, qui me confirme ici et ailleurs le fait auquel s'attache mon inquiétude.

« Le monde est bien abandonné de toute vertu, comme tu l'affirmes, et tout chargé, tout couvert de malice;

« Mais je te prie de m'en faire toucher au doigt la raison, si bien que je la voie et que je la montre à autrui ; car l'un la met au ciel et l'autre ici-bas. »

D'abord il rendit un profond soupir que la douleur lui arracha ; puis il commença ainsi : « Frère, le monde est aveugle, et l'on voit assez que tu en viens.

« Vous qui vivez, vous reportez au Ciel l'unique raison de toute chose, comme s'il entraînait tout avec lui sous une loi de nécessité.

« S'il en était ainsi, le libre arbitre serait détruit en vous, et il n'y aurait plus de justice à recueillir la joie pour le bien; le deuil pour le mal.

« Le ciel a l'initiative de vos mouvements; je ne dis pas tous; mais, quand je le dirais, une lumière vous est donnée pour discerner la bonté de la malice;

« Et en même temps une volonté libre, qui, si elle

Nelle prime battaglie col ciel dura,
Poi vince tutto, se ben si notrica.

27 A maggior forza ed a miglior natura
Liberi soggiacete, e quella cria
La mente in voi, che 'l ciel non ha in sua cura.

28 Però, se, il mondo presente disvia,
In voi è la cagione, in voi si cheggia,
Ed io te ne sarò or vera spia.

29 Esce di mano a lui, che la vagheggia
Prima che sia, a guisa di fanciulla,
Che piangendo e ridendo pargoleggia,

30 L'anima semplicetta, che sa nulla,
Salvo che, mossa da lieto fattore,
Volentier torna a ciò che la trastulla.

31 Di picciol bene in pria sente sapore;
Quivi s'inganna, e dietro ad esso corre
Se guida o fren non torce il suo amore.

32 Onde convenne legge per fren porre;
Convenne rege aver, che discernesse
Della vera cittade almen la torre.

33 Le leggi son, ma chi pon mano ad esse?
Nullo; però che 'l pastor che precede
Ruminar può, ma non ha l'unghie fesse.

34 Perchè la gente, che sua guida vede
Pure a quel ben ferire ond'ella è ghiotta,
Di quel si pasce, e più oltre non chiede.

35 Ben puoi veder che la mala condotta
È la cagion che il mondo ha fatto reo,
E non natura che in voi sia corrotta.

36 Soleva Roma, che il buon mondo feo,

soutient la fatigue des premiers combats contre le Ciel, finit par triompher de tout quand elle est bien exercée.

« Libres, vous êtes soumis à une force plus puissante, à une nature plus parfaite, et c'est elle qui crée en vous l'âme dont le Ciel n'a pas le gouvernement.

« Si donc la génération présente s'égare, en vous est la cause ; en vous il faut la chercher, et c'est de quoi je vais te mettre sur la trace.

« L'âme sort de la main de Dieu, qui l'aime avant qu'elle soit, comme une jeune fille qui se joue riant et pleurant tout ensemble ;

« Dans sa première simplicité, elle ne sait rien, si ce n'est que, issue d'un Créateur souverainement heureux, elle retourne volontiers vers ce qui fait sa joie.

« Elle goûte d'abord la saveur d'un bien imparfait; elle s'y trompe et court après lui, si quelque guide ou quelque frein n'en détourne son amour.

« D'où vient qu'il fallut instituer une loi pour frein ; il a fallu avoir un roi qui discernât au moins la tour de la véritable cité.

« Les lois y sont, mais qui donc y met la main ? personne, parce que le pasteur qui marche devant rumine bien, mais n'a pas l'ongle fendu.

« C'est pourquoi la foule, voyant son guide viser au seul bien dont elle est avide, s'en repaît à loisir et ne demande rien de plus.

« Tu peux bien reconnaître que le mauvais gouvernement est la cause qui a rendu le monde coupable, et non la nature qui se corromprait en vous.

« C'était la coutume de Rome, qui rendit la terre

Duo Soli aver, che l'una e l'altra strada
Facèn vedere, e del mondo e di Deo.

37 L'un l'altro ha spento; ed è giunta la spada
Col pasturale; e l'uno e l'altro insieme
Per viva forza mal convien che vada;

38 Perocchè, giunti, l'un l'altro non teme.
Se non mi credi, pon mente alla spiga,
Ch'ogni erba si conosce per lo seme.

39 In sul paese ch'Adige e Po riga,
Solea valore e cortesia trovarsi
Prima che Federigo avesse briga.

40 Or può sicuramente indi passarsi
Per qualunque lasciasse, per vergogna,
Di ragionar co' buoni, o d'appressarsi.

41 Ben v'en tre vecchi ancora, in cui rampogna
L'antica età la nuova, e par lor tardo
Che Dio a miglior vita li ripogna:

42 Currado da Palazzo, e il buon Gherardo,
E Guido da Castel, che me' si noma
Francescamente il semplice Lombardo.

43 Dì oggimai che la Chiesa di Roma,
Per confondere in sè duo reggimenti,
Cade nel fango, e sè brutta e la soma.

44 O Marco mio, diss'io, bene argomenti;
Ed or discerno, perchè dal retaggio
Li figli di Levì furono esenti.

45 Ma qual Gherardo è quel che tu, per saggio,
Dì ch'è rimaso della gente spenta,
In rimproverio del secol selvaggio?

46 O tuo parlar m'inganna, o e' mi tenta,

meilleure, d'avoir deux soleils pour montrer les deux chemins du monde et de Dieu.

« L'un des deux a éteint l'autre, et l'épée s'est confondue avec la crosse, et il est de toute nécessité que les deux aillent mal ensemble.

« Unis en effet, l'un ne craint plus l'autre : si tu ne me crois pas, considère l'épi, car on juge l'herbe par la semence.

« Au pays qu'arrosent l'Adige et le Pô, on avait coutume de trouver courtoisie et vertu avant la querelle de Frédéric.

« Maintenant le chemin y est sûr pour tout homme qui par vergogne éviterait de discourir avec les gens de bien ou de les approcher.

« On y voit bien encore trois vieillards, en qui le siècle fini fait la censure du siècle nouveau, et à qui le temps dure que Dieu les rappelle à une meilleure vie :

« Conrad de Palazzo, et le bon Gherardo, et Guido da Castello, mieux nommé à la française le Simple Lombard.

« Désormais tu peux dire que l'Église de Rome, pour vouloir confondre en elle deux gouvernements, tombe dans la fange et salit sa charge avec elle.

« — O mon noble Marc, répondis-je, tu raisonnes sagement ; et je comprends à cette heure pourquoi les fils de Lévi n'eurent pas de part à l'héritage.

« Mais quel est ce Gérard que tu dis resté comme un exemple de la générosité éteinte, pour l'opprobre de ce siècle barbare ?

« — Ou ton langage me trompe, ou tu veux me ten-

Rispose a me, chè, parlandomi Tosco,
Par che del buon Gherardo nulla senta.

47 Per altro soprannome io nol conosco,
S' i' nol togliessi da sua figlia Gaia.
Dio sia con voi, chè più non vegno vosco.
48 Vedi l'albòr che per lo fumo raia,
Già biancheggiare, e me convien partirmi,
L'Angelo è ivi, prima ch'egli paia.
49 Così tornò, e più non volle udirmi.

ter, répliqua-t-il, puisque, me parlant l'idiome de Toscane, tu sembles n'avoir pas ouï nommer le vertueux Gherardo.

« Je ne le connais sous aucun autre surnom, à moins de le désigner par sa fille Gaia. Dieu soit avec vous, car je ne puis vous accompagner plus loin.

« Vois l'aube dont les rayons déjà blanchissent à travers la fumée, l'ange est ici : il faut que je m'éloigne avant qu'il ait paru. »

Ainsi parla-t-il, et il ne voulut plus m'entendre.

COMMENTAIRE DU CHANT XVI

Terc. 16. — Marco Lombardo, célèbre par la vivacité et la malice de ses reparties.

42. — Conrado da Palazzo, portant le gonfalon de Brescia dans un combat, perdit les deux mains et continua de soutenir le gonfalon dans ses bras jusqu'à ce qu'il perdît la vie. — Guido da Castello habitait Reggio; il reçut Dante dans sa maison et l'y traita avec honneur. « Fuit etiam Guido pulcher inventor in rhythmo vulgari, ut pulchre apparet in quibusdam dictis ejus. » — Il buon Gherardo da Cammino, de Trévise, célèbre par ses vertus et par l'austérité de mœurs de sa fille Gaia.

L'Astrologie au moyen age. — Le paganisme ne périt pas tout entier; il se réfugia dans la superstition populaire, dans l'art, dans la science.

Code théodosien, lib. IX, t. XVI, l. a. *Nemo aruspicem consulat aut mathematicum*. Saint Augustin atteste qu'il y avait des jours désignés comme funestes par les astrologues. Au moyen âge, l'astrologie avec les Arabes. — Averrhoïsme. — Frédéric II, Manfred, Eccelin, sont entourés d'astrologues.

Michel Scott; — Guido Sonatti; traité où il prétend que le Sauveur usa d'astrologie. Même opinion soutenue par Cecco d'Ascoli, qui fut condamné au feu en 1327. — Images babyloniennes autour desquelles on brûlait des parfums. — *Traité d'Astrologie* d'Albert le Grand. Deux sortes d'astrologies, l'une descriptive, l'autre judiciaire :

« Si Dieu, dans sa souveraine sagesse, a ordonné ce monde de telle sorte que lui, le Créateur vivant du ciel inanimé, veuille se servir des étoiles muettes comme d'instruments pour opérer sur les choses créées qui se trouvent formées des quatre éléments de ce monde inférieur, quoi de plus désirable que de posséder une science qui nous enseigne comment les révolutions des corps célestes déterminent les mutations des choses terrestres; et si les mouvements d'ici-bas obéissent à ceux d'en haut, n'est-ce pas une des principales preuves qu'il n'y a qu'un Dieu glorieux et sublime au ciel et sur la terre? » La planète qui entre dans le bélier domine l'année entière, on en peut induire, 1° les famines, les inondations, les guerres ; — 2° les naissances : s'efforcer de les placer sous une heureuse étoile; le soleil agit sur le père, la lune sur la mère. — Horoscopes : choisir l'heure favorable d'une entreprise; tables des constellations pour placer une bataille, un traité, etc., sous une conjonction favorable. — Albert admet tout ceci sans toucher au libre arbitre.

Il importe de connaître l'opiniâtreté des doctrines religieuses et ce qu'il en coûte au monde pour sortir de l'erreur. Alors nous serons moins sévères pour le moyen âge, et nous jugerons moins rigoureusement une époque où le christianisme, au lieu d'abuser de la victoire, était encore dans tout le péril et dans tout l'effort du combat.

En finissant l'une de nos dernières conférences, je concluais que l'absolutisme est plus nouveau et la liberté plus vieille qu'on ne croit dans les doctrines et dans les institutions européennes. Cette assertion, dépouillée des développements dont elle avait besoin, a pu étonner quelques uns de nos auditeurs. L'un de vous, messieurs, a bien voulu me communiquer ses doutes, et, dans une lettre que j'aurais désiré vous lire, il représente l'état violent du moyen âge, la force toujours maîtresse, par conséquent le pouvoir illimité de l'aristocratie féodale qui disposait de la force; les lois désobéies, l'impunité de ces grands criminels, qui, du fond de leurs châteaux, bravaient la justice des rois et les plaintes des peuples. Cette peinture est soutenue par des traits bien choisis, et l'auteur de la lettre en conclut que la liberté, ne pouvant se concevoir sans les garanties qui la protégent, n'a commencé d'exister qu'avec les institutions nouvelles dont la Révolution de 1789 a doté la France pour en étendre le bienfait au reste du monde. C'est le résumé de ces objections que j'accueille avec reconnaissance, comme une marque de cette confiance fraternelle qui doit régner entre le professeur et son auditoire, et comme une occasion de compléter ce qui manque toujours à ces leçons, où le hasard de la parole laisse tant d'obscurités et de lacunes.

Il faut distinguer entre la doctrine de la liberté et la pratique de la liberté.

La doctrine de la liberté a commencé avec le christianisme. — « Que celui qui veut commander aux autres soit leur serviteur. » Le pouvoir considéré comme un service. — L'émancipation des esclaves. — Cris de Salvien contre la tyrannie, contre le payement de l'impôt par ceux qui ne le votent pas. — Doctrine de saint Grégoire sur la royauté. *Rex est qui regit*, doctrine sur la tyrannie. Elle paraît dans la polémique des papes contre les empereurs de Constantinople, et dans les conciles de la période mérovingienne. Au moyen âge, doctrine de saint Thomas. Il demande si la sédition est permise. Il fait observer qu'un gouvernement tyrannique, c'est-à-dire qui se propose la satisfaction personnelle du prince et non la félicité commune des sujets, cesse par là même d'être légitime. Dès lors le renversement d'un semblable pouvoir n'a pas le caractère d'une sédition, à moins qu'il ne s'opère avec assez de désordre pour causer plus de maux que la tyrannie elle-même. Dans la rigueur des termes, c'est le tyran qui mérite le nom de séditieux. Le bon gouvernement est fondé sur l'élection par les suffrages de tous. Contre les priviléges de la noblesse : « on ne lit point que Dieu ait fait deux Adams. » *Cf. de Legibus, de Regimine, de Eruditione principum.* C'est la doctrine de Dante et de ses contemporains.

LA PRATIQUE DE LA LIBERTÉ A COMMENCÉ PAR L'ÉGLISE. — Saint Paul élève à l'épiscopat l'esclave saint Onésime. — Patronage des pauvres. — Les empereurs dépouillés du pouvoir spirituel. — L'Église fait l'éducation politique des peuples : l'évêque *defensor civitatis*. Les conciles, assemblées représentatives. — L'élection et la déposition des rois. Communes de France. États de 1482. Villes libres d'Allemagne. Ligue hanséatique. Suisse, Angleterre, Italie. La liberté des communes italiennes poussée jusqu'aux derniers excès ; ostracisme contre les nobles. — Cortès espagnoles ; Fueros d'Aragon : Pouvoir du roi accepté s'il respecte les libertés, *sinon non*. — Même sous Philippe II un prédicateur fut réprimandé par l'inquisition pour cause d'absolutisme. — Paroles d'un vieux seigneur castillan au roi : « Seigneur, allez doucement, modérez-vous, reconnaissez Dieu sur la terre comme au ciel, de peur qu'il ne se lasse des monarchies, gouvernement bien doux si on en use avec douceur, et de peur qu'il ne les renverse, irrité des abus du pouvoir humain. Car le Dieu du ciel est jaloux, et ne souffre pas de partage en puissance. » Ce même conseiller disait un jour : « Seigneur Antonio Perez, je crains fort que si les hommes ne se modèrent pas et continuent à s'ériger en dieux sur la terre, Dieu ne finisse par se lasser des monarchies, ne les brise et ne donne au monde une autre forme [1]. »

Mais rien n'est plus long que l'apprentissage de la liberté. Les Barbares avaient apporté de la Germanie l'indépendance, qui ressemble à la liberté, mais qui, au fond, en est la plus grande ennemie. C'est l'égoïsme au lieu du dévouement. De là les guerres privées, le règne de la force et tout ce qui a fait les déchirements du moyen âge. Les amis de la liberté publique voyaient bien le péril que lui faisaient courir ces mœurs violentes. Dante avertit l'Italie ; mais chaque parti aime bien moins la liberté que le pouvoir. La royauté fait alliance tantôt avec la noblesse, tantôt avec le tiers état,

[1] V. Mignet, *Antonio Perez et Philippe II*, p. 415. — *Carlos* : A un señor grande y consejero, p. 545, 546.

pour écraser les résistances, surtout les résistances de l'Église[1]. — La réforme amène l'indépendance spirituelle des souverains, et en même temps l'absolutisme entre au seizième siècle dans le droit public de l'Europe avec Henri VIII, François Ier, Charles V, Gustave Wasa. Enfin la liberté a traversé cet orage, elle en sort aujourd'hui mieux avertie, elle s'abrite sous des institutions qui la sauvegardent. Elle en a besoin. On aime peu la véritable liberté qui est la liberté d'autrui. Cependant je ne doute point du progrès des temps modernes. Tous les grands esprits ont travaillé à sauver la liberté ; la liberté n'est pas un moyen, mais un but. Je crois en la liberté, et je la crois forte, parce que je la crois vieille; parce que je lui vois des racines jusqu'au fond de l'histoire, et, ce qui est plus, jusqu'au fond de l'Évangile ; car l'histoire est du temps, l'Évangile est de l'éternité.

[1] Doctrines des jurisconsultes de Bologne : *Quidquid principi placuit legis habet vigorem.*

La liberté de l'Italie. — La fonction de l'Italie dans le monde n'est pas militaire, elle est morale : à l'heure qu'il est sa gloire n'est pas de s'affranchir seulement par les armes. La Belgique et la Grèce l'ont devancée : ce qu'elle peut apporter de nouveau, c'est la consécration de la liberté par le christianisme.

Les complications présentes et celles que l'avenir réserve n'empêchent pas que Pie IX se soit volontairement démis du pouvoir absolu, qu'il ait défendu par sa lettre à l'Empereur d'Autriche le principe des nationalités, qu'il ait pris l'initiative des réformes il y a deux ans, et que, si elles n'atteignent pas le point où nous sommes arrivés, elles réalisent tout ce que pouvait supporter un pays dont l'éducation n'est pas faite, et où Pie IX trouve autant d'ennemis de ses réformes que de son autorité.

La papauté est le cœur de l'Italie comme Venise en est le bras. — La liberté du monde est compromise avec la liberté du chef spirituel des consciences. — Les formes peuvent varier, mais toute l'Europe tend à la démocratie. Or la démocratie ne peut vivre que de dévouement, de sacrifice, d'inspiration chrétienne ; c'est au Vatican que réside ce principe inspirateur. Pie IX représente l'alliance du christianisme et des peuples modernes ; ne séparons pas ces deux choses. Il y a soixante ans que nous travaillons à la statue de la liberté ; nos adversaires disent que ce n'est qu'une statue. L'âme est au Vatican ; donnons une âme à la statue de la liberté, et elle vivra.

CANTO XVII

1 Ricorditi, lettor, se mai nell'alpe
 Ti colse nebbia, per la qual vedessi
 Non altrimenti che per pelle talpe;

2 Come, quando i vapori umidi e spessi
 A diradar cominciansi, la spera
 Del Sol debilemente entra per essi;

3 E fia la tua immagine leggiera
 In giugnere a veder, com'io rividi
 Lo Sole in pria, che già nel corcare era.

4 Sì, pareggiando i miei co'passi fidi
 Del mio Maestro, usci' fuor di tal nube,
 A' raggi morti già ne' bassi lidi.

5 O immaginativa, che ne rube
 Tal volta sì di fuor, ch'uom non s'accorge,
 Perchè d'intorno suonin mille tube,

6 Chi muove te, se il senso non ti porge?
 Muoveti lume, che nel ciel s'informa,
 Per sè, o per voler che giù lo scorge.

CHANT XVII

Si jamais dans la montagne tu fus surpris par un brouillard à travers lequel tu voyais aussi peu que les taupes à travers la peau de leurs yeux, lecteur, rappelle-toi

Comment, à mesure que les humides et épaisses vapeurs commencent à s'éclaircir, le disque du soleil, encore pâle, s'y fait jour;

Et ton imagination arrivera sans peine à se figurer comment je commençai à revoir le soleil, qui déjà touchait à son coucher.

C'est ainsi que d'un pas égal aux pas assurés de mon maître je sortis de ce nuage, à la clarté des rayons déjà éteints pour les plages du bas de la montagne.

O puissance de l'imagination, qui parfois nous ravis hors de nous, de telle sorte que l'homme ne s'apercevrait point de mille trompettes sonnant à ses côtés!

Qui donc t'émeut, si le sens ne te propose pas d'objet? Une lumière t'émeut, formée dans le ciel, ou naturellement, ou par une volonté qui t'émeut ici-bas.

7 Dell'empiezza di lei, che mutò forma
   Nell'uccel che a cantar più si diletta,
   Nell'immagine mia apparve l'orma:

8 E qui fu la mia mente sì ristretta
   Dentro da sè, che di fuor non venia
   Cosa che fosse allor da lei recetta.

9 Poi piovve dentro all'alta fantasia
   Un crocifisso dispettoso e fiero
   Nella sua vista, e cotal si moria.

10 Intorno ad esso era il grande Assuero,
   Ester sua sposa e il giusto Mardocheo,
   Che fu al dire e al far così intero.

11 E come questa immagine rompeo
   Sè per sè stessa, a guisa d'una bulla
   Cui manca l'acqua sotto qual si feo;

12 Surse in mia visione una fanciulla,
   Piangendo forte, e diceva: O regina,
   Perchè per ira hai voluto esser nulla?

13 Ancisa t'hai per non perder Lavina;
   Or m'hai perduta: i'sono essa che lutto,
   Madre, alla tua, pria ch'all'altrui ruina.

14 Come si frange il sonno, ove di butto
   Nuova luce percuote il viso chiuso,
   Che fratto guizza pria che muoia tutto;

15 Così l'immaginar mio cadde giuso,
   Tosto che un lume il volto mi percosse,
   Maggiore assai, che quello ch'è in nostr'uso.

16 I'mi volgea per vedere ov'io fosse,
   Quand'una voce disse: Qui si monta:
   Che da ogni altro intento mi rimosse;

L'impiété de la femme, métamorphosée en cet oiseau qui s'enivre le plus de ses chants, apparut d'abord à mon imagination, où elle laissa son empreinte.

Et sur ce point mon âme demeura si recueillie en elle-même, qu'aucun objet ne venait du dehors qu'elle pût encore admettre.

Puis tout à coup, dans mon ravissement, je vis un homme crucifié, au visage méprisant et farouche, et il mourait ainsi :

Autour de lui étaient le grand Assuérus, Esther, son épouse, et le juste Mardochée, qui fut si intègre dans la parole et dans l'action.

Et comme ce tableau s'effaçait de lui-même, comme la bulle légère quand vient à lui manquer l'eau sous laquelle elle se forme,

Dans ma vision se montra une jeune fille tout en larmes et disant : «O reine! pourquoi dans ta colère as-tu voulu mourir?

« Tu t'es tuée pour ne point perdre Lavinie ; et maintenant tu m'as perdue : c'est moi qui pleures ta mort, ma mère, avant celle d'autrui. »

Comme le soleil se trouble, lorsque tout à coup la lumière renaissante frappe les yeux fermés, et cependant agite encore les membres avant de s'évanouir tout à fait;

Ainsi mes visions tombèrent, aussitôt que mon visage fut frappé d'une lumière beaucoup plus vive que celle dont nous avons l'habitude.

Je me retournais pour voir où j'étais, quand une voix dit : « C'est ici qu'on monte, » et ces mots m'arrachèrent à toute autre pensée.

17 E fece la mia voglia tanto pronta
   Di riguardar chi era che parlava,
   Che mai non posa, se non si raffronta.

18 Ma come al Sol, che nostra vista grava,
   E per soverchio sua figura vela,
   Così la mia virtù quivi mancava.

19 Questi è divino spirito, che ne la
   Via d'andar su ne drizza senza prego,
   E col suo lume sè medesmo cela.

20 Sì fa con noi, come l'uom si fa sego;
   Chè quale aspetta prego, e l'uopo vede,
   Malignamente già si mette al nego.

21 Ora accordiamo a tanto invito il piede:
   Procacciam di salir pria che s'abbui,
   Chè poi non si poria, se il dì non riede.

22 Così disse il mio Duca; ed io con lui
   Volgemmo i nostri passi ad una scala,
   E tosto ch'io al primo grado fui,

23 Senti' mi presso quasi un muover d'ala,
   E ventarmi nel volto, e dir: *Beati
   Pacifici*, che son senz'ira mala.

24 Già eran sopra noi tanto levati
   Gli ultimi raggi che la notte segue,
   Che le stelle apparivan da più lati.

25 O virtù mia, perchè sì ti dilegue?

Et pressèrent ma volonté de regarder qui avait parlé, si bien qu'elle n'eut pas de repos avant de l'avoir vue face à face.

Mais comme devant le soleil qui éblouit notre vue, et qui voile sa figure d'un excès de lumière, ainsi défaillit la puissance de mes yeux.

« Celui-ci est un esprit céleste qui, sans attendre notre prière, nous met dans le chemin par où l'on monte plus haut, et qui se dérobe lui-même sous ses propres clartés.

« Il agit avec nous comme l'homme agit avec lui-même ; car celui qui attend la prière d'autrui et le voit dans le besoin, celui-là, dans la malice de son cœur, penche déjà au refus.

« Maintenant que nos pas répondent à une invitation si glorieuse, faisons en sorte de monter avant que la nuit se fasse noire, car plus tard, la course serait impossible jusqu'au retour de la lumière. »

Ainsi parla mon guide ; et moi, cheminant avec lui, nous tournâmes nos pas vers un escalier, et aussitôt que je fus à la première marche,

Je sentis près de moi comme un battement d'aile, et un souffle de vent dans mon visage ; et j'entendis ces mots : « Heureux les pacifiques, ceux qui n'ont pas conçu de coupable colère. »

Déjà les derniers rayons qui précèdent la nuit s'élevaient si haut sur nos têtes, que de plusieurs côtés paraissaient les étoiles.

O mon courage ! pourquoi t'éloigner de la sorte ?

Fra me stesso dicea, che mi sentiva
La possa delle gambe posta in tregue.
26 Noi eravam dove più non saliva
La scala su, ed eravamo affissi,
Pur come nave ch' alla piaggia arriva.
27 Ed io attesi un poco s'io udissi
Alcuna cosa nel nuovo girone;
Poi mi rivolsi al mio Maestro, e dissi:
28 Dolce mio Padre, dì quale offensione
Si purga qui nel giro, dove semo?
Se i piè si stanno, non stea tuo sermone.
29 Ed egli a me : L'amor del bene, scemo
Di suo dover, quiritta si ristora,
Qui si ribatte il mal tardato remo.
30 Ma perchè più aperto intendi ancora,
Volgi la mente a me, e prenderai
Alcun buon frutto di nostra dimora.
31 Nè Creator, nè creatura mai,
Cominciò ei, figliuol, fu senza amore,
O naturale o d'animo; e tu 'l sai.
32 Lo natural fu sempre senza errore;
Ma l' altro puote errar per malo obbietto,
O per troppo, o per poco di vigore.
33 Mentre ch' egli è ne' primi ben diretto,
E ne' secondi sè stesso misura,
Esser non può cagion di mal diletto;
34 Ma quando al mal si torce, o con più cura,
O con men che non dee, corre nel bene,
Contra il Fattore adovra sua fattura.
35 Quinci comprender puoi, ch' esser conviene

ainsi disais-je en moi-même, car je sentais que la force de mes jambes faisait trêve.

Nous étions à l'endroit où l'escalier ne montait plus, et nous restions immobiles comme le navire qui arrive à la plage.

Et j'écoutai un peu si j'entendrais quelque bruit dans le nouveau cercle; puis je me retournai vers mon maître, et je dis :

« Mon doux père, dis-moi quelle offense expie-t-on au cercle où nous sommes. Si nos pieds s'arrêtent, qu'au moins ne s'arrête pas ton discours. »

Et lui à moi : « L'amour du bien, quand il reste au-dessous de son devoir, répare ici sa faiblesse; ici est punie la rame trop lente à battre le flot.

« Mais, pour m'entendre plus clairement, tourne ta pensée vers moi, et tu tireras quelque bon fruit de ce moment de repos.

« Mon fils, commença-t-il, ni le créateur, ni la créature ne fut jamais sans amour ou naturel, ou volontaire; et, tu le sais,

« L'amour naturel fut toujours sans erreur; mais l'autre peut errer, soit en choisissant mal son objet, soit par excès de vigueur ou par insuffisance.

« Tant qu'il est dirigé vers les biens suprêmes, et qu'on se mesure dans son ardeur pour les biens secondaires, il ne peut être cause d'un plaisir défendu;

« Mais, quand il se détourne au mal, ou qu'il court au bien avec plus ou moins d'empressement qu'il ne doit, alors la créature agit contre son créateur.

« De là tu peux comprendre que l'amour est en vous

Amor sementa in voi d'ogni virtute,
E d'ogni operazion che merta pene.
36 Or perchè mai non può dalla salute
Amor del suo suggetto volger viso,
Dall'odio proprio son le cose tute:
37 E perchè intender non si può diviso,
Nè per sè stante, alcuno esser dal primo,
Da quello odiare ogni affetto è deciso.
38 Resta, se, dividendo, bene stimo,
Che il mal che s'ama è del prossimo, ed esso
Amor nasce in tre modi in vostro limo.
39 È chi, per esser suo vicin soppresso,
Spera eccellenza, e sol per questo brama
Ch'el sia di sua grandezza in basso messo.
40 È chi podere, grazia, onore, e fama
Teme di perder perch'altri sormonti,
Onde s'attrista sì, che il contraro ama;
41 Ed è chi per ingiuria par ch'adonti
Sì, che si fa della vendetta ghiotto;
E tal convien, che il male altrui impronti.
42 Questo triforme amor quaggiù disotto
Si piange; or vo' che tu dell'altro intende,
Che corre al ben con ordine corrotto.

43 Ciascun confusamente un bene apprende,
Nel qual sì quieti l'animo, e desira:
Perchè di giugner lui ciascun contende.
44 Se lento amore in lui veder vi tira,
O a lui acquistar, questa cornice,
Dopo giusto penter, ve ne martira.

la semence de toute vertu et de toute opération qui mérite châtiment.

« Or, comme l'amour ne peut perdre de vue le salut du sujet en qui il réside, toutes choses sont à l'abri du danger de se haïr elles-mêmes.

« Et parce que nul être créé ne se peut concevoir existant par lui-même, ni séparé de l'être premier, toute passion est impuissante à le haïr.

« Il reste donc, si je raisonne sur une division juste, que le seul mal qu'on aime est le mal du prochain ; et cet amour naît dans votre limon de trois manières.

« Tel par l'abaissement de son voisin espère sa propre grandeur, et pour cette seule raison désire le voir tomber de haut ;

« Tel craint de perdre puissance, crédit, honneur et renommée, si un autre s'élève, et s'en attriste tellement, qu'il lui souhaite le contraire ;

« Et tel, enfin, semble si honteux d'une injure, qu'il devient avide de vengeance ; et dès lors il faut qu'il cherche le mal d'autrui.

« Ces trois sortes d'amour font verser des pleurs là-bas sous nos pieds. Maintenant je veux que tu apprennes à connaître l'autre amour qui poursuit le bien, mais en troublant l'ordre.

« Chacun perçoit confusément un bien dans lequel l'esprit trouverait son repos, chacun le désire, et c'est pourquoi chacun fait effort pour l'atteindre.

« Si un amour trop lent vous pousse à le contempler ou à l'acquérir après un juste repentir, c'est dans ce cercle que vous en subirez l'expiation.

45 Altro ben è che non fa l'uom felice;
Non è felicità, non è la buona
Essenzia, d'ogni ben frutto e radice.
46 L'amor, ch'ad esso troppo s'abbandona,
Di sovr'a noi si piange per tre cerchi;
Ma come tripartito si ragiona,
47 Tacciolo, acciò che tu per te ne cerchi.

« Il est un autre bien qui ne fait point l'homme heureux, qui n'est point le bonheur, qui n'est pas la féconde essence de tout bien, sa racine et son fruit.

« L'amour, qui trop complaisamment s'y abandonne, s'expie au-dessus de nous dans trois cercles. Mais comment la raison le divise en trois, je le tais, afin que tu t'en enquières par toi-même. »

CANTO XVIII

1 Posto avea fine al suo ragionamento
   L' alto Dottore, ed attento guardava
   Nella mia vista s'io parea contento.
2 Ed io, cui nuova sete ancor frugava,
   Di fuor taceva, e dentro dicea : Forse
   Lo troppo dimandar, ch' io fo, gli grava.
3 Ma quel padre verace, che s'accorse
   Del timido voler che non s' apriva,
   Parlando, di parlare ardir mi porse.
4 Ond' io : Maestro, il mio veder s' avviva
   Sì nel tuo lume, ch' io discerno chiaro
   Quanto la tua ragion porti, o descriva :
5 Però ti prego, dolce Padre caro,
   Che mi dimostri amore, a cui riduci
   Ogni buono operare e il suo contraro.
6 Drizza, disse, ver me l' acute luci
   Dello intelletto, e fieti manifesto
   L' error de' ciechi che si fanno duci.

CHANT XVIII

Il avait mis fin à son discours, le sublime docteur, et, attentif, il regardait dans mes yeux si je paraissais content.

Et moi qu'une soif nouvelle aiguillonnait encore, je me taisais au dehors ; mais au dedans je disais : « Peut-être mes demandes trop nombreuses l'importunent. »

Mais ce vrai père, s'apercevant de mon timide vouloir, qui ne se déclarait pas, sut en me parlant me rendre la hardiesse de parler.

C'est pourquoi je dis : « Maître, ma vue se ravive à ta lumière, si bien que je discerne clairement tout ce que ta raison énonce ou décrit.

« Je te prie donc, ô mon père doux et chéri ! de m'expliquer l'amour auquel tu ramènes toute œuvre bonne et son contraire.

« — Tourne, dit-il, vers moi les yeux de ton intelligence, et tu verras à découvert l'erreur des aveugles qui se font les guides d'autrui.

7 L' animo, ch' è creato ad amar presto,
　Ad ogni cosa è mobile che piace,
　Tosto che dal piacere in atto è desto.

8 Vostra apprensiva da esser verace
　Tragge intenzione, e dentro a voi la spiega,
　Sì che l' animo ad essa volger face.

9 E se, rivolto, in ver di lei si piega,
　Quel piegare è amor, quello è natura,
　Che per piacer di nuovo in voi si lega.

10 Poi come il fuoco movesi in altura,
　Per la sua forma, ch' è nata a salire
　Là dove più in sua materia dura;

11 Così l' animo preso entra in disire,
　Che è moto spiritale, e mai non posa
　Fin che la cosa amata il fa gioire.

12 Or ti puote apparer quant' è nascosa
　La veritade alla gente ch' avvera
　Ciascuno amore in sè laudabil cosa;

13 Perocchè forse appar la sua matera
　Sempr' esser buona; ma non ciascun segno
　È buono, ancor che buona sia la cera.

14 Le tue parole e il mio seguace ingegno,
　Risposi lui, m' hanno amor discoverto;
　Ma ciò m' ha fatto di dubbiar più pregno:

15 Che s' amore è di fuori a noi offerto,
　E l' anima non va con altro piede,
　Se dritto o torto va, non è suo merto.

16 Ed egli a me: Quanto ragion qui vede

« L'âme, qui est créée prompte à s'éprendre d'amour, se laisse mouvoir à toute chose qui plaît, aussitôt que le plaisir la réveille et la fait passer en acte.

« La faculté appréhensive qui est en vous tire d'un être réel une impression qu'elle développe en vous-même, si bien que l'âme se tourne de ce côté.

« Et si, se retournant vers l'impression perçue, elle s'y incline, cette inclination est l'amour; c'est un instinct naturel qui se fixe plus que jamais en vous par le lien du plaisir.

« Ensuite, comme le feu se meut vers le haut, à cause de sa forme qui est faite pour monter vers le lieu où elle reste plus longtemps unie à sa matière,

« Ainsi l'âme captivée passe au désir, qui est un mouvement spirituel, et ne se repose jamais qu'il n'ait joui de la chose aimée.

« Maintenant tu peux découvrir combien est cachée la vérité à ceux qui affirment que tout amour en soi est chose louable;

« Car peut-être la matière en semble-t-elle toujours bonne; mais tout cachet n'est pas bon, encore que bonne soit la cire. »

« — Tes paroles et mon esprit qui les suit, répondis-je, m'ont découvert l'amour, mais cela même m'a laissé chargé de plus de doutes;

« Car, si l'amour nous vient du dehors, et si l'âme ne se meut pas autrement, qu'elle marche droit ou de travers, elle n'a point de mérite. »

Et lui me répondit : « Tout ce que la raison décou-

  Dir ti poss' io; da indi in là t' aspetta
  Pure a Beatrice, ch' è opra di fede.
17 Ogni forma sustanzial, che setta
  È da materia, ed è con lei unita,
  Specifica virtude ha in sè colletta,
18 La qual senza operar non è sentita,
  Nè si dimostra ma che per effetto,
  Come per verdi fronde in pianta vita.
19 Però, là onde vegna lo intelletto
  Delle prime notizie, uomo non sape,
  E de' primi appetibili l' affetto,
20 Che sono in voi, sì come studio in ape
  Di far lo mèle; e questa prima voglia
  Merto di lode o di biasmo non cape.
21 Or, perchè a questa ogni altra si raccoglia,
  Innata v' è la virtù che consiglia,
  E dell' assenso dè' tener la soglia.

22 Quest' è il principio là onde si piglia
  Cagion di meritare in voi, secondo
  Che buoni e rei amori accoglie e viglia.
23 Color che ragionando andaro al fondo,
  S' accorser d'esta innata libertate;
  Però moralità lasciaro al mondo.
24 Onde pognam che di necessitate
  Surga ogni amor che dentro a voi s'accende,
  Di ritenerlo è in voi la potestate.
25 La nobile virtù Beatrice intende
  Per lo libero arbitrio, e però guarda
  Che l' abbi a mente, s' a parlar ten prende.

vre ici, je puis te le dire ; mais au delà n'attends rien que de Béatrix, car c'est œuvre de foi.

« Toute forme substantielle, soit détachée de la matière, soit unie avec elle, recèle une vertu spécifique,

« Qui ne se fait sentir que par son action, et ne se manifeste que par ses effets, comme la vie de la plante par ses vertes feuilles.

« C'est pourquoi l'homme ne sait point d'où lui vient l'intelligence des premières notions, ni l'appétit des premiers objets désirables :

« Ces dispositions sont en vous, comme dans l'abeille la passion de faire le miel ; et ce premier vouloir n'est capable de mériter ni louange, ni blâme.

« Mais, pour que toute autre puissance de l'âme vienne se régler sur elle, vous portez innée en vous la puissance qui conseille et qui doit garder le seuil du consentement.

« Voilà la cause d'où vous vient l'occasion de mériter, selon qu'elle accueille ou qu'elle écarte les bons ou les coupables amours.

« Ceux qui, par le raisonnement, arrivèrent jusqu'au fond, s'aperçurent de cette liberté innée ; c'est pourquoi ils laissèrent au monde la morale.

« Donc, en accordant que la nécessité engendre tout amour qui s'allume en vous, en vous est aussi le pouvoir de le contenir.

« La noble puissance dont je parlais est celle que Béatrix appelle libre arbitre ; ainsi tâche de l'avoir en mémoire, si Béatrix prend sujet d'en discourir avec toi. »

25 La luna, quasi a mezza notte tarda,
Facea le stelle a noi parer più rade,
Fatta com' un secchione che tutt' arda ;

27 E correa contra 'l ciel, per quelle strade
Che il Sole infiamma allor che quel da Roma
Tra' Sardi e' Corsi il vede quando cade ;

28 E quell' ombra gentil, per cui si noma
Pietola più che villa Mantovana,
Del mio carcar diposto avea la soma.

29 Perch' io, che la ragione aperta e piana
Sovra le mie questioni avea ricolta,
Stava com' uom che sonnolento vana.

30 Ma questa sonnolenza mi fu tolta
Subitamente da gente, che dopo
Le nostre spalle a noi era già volta.

31 E quale Ismeno già vide ed Asopo
Lungo di sè di notte furia e calca,
Pur che i Teban di Bacco avesser uopo;

32 Tale per quel giron suo passo falca,
Per quel ch' io vidi, di color, venendo,
Cui buon volere e giusto amor cavalca.

33 Tosto fur sovra noi, perchè correndo
Si movea tutta quella turba magna;
E duo dinanzi gridavan piangendo:

34 Maria corse con fretta alla montagna ;
E Cesare, per suggiugare Ilerda,
Punse Marsilia, e poi corse in Ispagna.

35 Ratto, ratto, che il tempo non si perda

La lune, qui se levait tardivement vers minuit, faisait paraître à nos yeux les étoiles plus rares ; elle était comme un seau tout embrasé,

Et remontait le ciel par ce chemin que le soleil enflamme, quand l'habitant de Rome le voit coucher entre la Sardaigne et la Corse,

Et l'ombre illustre, par qui Pietola est plus renommée que toute ville du Mantouan, avait déchargé le fardeau qui m'accablait ;

C'est pourquoi, moi qui avais recueilli de toutes mes questions une explication simple et claire, je me tenais comme un homme appesanti de sommeil, qui commence à rêver.

Mais cette somnolence fut soudain dissipée par une foule, qui déjà s'avançait derrière nos épaules ;

Et comme l'Ismène et l'Asopus virent autrefois la foule se presser en furie sur leurs bords pendant la nuit, dès que les Thébains avaient besoin de Bacchus ;

Ainsi, dans ce cercle, je voyais venir pressant leurs pas ceux qu'aiguillonnaient une bonne volonté et un juste amour.

Ils furent bientôt sur nous, car toute cette grande troupe allait en courant, et devant elle deux ombres criaient tout en pleurs :

« Marie, en toute hâte, courut à la montagne ; et César, pour soumettre Ilerda, effleura Marseille, et courut ensuite en Espagne. »

« Vite, vite ! criaient les autres ; que le temps ne se

      Per poco amor, gridavan gli altri appresso;
      Che studio di ben far grazia rinverda.

36 O gente, in cui fervore acuto adesso
      Ricompie forse negligenza e indugio
      Da voi per tepidezza in ben far messo,

37 Questi che vive (e certo io non vi bugio)
      Vuole andar su, purchè il Sol ne riluca;
      Però ne dite ond' è presso il pertugio.

38 Parole furon queste del mio Duca:
      Ed un di quegli spirti disse: Vieni
      Diretr' a noi, che troverai la buca,

39 Noi siam di voglia a moverci sì pieni,
      Che ristar non potem; però perdona,
      Se villania nostra giustizia tieni.

40 I' fui Abate in San Zeno a Verona,
      Sótto lo imperio del buon Barbarossa,
      Di cui dolente ancor Melan ragiona.

41 E tale ha già l' un piè dentro la fossa,
      Che tosto piangerà quel monistero,
      E tristo fia d' avervi avuta possa;

42 Perchè suo figlio, mal del corpo intero,
      E della mente peggio, e che mal nacque,
      Ha posto in luogo di suo pastor vero.

43 Io non so se più disse, o s' ei si tacque,
      Tant' era già di là da noi trascorso;
      Ma questo intesi, e ritener mi piacque.

44 E quei, che m' era ad ogni uopo soccorso,
      Disse: Volgiti in qua, vedine due
      All' accidia venir dando di morso.

45 Diretro a tutti dicean: Prima fue

perde point par trop peu d'amour! et que le zèle de bien agir fasse reverdir la grâce. »

« — O vous, en qui maintenant une ferveur pressante répare peut-être la négligence et le retard que par tiédeur vous mîtes à bien faire,

« Celui-ci qui vit, et certes je ne vous mens point, veut monter plus haut, dès que le soleil nous rendra sa lumière. Donc, dites-nous de quel côté est le passage. »

Ce furent les paroles de mon guide ; et l'un de ces esprits lui dit : « Viens derrière nous, tu trouveras l'ouverture.

« Nous sommes si pénétrés du désir de marcher, que nous ne pouvons nous arrêter ; pardonne donc si ce qui est juste te semble discourtois.

« Je fus abbé de Saint-Zénon à Vérone, sous l'empire du preux Barberousse, dont Milan ne parle encore qu'en gémissant ;

« Et tel a déjà un pied dans la fosse, qui bientôt pleurera sur ce monastère, et s'attristera d'y avoir été maître,

« Parce qu'il y a mis son fils, contrefait de corps, pire d'esprit et mal né, et l'a établi au lieu du pasteur légitime. »

Je ne sais s'il en dit davantage ou s'il se tut, tant déjà il nous avait dépassés ; mais j'entendis ces mots, et il me plut de les retenir.

Et celui qui était mon secours en tout besoin me dit : « Tourne-toi de ce côté ; tu en verras venir deux autres qui déchirent à belles dents le péché de paresse. »

Ils fermaient la marche et disaient : « Tout le peuple

Morta la gente, a cui il mar s' aperse,
Che vedesse Giordan le rede sue.

46 E quella, che l' affanno non sofferse
Fino alla fine col figliuol d' Anchise,
Sè stessa a vita senza gloria offerse.

47 Poi quando fur da noi tanto divise
Quell' ombre, che veder più non potersi,
Nuovo pensier dentro de me si mise,

48 Del qual più altri nacquero e diversi:
E tanto d' uno in altro vaneggiai,
Che gli occhi per vaghezza ricopersi,

49 E il pensamento in sogno trasmutai,

devant qui la mer s'était ouverte, mourut avant que le Jourdain vit ses maîtres ;

« Et la troupe, qui ne soutint pas les angoisses jusqu'à la fin avec le fils d'Anchise, se voua elle-même à une vie sans gloire. »

Puis, quand ces ombres se furent éloignées de nous à ce point qu'on ne pouvait plus les voir, un nouveau penser s'introduisit en moi ;

Duquel en naquirent plusieurs autres tous divers, et j'errai si bien de l'un à l'autre, que par rêverie je fermai la paupière ; et je changeai ma pensée en songe.

COMMENTAIRES DES CHANTS XVII ET XVIII

C'est un reproche souvent adressé aux poëtes italiens d'avoir trop confondu le sacré et le profane. S'il s'agit du Tasse, c'est l'avénement de la Renaissance. S'il s'agit de Dante, c'est la barbarie des temps. Mais les vues de Dante sont plus hautes qu'on ne pense; comme tout le moyen âge il tient à sauver la tradition; il croit à l'antiquité; il est passionné pour les vieilles vertus romaines. Tout son siècle fait comme lui.

A Sienne, au palais public, sous l'arc qui sépare la chapelle de la salle, se trouvent des peintures allégoriques. A la clef de voûte une ville enfermée dans une enceinte ronde avec le mot Rome. D'un côté Jupiter et Mars avec l'aigle et le loup, de l'autre Apollon et Pallas avec le corbeau et la chouette. Au-dessous des premiers est placé Aristote, au-dessous des seconds César et Pompée et une inscription en vers latins pour exhorter les Italiens à ne point imiter ces deux grands coupables.

Popularité de César au moyen âge. — Roman de César enchâssé dans le poëme de l'*Intelligenza*[1]. L'auteur proteste qu'il suit Lucain. Il reproduit les grands épisodes, les discours, le siége de Marseille, la tempête, l'entretien de Brutus et de Caton. Mais il suppose Lucain témoin du combat.

Terc. 28. — Pietola, petit bourg voisin de Mantoue où on suppose qu'est né Virgile. *G. A. H.*

40. — Les commentateurs difièrent sur le nom de cet abbé de Saint-

---

[1] Sur le poëme de l'*Intelligenza*, voir les documents inédits pour servir à histoire littéraire de l'Italie, p. 521.

Zénon de Vérone. L'épithète de *Buono* est donnée à Frédéric Barberousse par ironie, à cause du mal qu'il fit aux Milanais. *G. A. H.*

42. — Albert de la Scala avait imposé son fils naturel pour abbé au monastère de Saint-Zénon. *G. A. H.*

L'inspiration didactique ou philosophique. — Le poëte a averti que sous les voiles de l'allégorie il cache un enseignement moral. Il l'ébauche dans l'enfer ; au paradis il y ajoute les derniers traits ; mais c'est au purgatoire qu'il en a mis, pour ainsi dire, la substance ; toute la doctrine de l'amour, l'origine du mal, l'expiation.

Allégorie. — Dante représente l'homme ramené du vice à la vertu par les deux puissances que le moyen âge ne séparait pas : la philosophie et la théologie. Virgile représente la philosophie : les anciens l'avaient honoré comme un sage. Béatrix représente la théologie, la véritable muse du treizième siècle, et Raphaël l'a compris de même.

Symbolisme. — Virgile peut donc dire ce que la raison embrasse. Béatrix dogmatise partout ; Virgile lui dit : « Vous par qui l'espèce humaine pénètre au delà des choses sublunaires ; » elle est la lumière qui s'interpose entre l'intelligence et la vérité. Raphaël place Dante dans sa *Dispute du Saint-Sacrement ;* il donne à la Théologie le costume symbolique dont Dante a revêtu Béatrix dans la vision du purgatoire, la couronne d'olivier, le voile blanc, le manteau vert et la robe rouge. Il était beau et patriotique de placer le grand poëte national parmi les docteurs, et au-dessus de tous la jeune fille de Florence transfigurée. On s'est demandé s'il n'y avait pas quelque chose de barbare dans cette confusion; en fait de beauté, en fait d'art, je m'en rapporte à Raphaël.

Nulle part ces vues ne sont plus justifiées qu'au dix-huitième chant du *Purgatoire*. Nous touchons au fond même et par conséquent aux difficultés de la philosophie péripatéticienne. Toute substance se compose de matière et de forme : la matière, c'est le pouvoir d'être modifié; la forme fait le caractère des choses et les qualifie. Mais il y a des formes accidentelles; il y en a de substantielles qui donnent à l'objet d'être ceci et non cela. Ainsi l'âme est la forme substantielle du corps, puisqu'elle l'anime, puisqu'elle fait l'homme, et qu'elle absente il n'y a plus d'homme, il ne reste qu'un cadavre. Mais Aristote n'a jamais bien éclairci cette question, si l'âme, comme forme du corps, pouvait subsister séparée de lui. Il semble même le nier expressément : Οὔκ ἐστιν ἡ ψυχὴ χωριστὴ τοῦ σώματος[1]. Dieu même est forme, acte pur; mais il est la forme du monde éternel comme lui. Dante déteste cette erreur; il va au-devant en distinguant l'âme unie et l'âme séparée; mais il conserve ce terme périlleux. Il suit saint Thomas, qui ne se résout point à combattre Aristote, mais qui soutient que les matérialistes l'entendent mal. Saint Thomas n'admet pas que l'âme soit un composé de matière et de forme, car, dit-il[2], si l'âme était composée de matière, elle n'aurait pas d'idées géné-

[1] *De animâ*, II.
[2] 1ª. q. 75, art. 5

rales, car la matière est le principe de l'individualité. La philosophie de Dante n'est pas seulement la sienne; c'est aussi celle du moyen âge; c'est celle de saint Thomas :

« L'objet meut l'appétit en faisant en quelque sorte impression en lui, et l'appétit tend à la possession réelle de l'objet, pour que le mouvement trouve sa fin où il a trouvé son principe.

« Donc la première modification de l'appétit par l'objet s'appelle amour, qui n'est que la complaisance qu'on ressent pour l'objet proposé, et de cette complaisance suit le mouvement, qui est le désir, et enfin le repos, qui est la joie[1]. »

Les chants philosophiques de Dante ne sont pas seulement des leçons, c'est une polémique ardente contre les erreurs de son temps. Ces aveugles qui servent de guides sont ceux qui soutiennent que tout amour est bon en soi. La philosophie de l'attrait n'est pas neuve. Au treizième siècle, avec l'hérésie de l'Évangile éternel, on prêche la réhabilitation de la chair, le règne de l'amour et de la jouissance. Sachons que nos pères ont traversé les mêmes luttes que nous, et accoutumons-nous à considérer dans le passé les périls du présent, afin de porter un regard plus ferme sur l'avenir.

---

[1] Appetibile enim movet appetitum faciens quodam modo in eo intentionem; et appetitus tendit in appetibile realiter consequendum, ut sit ibi finis motus ubi fecit principium.
Prima ergo immutatio appetitus ab appetibili vocatur amor, qui nihil est aliud quam complacentia appetibilis; et ex hac complacentia sequetur motus in appetibile qui est desiderium; et ultima quies quæ est gaudium. (S. Thomas, 1ª 2æ, q. 26.)

CANTO XIX

1 Nell' ora che non può il calor diurno
  Intepidar più il freddo della luna,
  Vinto da Terra o talor da Saturno;

2 Quando i geomanti lor maggior fortuna
  Veggiono in oriente, innanzi all' alba,
  Surger per via che poco le sta bruna;

3 Mi venne in sogno una femmina balba,
  Con gli occhi guerci, e sovra i piè distorta,
  Con le man monche, e di colore scialba.

4 Io la mirava; e, come il Sol conforta
  Le fredde membra che la notte aggrava,
  Così lo sguardo mio le facea scorta

5 La lingua, e poscia tutta la drizzava
  In poco d' ora, e lo smarrito volto,
  Com' amor vuol, così le colorava.

6 Poi ch' ella avea il parlar così disciolto,

CHANT XIX

A l'heure où la chaleur que le jour avait laissée vaincue par la température de la terre, et quelquefois par l'influence de Saturne, ne peut plus attiédir le froid de la lune ;

Quand les géomanciens voient du côté de l'Orient avant l'aube le signe, qu'ils nomment la Grande Fortune, monter par un chemin qui ne reste pas longtemps sombre,

En songe m'apparut une femme bègue, aux yeux louches ; son corps se tordait sur ses pieds, ses mains étaient mutilées, et son teint blème·

Je la considérais, et, comme le soleil ranime les membres glacés par l'engourdissement de la nuit, ainsi mon regard lui déliait

La langue, et ensuite, en peu d'instants, redressait toute sa personne, et colorait son pâle visage des couleurs qu'aime l'amour.

Et lorsqu'elle sentit ainsi sa langue déliée, elle se mit

Cominciava a cantar sì, che con pena
Da lei avrei mio intento rivolto.
7 Io son, cantava, io son dolce sirena,
Che i marinari in mezzo al mar dismago;
Tanto son di piacere a sentir piena.
8 Io volsi Ulisse del suo cammin vago
Al canto mio; e qual meco s'ausa
Rado sen parte, sì tutto l'appago.
9 Ancor non era sua bocca richiusa,
Quando una donna apparve santa e presta
Lunghesso me per far colei confusa.
10 O Virgilio, Virgilio, chi è questa?
Fieramente dicea: ed ei veniva,
Con gli occhi fitti pure in quella onesta.
11 L'altra prendeva, e dinanzi l'apriva
Fendendo i drappi, e mostravami il ventre:
Quel mi svegliò col puzzo chè n'usciva.
12 I' volsi gli occhi; e il buon Virgilio: Almen tre
Voci t'ho messe, dicea: surgi e vieni,
Troviam la porta per la qual tu entre.
13 Su mi levai, e tutti eran già pieni
Dell'alto dì i giron del sacro monte,
E andavam col Sol nuovo alle reni.
14 Seguendo lui, portava la mia fronte
Come colui che l'ha di pensier carca,
Che fa di sè un mezzo arco di ponte;
15 Quand'io udì': Venite, qui si varca:
Parlare in modo soave e benigno,
Qual non si sente in questa mortal marca.
16 Con l'ale aperte che parean di cigno,

à chanter de telle sorte, qu'avec peine j'aurais détourné d'elle mon attention.

« Je suis, chantait-elle, je suis la douce sirène qui, au milieu des mers, égare les nochers, si grand est le plaisir de m'entendre.

« Mes chants détournèrent Ulysse de sa course vagabonde ; et qui se familiarise avec moi, rarement s'éloigne, tant je sais le charmer. »

Sa bouche ne s'était point encore fermée, quand une femme sainte parut tout à coup à mes côtés pour confondre la première.

« O Virgile, Virgile, qui est celle-ci ? » disait-elle irritée ; et lui s'approchait, les yeux seulement fixés sur la femme pure.

Et elle saisit l'autre, et, fendant ses vêtements, la découvrit par devant, me montra son ventre : la puanteur qui s'en exhalait me réveilla.

Je tournai les yeux, et le doux Virgile : « Voici, disait-il, au moins trois fois que je t'appelle, lève-toi et viens. Trouvons l'ouverture par où tu dois entrer. »

Je me levai, et déjà les cercles de la montagne sacrée étaient inondés de tout l'éclat du jour, et nous marchions, le soleil naissant derrière nous.

A la suite de mon guide, je portais le front comme un homme chargé de pensées, qui forme de son corps la moitié de l'arche d'un pont,

Quand j'entendis : « Venez ; c'est ici qu'on passe. » Et la voix avait un accent doux et miséricordieux qu'on n'entend point dans cette région mortelle.

Les ailes ouvertes et semblables aux ailes d'un cygne,

Volseci in su colui che sì parlonne,
Tra i duo pareti del duro macigno.

17 Mosse le penne poi e ventilonne,
    Qui lugent affermando esser beati,
    Ch' avran di consolar l'anime donne.
18 Che hai, che pure in ver la terra guati?
    La Guida mia incominciò a dirmi,
    Poco ambedue dall' Angel sormontati.
19 Ed io: Con tanta suspizion fa irmi
    Novella vision ch' a sè mi piega,
    Sì ch' io non posso dal pensar partirmi.
20 Vedesti, disse, quell' antica strega,
    Che sola sovra noi omai si piagne?
    Vedesti come l' uom da lei si slega?

21 Bastiti, e batti a terra le calcagne,
    Gli occhi rivolgi al logoro, che gira
    Lo rege eterno con le rote magne.
22 Quale il falcon che prima a' piè si mira,
    Indi si volge al grido, e si protende,
    Per lo disio del pasto che là il tira;
23 Tal mi fec' io, e tal, quanto si fende
    La roccia per dar via a chi va suso,
    N' andai infin dove il cerchiar si prende.

24 Com' io nel quinto giro fui dischiuso,
    Vidi gente per esso che piangea,
    Giacendo a terra tutta volta in giuso.
25 *Adhæsit pavimento anima mea*,

celui qui nous avait parlé de la sorte nous achemina vers la montée, entre les deux parois de la dure montagne.

Il agita ses plumes et leur vent nous purifia? « Heureux, assurait-il, ceux qui pleurent, car ils auront leurs âmes riches de consolations.

« Qu'as-tu? et pourquoi regarder vers la terre? » ainsi se prit à me parler mon guide, quand déjà l'ange nous dépassait de peu.

Et moi : « Si je marche avec tant de souci, c'est l'effet de ma dernière vision qui plie mon esprit vers elle, si bien que je ne puis cesser d'y penser. »

« Tu as vu, reprit-il, cette antique magicienne, qui seule fait verser des pleurs dans les cercles ouverts au-dessus de nos têtes; tu as vu comment l'homme se détache d'elle.

« Que cela te suffise; frappe la terre de tes talons, et tourne les yeux vers l'appât qu'agite devant toi le roi éternel avec les sphères des cieux. »

Comme le faucon qui d'abord regarde ses serres, puis se retourne au cri du chasseur, et s'élance avide de la pâture qui l'attire,

Tel je me montrai, et tel, m'enfonçant aussi loin que la roche s'ouvre pour donner passage à celui qui monte, j'allai jusqu'à l'endroit où l'on entre dans le cercle.

Dès que le cinquième cercle se fut ouvert devant moi, j'y vis çà et là des ombres qui pleuraient gisantes et le visage contre terre :

« *Adhæsit pavimento anima mea*, je les entendais dire

Sentia dir lor con sì alti sospiri,
Che la parola appena s'intendea.

26 O eletti di Dio, gli cui soffriri
E giustizia e speranza fan men duri,
Drizzate noi verso gli alti saliri.

27 Se voi venite dal giacer sicuri,
E volete trovar la via più tosto,
Le vostre destre sien sempre di furi.

28 Così pregò il Poeta, e sì risposto
Poco dinanzi a noi ne fu; per ch'io
Nel parlare avvisai l'altro nascosto;

29 E volsi gli occhi allora al Signor mio:
Ond'elli m'assentì con lieto cenno
Ciò che chiedea la vista del disio.

30 Poi ch'io potei di me fare a mio senno,
Trassimi sopra quella creatura,
Le cui parole pria notar mi fenno,

31 Dicendo: Spirto, in cui pianger matura
Quel, sanza il quale a Dio tornar non puossi,
Sosta un poco per me tua maggior cura.

32 Chi fosti, e perchè vòlti avete i dossi
Al su, mi dì, e se vuoi ch'io t'impetri
Cosa di là ond'io vivendo mossi.

33 Ed egli a me: Perchè i nostri diretri
Rivolga il cielo a sè, saprai: ma prima,
Scias quod ego fui successor Petri.

34 Intra Siestri e Chiaveri s'adima
Una fiumana bella, e del suo nome
Lo titol del mio sangue fa sua cima.

35 Un mese e poco più prova' io come

ainsi, avec de si profonds soupirs, qu'à peine se distinguait la parole.

« O élus de Dieu, dont les douleurs sont adoucies par la justice et par l'espérance, dirigez-nous par les degrés qui montent plus haut! »

« Si vous venez ici assurés de n'y point rester étendus, et, si vous voulez trouver plutôt la bonne voie, gardez le bord de la montagne à votre droite. »

Ainsi demanda le poëte et ainsi lui fut-il répondu à quelques pas devant nous. C'est pourquoi la parole me fit reconnaître l'interlocuteur que d'abord je ne voyais point;

Et je tournai les yeux vers les yeux de mon maître, et lui d'un signe gracieux m'accorda ce que demandait l'expression muette de mon désir.

Quand je pus disposer de moi à mon gré, je m'approchai de cette créature que ses paroles m'avaient fait remarquer,

Disant : « Esprit, en qui les pleurs mûrissent le fruit sans lequel on ne peut retourner à Dieu, suspends un peu pour moi ton plus grand soin.

« Dis-moi qui tu fus et pourquoi vous avez le dos tourné en haut, et si tu veux que je t'obtienne quelque chose sur la terre d'où je suis venu vivant. »

Et lui à moi : « Pourquoi le ciel veut que nous lui tournions le dos, tu le sauras, mais d'abord : *Scias quod ego fui successor Petri*.

« Entre Siestri et Chiavari se précipite un beau fleuve, et de son nom descend le titre de ma famille.

« Un mois et un peu plus, j'éprouvai ce que pèse le

Pesa il gran manto a chi dal fango il guarda,
Che piuma sembran tutte l' altre some.

36 La mia conversióne, oimè! fu tarda:
Ma, come fatto fui Roman Pastore,
Così scopersi la vita bugiarda.

37 Vidi che lì non si quetava il core,
Nè più salir potiesi in quella vita;
Perchè di questa in me s' accese amore.

38 Fino a quel punto misera e partita
Da Dio anima fui, del tutto avara:
Or, come vedi, qui ne son punita.

39 Quel ch' avarizia fa, qui si dichiara
In purgazion dell' anime converse.
E nulla pena il monte ha più amara.

40 Sì come l' occhio nostro non s' aderse
In alto, fisso alle cose terrene,
Così giustizia qui a terra il merse.

41 Come avarizia spense a ciascun bene
Lo nostro amore, onde operar perdési,
Così giustizia qui stretti ne tiene

42 Ne' piedi e nelle man legati e presi;
E quanto fia piacer del giusto Sire,
Tanto staremo immobili e distesi.

43 Io m' era inginocchiato, e volea dire:
Ma com' io cominciai, ed ei s' accorse,
Solo ascoltando, del mio riverire:

44 Qual cagion, disse, in giù così ti torse?
Ed io a lui: Per vostra dignitate
Mia coscienza dritta mi rimorse.

45 Drizza le gambe, e levati su, frate,

grand manteau à qui le garde de la fange, tout autre fardeau ne semble que plumes.

« Ma conversion fut, hélas ! tardive ; mais, au moment où je fus fait Pasteur Romain, alors je découvris le mensonge de la vie.

« Je vis que là le cœur ne trouvait pas son repos ; et comme je ne pouvais monter plus haut dans cette vie, l'amour de l'autre s'alluma dans moi.

« Jusqu'alors je fus une âme misérable et séparée de Dieu, toute vouée à l'avarice. Maintenant j'en suis bien puni, comme tu le vois.

« Ce que fait l'avarice se manifeste ici pour la purification des âmes converties, et la montagne n'a pas de peine plus amère.

« Comme notre œil ne s'est point levé vers le ciel, fixé qu'il était vers les choses terrestres, ainsi la justice le plonge ici vers la terre.

« Comme l'avarice éteignit notre amour pour tout vrai bien, d'où vint que nous perdîmes le mérite d'agir, ainsi la justice nous tient ici à la chaîne ;

« Les pieds et les mains liés, et captifs ; et autant qu'il plaira au Seigneur toujours juste, autant nous resterons immobiles et étendus. »

Je m'étais agenouillé, et je voulais parler. Mais, comme je commençais, il s'aperçut, à m'entendre seulement, du respect que je lui rendais.

« Quelle raison, dit-il, t'a plié vers la terre. » Et moi : « A cause de votre dignité, ma conscience ne m'aurait pas laissé debout sans remords. »

« Redresse tes jambes et lève-toi, frère, répondit-il,

Rispose ; non errar, conservo sono
Teco e con gli altri ad una potestate.

46 Se mai quel santo evangelico suono,
Che dice *Neque nubent*, intendesti,
Ben puoi veder perch' io così ragiono.

47 Vattene omai ; non vo' che più t' arresti,
Chè la tua stanza mio pianger disagia,
Col qual maturo ciò che tu dicesti.

48 Nepote ho io di là c' ha nome Alagia,
Buona da sè, purchè la nostra casa
Non faccia lei per esemplo malvagia :

49 E questa sola m' è di là rimasa.

ne t'y trompe point; je ne suis avec toi et tous les autres que le serviteur d'une même puissance.

« Si jamais cette parole sainte de l'Évangile : *Neque nubent*, a frappé ton oreille, aisément tu peux voir pourquoi je raisonne de la sorte.

«Maintenant retire-toi, je ne veux pas que tu t'arrêtes davantage, car ta présence gêne mes pleurs par lesquels je mûris le fruit dont tu parlais.

« J'ai là-bas une nièce qui a nom Alagia ; bonne de soi, pourvu que l'exemple de notre famille ne la fasse point mauvaise.

«Elle seule là-bas m'est restée. »

COMMENTAIRE DU CHANT XIX

Terc. 2. — Landino. — Les Géomanciens traçaient seize lignes de points sans compter ces points; puis ils divisaient les seize lignes en quatre parties de quatre lignes chacune. Ensuite ils accouplaient les points de manière qu'à la fin, le compte restait pair ou impair. Et de chaque quaternaire ils tiraient les derniers points pour en faire deux figures. Et les noms des figures sont : joie, tristesse; grande fortune, petite fortune; acquisition, perte; blanc, rouge; conjonction, prison; peuple, chemin; garçon, fille; tête et queue.

3. — Nous avons trouvé sur notre chemin une des plus admirables fictions de la *Divine Comédie*. Celle de ces deux femmes qui apparaissent au poëte, l'une difforme et s'embellissant sous le regard qui la fixe, et séduisant l'oreille par son chant de sirène; l'autre, chaste et austère, venant à propos pour déchirer les voiles de la magicienne et la livrer au mépris. C'est la légende d'Hercule au carrefour des deux routes. Il est curieux de rapprocher ainsi les deux génies antique et moderne; mais le moderne l'emporte par sa brièveté même et par une plus complète connaissance du cœur humain.

Xénophon, *Memorab.*, II, cap. i. — « Prodicus raconte que le jeune Hercule, approchant de la puberté et de l'âge où les adolescents entrent en possession d'eux-mêmes et laissent déjà prévoir s'ils prendront le chemin du vice ou celui de la vertu, se retira un jour dans un lieu solitaire et s'assit, se demandant laquelle des deux routes il prendrait. Alors il crut voir venir deux femmes d'une taille imposante. La première avait un visage gracieux et noble, la pureté faisait l'ornement de son corps, la pudeur faisait le charme de ses yeux; la modestie embellissait toute sa personne; elle était vêtue d'une robe blanche. L'autre devait à une nourriture exquise son embonpoint et sa mollesse; elle portait des couleurs que la nature ne lui avait pas données; elle avait les yeux hardis, son vêtement n'était fait que pour laisser paraître ses beautés : souvent elle se regardait elle-même, ou elle considérait si quelque autre ne la regardait pas, souvent elle se retournait vers son ombre. »

33. — Le pape Adrien V. — Le fleuve dont il s'agit ici est le Lavagno, au pays de Gênes. *G. A. H.*

CANTO XX

1 Contra miglior voler, voler mal pugna;
    Onde contra il piacer mio, per piacerli,
    Trassi dell' acqua non sazia la spugna.
2 Mossimi, e il Duca mio si mosse per li
    Luoghi spediti pur lungo la roccia,
    Come si va per muro stretto a' merli;
3 Chè la gente che fonde a goccia a goccia
    Per gli occhi il mal che tutto il mondo occupa,
    Dall' altra parte in fuor troppo s' approccia.
4 Maledetta sie tu, antica lupa,
    Che più che tutte l' altre bestie hai preda,
    Per la tua fame senza fine cupa!
5 O ciel, nel cui girar par che si creda
    Le condizion di quaggiù trasmutarsi,
    Quando verrà per cui questa disceda?
6 Noi andavam co' passi lenti e scarsi,
    Ed io attento all' ombre ch' i' sentia
    Pietosamente pianger e lagnarsi :

CHANT XX

La volonté combat mal contre une volonté meilleure, en sorte que, pour plaire à cette âme et contre mon plaisir, je retirai de l'eau mon éponge encore altérée.

Je m'acheminai, et mon guide s'achemina vers le passage resté libre le long du rocher, comme on marche sur un mur en serrant de près les créneaux.

Car les morts, condamnés à laisser fondre par les yeux, goutte à goutte, le péché qui infeste l'univers, occupaient l'autre côté du chemin trop près du bord pour laisser place.

Maudite sois-tu, antique louve, qui fais plus de victimes que nul autre monstre, à cause de ta faim pareille à un abîme sans fond.

Ô ciel! dont les révolutions passent pour décider le changement des conditions d'ici-bas, quand viendra celui devant qui elle doit fuir?

Nous allions à pas lents et comptés, et moi, tout attentif aux ombres que j'écoutais avec pitié pleurer et se plaindre;

7 E per ventura udi': Dolce Maria:
   Dinanzi a noi chiamar così nel pianto,
   Come fa donna che in partorir sia;
8 E seguitar: povera fosti tanto,
   Quanto veder si può per quell' ospizio,
   Ove sponesti il tuo portato santo.
9 Seguentemente intesi: O buon Fabrizio,
   Con povertà volesti anzi virtute,
   Che gran ricchezza posseder con vizio.
10 Queste parole m'eran sì piaciute,
   Ch' i' mi trassi oltre per aver contezza
   Di quello spirto, onde parean venute.
11 Esso parlava ancor della larghezza
   Che fece Niccolao alle pulcelle,
   Per condurre ad onor lor giovinezza.
12 O anima, che tanto ben favelle,
   Dimmi chi fosti, dissi, e perchè sola
   Tu queste degne lode rinnovelle?
13 Non fia senza mercè la tua parola,
   S' i' ritorno a compièr lo cammin corto
   Di quella vita ch' al termine vola.
14 Ed egli: I' ti dirò, non per conforto
   Ch' io attenda di là, ma perchè tanta
   Grazia in te luce prima che sie morto.
15 I' fui radice della mala pianta,
   Che la terra cristiana tutta aduggia
   Sì, che buon frutto rado se ne schianta.
16 Ma se Doagio, Guanto, Lilla e Bruggia
   Potesser, tosto ne saria vendetta;
   Ed io la cheggio a lui che tutto giuggia.

Et par hasard j'entendis : « Douce Marie ! » et la voix, qui criait ainsi devant nous, était gémissante comme une femme dans l'enfantement.

Et elle continua : « Tu fus pauvre, autant qu'on peut le voir par la crèche hospitalière où tu déposas ton saint fardeau ! »

Ensuite je saisis ces mots : « O noble Fabricius, tu aimas mieux ta vertu avec ta pauvreté que de grandes richesses avec le vice ! »

Ces paroles m'avaient plu si fort, que je m'avançai pour connaître l'esprit d'où elles semblaient venues.

Il parlait encore de la grande charité que fit saint Nicolas aux trois vierges pour conduire à une honorable fin leur jeunesse.

« O âme qui parles si bien, dis-moi qui tu fus ! commençai-je, et pourquoi seule tu renouvelles ces louanges si justes ?

« Ta réponse ne sera pas sans récompense, si je retourne achever le court chemin de cette vie qui vole à son terme. »

Et lui : « Je te répondrai, non pour aucun soulagement que j'attende de là-bas, mais parce qu'une grâce si merveilleuse brille en toi, avant ta mort.

« Je fus la racine de la mauvaise plante qui couvre d'une ombre dangereuse toute la terre chrétienne, de telle sorte qu'on y cueille rarement de bons fruits.

« Mais si Douai, Gand, Lille et Bruges, le pouvaient, prompte serait la vengeance, et je la demande à celui qui juge toute chose.

17. Chiamato fui di là Ugo Ciapetta :
Di me son nati i Filippi e i Luigi,
Per cui novellamente è Francia retta.

18. Figliuol fui d' un beccaio di Parigi.
Quando li regi antichi venner meno,
Tutti, fuor ch' un renduto in panni bigi,

19. Trova' mi stretto nelle mani il freno
Del governo del regno, e tanta possa
Di nuovo acquisto, e sì d' amici pieno,

20. Ch' alla corona vedova promossa
La testa di mio figlio fu, dal quale
Cominciar di costor le sacrate ossa.

21. Mentre che la gran dote Provenzale
Al sangue mio non tolse la vergogna,
Poco valea, ma pur non facea male.

22. Lì cominciò con forza e con menzogna
La sua rapina; e poscia, per ammenda,
Ponti e Normandia prese, e Guascogna.

23. Carlo venne in Italia, e per ammenda,
Vittima fe di Curradino; e poi
Ripinse al ciel Tommaso, per ammenda.

24. Tempo vegg' io non molto dopo ancoi
Che tragge un altro Carlo fuor di Francia,
Per far conoscer meglio e sè e i suoi.

25. Senz' arme n' esce, e solo con la lancia
Con la qual giostrò Giuda; e quella ponta
Sì, ch' a Fiorenza fa scoppiar la pancia.

26. Quindi non terra, ma peccato ed onta
Guadagnerà, per se tanto più grave,
Quanto più lieve simil danno conta.

« Là-bas je fus appelé Hugues Capet ; de moi sont nés les Philippe et les Louis, par qui la France est depuis peu gouvernée.

« J'étais fils d'un boucher de Paris. Quand la race des anciens rois vint à manquer, à l'exception d'un seul qui prit des vêtements gris,

« Je me trouvai serrant dans les mains la bride du gouvernement, et si puissant par mes nouveaux domaines, si entouré d'amis,

« Que la couronne veuve fut posée sur la tête de mon fils, à qui commença la souche sacrée des nouveaux rois.

« Tant que la grande dot de Provence n'enleva pas la vergogne à ceux de mon sang, ils valaient peu, mais du moins ils ne faisaient pas de mal.

« Là commencèrent leurs rapines par force et par mensonge, puis en réparation ils prirent le Ponthieu, la Normandie et la Gascogne.

« Charles vint en Italie, et en réparation il fit de Conradin sa victime ; puis il envoya au ciel saint Thomas, toujours en réparation.

« Je vois venir un temps, qui ne se fera pas longtemps attendre, et qui tirera de France un autre Charles, pour mieux faire connaître lui et les siens.

« Il en sort sans armes, et seulement avec la lance que Judas portait à la joûte, et la darde si bien, qu'il fait éclater le ventre de Florence.

« A ce jeu il ne gagnera point de terre, mais, crime et honte, d'autant plus lourds pour lui, qu'il tient pour léger un tel dommage.

27 L' altro, che già uscì preso di nave,
   Veggio vender sua figlia, e patteggiarne,
   Come fan li corsar dell' altre schiave.

28 O avarizia, che puoi tu più farne,
   Poi c' hai il sangue mio a te sì tratto,
   Che non si cura della propria carne?

29 Perchè men paia il mal futuro e il fatto,
   Veggio in Alagna entrar lo fiordaliso,
   E nel Vicario suo Cristo esser catto.

30 Veggiolo un' altra volta esser deriso;
   Veggio rinnovellar l' aceto e il fele,
   E tra nuovi ladroni essere anciso.

31 Veggio il nuovo Pilato sì crudele,
   Che ciò nol sazia, ma, senza decreto,
   Porta nel tempio le cupide vele.

32 O Signor mio, quando sarò io lieto
   A veder la vendetta, che nascosa
   Fa dolce l' ira tua nel tuo segreto!

33 Ciò ch' i' dicea di quell' unica sposa
   Dello Spirito Santo, e che ti fece
   Verso me volger per alcuna chiosa,

34 Tant' è disposto a tutte nostre prece,
   Quanto il dì dura; ma, quando s' annotta,
   Contrario suon prendemo in quella vece.

35 Noi ripetiam Pigmalion allotta,
   Cui traditore e ladro e patricida
   Fece la voglia sua dell' oro ghiotta;

36 E la miseria dell' avaro Mida,
   Che seguì alla sua dimanda ingorda,
   Per la qual sempre convien che si rida.

« L'autre, qui naguère sortit prisonnier de son vaisseau, je le vois vendre sa fille, et en trafiquer comme un corsaire fait de ses esclaves.

« O avarice, que peux-tu faire de plus, puisque tu t'es à ce point emparée de mon sang, qu'il n'a plus de souci de sa propre chair !

« Pour que le mal futur et le mal passé semblent moindres, je vois dans Anagni entrer les fleurs de lys; et dans la personne de son vicaire je vois le Christ prisonnier.

« Je le vois une autre fois livré à la dérision ; je vois renouveler le vinaigre et le fiel, et le Christ mis à mort entre deux larrons vivants ;

« Je vois le nouveau Pilate si cruel, que ceci ne le rassasie pas, et que sans loi il porte dans le temple ses avides désirs.

« O Seigneur ! quand aurai-je la joie de voir la vengeance qui, cachée dans tes secrets desseins, adoucit ta colère?

« Les paroles que je disais de l'unique épouse du Saint-Esprit, et qui t'ont fait tourner vers moi pour en avoir quelque interprétation,

« Sont affectées à nos prières tant que dure le jour; mais, quand vient la nuit, nous adoptons en échange des paroles contraires.

« Alors nous répétons l'exemple de Pygmalion, que sa passion affamée d'or rendit traître, larron et parricide;

« Et la misère qui punit l'avare Midas de ses vœux avides, par où il est devenu l'objet d'une risée éternelle.

37 Del folle Acam ciascun poi si ricorda,
Come furò le spoglie, sì che l'ira
Di Josuè qui par che ancor lo morda.
38 Indi accusiam col marito Safira:
Lodiamo i calci ch' ebbe Eliodoro;
Ed in infamia tutto il monte gira
39 Polinestor che ancise Polidoro.
Ultimamente ci si grida: Crasso,
Dicci, chè 'l sai, di che sapore è l'oro.
40 Talor parliam l'un alto, e l'altro basso,
Secondo l'affezion ch'a dir ci sprona,
Ora a maggiore, ed ora a minor passo.
41 Però al ben che il dì ci si ragiona,
Dianzi non er' io sol; ma qui da presso
Non alzava la voce altra persona.
42 Noi eravam partiti già da esso,
E brigavam di soverchiar la strada
Tanto, quanto al poder n' era permesso;
43 Quand' io senti', come cosa che cada,
Tremar lo monte: onde mi prese un gielo,
Qual prender suol colui ch'a morte vada.
44 Certo non si scotea sì forte Delo
Pria che Latona in lei facesse il nido
A parturir li due occhi del cielo.
45 Poi cominciò da tutte parti un grido
Tal, che 'l Maestro in ver di me si feo,
Dicendo: Non dubbiar, mentr' io ti guido.
46 *Gloria in excelsis*, tutti, *Deo*,
Dicean, per quel ch' io da vicin compresi,
Onde intender lo grido si poteo.

« Puis chacun se souvient d'Acham l'insensé, comment il enleva les dépouilles, si bien que la colère de Josué semble le poursuivre et le mordre jusqu'ici.

« Ensuite nous accusons Saphire et son époux ; nous louons les coups de pied qui foulèrent Héliodore; et tout autour de la montagne court enveloppé d'infamie

« Le nom de Polymnestor qui tua Polydore ; et pour finir nous crions : « O Crassus, dis-nous de quel goût « est l'or? Tu le sais ! »

« Souvent nous parlons, l'un haut et l'autre bas, selon que le repentir nous presse d'un éperon plus impétueux ou plus lent.

« Ainsi, pour redire les bons exemples qui font l'entretien de nos journées, naguère je n'étais point seul ; mais dans le voisinage aucun autre n'élevait la voix... »

Déjà nous nous étions éloignés de lui, et nous nous efforcions de franchir le chemin de toute la rapidité qui nous était permise,

Quand je sentis, comme une chose qui tombe, trembler la montagne, et je fus pris du froid glacial qui saisit un homme lorsqu'on le mène à la mort.

Certes Délos ne tressaillit pas si fortement avant que Latone y fît son nid pour enfanter les deux yeux du ciel ;

Puis, de toutes parts, s'éleva un cri tel, que le maître se tourna vers moi disant : « Ne crains rien tant que je te guide. »

Tous disaient : « *Gloria in excelsis Deo* », selon ce que je reconnus de près, quand je pus entendre distinctement leurs voix.

47 Noi ci restammo immobili e sospesi,
   Come i pastor che prima udir quel canto,
   Fin che 'l tremar cessò, ed ei compièsi.
48 Poi ripigliammo nostro cammin santo,
   Guardando l' ombre che giacén per terra,
   Tornate già in su l' usato pianto.
49 Nulla ignoranza mai con tanta guerra
   Mi fe desideroso di sapere,
   Se la memoria mia in ciò non erra,
50 Quanta parémi allor pensando avere:
   Nè per la fretta dimandare er' oso,
   Nè per me lì potea cosa vedere.
51 Così m' andava timido e pensoso.

Nous restâmes immobiles et en suspens, comme les bergers qui les premiers entendirent ce cantique jusqu'à ce que le tremblement finit, et que l'hymne s'acheva.

Puis nous reprîmes notre saint pèlerinage, regardant les ombres qui gisaient par terre et qui déjà retournaient à leur plainte accoutumée.

Si ma mémoire en cela ne me trompe pas, jamais l'ignorance ne me tourmenta si cruellement du désir de savoir

Que la pensée qui me faisait la guerre en ce moment. Et, à cause de la rapidité de notre course, je n'osais pas interroger, et par moi-même je n'y pouvais rien voir.

Ainsi je m'en allais timide et pensif.

COMMENTAIRE DU CHANT XX

Nous avons expliqué dans le premier semestre six chants seulement de la *Divine Comédie*. Je n'ai pas de regrets de cette lenteur; je vous en ai même une singulière obligation. La vie est si courte et le passé est si grand que nous pouvons donner à peine quelques instants d'admiration à ces monuments dont l'étude nous réserverait tant de plaisirs et tant de leçons. Faisons, Messieurs, comme le voyageur qui voudrait s'arrêter à chacun des beaux lieux qu'il traverse et qui s'estime heureux si quelque accident le force à y faire un plus long séjour. C'est à vous que je dois cette jouissance rare de pouvoir considérer de près, et jusque dans le dernier détail, ce dont on n'aurait pas supporté la lecture dans une chaire publique au dernier siècle. Vous n'y perdez pas non plus. Comme l'œuvre de Dieu est tout entière dans le moindre coin de la création, il n'y a pas un endroit de la *Divine Comédie* où le génie de Dante n'éclate tout entier.

La *Divine Comédie* rappelle ces grandes représentations du jugement dernier que les artistes du moyen âge sculptèrent sur le portail de nos cathédrales. Devant le tribunal du poëte paraissent les rois et les peuples; et dans les jugements qu'il en porte, il y a toute une philosophie de l'histoire. Au XX⁰ chant du *Purga=*

toire, c'est le tour de la France; et il importe de connaître ce que le poëte pensa des destinées de notre pays; ce qu'était la France hors de chez elle, dans l'opinion de ses voisins, de ses ennemis, de ceux qu'elle avait vaincus.

Terc. 16. — Guerres de Flandre. Philippe le Bel contre Guy de Dampierre. Le roi gagne une partie des communes. Bataille de Furnes, Philippe vainqueur réunit la Flandre à la couronne, la traite en pays conquis. Trente chefs de métiers dans la prison de Bruges. Pierre König, consul des tisserands, et Jean Beide, consul des bouchers, délivrés de leur prison, entrent dans Bruges, soulèvent le peuple, toute la Flandre est en armes: bataille de Courtray, 11 juillet 1302. Les Français y perdent six mille cavaliers, le connétable et la fleur de la noblesse de France. En 1304 revanche de Mons-en-Puelle; paix avec les Flamands. Ils abandonnent à Philippe Lille et Douai. Il semble que Dante ait écrit ce chant entre 1302 et 1304. Mais l'allusion aux Templiers nous renvoie à 1307.

HUGUES CAPET.

L'histoire. — La chronique de Richer, nouvellement découverte, jette un jour inattendu sur ces temps obscurs.

GÉNÉALOGIE DE HUGUES CAPET
Confirmée par Albéric des Trois-Fontaines et la chronique d'Ursperg :

Wittekind, *advena Germanus*.
Robert le Fort.
Eudes. — Robert.
    Hugues le Grand.
    Hugues Capet, duc de France, comte de Paris et Orléans.

Hugues Capet devient roi. Louis V, fils de Lothaire, le dernier des rois carlovingiens, avait accusé Adalbéron, archevêque de Reims, d'intelligences coupables avec Othon II (978). Il l'assiége, lui

prend des otages et l'assigne à paraître devant lui à Senlis. Au jour dit (987) l'archevêque ayant comparu, le roi Louis V meurt; on l'enterre à Compiègne. Après les obsèques, Hugues préside l'assemblée des grands, propose l'affaire de l'archevêque, le fait absoudre, le proclame aussi sage que noble, et veut qu'il prenne séance dans l'assemblée. L'archevêque, admis à délibérer, propose l'ajournement. Démarches de Charles de Lorraine, il invoque le droit héréditaire. Mais l'archevêque lui reproche l'entourage d'hommes méchants qu'il s'est composé. Au temps fixé, assemblée à Senlis, discours d'Adalbéron : « — Nous n'ignorons pas que Charles a ses fauteurs qui
« soutiennent qu'il doit arriver au trône du chef de ses parents.
« Mais s'il faut examiner ce point, le trône ne s'acquiert point par
« droit héréditaire, et l'on ne doit élever à la royauté que celui
« qui se distingue non-seulement par la noblesse du sang, mais par
« la sagesse de l'esprit, celui que l'honneur appuie, que la magna-
« nimité rend inébranlable... Quelle dignité pouvons-nous conférer
« à Charles que l'honneur ne gouverne pas, que l'engourdissement
« énerve, qui s'est dégradé au point de n'avoir point horreur de
« servir un roi étranger et de se mésallier à une femme de l'ordre
« des vassaux. Comment le puissant duc souffrirait-il qu'une femme
« issue du sang de ses vassaux devînt reine et dominât sur lui? Com-
« ment courberait-il la tête devant celle dont les pères et même les
« supérieurs fléchissent le genou devant lui et posent les mains
« sous ses pieds... Si vous voulez le malheur de la république, créez
« Charles souverain; si vous la voulez prospère, couronnez Hugues,
« l'illustre duc... Donnez-vous donc ce chef illustre par ses actions,
« par sa noblesse, par les forces dont il dispose. Vous trouverez en lui
« un défenseur, non-seulement de la chose publique, mais des intérêts
« privés. Par sa bienveillance vous aurez en lui un père. Qui, en
« effet, recourut à lui et n'y trouva point protection? Qui, aban-
« donné du secours des siens, ne leur a point été rendu par lui? »

Cette opinion, proclamée et universellement louée, entraîna tous les suffrages. Le duc fut promu à la royauté et couronné roi le 1er juin, à Noyon, par le métropolitain et les autres évêques.

Selon la chronique de saint Martial de Limoges, Hugues refusa de porter le diadème. Mais, voulant assurer la succession au trône, il veut faire couronner son fils Robert. Résistances. Guerre contre Charles de Lorraine. Le principe d'hérédité conserve encore des défenseurs. Les deux prétendants sont en présence et évitent le combat, Charles, parce que son armée est trop faible, Hugues Capet, parce que « sa conscience lui reprochait son crime, et d'avoir agi contre « le droit en privant Charles de la dignité paternelle, et en faisant « passer sur sa tête les pouvoirs de la royauté (Richer). » Charles trahi est jeté en prison. Dante n'est plus d'accord avec l'histoire.

La légende. — *Légende religieuse*. — Hugues Capet, descendant de saint Arnoul. Apparition de saint Valéry, qui l'engage à rendre à la religion son monastère profané, et lui promet en retour que par ses prières il le fera roi de France, ainsi que ses hoirs jusqu'à la septième génération.

Légende royale. — Hugues Capet, descendant de Charlemagne. — Au procès de Bernard de Saisset, évêque de Pamiers, sous Philippe le Bel; le vingt-troisième témoin l'accuse d'avoir dit que le roi n'était point de la race de Charlemagne. En 1478, quand fut plaidé devant le pape le procès de Louis XI contre l'archiduchesse d'Autriche, les ambassadeurs de Louis XI assurèrent que leur roi se glorifiait d'être le vrai, légitime et indubitable successeur de Charlemagne, et il lui fut répondu qu'on ne pouvait le nier.

Légende populaire. — Chanson de Geste de Hugues Capet. (MS. du quinzième siècle. Arsenal.) Le fond très-ancien, dernier remaniement au treizième siècle.

> Ce fu Huez Capetz, c'on appelle bouchier
> Ce fu voirs mais moult pou en savoit du métier
> . . . . ly peres Huon que je vous dis
> Sire fu d'une ville qui ot non Bougensis;
> Sages fu et soutis, et si était toudis
> A Paris a le court du fort roi Louis...
> Or ama par amour ly chevalier nouris
> Une gente pucelle qui ot non Béatris,
> Tant ctoit belle et douce; car si en fu sourpris
> Li nobles chevalier qui son cuer y ot mis
> Qui le fist demander a donc par ses amis
> Au pere la pucelle qui d'avoir fu garnis;
> Bouchier fu li plus riche de trestout le pais.

A seize ans Hugues a dissipé l'héritage de son père. Il vient à

Paris trouver son oncle, Simon le Boucher, et lui demande de venir à son aide :

> « — Biaus niez, dist ly bourgois, nous vous responderon
> « Je n'ai fil ne fille de men generasion…
> « Ou demurez chéens sy vous aprenderon
> « A tuer un pourchiel ou buef ou un mouton…
> « Se tres bien vous portez, quonque vaillant avon
> « Arez apres me mort. Je n'ai hoir, se vous non…

Mais Hugues refuse l'argent de son oncle :

> « — Biaulx oncle, dist Huon qui le cors avait bel
> « De votre marchandise ne saize point le piel
> « Vos buez ne quier tuer, ne mouton ne aignel…
> « Car j'ai appris mestier plus faitis et plus bel,
> « Je sais de toutes armes armer un damoisel
> « Et courir à le joute aussi sur un moriel. »

La tradition sur l'origine des Capétiens s'était si bien répandue en France, à la fin du treizième siècle, que vers 1294 le moine Iperius, dans la chronique de saint Bertin, se croyait obligé de combattre l'opinion des ignorants et roturiers qui faisaient venir Hugues Capet de souche plébéienne. Cette croyance devait s'accréditer au dehors. Le roman de Hugues Capet, est traduit en langue islandaise.

En Italie, grande popularité des romans français et des souvenirs épiques de Charlemagne. Défaveur attachée à la dynastie qui avait supplanté la sienne. Origine du nom de Capet suivant Benvenuto d'Imola : « Capetta sive capucii quod pueris ipse puer capucia ludo auferre solebat. » — Un autre commentateur fait succéder sans intervalle Hugues Capet à Charlemagne. C'est ainsi que les plus grands noms de France ne passaient les Alpes qu'entourés d'un cortége de fables. Villani hésite : « Les uns ont écrit que Hugues était de grande lignée et ne comptait que des ducs parmi ses ancêtres. Mais le plus grand nombre assure que son père fut un grand et riche bourgeois de Paris, d'une famille de bouchers, et qui à cause de sa grande richesse épousa la dernière héritière du duché d'Orléans. » Dante trouve donc cette opinion répandue, s'en empare et la tourne à la honte des fleurs de lis. Dans la *Satire Ménippée*, on fait dire au cardinal de Pelvé sur la foi de Dante : « Toute la famille des Bourbons descend d'un bou-

« cher qui vendait de la chair à la boucherie de Paris. » Singulière puissance de ce génie qui, deux siècles et demi après sa mort, faisait trembler les rois.

21. — *La grande dot de Provence.* — Tous les commentateurs anciens l'entendent du mariage des deux filles de Raymond Bérenger, comte de Provence, avec saint Louis et Charles d'Anjou. — Les conquêtes que Dante reproche à la maison de France peuvent s'expliquer par le traité de 1259, où saint Louis restituait à Henri III le Périgord, le Limousin, l'Agénois, une partie du Quercy et de la Saintonge ; Henri III renonça à ses droits sur la Normandie, l'Anjou, la Touraine, le Maine et le Poitou, et fit hommage pour l'Aquitaine.

23. — *Charles d'Anjou en Italie.* — Appelé par le pape Urbain IV contre Manfred. Mauvais gouvernement de Charles ; grand homme maigre qui ne riait jamais, dormait peu, dévot comme un religieux, brave comme son épée, mais violent, inflexible, avare. Indignation universelle à la mort de Conradin et de Frédéric de Souabe. Le pape avait voulu évoquer l'affaire au tribunal ecclésiastique. Il désapprouva la sentence capitale : toute la chrétienté est émue.

Récits fabuleux de la mort de saint Thomas d'Aquin, 1274. Selon l'un de ces récits, Charles le fit empoisonner par son médecin ; selon l'autre, un chevalier l'empoisonna avec des fruits confits, croyant plaire au roi, que le saint reprenait librement de ses péchés.

24. — *Charles de Valois.* — L'Italie en 1300. Les Guelfes divisés : les blancs et les noirs. Frédéric d'Aragon maître de la Sicile. Boniface VIII veut soutenir la maison d'Anjou ; les noirs lui demandent l'appui d'un prince étranger. Le pape désigne Charles de Valois, frère de Philippe le Bel, célèbre par ses victoires sur les Flamands, et l'institue pacificateur de la Toscane ; lettre du pape au cardinal d'Acqua Sparta : « Afin que tout s'accomplisse avec paix et tranquillité, nous
« vous avons choisi, vous, dont nous connaissons la bonté, la circon-
« spection, la mûre expérience et l'attachement aux lois, pour vous
« envoyer dans ces contrées, afin que le comte de Valois, appuyé de
« votre autorité, dirigé par vos conseils, soutenu par votre maturité,
« s'acquitte de son office avec mesure et modération. Nous supplions
« donc votre fraternité d'employer tout votre zèle et celui du prince

« à semer la semence de la charité et de la paix, en sorte que les
« orages de la guerre et de la discorde étant apaisés, cette province
« agitée, sorte, en quelque manière, des ténèbres pour revoir la douce
« lumière du jour. » Charles fait demander si Florence le recevra.
Délibération des soixante-douze arts (ou métiers). Les boulangers seuls
s'y opposent. Charles s'engage par lettres patentes à ne prétendre à
aucune juridiction, ni rien de contraire aux franchises de la cité.
Le 4 novembre, il entre dans Florence avec trois cents Français et un
millier d'Italiens, mais tous sans armes. Le 5, assemblée à Sainte-
Marie-Nouvelle : il demande le gouvernement et jure de maintenir la
ville en bon et pacifique état. Au sortir de l'église, sa garde se met
sous les armes. Bientôt après, Corso Donati, chef des noirs, rentre
par violence, livre Florence au pillage pendant six jours. Les
noirs sont maîtres; le 10 mars 1302, Cante de Gabrielli condamne
Dante et ses complices, par contumace, au bannissement perpétuel :
*Ut si quis prædictorum ullo tempore in fortiam prædicti com-
munis pervenerit, talis perveniens igne comburatur, sic quod
moriatur.*

27. — *Vengeance du poëte.* — Captivité de Charles II, 1283. Il
est fait prisonnier par Roger di Loria, et n'échappe qu'à peine au
dernier supplice. Il donne sa fille à Azzo II, marquis d'Este, pour
trente mille florins.

Toutes les colères de Dante contre la France n'attestent que mieux
sa grandeur. La France succédait à l'Empire dans la mission de gardienne de la chrétienté. Louis VII, Philippe-Auguste, saint Louis.
Admirable lettre d'Urbain IV. Philippe le Bel avait réuni sur sa tête
la couronne de Navarre à celle de France. La maison d'Anjou à Naples et en Hongrie. On avait vu Louis VIII couronné à Londres; Bau-
douin à Constantinople. Les Brienne et les Lusignan à Chypre et à
Jérusalem. Une maison de Bourgogne en Portugal. — L'Université de
Paris est l'école de toute la chrétienté : la langue française est déjà la
langue de toute la civilisation.

Nous savons maintenant pourquoi Dante poursuivit
d'un ressentiment si implacable la race de Hugues Capet
et ce royaume de France dont l'ombre malfaisante me-

naçait, disait-il, de couvrir tout l'univers. Nous avons vu comment la France succédait à l'Empire dans la tutelle de la chrétienté. Cette grande pensée de Charlemagne ou plutôt de Léon III, cette inspiration hardie de relever l'empire romain, de le régénérer par l'esprit catholique et d'en confier la garde à l'épée des Germains, ce dessein, poursuivi pendant 450 ans, périssait par la faute des empereurs d'Allemagne, par la querelle des investitures, par le schisme de Frédéric Barberousse, par l'apostasie de Frédéric II, devenu l'ennemi public du christianisme. — La décadence de l'Empire était complète. Rodolphe de Habsbourg réduit à raccommoder son pourpoint gris; Albert d'Autriche en guerre avec les pâtres de la Suisse; les équipages de Charles IV arrêtés par les bouchers de Worms; Wenceslas déposé pour avoir manqué de protéger la paix de l'Église, diminué l'Empire, donné des blancs-seings et fait coucher des chiens dans sa chambre.

Pendant ce temps-là, grandeur croissante de la France. Le nom de saint Louis couvrait la faiblesse de ses descendants. Dans sa maison étaient venues se réunir les couronnes de Navarre, de Sicile, de Hongrie. Des princes d'origine française régnaient en Chypre et en Portugal, et le souvenir de l'empire latin de Constantinople n'était pas effacé. La France, qui avait pris la défense du saint-siége et la conduite des croisades, semblait donc appelée à cette monarchie universelle, idéal de tous les publicistes contemporains.

Les craintes du poëte n'avaient donc rien de chimérique. Et comment n'eût-il pas poussé le cri du patriotisme irrité quand il voyait commencer l'exécution de ces desseins? Comment n'eût-il pas été blessé dans toutes ses convictions politiques, lui, l'auteur du traité *de Monarchia*, où il s'efforçait d'établir la perpétuité de la monarchie universelle chez les empereurs d'Allemagne, en voyant Charles de Valois, sénateur de Rome, marié à l'héritière de l'empire de Constantinople, porter la main sur la Toscane, sur cette cité vierge de Florence qui avait fermé ses portes aux empereurs? Enfin comment ne pas excuser la colère de l'exilé? Mais la colère est mauvaise conseillère; elle aveugla Dante à ce point, que ce juge des vivants et des morts, cet historien de tous les siècles, ne semble pas s'être aperçu de saint Louis. Il connaît les affaires du monde; il n'oublie ni les khans des Tartares, ni les princes d'Angleterre, ni les querelles des plus petits seigneurs de Lombardie et de Romagne. Il ne peut ignorer le nom de saint Louis, qui vient d'être mis sur les autels; mais il ne comprend pas, il ne veut pas comprendre la destinée héroïque d'un prince qui porta si haut la monarchie française; mémorable exemple de l'injustice des passions politiques. Deux grandes âmes traversent le même siècle sans se connaître, pour nous apprendre à croire à la vertu, au génie dans d'autres rangs que les nôtres, et, sans déserter notre cause, à respecter nos ennemis.

Terc. 29. — *Veggio in Alagna*. — Il n'est ni de mon dessein, ni de mon sujet, d'entrer dans le récit de la querelle de Boniface VIII et de Philippe le Bel. Je ne puis me rendre ni aux panégyristes de Boniface comme dom Tosti, ni aux historiens qui ont cru à toutes les fables semées par l'habileté des hommes d'État, et recueillies par la crédulité populaire. Boniface a les qualités du prince séculier plus que du pontife ; jurisconsulte, canoniste, il est passionné pour la justice jusqu'à oublier quelquefois la charité. Juge sévère, il pécha peut-être par la dureté de la parole ; les historiens de l'Église l'ont ainsi jugé :

« Sur Boniface, qui avait fait trembler les rois, les « évêques, les religieux et le peuple, fondirent tout à « coup la crainte et le tremblement, pour apprendre « aux prélats à ne point dominer avec orgueil, mais à « se rendre le modèle de leur troupeau et à se faire « moins craindre qu'aimer. »

Mais que penser de Philippe le Bel, ce prince faux monnayeur, entouré de légistes, ne travaillant qu'à accréditer la maxime de Pierre du Bois : « Que la souveraine liberté du roi consiste à ne reconnaître aucun supérieur, mais à se faire obéir sans crainte d'aucune censure humaine, » qui fabrique une fausse bulle ; et longtemps d'avance négocie clandestinement avec les Colonna !

Dante fut trop sévère pour la mémoire de Boniface, et au XIXe chant de l'*Enfer*, il lui marque sa place parmi les Simoniaques, mais non parmi les hérétiques ni les impies. Dante est l'ennemi politique de Boniface ; il croit lui devoir son exil, l'asservissement de sa patrie ; il l'accuse de fraude, de simonie, d'usurpation ; il semblera même, au XXVIIe chant du *Paradis*, révoquer en doute la légitimité de ce pape. Mais en présence du crime d'Agnani, son âme catholique s'émeut; il ne voit plus que le Christ captif en la personne de son vicaire. Il fait preuve une fois de plus de cette orthodoxie qu'on a vainement contestée. Ce grand homme crut ce que nous croyons; il ne pensa pas qu'il y eût deux révélations, une extérieure et chargée de fables pour les peuples, les femmes, les enfants, les petits; l'autre toute rationnelle pour le petit nombre des savants et des philosophes. Il ne pensa point se venger sur la papauté du tort que le gouvernement temporel d'un pays lui avait fait, ni s'en prendre au christianisme des fautes des chrétiens. S'il eut contre plusieurs papes de son temps des paroles amères, s'il n'épargna pas les mœurs du clergé, c'est qu'il aima l'Église, comme il aimait Florence, d'un amour jaloux et exigeant; il la voudrait sans tache, il la censure, il l'injurie; mais comme saint Bernard, comme saint Thomas, comme ces grands hommes qui virent le mal, mais qui ne désespérèrent pas de Dieu.

31. — Porta nel tempio le cupide vele.

Tous les commentateurs s'accordent à l'entendre de l'abolition des templiers. En 1305, Jacques Molay, appelé à Paris par le pape, grossit le trésor de l'ordre de cent cinquante mille florins, sans compter douze chevaux chargés de gros tournois. Le 13 octobre 1307, le grand maître et tous les chevaliers, présents à Paris sont arrêtés, leurs richesses séquestrées, et Philippe les dénonce comme une société perfide, idolâtre, dont les œuvres et les seules paroles étaient capables de souiller la terre et d'infecter l'air. Le 25 mars 1308, la Faculté de théologie approuve les mesures prises par le roi; les États, réunis à Tours, pressent les poursuites. Clément V fait procéder contre eux canoniquement. 1312, abolition de l'ordre au concile de Vienne. Soulèvement de la conscience publique. On les crut innocents, et longtemps on raconta comment Jacques Molay, du haut de son bûcher, avait assigné Clément V à comparaître, dans les quarante jours, au tribunal de Dieu.

M. de Hammer (*Mysterium Baphometi revelatum*) résume les principales accusations portées contre les templiers; emblèmes gnostiques, βαφομῆτις. Le culte du Saint-Esprit représenté par une idole à longue barbe ; reniement du Christ; la croix conspuée et foulée aux pieds; baiser immonde; *custodite vos ab osculo templariorum*. Interrogatoire que le grand maître et deux cent trente et un chevaliers ou frères servants subirent à Paris. Cet interrogatoire fut conduit avec beaucoup de ménagement et de douceur par un archevêque, plusieurs évêques et dignitaires ecclésiastiques. Rien n'y fut arraché par la torture.

Contact des templiers et des sectes gnostiques en Orient. — Le règne du Saint-Esprit succédant au règne du Christ. Affranchissement de la chair. Mais comment accorder ces doctrines avec tant de dévouement et de bravoure? — Il y avait un ordre et une secte comme chez les franciscains. Mais le jugement des contemporains a été troublé par les cris des victimes, et la postérité s'est rangée du côté des bûchers.

CANTO XXI

1 La sete natural, che mai non sazia,
 Se non con l' acqua onde la femminetta
 Samaritana dimandò la grazia,
2 Mi travagliava, e pungémi la fretta
 Per la impacciata via retro al mio Duca,
 E condoliémi alla giusta vendetta.

3 Ed ecco, sì come ne scrive Luca,
 Che Cristo apparve a' duo ch' erano in via,
 Già surto fuor della sepulcral buca,
4 Ci apparve un' ombra, e dietro a noi venìa
 Dappiè guardando la turba che giace;
 Nè ci addemmo di lei, sì parlò pria,
5 Dicendo : Frati miei, Dio vi dea pace.
 Noi ci volgemmo subito, e Virgilio
 Rendè lui 'l cenno ch' a ciò si conface.
6 Poi cominciò : Nel beato concilio

CHANT XXI

Cette soif de la nature que rien ne désaltère, si ce n'est l'eau dont la femme samaritaine demanda le bienfait,

Me tourmentait donc, et l'impatience m'aiguillonnait à la suite de mon guide sur cette route encombrée, et j'étais touché de compassion devant la juste vengeance de Dieu ;

Et voici : comme Luc nous apprend que le Christ, à peine sorti de l'antre sépulcral, apparut à deux hommes qui cheminaient ;

Une ombre nous apparut, et elle venait derrière nous, regardant à ses pieds la foule des ombres couchées à terre ; et nous ne nous aperçûmes pas d'elle avant qu'elle parlât.

En disant : « Mes frères, Dieu vous donne la paix ! » nous nous retournâmes aussitôt, et Virgile lui rendit le geste qui convient à un tel salut.

Puis il commença : « Dans le concile des bienheureux,

Ti ponga in pace la verace corte,
Che me rilega nell' eterno esilio.

7 Come! diss' egli (e parte andavam forte),
Se voi siete ombre che Dio su non degni,
Chi v' ha per la sua scala tanto scorte?

8 E il Dottor mio: Se tu riguardi i segni
Che questi porta e che l'Angel proffila,
Ben vedrai che co' buon convien ch' e' regni.

9 Ma po' colei che di' e notte fila,
Non gli avea tratta ancora la conocchia,
Che Cloto impone a ciascuno e compila;

10 L' anima sua, ch' è tua e mia sirocchia,
Venendo su, non potea venir sola;
Però ch' al nostro modo non adocchia:

11 Ond' io fui tratto fuor dell' ampia gola
D' inferno per mostrarli, e mostrerolli
Oltre, quanto 'l potrà menar mia scuola.

12 Ma dinne, se tu sai, perchè tai crolli
Diè dianzi il monte, e perchè tutti ad una
Parver gridare infino a' suoi piè molli?

13 Sì mi diè dimandando per la cruna
Del mio disio, che pur con la speranza
Si fece la mia sete men digiuna.

14 Quei cominciò: Cosa non è che sanza
Ordine senta la religione
Della montagna, o che sia fuor d' usanza.

15 Libero è qui da ogni alterazione:
Di quel che 'l cielo in sè da sè riceve
Esserci puote, e non d' altra cagione:

« puisses-tu trouver la paix par le jugement de l'infailli-
« ble cour qui me relégua dans l'éternel exil ! »

«Comment, dit-il, tandis que nous pressions le pas, si vous êtes des ombres que Dieu ne juge pas dignes d'habiter en haut, qui vous a conduits si loin par son escalier? »

Et mon maître : « Si tu regardes les signes que porte celui-ci et dont l'ange a marqué son visage, tu verras bien qu'il doit régner avec les bons.

« Mais, comme la Parque qui file nuit et jour n'avait pas encore épuisé pour lui la quenouille que Clotho charge et garnit pour chacun de nous,

« Son âme, qui est ta sœur et la mienne, montant vers ces hauts lieux, ne pouvait y venir seule, car elle ne voit point à notre manière.

« C'est pourquoi je fus tiré de la vaste gueule de l'enfer, afin de lui montrer la route, et je lui montrerai plus loin autant que pourra le conduire ma science.

« Mais dis-nous, si tu le sais, pourquoi la montagne a donné tout à l'heure de telles secousses, et pourquoi tous ses habitants ont semblé crier d'un seul cri, jusqu'au lieu où ses pieds trempent dans la mer. »

Sa question enfilait si justement l'aiguille de mon désir, que l'espérance seule suffit pour tempérer ma soif.

Il commença : « Ce n'est point chose que la montagne sainte ressente sans raison, ni qui soit hors d'usage.

« Ce lieu est libre de toute altération. La cause de la secousse ne peut venir que de ce que le ciel reçoit de lui-même, mais non d'aucun autre événement;

16 Perchè non pioggia, non grando, non neve,
Non rugiada, non brina più su cade,
Che la scaletta de' tre gradi breve.

17 Nuvole spesse non paion, nè rade,
Nè corruscar, nè figlia di Taumante,
Che di là cangia sovente contrade.

18 Secco vapor non surge più avante
Ch' al sommo de' tre gradi ch' io parlai,
Ov' ha 'l vicario di Pietro le piante.

19 Trema forse più giù poco od assai;
Ma, per vento che in terra si nasconda,
Non so come, quassù non tremò mai:

20 Tremaci quando alcuna anima monda
Si sente sì, che surga, o che si muova
Per salir su, e tal grido seconda.

21 Della mondizia 'l sol voler fa pruova,
Che, tutto libero a mutar convento,
L' alma sorprende, e di voler le giova.

22 Prima vuol ben; ma non lascia il talento,
Che divina giustizia contra voglia,
Come fu al peccar, pone al tormento.

23 Ed io che son giaciuto a questa doglia
Cinquecento anni e più, pur mo sentii
Libera volontà di miglior soglia.

24 Però sentisti il tremoto, e li pii
Spiriti per lo monte render lode
A quel Signor, che tosto su gl' invii.

25 Così gli disse; e però che si gode

« C'est pourquoi, ni pluie, ni grêle, ni neige, ni rosée, ni givre, ne tombe au delà du petit escalier aux trois marches.

« Il n'y paraît ni nuages épais, ni rares, ni éclairs, ni l'Iris, fille de Thaumas, qui là-bas change souvent de place.

« La vapeur sèche ne s'élève pas plus avant qu'au haut des trois degrés dont je parlais, où le vicaire de saint Pierre a les pieds.

« Plus bas, le sol tremble plus ou moins ; mais, par l'effort du vent qui se cache sous terre, je ne sais comment ces hauteurs ne tremblèrent jamais.

« Elles tremblent lorsqu'une âme se sent purifiée, à ce point qu'elle se lève ou se met en mouvement pour monter au ciel, et ce cri l'accompagne.

« Elle trouve la preuve de sa pureté dans la volonté seule qui surprend l'âme tout à coup libre, et la pousse à changer de séjour, et cette volonté ne reste pas sans effet.

« Jusque là, elle veut bien, mais le désir contraire ne le permet pas, le désir que la justice divine dirige aussi ardent au châtiment qu'il le fut au péché.

« Et moi, qui suis resté étendu pour ce supplice cinq cents ans et plus, tout à l'heure seulement j'ai senti la libre volonté d'un lieu meilleur ;

« Voilà pourquoi tu as ressenti le tremblement de terre et entendu tout autour de la montagne les pieux esprits rendre gloire au Seigneur, et que je prie de les acheminer bientôt vers le ciel. »

Ainsi lui répondit-il, et parce qu'on trouve d'autant

Tanto del ber quant' è grande la sete,
Non saprei dir quant' ei mi fece prode.
26 E il savio Duca: Omai veggio la rete
Che qui vi piglia, e come si scalappia,
Perchè ci trema, e di che congaudete.
27 Ora chi fosti piacciati ch' io sappia,
E, perchè tanti secoli giaciuto
Qui se', nelle parole tue mi cappia.
28 Nel tempo che il buon Tito con l' aiuto
Del sommo rege vendicò le fora,
Ond' uscì 'l sangue per Giuda venduto,
29 Col nome che più dura e più onora
Er' io di là, rispose quello spirto,
Famoso assai, ma non con fede ancora.
30 Tanto fu dolce mio vocale spirto,
Che, Tolosano, a sè mi trasse Roma,
Dove mertai le tempie ornar di mirto.
31 Stazio la gente ancor di là mi noma;
Cantai di Tebe, e poi del grande Achille,
Ma caddi in via con la seconda soma.

32 Al mio ardor fur seme le faville,
Che mi scaldar, della divina fiamma,
Onde sono allumati più di mille;
33 Dell' Eneida dico, la qual mamma
Fummi, e fummi nutrice poetando:
Senz' essa non fermai peso di dramma.
34 E, per esser vivuto di là quando
Visse Virgilio, assentirei un sole
Più ch' i' non deggio al mio uscir di bando.

plus de plaisir à boire que plus grande est la soif, je ne saurais dire quel contentement il me donna.

Et mon sage guide : « Je vois maintenant le filet qui vous retient ici, et comment on s'en dégage ; pourquoi cette montagne tremble, et d'où vient votre commune joie.

« Maintenant souffre que je sache qui tu fus ; et que tes paroles me fassent comprendre pourquoi tu restas tant de siècles couché dans ce lieu. »

« —Au temps où le vertueux Titus, avec l'aide du roi souverain, vengea les blessures desquelles sortit le sang vendu par Judas ;

« Alors, répondit cet esprit, je portais sur la terre le titre qui dure et honore le plus ; ma renommée était grande, mais la foi manquait encore.

« Si donc fut l'inspiration de mes chants que de Toulouse, ma patrie, Rome m'attira chez elle, où je méritai que la couronne de myrte ornât mes tempes.

« Stace est mon nom, que les habitants de la terre connaissent encore ; je célébrai Thèbes, puis le grand Achille; mais, en chemin, je succombai sous le second de ces fardeaux.

« Les étincelles qui échauffèrent mon ardeur vinrent de la divine flamme, où plus de mille autres se sont embrasés.

« Je parle de l'*Enéide*, qui fut ma mère et ma nourrice en poésie. Sans elle, je n'écrivis rien qui eût le poids d'une drachme ;

« Et pour avoir vécu sur la terre quand vécut Virgile, je consentirais à différer d'un soleil ma sortie de l'exil. »

35 Volser Virgilio a me queste parole
   Con viso che tacendo dicea: Taci:
   Ma non può tutto la virtù che vuole;
36 Chè riso e pianto son tanto seguaci
   Alla passion da che ciascun si spicca,
   Che men seguon voler ne' più veraci.
37 Io pur sorrisi, come l'uom che ammicca,
   Perchè l'ombra si tacque, e riguardommi
   Negli occhi, ove 'l sembiante più si ficca.
38 E, se tanto lavoro in bene assommi,
   Disse, perchè la faccia tua testeso
   Un lampeggiar di riso dimostrommi?
39 Or son io d'una parte e d'altra preso:
   L'una mi fa tacer, l'altra scongiura
   Ch'i' dica; ond'io sospiro, e sono inteso.
40 Di, il mio Maestro, e non aver paura,
   Mi disse, di parlar; ma parla, e digli
   Quel ch'e' dimanda con cotanta cura.
41 Ond'io: Forse che tu ti maravigli,
   Antico spirto, del rider ch'io fei;
   Ma più d'ammirazion vo' che ti pigli.
42 Questi, che guida in alto gli occhi miei,
   È quel Virgilio, dal qual tu togliesti
   Forza a cantar degli uomini e de' Dei.
43 Se cagione altra al mio rider credesti,
   Lasciala per non vera; ed esser credi
   Quelle parole che di lui dicesti.
44 Già si chinava ad abbracciar li piedi
   Al mio Dottor; ma e' gli disse: Frate,
   Non far, chè tu se' ombra, e ombra vedi.

Ces paroles firent tourner vers moi Virgile avec un visage qui, en se taisant, me disait : « Tais-toi. » Mais la faculté qui veut ne peut pas tout ;

Car le rire et les pleurs suivent de si près la passion d'où ils jaillissent, qu'ils obéissent mal à la volonté chez les hommes les plus sincères.

Je souris seulement comme celui qui fait un signe, de sorte que l'ombre se tut et me regarda dans les yeux, où l'expression se montre davantage.

« Et aussi puisses-tu conduire à bonne fin une si grande tâche ! dit-elle. Pourquoi ta face à l'heure même m'a-t-elle laissé voir l'éclair d'un sourire? »

Me voilà pris des deux côtés. D'une part, on me fait taire ; de l'autre, on me conjure de parler ; c'est pourquoi je soupire et je suis entendu.

« Dis, m'ordonna mon maître, et n'aie pas peur de parler ; mais parle et fais-lui savoir ce qu'il demande avec tant de curiosité. »

Donc, je lui dis : « Peut-être, antique esprit, t'étonnes-tu de mon sourire ; mais je veux que tu te prennes d'une admiration plus grande.

« Celui qui dirige en haut mes yeux, est ce Virgile, dont tu as appris à chanter hardiment les dieux et les hommes.

« Si tu as supposé une autre cause à mon sourire, aisse-la pour fausse, et crois que la seule vraie est dans les paroles que tu as dites de mon guide. »

Déjà il s'inclinait pour embrasser les pieds de mon maître ; mais celui-ci lui dit : « Frère, n'en fais rien, car tu es une ombre, et c'est une ombre que tu vois.

45 Ed ei surgendo : Or puoi la quantitate
       Comprender dell' amor ch' a te mi scalda,
       Quando dismento nostra vanitate,
46 Trattando l' ombre come cosa salda.

Et lui se relevant : « Tu peux comprendre maintenant la grandeur de l'amour qui m'échauffe pour toi, puisque j'oublie notre vanité, en traitant les ombres comme des corps solides. »

COMMENTAIRE DU CHANT XXI

Dante nous a montré la montagne du purgatoire portant sa tête jusque dans des régions sereines qui ne connaissent point les altérations des éléments : on n'y voit ni nuages ni brouillards; la foudre n'y brille point; la neige, la pluie, la rosée ne mouillent jamais cette terre sainte. Il faut savoir si l'imagination du poëte se donne une libre carrière, ou si elle est, comme toujours, dominée par les traditions de la science et de la poésie contemporaines.

Le Paradis terrestre couronne la montagne du Purgatoire. De bonne heure les chrétiens avaient dû chercher à se représenter ce lieu mystérieux d'où sort toute l'histoire de l'humanité. Les premiers interprètes discutent si le Paradis terrestre est un lieu de l'espace? Saint Augustin (*de Civ. Dei*, cap. XXI) donne aux premiers chapitres de la *Genèse* les deux sens, littéral et mystique, et en permettant d'interpréter l'allégorie, il veut qu'on maintienne la vérité historique du récit. Il conclut (*sup. Genes.*, VIII, 7) que le Paradis est un lieu dont les hommes ont perdu la connaissance. Les imaginations se chargeront de le retrouver.

Saint Avitus, *de Initio mundi*, I : « Il est un lieu que la nature a réservé à ses mystères, sous le soleil de l'Orient, à l'endroit où l'on dit que la terre touche au ciel :

Quo terram perhibent confinia jungere cœlo.

Là ne se succèdent point les brumes et les soleils d'été, soit que l'astre, accomplissant sa course, vienne réchauffer la terre ou que les champs blanchissent sous les frimas. La clémence du ciel y fait régner un éternel printemps, le vent des orages n'y pénètre pas, les nuages n'y ternissent jamais la sérénité de l'air, et la terre ne demande point les pluies qui ne lui sont pas données :

Nec poscit natura loci quos non habet imbres.

Isidor (XIV, *Etym.*) place le Paradis terrestre en Orient, dans une température qui ne change point. Bède (*II Corinth.*, xii) le fait s'élever jusqu'au cercle de la lune, et Dante s'attache à cette tradition lorsqu'il passe de l'Eden au ciel. Saint Jean Damascène (lib. II, *de Orth. Fid.*, xi) le décrit comme une région divine où règne un air léger toujours égal et très-pur. Saint Thomas (1, q. cii) rapporte ces opinions; elles s'établissent dans l'école. Une carte du douzième siècle, citée par M. Wright, prolonge le cours du Gange dans la direction du Japon et place en face de ses bouches l'île du Paradis.

Plusieurs auteurs ne voient dans le Paradis terrestre qu'une allégorie. Michel Psellus y voit la région des contemplations divines, ou la réunion de toutes les vertus et les beautés qui forment comme un chœur autour de Dieu. Philon (*de Opificio Dei*) y voit une image de l'âme. Origène (*Periarchon*, lib. IV, cap. ii) nie absolument la réalité historique du Paradis terrestre, tenant les arbres pour l'image des anges et les fleuves pour les symboles des vertus.

Saint Ambroise, saint Jérôme, saint Chrysostome, saint Augustin, tiennent le Paradis pour un lieu corporel, tout en admettant la signification mystique. (August., lib. VIII, *de Genesi ad litt.*) : *Tres sunt de Paradiso generaliter sententiæ; una eorum qui tantummodo corporaliter paradisum intelligunt, alia eorum qui spiritualiter tantum, tertia eorum qui utroque modo paradisum, accipiunt; quam mihi fateor placere sententiam.*

Selon Hugues de Saint-Victor (*Annot. ad Genes.*, xi), quelques-uns avaient voulu que le Paradis fût la terre entière. D'autres le plaçaient dans une autre terre pure et aérienne placée plus haut que la nôtre; d'autres au delà de l'Océan qui enveloppe notre monde; d'autres enfin sur notre terre, mais dans un lieu fermé et rendu inaccessible par les montagnes qui l'entourent.

Raban Maur (*in Genes.*), Pierre Lombard (II *Sent.*, dist. 17, cap. v), saint Thomas (p. I, q. cii, art. 1), établissent que le Paradis doit être dans un lieu très-élevé, voisin du ciel, qui touche peut-être au cercle de la lune, qui domine dans tous les cas la région nébuleuse et orageuse de l'atmosphère terrestre.

L'auteur du poëme du *Phénix* attribué à Lactance :

> Est locus in primo felix oriente remotus
> Qua patet æterni janua celsa poli,

> Sed nostros montes quorum juga celsa putantur
> Per bis sex ulnas eminet ille locus ;
> Non ibi tempestas nec vis furit horrida venti,
> Nec gelido terram rore pruina tegit,
> Nulla super campos tendit sua vellera nubes,
> Nec cadit ex alto turbidus humor aquæ.

Saint Basile (*de Paradiso*) le met aussi sur un lieu élevé où ne règnent ni les ténèbres, ni les tempêtes.

Prudence et d'autres auteurs ecclésiastiques y font séjourner les âmes des saints avant d'entrer dans le ciel et de jouir de Dieu.

> Felices animæ prata per herbida
> Concentu parili suave sonantibus
> Hymnorum modulis dulce canunt melos,
> Calcant et pedibus lilia candidis.

Malvenda (*de Paradiso voluptatis*) se garde bien de préciser la situation du Paradis terrestre, mais il penche pour quelque contrée reculée de l'Inde ou de la Chine.

Saint Boniface, dans une épître à Tadburge, raconte une vision où les âmes, qui ne sont pas encore dignes de Dieu, attendent dans un lieu verdoyant et fleuri appelé le Paradis terrestre; et Bellarmin (*de Purgat.*, lib. II, cap. vii) ne trouve pas improbable que ce Paradis soit le Purgatoire d'un petit nombre d'âmes meilleures [1].

A la suite des théologiens viennent les légendaires : voyages des moines grecs, Théophile, Sergius, Hygynus, cherchant le Paradis terrestre au lieu où le ciel et la terre se touchent; voyages de saint Macaire, de saint Brandan [2], etc.

L'homme tourmenté du besoin de retrouver, au moins par la pensée, le bonheur perdu pour lequel il se sent créé, a cherché le Paradis terrestre en Palestine, ou sous le tropique, ou sous la zone torride, dans quelque lieu de l'Inde ou de la Chine. Les Arabes croient le trouver à Ceylan, où le pied d'Adam a laissé sa trace sur une pierre. Les Basques l'ont placé dans les Pyrénées, et les Fla-

---

[1] Autres visions du monde invisible. Denys le Chartreux, *Dialog. de Judicio particulari*. Louis de Blois, *Monit. spirit.*, cap. xiii.

[2] Voir Dante et la philosophie catholique au treizième siècle. Sources de la *Divine Comédie*. (Œuvres comp., t. V, p. 351.)

mands en Artois, autour de la petite ville d'Hédin qui lui doit son nom.

Les Poëtes profanes. Roman d'Alexandre. — Alexandre veut forcer le Paradis terrestre et tirer tribut du peuple des anges. Il traverse les plaines brûlantes de l'Asie au milieu des dragons et des foudres. Le cours de l'Euphrate le conduit au pied des murs de l'Eden, derrière lesquels on entend les anges chanter les louanges de Dieu. Le héros frappe à la porte et somme les habitants de se taire, d'ouvrir et de payer. Mais un vieillard paraît sur la muraille et donne à Alexandre une pierre mystérieuse; elle pèse plus que les corps les plus lourds, mais un peu de terre et de plume pèse plus qu'elle. Ainsi d'Alexandre; il peut soulever le monde, mais dans quatre-vingt-dix-neuf jours un peu de terre vaudra mieux que lui.

Christophe Colomb et Vasco de Gama. — Ne méprisons pas trop les fables qui nous ont donné un monde. Il fallait des esprits mystiques pénétrés de foi pour affronter les terreurs de l'Océan.

Pendant le quatrième voyage de Christophe Colomb il passe près de l'embouchure d'un grand fleuve; le vent lui apporte les parfums des forêts, il écrit : « Saint Isidore, Beda, le maître de l'*Histoire scolastique*, et saint Ambroise et Scott, et tous les savants théologiens s'accordent à dire que le Paradis est en Orient... Je crois que si je passais sous la ligne équinoxiale, en arrivant à ce point le plus élevé dont j'ai parlé, je trouverais une température plus douce et de la diversité dans les étoiles et dans les eaux... parce que je suis convaincu que là est le Paradis terrestre, où personne ne peut arriver excepté par la volonté de Dieu... Si les eaux dont je parle ne sortent point du Paradis, la merveille n'en paraît que plus grande, car je ne crois pas qu'on trouve au monde un fleuve aussi profond. »

Terc. 15. — C'est-à-dire des âmes venues du ciel qui y retournent. Ce sens est donné par l'*Ottimo Commento*.

28. — Vespasien (*Petrus Aligherii*) veut venger le Christ parce qu'il avait été guéri par un disciple des apôtres, *a morbo vesparum quem habebat in naribus*.

31. — Stace. Histoire et légende. — Stace est né à Naples. Son père était poëte, orateur et précepteur de Domitien. Lui-même

produit de bonne heure à la cour, plut à l'empereur par la prodigieuse facilité de son improvisation. Sa pièce sur la mort du lion de Domitien. Il est couronné trois fois aux jeux albains :

> Palladio tua me manus induit auro.

Et ailleurs :

> Ter me nitidas albana ferentem
> Dona comas sanctoque indutum Cæsaris auro.

Ses poëmes : *Sylves*, *Thébaïde*, *Achilléide*. Rome entière court à ses lectures publiques.

> Curritur ad vocem jucundam et carmen amœnæ
> Thebaidos, lætam fecit quum Statius urbem,
> Promisitque diem.

Mais il meurt de faim. Il est obligé de vendre sa tragédie d'Agavé au pantomime Paris.

> Esurit intactam Paridi nisi vendat Agaven.

Dans son *Epicadium* à son père, il se plaint de ce qu'on honore peu les lettres : *Vilis honos studiis*. Il se retire à Naples, où il se représente allant chercher l'inspiration au tombeau de Virgile :

> Nec tu divinam Æneida tenta,
> Sed longe sequere et vestigia semper adora.

Il ne faut pas le confondre avec le rhéteur Stace mentionné par Suétone : *de Claris Rhetoribus*. Saint Jérôme le place à la 209e olympiade, qui est la deuxième du règne de Néron. *Statius Surculus Tolosensis in Galliis celeberrime rhetoricam docet*. Suétone l'appelle Ursulus.

Stace dans l'école. — Il est placé de bonne heure à côté de Virgile. Sulpice Sévère se permet de citer à des lettrés un vers familier à l'école, c'est un vers de Stace : *Utimur enim versu scholastico quia inter scholasticos fabulamur*. Aux temps barbares on le trouve rappelé non-seulement par Ennodius, Boèce, Cassiodore, mais par l'auteur anonyme des *Gesta Francorum*, qui compare les guerres civiles des Mérovingiens aux luttes fratricides d'Étéocle et de Polynice. Gerbert demande qu'on lui transcrive l'*Achilléide*: *Volumen Achilleidos Statii diligenter compositum nobis dirige.* Helmold atteste qu'elle est lue dans les classes: *Quadam die nullis arbitris coram positis interrogavit Vicelinum in scholis quid legisset: illo perhibente se Statii libros Achilleidos legisse.* Guillaume de Poitiers et Orderic Vital citent Virgile et Stace comme les princes de la poésie épique : *Guido Maronem et Papinium gesta heroum pangentes imitatus, Senliacum bella descripsit.* (*Hist. Eccles.*, III, in fine.)

On le trouve encore cité par Gunther dans son poëme du *Ligurinus*, par Wippo, par saint Bernard, par Alain de Lille, etc.

On le fait Toulousain. L'école de Toulouse est féconde en fictions, en pseudonymes, faux Virgile, faux Lucain, faux Horace. Confusion facile des deux Stace. Dans les traditions de l'Université de Toulouse, fondée en 1215, Stace est réputé le premier fondateur de l'école de Toulouse comme Virgile de celle de Naples. Stace mis à mort par Domitien d'un coup de stylet. Stace martyr.

Dante réunit ici Stace et Virgile, comme Arnaud Daniel, comme Sordello, Oderigi de Gubbio, Forèse. Les poëtes, les peintres, les musiciens sont en purgatoire comme en un lieu plus propre pour ces cœurs faibles. Peut-être aussi parce que le purgatoire est le poëme de l'amour. Il faut y réunir tous ceux que l'amour inspire et en faire un gracieux cortége à Béatrix.

32. — Les premières semences de mon ardeur, imitation de Virgile :

Semina flammæ,
Abstrusa in venis silicis.

CANTO XXII

1 Già era l'Angel dietro a noi rimaso,
   L'Angel che n' avea volti al sesto giro,
   Avendomi dal viso un colpo raso:
2 E quei c' hanno a giustizia lor disiro
   Detto n' avea Beati, e le sue voci
   Con *sitiunt*, senz' altro, ciò forniro.
3 Ed io, più lieve che per l' altre foci,
   M' andava sì, che senza alcun labore
   Seguiva in su gli spiriti veloci:
4 Quando Virgilio cominciò: Amore,
   Acceso di virtù, sempre altro accese
   Pur che la fiamma sua paresse fuore.
5 Onde, d' allora che tra noi discese
   Nel limbo dell' inferno Giuvenale,
   Che la tua affezion mi fe palese,
6 Mia benvoglienza inverso te fu quale
   Più strinse mai di non vista persona,
   Sì ch' or mi parran corte queste scale.

CHANT XXII

Déjà l'ange était resté derrière nous, l'ange qui tourne nos pas vers le sixième cercle, après avoir effacé une cicatrice de mon front.

Et les voix avaient dit : « Heureux ceux dont les désirs tendent à la justice ! » Elles ajoutèrent cette parole : « J'ai soif », et rien de plus.

Et moi, plus léger qu'aux autres passages, j'allais de telle sorte, que sans nulle fatigue je suivais vers la hauteur les esprits agiles ;

Quand Virgile commença : « L'amour allumé par la vertu alluma toujours un autre amour, pourvu que sa flamme se fît voir au dehors.

« D'où vient que, depuis l'heure où descendit parmi nous aux limbes de l'enfer Juvénal, qui me manifesta ton affection,

« Ma bienveillance pour toi fut telle, que jamais on n'en ressentit de plus forte pour une personne inconnue, si bien que désormais cet escalier me semblera court.

7 Ma dimmi, e come amico mi perdona
   Se troppa sicurtà m' allarga il freno,
   E come amico omai meco ragiona:
8 Come poteo trovar dentro al tuo seno
   Luogo avarizia, tra cotanto senno,
   Di quanto per tua cura fosti pieno?
9 Queste parole Stazio mover fenno
   Un poco a riso pria; poscia rispose:
   Ogni tuo dir d' amor m' è caro cenno.
10 Veramente più volte appaion cose,
   Che danno a dubitar falsa matera,
   Per le vere cagion che son nascose.
11 La tua dimanda tuo creder m' avvera
   Esser, ch' io fossi avaro in l' altra vita,
   Forse per quella cerchia dov' io era:
12 Or sappi ch' avarizia fu partita
   Troppo da me, e questa dismisura
   Migliaia di lunari hanno punita.
13 E, se non fosse ch' io drizzai mia cura,
   Quand' io intesi là dove tu chiame,
   Crucciato quasi all' umana natura:
14 Perchè non reggi tu, o sacra fame
   Dell' oro, l' appetito de' mortali?
   Voltando sentirei le giostre grame.
15 Allor m' accorsi che troppo aprir l' ali
   Potean le mani a spendere, e pentèmi
   Così di quel come degli altri mali.
16 Quanti risurgeran co' crini scemi,
   Per l' ignoranza, che di questa pecca
   Toglie il pentir vivendo, e negli estremi!

« Mais dis-moi, et comme un ami pardonne-moi si trop de sécurité me lâche le frein, et comme un ami désormais converse avec moi.

« Comment l'avarice put-elle dans ton sein trouver place avec ce grand sens dont tu pris soin de te pénétrer? »

Ces paroles arrachèrent d'abord à Stace un léger sourire; puis il répondit : « Toute parole de toi m'est un signe précieux d'affection.

« Mais quelquefois les apparences donnent un faux sujet de doute, parce que les vraies causes sont cachées.

« Ta demande me prouve que tu me crois coupable d'avarice en l'autre vie, peut-être à cause du cercle où j'étais.

« Or sache que l'avarice fut trop éloignée de mon cœur, et des milliers de lunes ont puni cet excès.

« Et si ce n'était que je redressai ma conduite quand je compris le passage où tu t'écries, comme en courroux contre l'humaine nature;

« A quoi ne pousses-tu pas l'appétit des mortels, exécrable faim de l'or? condamné à rouler les poids énormes, je sentirais la douleur des joutes infernales.

« Alors je m'avisai que les mains pouvaient s'ouvrir trop pour dépenser, et je me repentis de ce péché comme des autres.

« Combien ressusciteront les cheveux rasés, à cause de l'ignorance qui ne laisse pas de place au repentir, ni dans leur vie, ni à leur dernière heure !

17 E sappi che la colpa, che rimbecca
   Per dritta opposizione alcun peccato,
   Con esso insieme qui suo verde secca.
18 Però s' io son tra quella gente stato
   Che piange l' avarizia, per purgarmi,
   Per lo contrario suo m' è incontrato.
19 Or, quando tu cantasti le crude armi
   Della doppia tristizia di Giocasta,
   Disse 'l Cantor de' bucolici carmi,
20 Per quel che Clio lì con teco tasta,
   Non par che ti facesse ancor fedele
   La fe', senza la qual ben far non basta.
21 Se così è, qual sole o quai candele
   Ti stenebraron sì, che tu drizzasti
   Poscia diretro al Pescator le vele?
22 Ed egli a lui: Tu prima m' inviasti
   Verso Parnaso a ber nelle sue grotte,
   E poi appresso Dio m' alluminasti.
23 Facesti come quei che va di notte,
   Che porta il lume dietro, e sè non giova,
   Ma dopo sè fa le persone dotte,
24 Quando dicesti: Secol si rinnova;
   Torna giustizia e primo tempo umano;
   E progenie discende dal ciel nuova.
25 Per te poeta fui, per te cristiano:
   Ma perchè veggi me' ciò ch' io disegno,
   A colorar distenderò la mano.
26 Già era il mondo tutto quanto pregno
   Della vera credenza, seminata
   Per li messaggi dell' eterno regno;

« Et sache que la faute directement contraire à chaque péché est ici remise avec lui dans le même lieu pour y sécher son bois vert.

« Si donc, pour me purifier, je me suis trouvé parmi ceux qui pleurent leur avarice, la chose m'est advenue à raison du vice opposé.

« — Mais, quand tu chantas les combats cruels des deux fléaux sortis des flancs de Jocaste, — repartit le chantre des bucoliques,

« A ces vers que Clio accompagne, il ne semble pas que tu fusses devenu fidèle par la foi, sans laquelle il ne suffit pas de bien faire.

« S'il en est ainsi, quel soleil ou quel flambeau dissipèrent tes ténèbres, de telle sorte que désormais tu fis voile derrière la barque du pêcheur. »

Et lui : « C'est toi qui le premier m'acheminas vers le Parnasse pour boire l'eau de ses grottes : le premier après Dieu c'est toi qui m'éclairas.

« Tu fis comme un homme qui marche la nuit, portant derrière lui une lumière; il n'en profite point, mais il éclaire ceux qui le suivent.

« Ce fut quand tu dis : « Le siècle se renouvelle; la justice revient et avec elle le premier âge des hommes, et une nouvelle race descend des cieux.

« Par toi je fus poëte, par toi chrétien. Mais, afin que tu voies mieux mon dessein, j'étendrai la main pour y mettre les couleurs.

« Déjà le monde tout entier était pénétré de la vraie croyance, semée par les messagers du royaume éternel.

27 E la parola tua sopra toccata
   Si consonava a' nuovi predicanti;
   Ond' io a visitarli presi usata.

28 Vennermi poi parendo tanto santi,
   Che, quando Domizian li perseguette,
   Senza mio lagrimar non fur lor pianti.

29 E mentre che di là per me si stette,
   Io gli sovvenni, e lor dritti costumi
   Fer dispregiare a me tutt' altre sette;

30 E pria ch' io conducessi i Greci a' fiumi
   Di Tebe poetando, ebb' io battesmo;
   Ma per paura chiuso cristian fu'mi,

31 Lungamente mostrando paganesmo :
   E questa tiepidezza il quarto cerchio
   Cerchiar mi fe più che 'l quarto centesmo

32 Tu dunque, che levato hai 'l coperchio
   Che m' ascondeva quanto bene io dico,
   Mentre che del salire avem soverchio,

33 Dimmi dov' è Terenzio, nostro antico,
   Cecilio, Plauto e Varro, se lo sai :
   Dimmi se son dannati, ed in qual vico.

34 Costoro, e Persio, ed io, ed altri assai,
   Rispose il Duca mio, siam con quel Greco,
   Che le Muse lattar più ch' altro mai,

35 Nel primo cinghio del carcere cieco.
   Spesse fiate ragioniam del monte,
   C' ha le nutrici nostre sempre seco.

36 Euripide v' è nosco, e Anacreonte,
   Simonide, Agatone, ed altri piue
   Greci, che già di lauro ornar la fronte.

« Et ta parole tout à l'heure citée s'accordait avec les nouveaux prédicateurs, de telle sorte que je me pris à les visiter souvent.

« Puis ils me parurent si saints, qu'au temps où Domitien les persécuta, leurs pleurs ne coulèrent pas sans mes larmes.

« Et tant que là-bas je demeurai, je les soutins, et la droiture de leurs mœurs me fit mépriser toutes les autres sectes.

« Et avant que dans mon poëme j'eusse conduit les Grecs aux fleuves de Thèbes, je reçus le baptême ; mais par crainte je restai chrétien caché,

« Montrant longtemps encore les dehors du paganisme et cette tiédeur m'a valu de parcourir le quatrième cercle pendant plus de quatre cents ans.

« Toi donc qui m'as levé le rideau et découvert le grand bien dont je parle; tandis que cette montée nous en donne le loisir,

« Dis-moi où est Térence, notre ancien, où sont Cœcilius, Plaute et Varron, si tu le sais : dis-moi s'ils sont damnés et dans quel quartier de l'enfer? »

« — Ceux-là, et Perse et moi, et beaucoup d'autres, répondit mon guide, nous sommes avec ce Grec que les Muses allaitèrent plus que jamais aucun autre.

« Nous habitons le premier cercle de la prison ténébreuse, souvent nous devisons de la montagne où nos nourrices demeurent toujours.

« Euripide est avec nous, et Antiphon, Simonide, Agathon, et plusieurs autres Grecs qui jadis portèrent le front couronné de laurier.

37 Quivi si veggion delle genti tue
   Antigone, Deifile ed Argia,
   Ed Ismene si trista como fue.

38 Vedesi quella che mostrò Langia;
   Evvi la figlia di Tiresia, e Teti,
   E con le suore sue Deidamia.

39 Tacevansi ambedue già li poeti,
   Di nuovo attenti a riguardare intorno,
   Liberi dal salire e da' pareti;

40 E già le quattro ancelle eran del giorno
   Rimase addietro, e la quinta era al temo,
   Drizzando pur in su l' ardente corno,

41 Quando 'l mio Duca: Io credo ch' allo stremo
   Le destre spalle volger ci convegna,
   Girando il monte come far solemo.

42 Così l' usanza fu lì nostra insegna,
   E prendemmo la via con men sospetto
   Per l' assentir di quell' anima degna.

43 Elli givan dinanzi, ed io soletto
   Diretro, ed ascoltava i lor sermoni
   Ch' a poetar mi davano intelletto.

44 Ma tosto ruppe le dolci ragioni
   Un alber che trovammo in mezza strada,
   Con pomi ad odorar soavi e buoni.

45 E come abete in alto si digrada
   Di ramo in ramo, così quello in giuso;
   Cred' io perchè persona su non vada.

46 Dal lato, onde il cammin nostro era chiuso,

« Là se voient de tes héroïnes, Antigone, Deiphile et Argia, et Ismène encore triste comme elle le fut.

« On y voit celle qui montra la fontaine de Langia, et la fille de Tirésias et Thétis et Deidamie avec ses sœurs. »

Déjà les poëtes se taisaient tous deux, attentifs maintenant à regarder à l'entour : car ils s'étaient dégagés de la montée aux étroites murailles.

Et déjà des chambrières du jour, quatre étaient restées en arrière et la cinquième était au timon du char dont elle dirigeait la pointe enflammée vers le haut du ciel.

Quand mon guide : « Je crois qu'il faut tourner l'épaule droite vers le bord faisant le tour de la montagne, comme nous avons coutume. »

Ainsi l'habitude nous tint lieu d'avertissement, et nous prîmes notre chemin avec moins de défiance, quand cette âme vertueuse y consentit.

Ils allaient devant et moi tout seul derrière, et j'écoutais leurs discours qui me donnaient l'intelligence du métier de poëte.

Mais tout à coup les doux entretiens furent interrompus par un arbre que nous trouvâmes au milieu de la route, chargés de fruits suaves à l'odorat et qui semblaient bons.

Et comme un sapin diminue de branche en branche à mesure qu'il s'élève, ainsi diminue celui-ci à mesure qu'il s'abaisse : afin je crois que personne n'y monte.

Du côté où la montagne abritait notre chemin tom-

Cadea dall' alta roccia un liquor chiaro,
E si spandeva per le foglie suso.
47 Li duo poeti all' alber s' appressaro;
Ed una voce per entro le fronde
Gridò : Di questo cibo avrete caro.
48 Poi disse : Più pensava Maria, onde
Fosser le nozze orrevoli ed intere,
Ch' alla sua bocca, ch' or per voi risponde.
49 E le Romane antiche per lor bere
Contente furon d' acqua, e Daniello
Dispregiò cibo, ed acquistò savere.
50 Lo secol primo quant' oro fu bello;
Fe savorose con fame le ghiande,
E néttare con sete ogni ruscello.
51 Mèle e locuste furon le vivande,
Che nudriro il Batista nel diserto;
Perch' egli è glorioso, e tanto grande,
52 Quanto per l' Evangelio v' è aperto.

bait de la roche élevée une onde claire qui arrosait d'en haut les feuilles.

Les deux poëtes s'approchèrent de l'arbre, et du milieu du feuillage une voix cria : « De cette nourriture vous aurez disette. »

Puis elle dit : « Marie, qui intercède pour vous, pensait moins à sa bouche qu'à ce qui pouvait rendre les noces honorables et irrépréhensibles.

« Et les anciennes Romaines se contentèrent d'eau pour breuvage; et Daniel pour avoir méprisé les viandes acquit la sagesse.

« Le premier siècle fut beau comme l'or, la faim y prêtait de la saveur aux glands et de tout ruisseau la soif faisait un nectar.

« Le miel et les sauterelles furent les mets qui nourrirent Jean-Baptiste dans le désert; c'est pourquoi il est glorieux et aussi grand que vous le déclare l'Évangile. »

COMMENTAIRE DU CHANT XXII

HISTOIRE POÉTIQUE DE VIRGILE.

Jusqu'ici, la *Divine Comédie* s'est annoncée comme un monument chrétien : et dès l'entrée nous y avons trouvé le symbolisme dont les images couvrent encore le portail de nos vieilles basiliques. Aux portes des églises on représentait souvent Adam et Ève, l'arbre et le serpent, et les animaux qui personnifiaient les sept péchés : au-dessus le jugement dernier, et plus haut encore les anges prenant pitié de l'homme, les saints patrons du lieu, et la Vierge enfin triomphant de la sévérité des justices divines. — Ainsi Dante dans la forêt rencontre les trois bêtes, symboles des trois concupiscences; la sombre porte de l'enfer où mène le chemin de perdition; et les trois femmes bénies qui assistent le poëte et qui ont résolu de le sauver, Virgile y paraît, mais comme dans le mystère des vierges sages, avec un rôle chrétien. Cependant, il ne faut pas s'y tromper, Virgile représente la science antique que le moyen âge ne réprouva jamais. Il faut qu'elle ait sa place dans le monument. Le souvenir des poëtes classiques n'abandonnera pas Dante; il les recherche, il se mesure avec eux, il enrichit son édifice de leurs dépouilles.

Dante reproduit les idées de Virgile. Croit-on que Virgile ne reproduise pas les pensées d'autrui? — Le mérite de l'art n'est pas de trouver des pensées. Les pensées sont, comme l'air et la lumière, le patrimoine de tous. Il y a moins de différences entre les hommes qu'il ne paraît; chez toutes les intelligences se retrouvent ces trois notions : l'âme, le monde, Dieu. L'éducation multiplie encore ces ressemblances. Les mêmes idées circulent, tourbillonnent autour des esprits. Mais le plus grand nombre, distrait, indifférent, les laisse passer en désordre comme des rêves. Les forts les saisissent, les arrêtent, les soumettent, les mettent en ordre, les font servir à leurs desseins.

Les hommes de génie sont comme les rois qui reçoivent de toutes mains. Dieu se montre tout-puissant quand il fait toutes choses de rien. Il ne l'est pas moins quand de toutes choses il fait cette unité harmonieuse qui est le monde.

Nous avons commencé l'étude d'une loi de l'esprit humain peu connue, et qui jette un grand jour sur les obscurités du moyen âge, c'est que les lettres comme les empires ont deux histoires, l'une véritable qui s'adresse à la mémoire des hommes, l'autre fabuleuse qui s'empare des imaginations : la première qui sauve pour ainsi dire le corps et la substance des choses passées, la seconde qui en garde l'âme. La fable c'est l'auréole qui se forme autour d'une tête illustre, c'est cette transfiguration qu'on lui fait subir pour la rapprocher de l'idéal, c'est la gloire.

Nous avons vu naître la tradition fabuleuse dans l'école, Homère, Eschyle, Ésope et les sept sages, Démosthènes, Hippocrate, Aristote et Platon. Mais rien n'égale la destinée de Virgile.

VIRGILE CHEZ LES ANCIENS. — 1. Quand l'*Énéide* eut ravi tous les esprits par ses beautés, les grammairiens qui la commentèrent s'attachèrent à y relever un mérite plus caché, le mérite de la science. Comme on avait voulu reconnaître dans Homère tout le savoir de la Grèce, on voulut que toutes les connaissances de l'antiquité latine fussent rassemblées dans Virgile. Servius[1] y trouve la théologie des Égyptiens et témoigne qu'on a écrit sur ce livre des traités entiers. Il relève, dans les connaissances de Virgile, la science des cérémonies sacrées. Macrobe, dans ses *Saturnales*, y admire une profonde étude du droit augural, et peu s'en faut qu'il ne fasse du poëte un souverain pontife. Il lui accorde un grand savoir astrologique. Il déclare que Virgile a su parfaitement toutes les opinions des philosophes et a montré, au sixième livre de l'*Énéide*, combien il avait approfondi toutes les sciences divines et humaines. Sénèque (*de Brevitate vitæ*, IX) dit de Virgile : *Divino furore instinctus salutare carmen canit.*

Virgile savant, initié, arrivé jusqu'à la magie, n'a plus qu'un pas à faire pour entrer dans le monde surnaturel. Donatus et Phocas, *Virgilii vita*. Sa mère rêva qu'elle enfantait un laurier ; une branche de peuplier, plantée le jour de sa naissance, dépassa bientôt toutes les branches plantées pour les enfants du même âge ; l'enfant ne poussa pas de cris, il jeta sur le monde un regard serein ; la terre poussa pour lui des fleurs et des gazons, et sur ses lèvres un essaim d'abeilles vint poser un rayon de miel.

Il mourut avant la vieillesse, laissant son œuvre inachevée ; il disparut comme ces dieux qui rentrent dans leur nuage. — Culte de Virgile. Silius Italicus vénérait une image de Virgile, célébrait sa naissance et visitait, de même que Stace, son tombeau comme un temple. Alexandre Sévère avait l'image de Virgile dans son laraire et lui rendait les honneurs divins. Le jour de sa naissance, aux ides d'octobre, était compté parmi les fêtes du calendrier romain ; Do-

---

[1] In antiquis invenimus opus hoc appellatum esse non Æneida, sed gesta populi Romani. (Servius, ad lib. VI *Æn.*)

natus (lib. I) atteste que les femmes allaient en pèlerinage à l'arbre de Virgile, et, selon Jovien, son tombeau resta entouré d'un culte religieux. *Sortes Virgilianæ* consultées par Adrien, Claude II, Alexandre Sévère : ce dernier tomba sur ce passage :

> Excudent alii spirantia mollius æra
> Tu regere imperio populos, Romane, memento.

VIRGILE CHEZ LES CHRÉTIENS. — Quand les païens en faisaient un oracle, comment les chrétiens n'en auraient-ils pas fait un prophète?
Virgile est enseigné dans les écoles des chrétiens. Ils ont la même foi à son savoir. Saint Augustin le compte parmi les sages et le loue d'avoir parlé comme un philosophe, comme un platonicien. (*De Civit. Dei*, lib. IV, X, XIII, XIV). Il s'attache, dans le sermon sur la prise de Rome, à prouver que Virgile n'a point trompé en disant des Romains : *Imperium sine fine dedi*. Saint Jérôme, si rempli de Virgile, se plaint de ce que les prêtres savent ce poëte par cœur. Fulgentius Planciades (*de Allegoria librorum Virgilii*) suppose que Virgile lui apparaît et lui explique comment l'*Énéide* est l'histoire allégorique de l'homme depuis sa naissance représentée par le naufrage. Dès le premier vers, *Arma virumque cano Trojæ qui primus ab oris; Arma*, c'est la force, le monde corporel ; *virum*, c'est la sagesse, le monde spirituel ; *primus*, c'est le nombre, c'est le monde artificiel : ainsi trois choses, avoir, régir et orner ; la nature, la science et le bonheur. Fulgentius remarque le rapport de cette doctrine avec l'Écriture sainte. Virgile en est ravi.

VIRGILE PROPHÈTE DANS LA QUATRIÈME ÉGLOGUE. — Discours prêté par Eusèbe à Constantin devant les Pères de Nicée. Traduction grecque de la quatrième églogue :

> Σικελίδες Μοῦσαι, μεγάλην φάτιν ὑμνίσωμεν
> Ἥκει παρθένος αὖθις, ἄγουσ' ἐρατὸν βασιλῆα.

« Quelle est cette vierge, si ce n'est celle qui conçut de l'Esprit saint? Nous croyons que ces paroles, sous le voile de l'allégorie, ont à la fois leur clarté et leur obscurité. Je pense que le poëte connut le mystère bienheureux de notre Sauveur, mais pour éviter la cruauté des hommes, il a tourné les esprits vers des idées qui leur étaient familières en les exhortant à dresser des autels au nouveau-né. »

Lactance (*Instit.* vii, 24) voit dans la même pièce l'annonce du règne de mille ans : *Cedet et ipse mari vector.*

Mais saint Jérôme condamne ces interprétations. (*Ep.* LIII, *ad Paulin.*) « Comme si nous n'avions pas lu des centons d'Homère et des centons de Virgile, et qu'il fallût faire de Virgile un chrétien sans le Christ pour avoir dit :

Jam redit et Virgo, redeunt Saturnia regna. »

VIRGILE AU MOYEN AGE. — Nous avons vu comment Virgile arrivait aux portes du moyen âge avec un double cortége : d'un côté les païens en faisaient l'interprète de toute la science antique, un pontife et un demi-dieu. Les chrétiens croyaient reconnaître en lui la saine philosophie, les pressentiments de la révélation, l'oracle qui avait annoncé la naissance de l'Enfant divin. Ils lui jetaient sur les épaules le manteau de prophète et l'introduisaient dans leurs écoles. Mais il n'y était pas accueilli sans scrupules.

Au sixième siècle Virgile et le Code théodosien font le texte de l'enseignement. (*Greg. Tur.*, IV, 47.) — Les faux Virgile de l'école de Toulouse. Saint Didier de Vienne explique Virgile à ses élèves. Mais saint Grégoire le Grand s'en effraye, et saint Ouen proteste contre les fables des poëtes criminels. (*Præfat. ad vit. sancti Eligii.*) Saint Remi a des scrupules. Sigulfa explique Virgile en cachette. Songe de saint Odon de Cluny. (Mabillon, *Act. SS. Ord. S. Benedicti, sæc.* v, p. 154.) Comme il avait désiré lire les vers de Virgile, il lui fut montré en songe un vase très-beau à l'extérieur, mais tout rempli de serpents... et à son réveil il comprit que les serpents figuraient la doctrine des poëtes, et le vase où ils étaient cachés le livre de Virgile.

Cependant Virgile l'emporte. A la fin du dixième siècle on lit dans un poëme de Walther, *de Vita sancti Christophori* :

Omnibus excellens docuit nos musa Maronis.

Virgile est accepté non-seulement comme poëte, mais comme philosophe. — Commentaire de Bernard de Chartres sur le sixième livre de l'*Énéide*. « Nous trouvons que, dans le texte unique de l'*Énéide*, Virgile a porté la préoccupation d'une double doctrine. Tel est le témoignage de Macrobe, qui a montré la vérité philosophique du poëme et qui n'a point oublié l'exposition de la fable poétique. Voyons donc maintenant le sens philosophique de ces fictions. Virgile en tant que philosophe a voulu décrire la condition de la vie humaine... ce que souffre une âme placée temporairement dans un corps mortel. Énée est l'âme, les sept vaisseaux les sept volontés, le corps c'est l'enfer. »

Virgile dans l'Église. — Virgile ne serait jamais arrivé à cette fortune, il n'aurait pas triomphé des résistances sans ce renom de prophète et de précurseur du Christ. Le génie bienveillant du moyen âge est disposé à reconnaître des pressentiments chrétiens dans toute l'antiquité, il acceptait les oracles des Sibylles.

Dans le mystère de Noël, à Rouen, Virgile vient immédiatement après les prophètes [1]. *Maro, Maro, vaste gentilium, da Christo testimonium. Virgilius in juvenili habitu bene ornatus respondeat :*

    Ecce polo demissa solo nova progenies est.

Une prose de Mantoue, citée par Bettinelli, suppose une visite de saint Paul au tombeau de Virgile :

    Ad Maronis mausolæum
    Ductus, fudit super eum
    Piæ rorem lacrymæ.
    Quem te, inquit, reddidissem,
    Si te vivum invenissem,
    Poetarum maxime.

Virgile dans la Fable. — Virgile a paru sur la scène populaire des mystères, il faudra qu'il subisse toutes les conséquences de la

---

[1] Ducange, *Glossarium ad script. med. et infim. latinitatis*, III, 255, éd. Henschel.

popularité. Virgile trompe le diable et s'empare de son livre. (*Chronique hollandaise* et *Guerre de la Wartburg*.)

Virgile à Rome. Saint Paul vient à Rome où il apprend la mort de Virgile. Il se n et en quête de ses livres. Ils sont dans un lieu profond où l'on ne peut pénétrer qu'au milieu des tonnerres. Au fond est l'image de Virgile, assise sur une grande chaire et autour de lui ses livres par monceaux. Deux cierges à droite et à gauche. Un archer visant vers la lampe. Mais saint Paul ne peut entrer à cause de deux hommes de cuivre qui frappent avec de lourds marteaux. (*Image du monde*, citée par Edelestand du Méril.)

Virgile à Babylone, où il enlève la fille du Soudan. Virgile à Tolède, où le roi le retient prisonnier sept ans, après quoi l'archevêque le marie à dona Isabel.

Virgile à Naples. Il contient les éruptions du Vésuve. Il perce le Pausilippe. — Son école et la fenêtre par où il entendait la messe [1].

Virgile dans la Divine Comédie. — Dante l'appelle le sage fameux qui sut toutes choses ; celui qui honore tout art et toute science ; le profond docteur ; le soleil qui guérit toute vue troublée ; celui qui lui apprend tout ce que la raison peut voir.

Raphaël place Virgile dans la dispute du Saint-Sacrement. Le moyen âge est plus équitable que les modernes qui vont sans cesse de l'un à l'autre de ces excès, ou de tout accorder à la philosophie ou de ne lui accorder rien.

Terc. 4. — Hugues de Saint-Victor. *Annotationes in Ecclesiast*, *Homil*. I, p. 76 et suiv. (Thèse de M. Weiss, p. 45.) « Comme d'abord le feu prend difficilement au bois vert, mais quand il est excité par un souffle puissant et qu'il commence à dévorer l'aliment qu'on lui présente, nous voyons s'élever des tourbillons de fumée, à travers lesquels à peine s'échappent quelques étincelles, jusqu'à ce que l'embrasement s'accroissant et toute vapeur étant épuisée, la fumée se dissipe et la flamme éclate dans toute sa splendeur... Ainsi un cœur charnel, comme un bois vert et encore tout imprégné de l'humeur de la concupiscence, s'il a reçu quel-

---

[1] *Chronique hollandaise*, citée par Edelestand du Méril.

que étincelle de la crainte ou de l'amour de Dieu, commence par jeter la fumée de ses passions et de ses désirs mauvais qui résistent. Puis l'âme s'affermissant, quand la flamme de l'amour vient à brûler avec plus d'ardeur et à resplendir avec plus d'éclat, bientôt toute l'obscurité des passions se dissipe, et l'esprit purifié s'élance à la contemplation du vrai. »

CANTO XXIII

1 Mentre che gli occhi per la fronda verde
   Ficcava io così, come far suole
   Chi dietro all' uccellin sua vita perde;
2 Lo più che padre mi dicea: Figliuole,
   Vienne oramai, chè 'l tempo che c' è imposto
   Più utilmente compartir si vuole.
3 I' volsi 'l viso e il passo non men tosto
   Appresso a' savi, che parlavan sie,
   Che l' andar mi facén di nullo costo.
4 Ed ecco pianger e cantar s' udie,
   Labia mea, Domine, per modo
   Tal, che diletto e doglia parturie.
5 O dolce Padre, che è quel ch' i' odo?
   Comincia' io: ed egli: Ombre che vanno,
   Forse di lor dover solvendo il nodo.
6 Si come i peregrin pensosi fanno,
   Giugnendo per cammin gente non nota,
   Che si volgono ad essa e non ristanno;

CHANT XXIII

Tandis que je plongeais les yeux dans le vert feuillage, comme a coutume de faire un homme qui perd son temps à la poursuite du petit oiseau,

Celui qui pour moi fut plus qu'un père me disait : « Mon fils, viens maintenant, car le temps qu'on nous octroie veut être plus utilement employé. »

Je tournai mes regards et tout aussitôt mes pas vers les deux sages qui parlaient, de telle sorte qu'avec eux la marche ne me coûtait rien.

Et voilà qu'on entendit pleurer et chanter ces mots : *Labia mea, Domine*, d'un accent qui enfantait à la fois plaisir et douleur.

« O mon doux père, commençai-je, qu'est-ce que j'entends ? » Et lui : « Des ombres peut-être qui vont dénouant le nœud de leur dette. »

Comme font des pèlerins pensifs, qui rejoignent en chemin un groupe d'inconnus, se tournent vers eux et ne s'arrêtent pas ;

7 Così diretro a noi, più tosto mota,
Venendo e trapassando, ci ammirava
D' anime turba tacita e devota.

8 Negli occhi era ciascuna oscura e cava,
Pallida nella faccia, e tanto scema,
Che dall' ossa la pelle s' informava.

9 Non credo che così a buccia strema
Erisiton si fusse fatto secco,
Per digiunar, quando più n' ebbe tema.

10 Io dicea, fra me stesso pensando: Ecco
La gente che perdè Gerusalemme,
Quando Maria nel figlio diè di becco.

11 Parean l' occhiaie anella senza gemme:
Chi nel viso degli uomini legge *omo*,
Ben avria quivi conosciuto l' emme.

12 Chi crederebbe che l' odor d' un pomo
Si governasse, generando brama,
E quel d' un' acqua, non sappiendo como?

13 Già era in ammirar che sì gli affama,
Per la cagione ancor non manifesta
Di lor magrezza e di lor trista squama;

14 Ed ecco del profondo della testa
Volse a me gli occhi un' ombra, e guardò fiso;
Poi gridò forte: Qual grazia m' è questa?

15 Mai non l' avrei riconosciuto al viso;
Ma nella voce sua mi fu palese
Ciò che l' aspetto in sè avea conquiso.

16 Questa favilla tutta mi raccese

Ainsi, venue derrière nous, mais nous dépassant d'une marche plus rapide, nous admirait une troupe d'âmes, muette et pieuse.

Chacune de ces âmes avait les yeux caves et éteints, la face pâle, et toute sa personne si amaigrie, que la peau prenait la forme des os.

Je ne crois pas qu'Erisichthon fut ainsi desséché par le jeûne jusqu'à la dernière écorce, même quand il ressentit les suprêmes terreurs de la faim.

Je disais, pensant en moi-même : Tel était le peuple qui perdit Jérusalem, quand la juive Marie mit la dent sur son propre fils.

Le cercle de leurs yeux semblait un anneau sans pierre. Ceux qui sur le visage de l'homme lisent ⸢᎐⸣ auraient ici bien reconnu l'M.

Qui croirait que l'odeur d'un fruit et la fraîcheur d'une eau, en excitant le désir, dussent réduire des figures à ce point ? Qui le croirait s'il ne savait comment ?

Déjà je me demandais avec étonnement pourquoi ils étaient si affamés ; car j'ignorais encore la cause de leur maigreur, la hideuse écaille qui les couvre.

Et voici que des profondeurs de sa tête une ombre tourna les yeux vers moi et me regarda fixement. Puis elle cria d'une voix forte : « Quelle grâce m'est donnée ! »

Jamais je ne l'eusse reconnue à son visage ; mais sa voix me découvrit ce que son aspect m'avait caché.

Cette étincelle ralluma dans moi toute la connais-

Mia conoscenza alla cambiata labbia,
E ravvisai la faccia di Forese.

17 Deh non contendere all' asciutta scabbia,
Che mi scolora, pregava, la pelle,
Nè a difetto di carne che io abbia;

18 Ma dimmi il ver di te, e chi son quelle
Due anime che là ti fanno scorta;
Non rimaner che tu non mi favelle.

19 La faccia tua, ch' io lagrimai già morta,
Mi dà di pianger mo non minor doglia,
Risposi lui, veggendola sì torta.

20 Però mi dì, per Dio, che sì vi sfoglia;
Non mi far dir mentr' io mi maraviglio,
Chè mal può dir chi è pien d' altra voglia.

21 Ed egli a me: Dell' eterno consiglio
Cade virtù nell' acqua, e nella pianta
Rimasa addietro, ond' io sì mi sottiglio.

22 Tutta esta gente che piangendo canta,
Per seguitar la gola oltre misura,
In fame e in sete qui si rifà santa.

23 Di bere e di mangiar n' accende cura
L' odor ch' esce del pomo, e dello sprazzo
Che si distende su per la verdura.

24 E non pur una volta, questo spazzo
Girando, si rinfresca nostra pena;
Io dico pena, e dovre' dir sollazzo;

25 Chè quella voglia all' arbore ci mena,

sance de ces traits défigurés, et je revis la face de Forèse.

« Ah! ne t'arrête pas, suppliait-il, à la lèpre qui me décolore la peau, ni à ce qui me manque de chair ;

« Mais dis-moi la vérité sur toi, et qui sont ces deux âmes que je vois te faire cortége. Ne me fais pas attendre ta parole. »

—Ta figure qu'autrefois je pleurais morte, lui répondis-je, ne me donne pas un moins douloureux sujet de larmes, maintenant que je la vois si déformée.

« Dis-moi cependant, au nom de Dieu, qui donc vous effeuille ainsi. Ne me fais point parler tandis que je m'étonne, car celui-là ne saurait bien dire, qui est plein d'un autre souci. »

Et lui me repartit : « Du conseil éternel émane une puissance qui se répand dans l'eau et dans la plante restée derrière nous et qui m'exténue comme tu vois.

« Tout ce peuple qui chante au milieu de ses pleurs, pour avoir suivi outre mesure l'appétit de la bouche, passe ici par la faim et par la soif, afin de retrouver la sainteté.

« Le désir de boire et de manger s'allume en nous aux exhalaisons du fruit et de la cascade qui s'étend là-haut sur le vert feuillage.

« Et plus d'une fois, faisant le tour de ce chemin, nous sentons se renouveler notre peine, je dis peine et je devrais dire consolation ;

« Car le désir qui nous pousse vers cet arbre est le

Che menò Cristo lieto a dire Eli
Quando ne liberò con la sua vena.

26 Ed io a lui : Forese, da quel dì'
Nel qual mutasti mondo a miglior vita,
Cinqu' anni non son volti insino a qui.

27 Se prima fu la possa in te finita
Di peccar più, che sorvenisse l' ora
Del buon dolor ch' a Dio ne rimarita,

28 Come se' tu quassù venuto? Ancora
Io ti credea trovar laggiù di sotto,
Dove tempo per tempo si ristora.

29 Ed egli a me : Sì tosto m' ha condotto
A ber lo dolce assenzio de' martiri
La Nella mia col suo pianger dirotto.

30 Con suoi prieghi devoti e con sospiri
Tratto m' ha della costa ove s' aspetta,
E liberato m' ha degli altri giri.

31 Tant' è a Dio più cara e più diletta
La vedovella mia, che tanto amai,
Quanto in bene operare è più soletta;

32 Chè la Barbagia di Sardigna assai
Nelle femmine sue è più pudica
Che la Barbagia dov' io la lasciai.

33 O dolce frate, che vuoi tu ch' io dica?
Tempo futuro m' è già nel cospetto,
Cui non sarà quest' ora molto antica,

34 Nel qual sarà in pergamo interdetto
Alle sfacciate donne fiorentine
L' andar mostrando con le poppe il petto.

35 Quai Barbare fur mai, quai Saracine,

même qui conduisit le Christ avec joie jusqu'à crier Éli! lorsqu'il nous racheta par le sang de ses veines.»

Et je lui répondis : «Forèse, depuis le jour où tu échangeas le monde contre une meilleure vie, cinq an ne se sont pas encore écoulés.

«Si le pouvoir de pécher finit dans toi, avant que survînt l'heure de la douleur bienfaisante qui rend l'âme à Dieu son époux,

« Comment donc es-tu venu si haut? Je pensais te trouver encore là-bas sous nos pieds, où le temps par le temps se répare.»

Et lui à moi : «Celle qui m'a mené sitôt boire la douce absinthe des souffrances, c'est Nella ma bien-aimée avec le déluge de ses larmes.

«Ses dévotes prières et ses soupirs m'ont tiré de la côte où l'on attend et m'ont délivré des autres cercles.

« Elle est d'autant plus chère et agréable à Dieu, ma jeune veuve si aimée de moi, qu'elle est plus seule à bien faire;

«Car la Barbagia de Sardaigne est plus chaste que le pays barbare où je l'ai laissée.

« O mon doux frère, que me fais-tu dire? Un temps futur est déjà devant mes yeux, et pour lui cette heure ne sera pas encore bien loin.

« Un temps où du haut de la chaire on interdira aux effrontées Florentines d'aller montrant leur sein nu.

« Quelles barbares vit-on jamais, quelles Sarrasines,

Cui bisognasse, per farle ir coverte,
O spiritali o altre discipline!
36 Ma se le svergognate fosser certe
Di quel che il ciel veloce loro ammanna,
Già per urlare avrian le bocche aperte.
37 Che, se l' antiveder qui non m' inganna,
Prima fien triste, che le guance impeli
Colui che mo si consola con nanna.

38 Deh, frate, or fa che più non mi ti celi;
Vedi che non pur io, ma questa gente
Tutta rimira là dove il Sol veli.

39 Perch' io a lui: Se ti riduci a mente
Qual fosti meco e quale io teco fui,
Ancor fia grave il memorar presente.

40 Di quella vita mi volse costui
Che mi va innanzi, l' altr' ier, quando tonda
Vi si mostrò la suora di colui

41 (E il Sol mostrai). Costui per la profonda
Notte menato m' ha de' veri morti,
Con questa vera carne che il seconda.
42 Indi m' han tratto su gli suoi conforti,
Salendo e rigirando la montagna,
Che drizza voi che il mondo fece torti.
43 Tanto dice di farmi sua compagna,
Ch' io sarò là dove fia Beatrice:
Quivi convien che senza lui rimagna

auxquelles il fallut, pour les faire aller couvertes, des peines spirituelles ou d'autres encore.

« Mais si les déhontées savaient ce que le ciel leur prépare dans peu, déjà elles auraient la bouche ouverte pour jeter des hurlements ;

«Car si le don de prévoir ne m'abuse point ici, elles seront tristes avant que le poil ait couvert les joues de l'enfant qui aujourd'hui se console aux chansons de sa nourrice.

« Et maintenant, de grâce, frère, fais en sorte de ne plus te cacher à moi : vois que non point moi seul, mais toute cette troupe, nous regardons du côté où tu voiles les rayons du soleil. »

C'est pourquoi je repartis : «Si tu rappelles à ta mémoire quel avec moi tu fus, quel je fus avec toi, encore maintenant il te sera pénible d'en renouveler le souvenir.

« De cette vie je fus détourné par Celui qui marche devant moi. Il m'en retira avant-hier, au moment où se montrait à vous dans toute sa rondeur la sœur de celui-ci.

« (Et je montrai le soleil.) C'est lui qui, à travers la profonde nuit des véritables morts, m'a conduit avec cette chair véritable qui suit ses pas.

«De là ses encouragements m'ont fait monter, gravissant et tournant la montagne où vous redevenez droits, vous que le monde a déformés.

« Il dit qu'il me fait compagnie jusqu'au moment où je serai auprès de Béatrix. Là il faut que je reste sans lui. »

44 Virgilio è questi che così mi dice
   (E addita'lo), e quest' altro è quell' ombra,
   Per cui scosse dianzi ogni pendice
45 Lo vostro regno che da sè la sgombra.

« Virgile est celui qui me parla de la sorte (et je le montrai du doigt). Et cet autre est l'ombre au départ de laquelle tout à l'heure tressaillirent tous les flancs de votre royaume. »

COMMENTAIRE DU CHANT XXIII

Terc. 16. — Forèse, frère de Corso Donati, chef de la faction des Noirs, homme délicat et qui aimait les bons morceaux. Ami de Dante et son allié; plus tard les discordes civiles les rendirent ennemis; Forèse s'étant attaché au parti des Noirs et Dante à celui des Blancs. (Falso Boccacio.) — Annella, femme pudique et sobre, qui vécut dans la tempérance avec ce gourmand, pour qui il lui fallait préparer des mets délicats, en quoi sa vertu ne fit que briller davantage. (Benvenuto.) — Piccarda, sœur de Corso et de Forèse, qui étant très-belle jeune fille, tourna son esprit vers Dieu, fit profession de virginité, et entra dans le monastère de sainte Claire. Mais comme ses frères l'avaient promise à un gentilhomme florentin, appelé Rossellino della Tosa, Corso Donati qui était podestat de Bologne, vint l'enlever de force au monastère, la donna malgré elle à cet époux qu'elle détestait. Incontinent elle tomba malade, et passa dans les bras de l'Époux céleste à qui elle s'était vouée. (*Ott. Com.*)

Dante parle peu de sa famille. Parcourez la Divine Comédie. Béatrix la remplit de ses rayons; mais jamais le poëte ne nous entretient ni de Gemma Donati sa femme, ni de ses fils, qui cependant semblent n'avoir pas été indignes de leur glorieux père, puisque deux d'entre eux, Pierre et Jacques, devinrent ses commentateurs. C'est donc avec un plaisir inattendu qu'on trouve dans un coin du Purgatoire une scène d'intérieur, un souvenir des premiers jours, où Dante, nouvel époux, trouvait dans la maison de sa femme de fraternelles affections, avant que la guerre civile fût venue détruire ce fragile bonheur.

31'. — La Barbagia de Sardaigne. — Un pays de montagnes, habité par une race barbare qui vint s'y réfugier quand les Romains s'emparèrent de la Barbarie. Cette race n'a ni lois, ni coutumes comme les autres nations, leurs femmes sont si déshonnêtes qu'on n'y connaît pas le mariage. (Falso Bocc.) A cause de l'extrême chaleur, elles sont vêtues d'un vêtement de lin qui ne couvre pas leur poitrine. (Benvenuto.) Le glossateur du Mont-Cassin ajoute : « Quand les Génois tirèrent cette île des mains des infidèles, ils ne purent prendre possession de cette montagne où habite un peuple barbare et sans aucune civilisation. Leurs femmes sont vêtues d'une sorte de filet qui ne les couvre pas. »

Terc. 33. — Les peines spirituelles et d'autres encore, selon Benvenuto. Jadis saint Grégoire avait réglé le costume des Romaines : *Sub quo honeste latent*. Le statut de la commune de Florence défend aux femmes de porter des vêtements trop échancrés au cou. L'*Ottimo* ajoute que les peines spirituelles contre l'immodestie, furent renouvelées en 1354, sous l'épiscopat d'Agnolo Acciaioli.

36. — La Prédiction. Bataille de Monte Catini. Les Florentins et le roi Robert forment la ligue guelfe. Le prince de Tarente, frère de Robert, vient à Florence avec 500 cavaliers. Uguccione della Faggiola, chef du parti gibelin, seigneur de Pise et de Lucques, aidé de l'évêque d'Arezzo, des comtes de Santafiore, des Gibelins toscans, de Maffio Visconti qui lui avait envoyé des auxiliaires et de vieilles bandes allemandes qui combattaient aussi sous ses drapeaux, assiégeait Monte Catini dans le val de Niévole. Les Florentins se mirent en route pour faire lever le siége. Uguccione, inférieur en force, veut éviter la bataille. Contraint de l'accepter, il mit les Florentins en déroute. Ils laissèrent 2,000 morts et 1,500 prisonniers. Il en resta de toutes les grandes familles nobles et des maisons plébéiennes enrichies, au nombre de 114 citoyens notables. Plusieurs périrent dans la fuite et se noyèrent dans les marais de la Guisciana. C'était le 29 août, jour de saint Jean décollé. (Villani.)

LES FEMMES.

On pourrait croire que Dante cède au penchant qu'ont eu tous les poëtes satiriques à médire des femmes. C'est pourquoi il est bon d'entendre sur ce passage le commentaire de Benvenuto d'Imola : « Il n'est pas d'artistes dans le monde qui aient autant d'engins, d'instruments divers et de subtiles industries pour l'exercice de leur art, que les femmes florentines pour le soin de leur personne. Car non contentes de leur beauté, elles s'efforcent d'y ajouter toujours, et elles s'arment d'un art incroyable contre les défectuosités de la nature. Car elles relèvent leur petite taille en exhaussant leurs chaussures. Si elles ont une carnation trop noire, elles la blanchissent ; trop pâle, elles savent lui prêter des couleurs. Elles savent se donner des cheveux blonds, des dents d'ivoire, un corsage élégant, et pour parler brièvement, elles mettent de l'artifice dans tous leurs membres. »

Le pape Grégoire X au concile de Lyon, 1274, entre autres constitutions, interdit l'excès du luxe dans les vêtements des femmes par toute la république chrétienne. — Statut de Modène, 1327 [1]. « Défense aux femmes de compagnie, servantes et autres d'humble condition de porter des vêtements qui touchent la terre. Item de porter dans leur chevelure des tresses de soie. Item ordonne qu'aucune femme mariée ou non mariée ne puisse porter dans la maison ou hors de la maison, aucune robe, mante ou fourrure, ou vêtement quelconque, dont la queue traîne à terre de plus d'une brasse, mesurée à la mesure de la commune, taillée dans la pierre sur la place publique. Défense d'avoir aucune couronne ou guirlande, aucun cercle ou fil de perle, d'or, d'argent, de pierreries, de quelque sorte que ce soit, ni aucune tresse d'or ou d'argent, ni aucune ceinture qui vaille plus de dix livres de Modène, ni aucune bourse qui vaille plus de cinquante sous. »

Satire de Fra Jacopone. *O femine guardate alle mortal ferute.* Les Romans de la Table ronde. Lancelot. *Galeotto fu libro, e chi lo scrisse.* Tristan et les aventures du roi Marc. Immoralité des premiers troubadours, des trouvères et du roman de la Rose.

Le moyen âge ne fut pas ce qu'on pense. L'empire du mal y fut grand. Restes de paganisme, restes de barbarie. Violence des passions de la chair. Mais le moyen âge eut le mérite de détester le mal, de le flétrir. Il ne connut point les délicatesses. On ne craignait pas de diminuer le respect en publiant les vices des grands. Les prédica-

---

[1] Ricord. Malesp., cap. cxcix.

teurs s'armaient du fouet pour chasser les vendeurs du temple. Les lois étaient sévères quoique mal exécutées. Le mérite du moyen âge n'est pas d'avoir triomphé, mais d'avoir combattu, de n'avoir pas connu ces capitulations misérables dont s'accommodent les siècles faibles.

CANTO XXIV

1 Nè il dir l'andar, nè l'andar lui più lento
   Facea; ma ragionando andavam forte,
   Sì come nave pinta da buon vento.

2 E l'ombre, che parean cose rimorte,
   Per le fosse degli occhi ammirazione
   Traén di me, di mio vivere accorte.

3 Ed io, continuando il mio sermone,
   Dissi: Ella sen va su forse più tarda
   Che non farebbe, per l'altrui cagione.

4 Ma dimmi, se tu sai, dov'è Piccarda;
   Dimmi s'io veggio da notar persona
   Tra questa gente che sì mi riguarda.

5 La mia sorella, che tra bella e buona
   Non so qual fosse più, trionfa lieta
   Nell'alto Olimpo già di sua corona.

6 Sì disse prima; e poi: Qui non si vieta
   Di nominar ciascun, da ch'è sì munta
   Nostra sembianza via per la dieta.

CHANT XXIV

La parole ne ralentissait point la marche, et la marche ne ralentissait point la parole, mais, tout en discourant, nous allions rapidement comme un navire que le bon vent pousse.

Et les ombres, qui paraissaient deux fois mortes, ouvraient avec étonnement les fosses de leurs yeux, apprenant que je vivais.

Et moi, continuant mon discours : « Cette âme, dis-je, à cause d'autrui s'en va peut-être plus lentement vers le ciel. »

« — Mais dis-moi, si tu le sais, où est Piccarda. Dis-moi si je vois quelque personne digne de remarque, parmi ce peuple qui me regarde ainsi ? »

« Ma sœur, toute belle et toute bonne (je ne saurais dire ce qu'elle fut le plus), triomphe joyeuse et couronnée sur les hauteurs de l'Olympe. »

Ainsi parla d'abord Forèse ; puis il ajouta : « Rien ne défend ici de donner à chacun son nom, tant nos traits sont défigurés par une diète salutaire. »

7 Questi (e mostrò col dito) è Buonagiunta;
　　Buonagiunta da Lucca: e quella faccia
　　Di là da lui, più che l'altre trapunta,
8 Ebbe la Santa Chiesa in le sue braccia:
　　Dal Torso fu, e purga per digiuno
　　L'anguille di Bolsena e la vernaccia.
9 Molti altri mi mostrò ad uno ad uno;
　　E nel nomar parean tutti contenti,
　　Sì ch'io però non vidi un atto bruno.
10 Vidi per fame a vuoto usar li denti
　　Ubaldin dalla Pila, e Bonifazio
　　Che pasturò col rocco molte genti.
11 Vidi messer Marchese, ch'ebbe spazio
　　Già di bere a Forlì con men secchezza,
　　E sì fu tal che non si senti sazio.
12 Ma, come fa chi guarda, e poi fa prezza
　　Più d'un che d'altro, fe' io a quel da Lucca,
　　Che più parea di me voler contezza.

13 Ei mormorava; e non so che Gentucca
　　Sentiva io là ov' el sentia la piaga
　　Della giustizia che sì gli pilucca.

14 O anima, diss'io, che par sì vaga
　　Di parlar meco, fa sì ch'io t'intenda,
　　E te e me col tuo parlare appaga.
15 Femmina è nata, e non porta ancor benda,
　　Cominciò ei, che ti farà piacere
　　La mia città, come ch' uom la riprenda.
16 Tu te n' andrai con questo antivedere:

CHANT XXIV.

« Celui-ci, et du doigt il le montra. C'est Buonagiunta de Lucques, et au delà de lui ce visage plus amaigri que les autres

« Eut la sainte Église dans ses bras. Il était de Tours, et il expie par le jeûne ses anguilles de Bolsena et son vin doux.»

Il m'en nomma beaucoup d'autres, un à un, et tous paraissaient contents d'être nommés, si bien que je ne vis pas un seul visage se rembrunir.

Je vis, réduits par la faim, à fatiguer leurs dents à vide, Ubaldino della Pila et Boniface, qui rangea sous sous son bâton pastoral un grand peuple.

Je vis Messer Marchese, qui jadis à Forli eut le gosier moins sec et tout le loisir de boire. Il fut tel cependant qu'il ne se sentit jamais désaltéré.

Mais, comme un homme qui regarde et ensuite fait plus d'estime de l'un que de l'autre, ainsi j'en montrai davantage à l'habitant de Lucques, lequel semblait me connaître mieux.

Il murmurait, et j'entendais le nom de je ne sais quelle Gentucca sortir de cette bouche, où il sentait les coups de la justice divine qui émonde ainsi les pécheurs.

« O âme, dis-je, qui semble si désireuse de converser avec moi, fais en sorte que je t'entende, et que ta parole nous satisfasse tous deux. »

« — Une femme est née, qui ne porte pas encore de bandeau, commença-t-il, et qui te fera aimer ma patrie, encore qu'on en médise;

« Tu t'en iras avec cette connaissance de l'avenir. Si

Se nel mio mormorar prendesti errore,
Dichiareranti ancor le cose vere.

17 Ma dì s' io veggio qui colui che fuore
Trasse le nuove rime, cominciando:
Donne, ch' avete intelletto d' amore.

18 Ed io a lui: I' mi son un che, quando
Amore spira, noto, ed a quel modo
Che detta dentro, vo significando.

19 O frate, issa vegg' io, diss' egli, il nodo
Che il Notaio, e Guittone, e me ritenne
Di qua dal dolce stil nuovo ch' i' odo.

20 Io veggio ben come le vostre penne
Diretro al dittator sen vanno strette,
Che delle nostre certo non avvenne.

21 E qual più a guardare oltre si mette,
Non vede più dall' uno all' altro stilo:
E quasi contentato si tacette.

22 Come gli augei che vernan lungo il Nilo,
Alcuna volta di lor fanno schiera,
Poi volan più in fretta e vanno in filo;

23 Così tutta la gente che lì era,
Volgendo il viso, raffrettò suo passo,
E per magrezza e per voler leggiera.

24 E come l' uom che di trottare è lasso,
Lascia andar li compagni, e si passeggia
Fin che si sfoghi l' affollar del casso;

25 Si lasciò trapassar la santa greggia
Forese, e dietro meco sen veniva,
Dicendo: Quando fia ch' i' ti riveggia?

2 Non so, risposi lui, quant' io mi viva;

les mots que je murmure t'ont trompé, l'événement te le fera voir.

« Mais dis si je vois celui qui mit au jour les vers nouveaux commençant par ces mots : *Dames qui de l'amour avez l'intelligence!* »

Et moi, je repartis : « Je suis un homme qui écris quand l'amour m'inspire, et qui vais exprimant ce qu'il dicte au dedans de moi. »

« O frère, répliqua-t-il, je vois maintenant le nœud qui nous a retenus, le notaire et Guittone et moi, loin du nouveau style dont mes oreilles goûtent la douceur.

« Je vois bien comme vos plumes suivent de près celui qui vous dicte, et certes il n'en fut pas ainsi des nôtres.

« Et celui qui pour plaire veut aller au delà ne voit plus de différence entre les deux styles ; » et comme s'il eût été satisfait, il se tut.

Ainsi que les oiseaux qui vont hiverner vers le Nil quelquefois se forment en bataillon, puis pressent leur vol, ils s'en vont à la file ;

Ainsi toutes les ombres qui étaient là, tournant vers moi leurs regards, hâtèrent le pas, devenues légères par leur maigreur et par leur volonté.

Et comme un homme fatigué de courir laisse aller ses compagnons, et marche jusqu'à ce qu'il ait déchargé le souffle de sa poitrine ;

Ainsi Forèse laissa passer le saint troupeau, et il venait derrière moi disant : « Quand sera-ce que je te reverrai ? »

« — Je ne sais, lui répondis-je, combien je vivrai ; mais

Ma già non fia 'l tornar mio tanto tosto,
Ch' io non sia col voler prima alla riva.

27 Perocchè il luogo, u' fui a viver posto,
Di giorno 'n giorno più di ben si spolpa,
E a trista ruina par disposto.

28 Or va, diss' ei, chè quei che più n' ha colpa
Vegg' io a coda d' una bestia tratto
Verso la valle, ove mai non si scolpa.

29 La bestia ad ogni passo va più ratto
Crescendo sempre, infin ch' ella il percuote,
E lascia il corpo vilmente disfatto.

30 Non hanno molto a volger quelle ruote
(E drizzò gli occhi al ciel), ch' a te fia chiaro
Ciò che 'l mio dir più dichiarar non puote.

31 Tu ti rimani omai, chè 'l tempo è caro
In questo regno sì, ch' io perdo troppo
Venendo teco sì a paro a paro.

32 Qual esce alcuna volta di galoppo
Lo cavalier di schiera che cavalchi,
E va per farsi onor del primo intoppo;

33 Tal si partì da noi con maggior valchi;
Ed io rimasi in via con esso i due,
Che fur del mondo sì gran maliscalchi.

34 E quando innanzi a noi sì entrato fue,
Che gli occhi miei si fero a lui seguaci,
Come la mente alle parole sue;

35 Parvermi i rami gravidi e vivaci
D' un altro pomo, e non molto lontani,
Per esser pur allora volto in laci.

36 Vidi gente sott' esso alzar le mani,

mon retour ne sera pas si prompt que mon désir ne le devance sur votre rive;

« Car le lieu où je fus placé pour vivre de jour en jour se dépouille de bien, et semble réservé à quelque triste ruine. »

« — Va donc, dit-il, car je vois celui qui en porte surtout la faute traîné à la queue d'une bête vers la vallée où jamais le crime ne s'absout.

« La bête, à chaque pas, va plus rapide, toujours se hâtant, jusqu'à ce qu'elle le frappe, et laisse son corps misérablement défiguré.

« Ces sphères n'ont pas beaucoup à tourner (et il leva les yeux au ciel), avant que te devienne clair ce que ma parole ne peut t'éclaircir davantage.

« Je te laisse maintenant, car dans ce royaume le temps est si précieux, que j'en perds trop en marchant ainsi d'un pas égal avec toi. »

Comme on voit quelquefois un cavalier se détacher au galop d'une troupe qui chevauche, et courir pour se faire honneur du premier coup;

Tel Forèse se sépare de nous en pressant sa marche, et je restai sur la route avec ces deux, qui furent pour le monde de si grands capitaines.

Et quand il fut si loin devant nous que mes yeux le suivirent à peine, comme mon intelligence suivait ses paroles,

Alors m'apparurent les rameaux d'un autre arbre, vivants et chargés de fruits; et peu éloignés de moi, car je venais seulement de me tourner de ce côté.

Au-dessous je vis une foule qui levait les mains et qui

E gridar non so che verso le fronde,
Quasi bramosi fantolini e vani,
37 Che pregano, e il pregato non risponde;
Ma per fare esser ben lor voglia acuta,
Tien alto lor disio, e nol nasconde.
38 Poi si partì sì come ricreduta;
E noi venimmo al grande arbore adesso,
Che tanti prieghi e lagrime rifiuta.
39 Trapassate oltre senza farvi presso;
Legno è più su che fu morso da Eva,
E questa pianta si levò da esso.
40 Sì tra le frasche non so chi diceva;
Perchè Virgilio e Stazio ed io ristretti,
Oltre andavam dal lato che si leva.
41 Ricordivi, dicea, de' maledetti
Ne' nuvoli formati, che satolli
Teseo combattér co' doppj petti:
42 E degli Ebrei ch' al ber si mostrar molli,
Per che non gli ebbe Gedeon compagni,
Quando in ver Madian discese i colli.

43 Sì, accostati all' un de' duo vivagni,
Passammo, udendo colpe della gola,
Seguite già da miseri guadagni.
44 Poi, rallargati per la strada sola,
Ben mille passi e più ci portammo oltre,
Contemplando ciascun senza parola.
45 Che andate pensando sì voi sol tre?
Subita voce disse; ond' io mi scossi,
Come fan bestie spaventate e poltre,

poussait je ne sais quels cris vers le feuillage, comme de petits enfants pressés de vains désirs,

Qui prient, et celui qu'ils prient ne répond pas, et, pour faire que leur convoitise s'aiguise encore, il tient au-dessus d'eux l'objet désiré, et ne le cache point.

Puis cette troupe s'éloigna comme détrompée, et aussitôt nous vînmes auprès du grand arbre qui repousse tant de prières et de larmes.

« — Passez outre sans approcher. Plus haut est le bois duquel Ève mordit le fruit. Et cette plante en est un rejeton. »

Ainsi disait entre les branches je ne sais quelle voix. C'est pourquoi Virgile, Stace et moi, **nous** passâmes outre en nous serrant du côté de la hauteur.

« — Souvenez-vous, disait la voix, de ces maudits qui naquirent des nuages, et qui dans leur ivresse combattirent Thésée avec une double poitrine,

« Et des Hébreux qui, au moment de boire, montrèrent leur mollesse. C'est pourquoi Gédéon ne les voulut pas pour compagnons d'armes, quand du haut des collines il fondit sur Madian. »

Ainsi nous tenant près de l'un des deux bords, nous passâmes, entendant raconter des péchés de gourmandise, suivis jadis d'un misérable retour.

Puis, nous mettant au large dans la route solitaire, nous marchâmes bien mille pas et plus, chacun de nous méditant et sans parole.

« Où allez-vous pensant de la sorte tous les trois seuls? » Ainsi dit une voix soudaine ; et moi je tressaillis comme font des bêtes ombrageuses et mal domptées.

46 Drizzai la testa per veder chi fossi;
E giammai non si videro in fornace
Vetri o metalli sì lucenti e rossi,
47 Com'io vidi un che dicea: S'a voi piace
Montare in su, qui sì convien dar volta;
Quinci si va chi vuole andar per pace.
48 L'aspetto suo m'avea la vista tolta:
Perch'io mi volsi indietro a' miei dottori,
Com' uom che va secondo ch' egli ascolta.
49 E quale, annunziatrice degli albori,
L'aura di maggio movesi ed olezza,
Tutta impregnata dall' erba e da' fiori;
50 Tal mi senti' un vento dar per mezza
La fronte, e ben senti' mover la piuma,
Che fe sentir d'ambrosia l'orezza;
51 E senti' dir: Beati cui alluma
Tanto di grazia, che l'amor del gusto
Nel petto lor troppo disir non fuma,
52 Esuriendo sempre quanto è giusto.

Je relevai la tête pour voir qui parlait, et jamais on ne vit dans une fournaise des verres ou des métaux aussi rouges et resplendissants,

Qu'un personnage qui m'apparut, disant : « S'il vous plaît de monter, il faut tourner ici ; par ici l'on passe, quand on va chercher la paix. »

Son aspect m'avait ôté la vue : c'est pourquoi je me retournai vers mes maîtres, comme un homme qui va selon la parole qu'il entend.

Et comme messagère des premières blancheurs du jour, la brise de mai passe et embaume, tout imprégnée du parfum de l'herbe et des fleurs ;

Ainsi je sentis un souffle me toucher au milieu du front, et le battement de l'aile qui me parfuma d'ambroisie.

Et j'entendis ces mots : « Heureux ceux qu'embrase assez la grâce pour que la passion du goût ne jette pas trop de fumée dans leur cœur, et qui ont toujours faim de la justice. »

COMMENTAIRE DU CHANT XXIV

La rencontre de Forèse a réveillé dans la mémoire de Dante les plus chers souvenirs de sa jeunesse. Il retourne par sa pensée aux jours où il ne connaissait pas l'exil et l'amertume du pain de l'étranger. Il revoit la maison des Donati qui lui donna une épouse; le chef de cette famille puissante, Corso Donati, l'âme de la faction noire dont il prédit la mort, les deux nobles femmes Annella et Piccarda dont les douces figures tempèrent le sombre tableau des mœurs florentines. En même temps il se rappelle le chaste amour qui le fit poëte, et met sur les lèvres de l'un de ses interlocuteurs le premier chant où son génie se révéla : *Donne ch' avete intelletto d' amore*. Cet interlocuteur est un poëte, Buonagiunta degl' Urbicciani; et Dante trouve l'occasion de l'envelopper avec le notaire de Lentino et Guittone d'Arezzo dans un même jugement qui jette une lumière inattendue sur les commencements de la poésie italienne. Enfin lui-même livre le secret de son art, et donne en peu de mots une admirable définition de l'inspiration poétique, il en donne en même temps l'exemple par la beauté des comparaisons qu'il emprunte à toute la nature, aux oiseaux et aux fleurs.

8. — Le pape Martin IV (1281-1285), né à Montpince en Brie, trésorier de la cathédrale de Tours (*Benvenuto*) : Vir bonus et pru-

dens, nimis tamen splendide vivens. Nam quum haberet curiam in Italia, in civitate Viterbii, faciebat suffocari anguillas optimas illius lacus in vino optimo Vernaccino.

10. — Boniface, archevêque de Ravenne. *Benvenuto.* Quum cæteri pastores habeant virgam pastoralem retortam, iste habet totam virgam rectam, et in summitate rotundam ad modum calculi sive Rocchi. Même explication de Pietro di Dante.

11. — Marchesè. *Benvenuto* : Quum semel adjuraret pincernam suum ut sibi diceret quid diceretur de eo, et illo respondente trepide : « Domine, dicitur quod nunquam facitis nisi bibere, dixit ridenter : Et quare nunquam dicunt quod semper sitio. »

12. — Buonagiupta de Urbisanis, luculentus orator in lingua materna et facilis inventor rhythmorum, sed facilior vinorum, qui noverat auctorem in vita sua et aliquando scripserat sibi (*Benvenuto*, confirmé par le Falso Boccacio).

14. — Dante à Lucques. Au moment où Dante accomplit son pèlerinage, Lucques est dans la ligue des noirs. Aussi la traite-t-il sévèrement au vingt et unième chant de son Enfer où un diable apportant sur ses épaules un des anciens de Sainte-Zita déclare que dans cette ville tout le monde est concussionnaire, excepté Bonturo. Mais en 1314, le 14 juin, Uguccione, capitaine des Gibelins et seigneur de Pise, s'empare de Lucques, d'où il chasse les Guelfes, alors seulement Dante put la visiter et connaitre Gentucca la jeune fille, qui le rendit moins sévère pour la belle et coupable cité.

Terc. 17. — Caractère, vie et mort de Corso Donati. — Dino Compagni. Portrait de Corso Donati. — « Il y avait un cavalier du caractère de Catilina romain, mais plus cruel ; noble de sang, bien fait de corps, beau parleur, orné d'agréables manières, subtil d'esprit, toujours attentif à mal faire. Beaucoup de gens d'épée s'attachaient à lui ; il avait une grande suite, par laquelle il fit faire un grand nombre de pillages et d'incendies, et beaucoup de tort à ses ennemis. Il y gagna un grand avoir et monta à une grande élévation. Tel était messire Corso Donati, qui à cause de son orgueil fut appelé le *baron* : si bien que lorsqu'il passait par la ville, beaucoup criaient : « Vive le baron » et il semblait que la ville fût à lui. »

Corso Donati, rival de Vieri de' Cerchi. Lutte des noirs et des blancs. Août 1300. Dante était prieur, les chefs des deux partis sont exilés. Corso Donati rompt son ban et se rend à Rome. Après le passage de Charles de Valois à Florence, Corso Donati et les siens restent maîtres des affaires. Violence du parti vainqueur; six cents citoyens envoyés en exil. Le feu prit à un oratoire de la Vierge à Orto-San-Michele; il s'étendit jusqu'à Ponte-Vecchio, plus de dix-neuf cents maisons furent brûlées. Les voleurs emportaient publiquement ce qui leur plaisait, et qui voyait emporter son bien n'osait le réclamer, tant le pays était mal gouverné en toute chose. (Dino.)

Enfin le parti noir se divise, comme tous les partis victorieux. Rosso della Tosa et Pazzino de' Pazzi s'élèvent contre Corso Donati, et travaillent à l'exclure du pouvoir. Corso rallie autour de lui les nobles mécontents et se recompose un parti. Il va chercher des alliés à Lucques (probablement auprès d'Uguccione della Fagginola, son gendre). De retour à Florence, il donne rendez-vous à ses partisans pour aller en armes au palais de la Seigneurie déclarer qu'ils veulent un autre gouvernement. Mais le parti contraire les prévient. Un dimanche matin, les magistrats convoquent le conseil et citent à comparaître Corso, ses fils et ses adhérents. Sur leur refus on les met au ban, et le peuple va donner l'assaut à leurs maisons.

Corso, goutteux et hors d'état de porter les armes, excite les siens du geste et de la voix. Le petit nombre des siens se défend avec vigueur en attendant le secours des conjurés. Ceux-ci ne paraissant pas, les assiégés rompent les chaînes et s'échappent. Corso monte à cheval et s'enfuit vers l'abbaye de San-Salvi. Une troupe de soldats du parti opposé le rejoint et le tue. Benvenuto d'Imola raconte que se voyant pris, et dans l'impossibilité de se défendre, pour éviter les ignominies que lui réservaient ses ennemis, il se laissa tomber de cheval, ou qu'il tomba involontairement. Mais son pied resta engagé dans l'étrier, et après que la bête l'eut traîné quelque temps, un soldat le tua d'un coup de lance. C'était le 15 septembre 1307.

Dino Compagni conclut en ces termes : « Telle est la condition de notre cité affligée, ainsi se gouvernent nos citoyens obstinés à mal faire, et ce qui se fait un jour est blâmé l'autre. Les hommes sages avaient coutume de dire : « Le sage ne fait chose dont il ait à se repentir. » Et dans cette ville et par les mains de ce peuple il ne se fait aucune chose si louable qui ne soit jugée au rebours et blâmée. On y tue les hommes, le mal n'y est point puni par la loi. Mais selon que le malfaiteur a des amis ou peut débourser de l'argent, il est absous de ses crimes. »

CANTO XXV

1 Ora era che 'l salir non volea storpio,
   Chè 'l Sole avea lo cerchio di merigge
   Lasciato al Tauro, e la Notte allo Scorpio.
2 Per che, come fa l' uom che non s' affigge,
   Ma vassi alla via sua, checchè gli appaia,
   Se di bisogno stimolo il trafigge;
3 Così entrammo noi per la callaia,
   Uno innanzi altro, prendendo la scala
   Che per artezza i salitor dispaia.
4 E quale il cicognin che leva l' ala
   Per voglia di volare, e non s' attenta
   D' abbandonar lo nido, e giù la cala;
5 Tal era io, con voglia accesa e spenta
   Di dimandar, venendo infino all' atto
   Che fa colui ch' a dicer s' argomenta.
6 Non lasciò, per l' andar che fosse ratto,
   Lo dolce Padre mio, ma disse: Scocca
   L' arco del dir, che insino al ferro hai tratto.

CHANT XXV

L'heure était venue où notre montée ne souffrait plus de retard ; car le soleil avait laissé le méridien au Taureau et la nuit le laissait au Scorpion.

C'est pourquoi, comme fait l'homme qui ne s'arrête pas, mais qui va son chemin, quoiqu'il voie si l'aiguillon du besoin le blesse ;

Ainsi nous entrâmes par la brèche l'un devant l'autre, prenant l'étroit escalier qui ne permet pas aux voyageurs de monter deux à deux.

Et tel que le petit de la cigogne, tenté de voler, lève ses ailes, et, ne s'aventurant point à quitter son nid, les replie,

Tel j'étais avec un désir d'interroger, qui tour à tour en moi s'allumait et s'éteignait, et qui me conduisait jusqu'au mouvement d'un homme prêt à parler.

Si rapide que fût sa marche, mon doux père ne laissa pas de dire : « Lâche l'arc de ta parole que tu as bandé jusqu'au fer. »

7 Allor sicuramente aprii la bocca,
E cominciai : Come si può far magro
Là dove l' uopo di nutrir non tocca?

8 Se t' ammentassi come Meleagro
Si consumò al consumar d' un tizzo,
Non fora, disse, questo a te sì agro :

9 E, se pensassi come al vostro guizzo
Guizza dentro allo specchio vostra image,
Ciò che par duro ti parrebbe vizzo.

10 Ma perchè dentro a tuo voler t' adage,
Ecco qui Stazio, ed io lui chiamo e prego,
Che sia or sanator delle tue piage.

11. Se la veduta eterna gli dispiego,
Rispose Stazio, laddove tu sie,
Discolpi me non potert' io far niego.

12 Poi cominciò : Se le parole mie,
Figlio, la mente tua guarda e riceve,
Lume ti fieno al come che tu die.

13 Sangue perfetto, che mai non si beve
Dall' assetate vene, e si rimane
Quasi alimento che di mensa leve,

14 Prende nel cuore a tutte membra umane
Virtute informativa, come quello
Ch' a farsi quelle per le vene vane.

15 Ancor digesto scende ov' è più bello
Tacer che dire; e quindi poscia geme
Sovr' altrui sangue in natural vasello.

16 Ivi s' accoglie l' uno e l' altro insieme,

Alors, rassuré, j'ouvris la bouche et je commençai :
« Comment peut-on devenir maigre, là où l'on n'est
point touché du besoin de se nourrir ? »

« — Si tu te rappelais, dit-il, comment Méléagre se
consuma à mesure que se consumait un tison, ceci ne
te serait point si épineux.

« Et si tu pensais comme à vos tressaillements, votre
image tressaille aussi dans le miroir, ce qui te semble
dur te semblerait facile.

« Mais, pour que tu pénètres ce point selon ton gré,
voici Stace, et je l'invoque et le prie d'être maintenant
le médecin de tes plaies. »

« — Si je lui ouvre les yeux aux choses éternelles,
quand tu es là, répondit Stace, que mon excuse soit de
ne pouvoir te refuser rien. »

Puis il commença : « Mon fils, si tu reçois et garde
mes paroles, elles porteront la lumière sur la question
que tu fais.

« Un sang plus parfait que les veines altérées ne boi-
vent pas, et qui reste comme un mets qu'on relève de la
table,

« Prend dans le cœur une puissance capable de former tous les membres du corps humain ; car c'est pour
se changer en eux qu'il court à travers les veines.

« Encore épuré, il descend en un lieu qu'il est plus
beau de taire que de nommer, et de là il s'épanche sur
le sang d'autrui dans le vase que la nature lui a
destiné.

« Là, tous deux se recueillent ensemble, l'un disposé

L' un disposto a patire e l' altro a fare,
Per lo perfetto luogo onde si preme;
17 E giunto lui, comincia ad operare,
Coagulando prima, e poi avviva
Ciò che per sua materia fe constare.
18 Anima fatta la virtute attiva,
Qual d' una pianta, in tanto differente,
Che quest' è in via, e quella è già a riva,
19 Tanto ovra poi, che già si muove e sente,
Come fungo marino; ed ivi imprende
Ad organar le posse ond' è semente.

20 Or si spiega, figliuolo, or si distende
La virtù ch' è dal cuor del generante,
Dove natura a tutte membra intende.
21 Ma, come d' animal divegna fante,
Non vedi tu ancor: quest' è tal punto
Che più savio di te già fece errante;
22 Sì che, per sua dottrina, fe disgiunto
Dall' anima il possibile intelletto,
Perchè da lui non vide organo assunto.
23 Apri alla verità che viene il petto,
E sappi che, sì tosto com' al feto
L' articolar del cerebro è perfetto,
24 Lo Motor primo a lui si volge lieto,
Sovra tant' arte di natura, e spira
Spirito nuovo di virtù repleto,
25 Che ciò che truova attivo quivi tira
In sua sustanzia, e fassi un' alma sola,
Che vive e sente, e sè in sè rigira.

à subir l'action, l'autre à l'exercer à cause de la source plus parfaite dont il émane ;

« Et arrivé là, il commence son œuvre, d'abord en coagulant la matière qu'il s'est cherché, ensuite en la vivifiant quand il lui a donné sa consistance.

« La puissance active devient une âme pareille à celle d'une plante, avec cette différence qu'elle est en chemin, et que l'âme de la plante est à son terme.

« Puis, elle travaille de telle sorte que déjà elle se meut et sent comme un mollusque de mer ; et ensuite elle commence à organiser les puissances dont elle est le germe,

« Tantôt se replie, mon fils, et tantôt se dilate, la vertu qui vient du cœur du père, où la nature s'applique à former tous les membres.

« Mais comment d'animal elle devient raisonnable, tu ne le vois point encore, et telle est cette difficulté, qu'elle a jeté dans l'erreur plus sage que toi ;

« Si bien que dans sa doctrine il a séparé de l'âme l'intellect possible, parce qu'il ne vit pas d'organe qui lui fût approprié.

« Ouvre ton cœur à la vérité qui te vient, et sache qu'aussitôt que l'organisation du cerveau est parfaite,

« Le premier moteur se tourne joyeux vers l'enfant, et, se penchant sur un si bel ouvrage de la nature, il y souffle un esprit nouveau et puissant,

« Qui attire en sa substance tout ce qu'il trouve d'actif en ce lieu, et il s'en forme une seule âme qui vit, qui sent et qui se réfléchit sur elle-même ;

26 E perchè meno ammiri la parola,
   Guarda il calor del Sol che si fa vino,
   Giunto all' umor che della vite cola.

27 E quando Lachesìs non ha più lino,
   Solvesi dalla carne, ed in virtute
   Seco ne porta e l' umano e il divino.

28 L' altre potenzie tutte quante mute;
   Memoria, intelligenzia, e volontade,
   In atto, molto più che prima, acute.

29 Senza ristarsi, per sè stessa cade
   Mirabilmente all' una delle rive;
   Quivi conosce prima le sue strade.

30 Tosto che luogo lì la circonscrive,
   La virtù formativa raggia intorno,
   Così e quanto nelle membra vive.

31 E come l' aere, quand' è ben piorno,
   Per l' altrui raggio che in sè si riflette,
   Di diversi color si mostra adorno;

32 Così l' aer vicin quivi si mette
   In quella forma, che in lui suggella
   Virtualmente l' alma che ristette:

33 E simigliante poi alla fiammella
   Che segue il fuoco là 'vunque si muta,
   Segue allo spirto sua forma novella.

34 Perocchè quindi ha poscia sua paruta,
   È chiamat' ombra; e quindi organa poi
   Ciascun sentire insino alla veduta.

35 Quindi parliamo, e quindi ridiam noi,

« Et pour que ma parole t'étonne moins, considère la chaleur du soleil qui se change en vin, jointe à la séve qui coule de la vigne.

« Lorsque Lachesis n'a plus de lin, l'âme se détache de la chair, et emporte en sa puissance l'humain .et le divin ;

« Toutes les autres facultés comme inactives, la mémoire, l'intelligence et la volonté, plus subtiles qu'auparavant dans leur action.

« Sans s'arrêter, elle tombe d'elle-même et d'une manière merveilleuse à l'une des deux rives ; c'est là que pour la première fois ses voies lui sont montrées.

« Aussitôt arrivée là, un lien la circonscrit ; la puissance formatrice rayonne tout autour de la même manière et avec la même proportion que dans les membres où elle vivait.

« Et comme l'air, quand il est bien pénétré d'eau, si le rayon de soleil vient s'y réfléchir, se montre orné de diverses couleurs,

« Ainsi l'air environnant prend la forme que lui imprime par sa puissance l'âme arrêtée là ;

« Et pareille ensuite à la flamme qui suit le feu quelque part qu'il se transporte, la forme nouvelle suit l'esprit à qui elle s'attache ;

« Et parce qu'il se rend visible par elle, on le nomme ombre, et c'est par là que l'esprit organise tous ses sens jusqu'à celui de la vue.

« C'est par là que nous parlons et par là que nous

Quindi facciam le lagrime e i sospiri
Che per lo monte aver sentiti puoi.

36 Secondo che ci affigon li disiri
E gli altri affetti, l'ombra si figura;
E questa è la cagion di che tu miri.

37 E già venuto all'ultima tortura
S'era per noi, e volto alla man destra,
Ed eravamo attenti ad altra cura.

38 Quivi la ripa fiamma in fuor balestra,
E la cornice spira fiato in suso,
Che la reflette, e via da lei sequestra.

39 Ond' ir ne convenia dal lato schiuso
Ad uno ad uno, ed io temeva il fuoco
Quinci, e quindi temeva il cader giuso.

40 Lo Duca mio dicea: per questo loco
Si vuol tenere agli occhi stretto il freno,
Perocch' errar potrebbesi per poco.

41 *Summæ Deus clementiæ*, nel seno
Del grand' ardore allora udi' cantando,
Che di volger mi fe caler non meno.

42 E vidi spirti per la fiamma andando;
Perch' io guardava ai loro ed a' miei passi,
Compartendo la vista a quando a quando.

43 Appresso in fine ch' a quell' inno fassi,
Gridavan alto: *Virum non cognosco;*
Indi ricominciavan l'inno bassi.

44 Finitolo, anche gridavano: Al bosco
Si tenne Diana, ed Elice caccionne,
Che di Venere avea sentito il tosco.

45 Indi al cantar tornavano: indi donne

rions ; par là nous avons les larmes et les soupirs que tu peux avoir entendus en gravissant la montagne ;

« Selon que nous pénètrent les désirs et les autres affections, l'ombre en prend la figure, et là est la raison de ce qui fait ton étonnement. »

Et déjà nous étions arrivés à la dernière expiation, et, tournant à droite, nous donnions notre attention à d'autres soins.

Ici, le flanc de la montagne darde des flammes, et, du bord de l'abîme, souffle en haut un vent qui la repousse et la chasse du chemin,

De sorte qu'il fallait aller un à un du côté découvert, et d'une part je craignais le feu, de l'autre je craignais de tomber dans le précipice.

Mon guide me disait : « Dans ce passage, il faut tenir serré le frein de ses yeux, car on pourrait aisément s'y tromper.

« *Summæ Deus clementiæ ;* ce chant, que j'entendis alors dans le sein du grand embrasement, me força néanmoins de me retourner.

Et je vis des esprits cheminant par la flamme ; c'est pourquoi je regardais leurs pas et les miens, partageant mes regards par intervalles.

Après les mots qui terminèrent ce chant, ils criaient à haute voix : *Virum non cognosco;* puis ils recommençaient l'hymne à voix basse.

L'hymne fini, ils criaient encore : « Diane resta dans le bois, et elle en bannit Hélice qui avait goûté le poison de Vénus.

Puis ils retournaient à leurs chants, ensuite ils criaient

>   Gridavano, e mariti che fur casti,
>   Come virtute e matrimonio imponne.
> 46 E questo modo credo che lor basti
>   Per tutto il tempo che 'l fuoco gli abbrucia :
>   Con tal cura conviene e con tai pasti
> 47 Che la piaga dassezzo si ricucia.

les noms des femmes et des maris qui furent chastes comme l'imposent la vertu et la loi du mariage.

Et je crois que cette alternative leur suffit pour tout le temps que le feu les brûle : c'est par de tels remèdes et par de tels aliments que leur plaie, la dernière de toutes, doit se fermer.

COMMENTAIRE DU CHANT XXV

A mesure que nous avançons dans l'étude de la *Divine Comédie*, nous pénétrons dans la connaissance de la société contemporaine, et peu à peu le commentaire du poëme nous fait visiter les points les plus curieux de l'histoire du moyen âge. Ainsi la rencontre de Dante et de Hugues Capet nous font connaître l'origine des Capétiens, les progrès de leur race, la maison d'Anjou en Italie et la chute des Templiers; l'entrevue de Dante et de Forèse, les mœurs de Florence et ses divisions intestines. Quand Virgile et Stace se reconnaissent, nous retrouvons les traditions qui se rattachaient aux grands poëtes, et, pour les lettres comme pour les empires, une histoire fabuleuse à côté de l'histoire véridique. Aujourd'hui nous abordons un de ces passages où, sous la couronne du poëte, le philosophe se découvre; où Dante aime à traiter une de ces questions qui agitaient l'école et divisaient les docteurs. Dans le supplice des gourmands il montre comment les âmes peuvent souffrir de la faim, et quelle est la condition de l'âme après la mort, le rapport du corps et de l'âme, en un mot, tout le mystère de la destinée humaine; non la psychologie seulement, mais l'anthropologie. Varchi, commentant ce XXVe chant du *Purgatoire*, dit : « Ce chapitre seul que je juge plus utile et

« plus difficile que les autres, peut montrer amplement
« comment Dante fut à la fois excellent médecin, ex-
« cellent philosophe, excellent théologien, ce qui n'ar-
« rive peut-être à aucun autre poëte grec ni latin; et
« pour moi, non-seulement je vous confesse, mais en-
« core je vous jure qu'autant de fois je l'ai lu, et je l'ai
« lu jour et nuit plus de mille fois, toujours j'ai senti
« s'augmenter l'étonnement, la stupeur, croyant y
« trouver de nouveaux enseignements, et par consé-
« quent aussi des beautés nouvelles. » (Cité par Biagioli.)

Le soleil est dans le Bélier et le Taureau est au méridien, c'est que tout le signe du Bélier en est sorti. Or le zodiaque mettant vingt-quatre heures à passer par le méridien, chaque signe y met deux heures, c'est-à-dire qu'il était deux heures après midi. De même la nuit devait être dans le signe de la Balance, et la Balance ayant quitté le point opposé du méridien, devait avoir laissé la place au Scorpion.

Tous les poëtes ont aimé ces souvenirs astronomiques : serait-ce une habitude des premiers âges du monde où les hommes lisaient dans les étoiles, ou bien la poésie ne peut-elle se détacher du ciel d'où elle est descendue [1] ?

Toute cette doctrine physiologique est péripatéticienne. La doctrine psychologique est celle de saint Thomas [2]. Mais le poëte n'aurait pas interrompu ses visions s'il n'était poussé par un grand intérêt, par un

---

[1] Rapprochement avec le *Convito*, lib. IV, 21.
[2] *Summ.*, 1ª, quæst. 76, 118.

grand devoir. Il s'agit d'une question qui partage les esprits et qui menace d'ébranler les fondements du christianisme.

La nature de l'âme, le lien qui la rattache d'un côté à Dieu, de l'autre au corps, sa destinée quand le lien corporel est rompu, voilà les problèmes qui n'ont jamais laissé de repos à la pensée. La sagesse des Indiens, ne reconnaissant d'être véritable qu'en Dieu, le regardent comme l'âme suprême, *paramatma*, en qui seule réside la connaissance éternelle et dont se détache comme une étincelle l'âme individuelle, *djivatma*, qui est le principe vital des corps. Tout l'effort de la contemplation est de ramener l'âme individuelle à sa source et de perdre la personnalité humaine dans l'immensité divine.

Aristote considère l'âme comme la forme du corps, et dans l'âme deux intellects, l'un actif, l'autre passif; mais comme la forme ne peut subsister sans sa matière, l'âme, quoique différente du corps, ne peut exister sans lui. Δοκεῖ μήτε ἀνεὺ σώματος εἶναι, μήτε σῶμα τι ψυχή.

Cependant cette intelligence par laquelle nous concevons les principes ne peut être périssable, et c'est pourquoi Aristote la fait venir du dehors, par conséquent de Dieu; en sorte que l'âme périt, mais que l'intellect divin qui s'était prêté à elle se retire et subsiste.

Averrhoès, en commentant Aristote (*Saint Thomas, contr. Averrh.*), s'efforce d'établir que l'intellect qu'Aristote appelle possible est une substance séparée du corps quant à l'être, et qui lui est unie quant à la forme, et de plus que l'intellect possible est unique pour tous. Or, étant détruite la diversité de l'intellect possible qui est seul immortel, il s'ensuit qu'après la mort il ne reste rien des âmes humaines que l'unité de l'intellect, et ainsi on supprime les peines et les récompenses. Albert le Grand ajoute que, distinguant l'âme sensible de l'âme intellectuelle, les péripatéticiens font naître la première du sang du père ; mais l'âme intellectuelle, ils la conçoivent séparée et rayonnant sur l'âme sensible comme le soleil sur le milieu transparent, et de même que si l'on ôte les objets illuminés il ne reste que la lumière du soleil, de même, les hommes périssant, il ne reste qu'une seule intelligence perpétuelle et impérissable.

Propagation de ces doctrines en Italie. — 1215, les épicuriens à Florence ; les petits-fils d'Averrhoès à la cour de Frédéric II. Ses écrits, traduits par Ermangard de Biais, se propagent par toute l'Italie. Saint Thomas et Egidius Colonna s'appliquent à le réfuter. Triomphe de saint Thomas, peint par Traïni, à Sainte-Catherine de Pise, où, entouré des évangélistes, des docteurs, de Platon et d'Aristote, il terrasse Averrhoès. Cependant le règne d'Averrhoès continue. Dante, au IV⁰ chant de l'*Enfer*, le range parmi les sages du paganisme, le cite dans le *Convito* (IV, 3) ; le combat au XXII⁰ chant du *Purgatoire*. Le combat ne finit point. Frère Urbain de Bologne explique, en 1334, le commentaire d'Averrhoès sur la physique d'Aristote [1]. Pétrarque raconte comment il était harcelé à Venise par ceux qui, selon la coutume des philosophes modernes, pensent n'avoir rien fait s'ils n'aboient contre le Christ et sa doctrine surhumaine. Pétrarque cite saint Paul, on lui répond : « Tiens-t'en à ta religion chrétienne, je n'en crois pas un mot. Ton Paul, ton Augustin et tous les autres ne furent que des radoteurs ; si tu pouvais seulement supporter la lecture d'Averrhoès, tu verrais combien il

---

[1] Tiraboschi, 10, 89. — Sur l'Averrhoïsme, voir le commentaire de Pietro di Dante.

l'emporte sur ces jongleurs. » Pétrarque met l'interlocuteur à la porte. Quatre averrhoïstes, après l'avoir inutilement pressé, décident qu'il est : *sine litteris bonum virum*. — Conclusion de Pétrarque : « Pour moi, plus j'entends parler contre la foi du Christ, plus j'aime le Christ, et plus je me confirme dans la loi du Christ; et il m'arrive comme à un fils en qui s'est refroidie la piété filiale, mais qui, entendant mal parler de son père, s'il est vraiment fils, sent se rallumer dans son cœur cet amour qui d'abord semblait éteint. »

Pourquoi Stace porte la parole. Pietro di Dante : *Unde cum sit hoc, videtur passus potius fidei et moralitatis quam humanæ rationis. Ideo Virgilius, id est philosophia rationalis, committit hoc Statio poetæ christiano vel philosophiæ morali ut hoc decidat.*

Nous avons vu comment Dante se trouva conduit par le dessein de son poëme et par les controverses de son temps à traiter cette formidable question de la nature et de l'immortalité des âmes. Chose merveilleuse, l'homme a la passion de l'immortalité, et il en a peur; il veut, il poursuit l'immortalité de son nom qui doit mourir, et il doute de la durée de son âme. Lutte des religions et des philosophies. Les religions enseignent les peines et les récompenses; la philosophie indienne ramène toutes les âmes à l'âme suprême pour les y perdre.

Argumentation de saint Thomas (*Contra Gentiles*, lib. II, cap. 73.)

1. L'intelligence est unie au corps comme la forme à la matière. Or, il est impossible qu'il y ait une seule forme pour plusieurs matières, parce que tout acte suppose une puissance propre qui lui soit proportionnée. Donc, on ne peut admettre une seule intelligence pour tous les hommes.

2. Chaque moteur veut un instrument qui lui soit propre. Autre est l'instrument du joueur de flûte, autre celui de l'architecte. Or, l'intelligence est le moteur du corps, comme l'établit Aristote. Donc l'architecte ne peut user de l'instrument du joueur de flûte; ainsi il est impossible que l'intellect d'un homme soit celui d'un autre homme.

3. L'intellect possible est celui par lequel l'homme conçoit selon Aristote. Or, si l'intellect possible est un pour tous; il faut qu'il contienne les notions intelligibles de tout ce que les hommes ont jamais su. Donc, chacun de nous ne concevant rien que par l'intellect possible, chacun concevra tout ce qui a été conçu par chaque homme depuis le commencement; ce qui est manifestement faux.

Dante, en interrompant le récit de son pèlerinage au monde invisible pour exposer tout un système de métaphysique chrétienne, imite encore Virgile, qui au VI⁰ livre de l'*Énéide*, met dans la bouche du vieil Anchise toute la doctrine des néopythagoriciens.....

Principio cœlum ac terras camposque liquentes...

LE CORPS SUBTIL.

Difficulté de concevoir l'âme séparée du corps. Le matérialisme est au fond de toute l'antiquité païenne.

1. L'Inde, lois de Manou, XII, 16, 21. — Si l'âme a pratiqué la vertu et rarement le vice, revêtue d'un corps emprunté aux cinq éléments elle savoure les délices du paradis. Mais si elle s'est adonnée fréquemment au mal et rarement au bien, elle prend un autre corps à la formation duquel concourent les cinq éléments et qui est destiné aux tortures de l'enfer. Lorsque les âmes ont goûté les joies ou subi les peines qui leur furent réservées, les particules élémentaires se séparent et rentrent dans les éléments d'où elles étaient sorties.

2. La Grèce, psychologie d'Homère. — L'âme, ψυχή, c'est le souffle. Il a son siége dans la poitrine et sa nourriture dans le sang. Après la mort il descend dans l'Hadès pour y vivre dans une image dépourvue de sang, formée d'une matière subtile comme la fumée, εἴδωλον ou νεφέλη. L'ombre reproduit les traits du héros, mais non son caractère; exténuée, languissante, elle regrette la lumière et la vie. Achille aimerait mieux cultiver les champs aux gages d'un homme obscur que de régner parmi les ombres. Le sacrifice d'Ulysse (*Odyss.*, XI); le sang noir dans la fosse; les âmes s'échappent de l'Érèbe : des épouses, des jeunes gens, des vieillards accablés de misères, de tendres vierges, déplorant leur mort prématurée,

et des guerriers qui, revêtus de leur armure sanglante, furent percés par des lames d'airain. De toutes parts ces mânes voltigent en foule, poussant de lamentables cris. Ulysse tire son épée et ne permet pas que les ombres approchent du sang avant que Tirésias ne soit venu s'y désaltérer. Tirésias approche, et, quand il a bu le sang noir des victimes, il parle.

La philosophie païenne se dégage lentement de ces conceptions grossières. Anaximandre faisait de l'âme une matière indéfinie. Anaximène, Diogène d'Apollonie et Anaxagore la confondaient avec l'air. Héraclite en faisait un feu, et les Stoïciens se rapprochaient de l'opinion d'Héraclite en disant que c'était un souffle pénétré d'une chaleur divine ; ils lui accordaient la vie future, mais non l'immortalité.

Les premiers philosophes chrétiens n'arrivent pas sans peine à la notion de l'esprit pur. Origène, Περὶ ἄρχων, conçoit Dieu seul comme incorporel. Il prête aux démons et aux âmes qu'il leur assimile « des corps composés de cet air épais et humide qu'on sent quand le vent souffle. » Saint Augustin (*de Civ. Dei*, lib. XXI, cap. x) rapporte ce sentiment et laisse la question douteuse en ce qui touche les démons.

Saint Augustin (*Confess.*, lib. VII, xii) se débat longtemps contre cette difficulté. Il ne pouvait concevoir d'autre substance que celle qui se voit par les yeux, et quoique délivré des erreurs manichéennes, tout être à qui il refusait l'étendue ne lui semblait plus qu'un rien. Il arrive pourtant à la notion de Dieu, à la notion de l'âme. Mais quand l'âme se sépare du corps, il se demande si elle va dans un lieu corporel. « L'âme a-t-elle quelque autre corps quand elle quitte celui-ci ? Le démontre qui pourra, je ne le pense point... En ce qui touche l'âme elle-même, non-seulement je le pense, mais j'ose dire que je le sais. Cependant on ne peut nier qu'elle puisse avoir la similitude d'un corps et de tous les membres corporels, puisque, en songe, elle se voit aller, s'asseoir, marcher, voler même ici et là, ce qui ne se peut sans la similitude d'un corps. (*De Genesi ad litteram*, XII, xxxii, xxxiii.) On lit dans un livre attribué à saint Augustin, *de Spiritu et Anima*, cap. xv : « L'âme se retire du corps entraînant tout à sa suite : le sens, l'imagination, la raison, l'intellect, l'intelligence, la concupiscibilité, l'irascibilité. »

Saint Thomas est plus sévère (*Summæ supplem.*, quest. 70,

art. 1); il ne veut point que l'âme séparée conserve les puissances sensitives, si ce n'est comme la racine contient l'arbre, et le principe ses développements; de telle sorte qu'elle puisse développer de nouveau ces puissances, si elle est de nouveau unie à un corps. Il conçoit l'âme coupable livrée au feu vengeur. — Dante, se fait une opinion moyenne. Il emprunte à saint Thomas la notion de l'âme séparée qui recueille ses puissances intellectuelles plus actives que jamais, sa sensibilité comme endormie; à saint Augustin, à Origène, la notion de l'ombre ou du corps subtil.

Isidore de Séville (*Etym.*, lib. XIV, cap. III) complète la description du paradis terrestre par ce trait : *Septus est undique Romphæo flumine, ita ut ejus cum cœlo pæne jungatur incendium.*

CANTO XXVI

    Mentre che sì per l' orlo, uno innanzi altro,
      Ce n' andavamo, spesso il buon Maestro
      Diceva: Guarda; giovi ch' io ti scaltro.
2 Feriami il Sole in su l' omero destro,
      Che già, raggiando, tutto l' occidente
      Mutava in bianco aspetto di cilestro:
3 Ed io facea con l' ombra più rovente
      Parer la fiamma, e pur a tanto indizio
      Vidi molt' ombre, andando, poner mente.
4 Questa fu la cagion che diede inizio
      Loro a parlar di me; e cominciarsi
      A dir: Colui non par corpo fittizio.
5 Poi verso me, quanto potevan farsi,
      Certi si feron, sempre con riguardo
      Di non uscir dove non fosser arsi.
6 O tu, che vai, non per esser più tardo,
      Ma forse reverente, agli altri dopo,
      Rispondi a me, che in sete e in fuoco ardo:

CHANT XXVI

Tandis qu'ainsi nous cheminions le long du bord, l'un devant l'autre, souvent notre bon maître disait : « Prends garde et que nos avertissements te profitent. »

Le soleil me frappait l'épaule droite, et ses rayons qui embrasaient tout l'occident, blanchissaient de ce côté l'azur du ciel.

Et mon ombre faisait paraître la flamme plus rouge, et sur un tel indice, je vis beaucoup d'âmes arrêter leur attention tout en continuant leur chemin.

Ce fut l'occasion qui leur donna lieu de parler de moi et elles commencèrent à se dire : « Celui-ci ne semble point un corps mensonger. »

Puis vers moi autant qu'elles le pouvaient, quelques-unes se pressèrent, toujours en se gardant de s'avancer jusqu'au point où elles ne brûleraient pas.

« O toi qui va derrière les autres, non que tu sois plus lent, mais peut-être par respect, réponds à une âme qui brûle de soif et de feu.

7 Nè solo a me la tua risposta è uopo;
Chè tutti questi n' hanno maggior sete
Che d' acqua fredda Indo o Etiopo.

8 Dinne com' è che fai di te parete
Al Sol, come se tu non fossi ancora
Di morte entrato dentro-dalla rete.

9 Sì mi parlava un d' essi, ed io mi fora
Già manifesto, s' i' non fossi atteso
Ad altra novità ch' apparse allora;

10 Chè per lo mezzo del cammino acceso
Venia gente col viso incontro a questa,
La qual mi fece a rimirar sospeso.

11 Lì veggio d' ogni parte farsi presta
Ciascun' ombra, e baciarsi una con una,
Senza ristar, contente a breve festa.

12 Così per entro loro schiera bruna
S' ammusa l' una con l' altra formica,
Forse a spiar lor via e lor fortuna.

13 Tosto che parton l' accoglienza amica,
Prima che '1 primo passo lì trascorra,
Sopraggridar ciascuna s' affatica:

14 La nuova gente: Soddoma e Gomorra;
E l' altra: Nella vacca entra Pasife,
Perchè il torello a sua lussuria corra.

15 Poi come gru, ch' alle montagne Rife
Volasser parte, e parte in ver l' arene;
Queste del giel, quelle del Sole schife;

16 L' una gente sen va, l' altra sen viene;
E tornan lagrimando a' primi canti,
E al gridar che più lor si conviene:

« Et je ne suis pas le seul qui ait besoin de ta réponse, mais tous ceux-ci en sont plus altérés que l'Indien ou l'Éthiopien n'est altéré d'eau froide.

« Dis-nous comment il se peut que tu fasses obstacle au soleil, comme si tu n'étais point encore tombé dans le filet de la mort. »

Ainsi me parlait un d'eux, et déjà je me serais fait connaître, si je n'avais été attentif à une autre nouveauté qui m'apparut alors.

Par le milieu du chemin brûlant, vint une troupe d'âmes comme à la rencontre de celle-ci, ce qui me fit rester suspendu à leur aspect.

Puis je vis des deux côtés les ombres s'empresser et se baiser l'une l'autre sans s'arrêter, contentes d'une courte fête.

Ainsi à travers de leurs brunes légions, les fourmis se rencontrent tête à tête, peut-être pour s'informer de leur route et de leur butin.

Aussitôt qu'elles mettent fin à cet accueil amical, avant que le premier pas les ait séparées, chaque âme s'efforce de crier plus haut que ses compagnes.

Les nouveaux venus disent : « Sodome et Gomorrhe ; » et les autres : « Pasiphaé entra dans la vache d'airain pour que le taureau assouvît sa luxure. »

Puis comme des grues dont la moitié volerait vers les monts Riphées et la moitié vers les sables, celles-ci fuyant les glaces et celles-là le soleil,

L'une des deux troupes s'en va, l'autre s'en vient, et tout en pleurs, elles recommencent leurs premiers chants, et les cris qui conviennent mieux à leur pénitence.

17 E raccostarsi a me, come davanti,
  Essi medesmi che m' avean pregato,
  Attenti ad ascoltar ne' lor sembianti.

18 Io, che due volte avea visto lor grato,
  Incominciai : O anime sicure
  D' aver, quando che sia, di pace stato,

19 Non son rimase acerbe nè mature
  Le membra mie di là, ma son qui meco
  Col sangue suo e con le sue giunture.

20 Quinci su vo per non esser più cieco :
  Donna è di sopra che n' acquista grazia,
  Perchè 'l mortal pel vostro mondo reco.

21 Ma se la vostra maggior voglia sazia
  Tosto divegna, sì che 'l ciel v' alberghi
  Ch' è pien d' amore e più ampio si spazia,

22 Ditemi, acciocchè ancor carte ne verghi,
  Chi siete voi, e chi è quella turba
  Che sì ne va diretro a' vostri terghi?

23 Non altrimenti stupido si turba
  Lo montanaro, e rimirando ammuta,
  Quando rozzo e salvatico s' inurba,

24 Che ciascun' ombra fece in sua paruta :
  Ma poichè furon di stupore scarche,
  Lo qual negli alti cuor tosto s' attuta,

25 Beato te, che delle nostre marche,
  Ricominciò colei che pria ne chiese,
  Per viver meglio esperienza imbarche !

26 La gente, che non vien con noi, offese
  Di ciò, per che già Cesar, trionfando,
  Regina contra sè chiamar s' intese ;

CHANT XXVI.

Et alors se rapprochèrent de moi comme auparavant, les mêmes ombres qui m'avaient prié, elles semblaient attentives à ma parole.

Moi qui deux fois avait vu leur désir, je commençai : « O âmes assurées d'obtenir quelque jour une paix durable.

« Je n'ai point laissé sur la terre mes membres encore verts ni déjà mûrs ; mais ils m'accompagnent ici avec leurs articulations.

« Je vais là-haut pour n'être plus aveugle. Une dame est au ciel qui m'en obtient la grâce ; c'est pourquoi je porte dans votre monde ce que j'ai de mortel.

« Mais (ainsi puisse bientôt se rassasier votre suprême désir, et vous accueillir le ciel qui est plein d'amour et qui tient le plus de place dans l'espace !)

« Dites-moi afin que j'en charge les feuilles de mon livre : qui êtes-vous et qui est cette troupe qui derrière vous s'en va ? »

Tel le montagnard stupéfait se trouble et promène ses regards en silence, quand rustique et sauvage il visite la ville,

Telle chaque ombre changea de visage. Mais lorsqu'elles eurent secoué la stupeur, qui dans les cœurs haut placés se calme bientôt :

« Heureux, reprit celle qui nous avait interrogés d'abord, heureux es-tu puisque pour mieux vivre tu viens te charger d'expérience sur nos bords.

« La troupe qui ne vient pas avec nous a commis le péché pour lequel César triomphant s'entendait appeler reine.

27 · Però si parton Soddoma gridando,
　　Rimproverando a sè, com' hai udito,
　　E aiutan l' arsura vergognando.

28 　Nostro peccato fu ermafrodito;
　　Ma perchè non servammo umana legge,
　　Seguendo come bestie l' appetito,

29 　In obbrobrio di noi per noi si legge,
　　Quando partiamci, il nome di colei
　　Che s' imbestiò nell' imbestiate schegge.

30 · Or sai nostri atti, e di che fummo rei :
　　Se forse a nome vuoi saper chi semo,
　　Tempo non è da dire, e non saprei

31 　Farotti ben di me volere scemo;
　　Son Guido Guinicelli, e già mi purgo
　　Per ben dolermi prima ch' allo stremo.

32 　Quali nella tristizia di Licurgo
　　Si fer duo figli a riveder la madre,
　　Tal mi fec' io, ma non a tanto insurgo,

33 　Quando i' udi' nomar sè stesso il padre
　　Mio e degli altri miei miglior, che mai
　　Rime d' amore usar dolci e leggiadre :

34 　E senza udire e dir pensoso andai
　　Lunga fiata rimirando lui,
　　Nè per lo fuoco in là più m' appressai.

35 　Poichè di riguardar pasciuto fui,
　　Tutto m' offersi pronto al suo servigio,
　　Con l' affermar che fa credere altrui.

36 　Ed egli a me : Tu lasci tal vestigio,

« Ces âmes s'en vont donc ainsi en criant Sodome, s'accablant de reproches, comme tu l'as entendu ; et elles ajoutent la honte à l'ardeur de la flamme.

« Notre péché fut hermaphrodite ; mais comme nous n'avons pas observé la loi humaine en suivant notre appétit comme font les brutes,

« Pour notre opprobre nous répétons en nous séparant, le nom de celle qui se fit véritablement bête, sous l'enveloppe d'une bête.

« Maintenant tu sais nos actes et de quoi nous fûmes coupables. Si par hasard tu veux savoir par notre nom qui nous sommes, ce n'est pas l'heure de le dire, et je ne le saurais pas.

« En ce qui me touche, pourtant, je satisferai ton désir, je suis Guido Guinicelli, et déjà je me purifie pour m'être bien repenti avant mon dernier jour. »

Tels au moment de la fureur de Lycurgue s'émurent ces deux fils en revoyant leur mère ; tel je m'émus, mais sans m'élancer comme eux,

Quand j'entendis se nommer lui-même mon père et celui des autres meilleurs que moi qui manièrent jamais les rimes d'amour douces et gracieuses.

Et sans entendre et sans parler, je marchai longtemps pensif en le considérant ; mais à cause du feu je n'approchai pas davantage.

Après que je me fus rassasié de le regarder, je m'offris tout entier à le servir avec ces assurances qui forcent la foi d'autrui.

Et il me dit : « Ce que j'entends de toi laisse en moi

Per quel ch' i' odo, in me, e tanto chiaro,
Che Lete nol può torre nè far bigio.

37 Ma, se le tue parole or ver giuraro,
Dimmi che è cagion perchè dimostri
Nel dire e nel guardar d' avermi caro?

38 Ed io a lui : Li dolci detti vostri
Che, quanto durerà l' uso moderno,
Faranno cari ancora i loro inchiostri.

39 O frate, disse, questi ch' io ti scerno
Col dito (e additò un spirto innanzi)
Fu miglior fabbro del parlar materno.

40 Versi d' amore e prose di romanzi
Soverchiò tutti, e lascia dir gli stolti
Che quel di Lemosì credon ch' avanzi:

41 A voce più ch' al ver drizzan li volti,
E così ferman sua opinione
Prima ch' arte o ragion per lor s' ascolti.

42 Così fer molti antichi di Guittone,
Di grido in grido pur lui dando pregio,
Fin che l' ha vinto il ver con più persone.

43 Or, se tu hai sì ampio privilegio,
Che licito ti sia l' andare al chiostro,
Nel quale è Cristo abate del collegio,

44 Fagli per me un dir di paternostro,
Quanto bisogna a noi di questo mondo,
Ove poter peccar non è più nostro.

45 Poi, forse per dar luogo altrui secondo,
Che presso avea, disparve per lo fuoco,
Come per l' acqua il pesce andando al fondo.

une telle trace et si claire, que le Léthé ne saurait ni l'effacer ni l'obscurcir.

« Mais si tout à l'heure tes paroles m'ont juré la vérité, dis-moi quelle est la raison pour laquelle ton langage et tes regards me montrent tant d'amour. »

Et moi je lui répondis : « Ce sont vos doux vers; et tant que durera le langage moderne ils rendront chère l'encre dont ils furent tracés. »

« O mon frère, dit-il, celui que je te marque du doigt (et il m'indiqua un esprit qui était devant lui), fut un meilleur ouvrier dans sa langue maternelle.

« Chants d'amour et récits de romans, il les surpassa tous et laisse dire les sots qui croient le poëte de Limoges au-dessus de lui.

« Ils tournent leurs yeux du côté du bruit, plutôt que du côté du vrai, et c'est ainsi qu'ils fixent leur opinion avant d'écouter l'art et la raison.

« C'est ainsi que firent beaucoup d'anciens pour Guittone. La louange passant de cri en cri ne glorifiait que lui seul, jusqu'au moment où la vérité l'a vaincu par plusieurs bouches.

« Maintenant, puisque tu jouis d'un si grand privilége qu'il t'est permis d'aller au cloître où le Christ est l'abbé du couvent.

« Dis-lui pour moi du *Pater noster* autant qu'il nous en faut dans ce monde, où nous n'avons plus le pouvoir de pécher. »

Puis, peut-être pour laisser place à un autre qu'il avait près de lui, il disparut dans le feu, comme disparaît dans l'eau le poisson qui va au fond.

46 Io mi feci al mostrato innanzi un poco,
　　E dissi ch' al suo nome il mio desire
　　Apparecchiava grazioso loco.
47 Ei cominciò liberamente a dire :
　　Tan m' abelhis vostre cortes deman,
　　Qu' ieu no m puesc ni m voill a vos cobrire.
48 *Jeu sui Arnautz, que plor e vai chantan :*
　　Consiros vei la passada folor,
　　E vei jauzen lo joi qu' esper denan.
49 *Ara us prec per aquella valor,*
　　Que us guia al som sens freich e sens calina,
　　Sovenha us atemprar ma dolor.
50 Poi s' ascose nel fuoco che gli affina.

Je m'avançai un peu vers celui qu'on m'avait montré, et je lui dis que mon désir préparait à son nom une place choisie.

Et lui commença gracieusement à dire :

« Tant me plaît votre courtoise demande, que je ne puis ni ne veux me cacher à vous. Je suis Arnaud qui pleure et vais chantant; je vois avec chagrin ma folie passée. Mais je vois joyeux devant moi la joie que j'espère. Or, je vous prie par cette vertu qui vous guide au sommet de l'escalier, souvenez-vous en temps utile de ma douleur. »

Puis il se cacha dans le feu qui les purifie.

COMMENTAIRE DU CHANT XXVI

La poésie n'est pas faite, comme on l'a souvent cru, pour le plaisir d'un petit nombre d'hommes privilégiés, pas même pour le plaisir des peuples. Pensez-vous que la Providence eût suscité tant de beaux génies pendant une longue suite de siècles sans autre dessein que d'amuser le genre humain? Sans doute Dieu, comme tous les bons gouvernements, prend soin des plaisirs publics, mais c'est pour en faire des moyens d'éducation. Il en est ainsi des fêtes religieuses et civiles, ce sont des joies, mais aussi des enseignements. La poésie est une fête éternelle, c'est le moyen d'éducation le plus puissant, l'enseignement le plus durable qui soit donné aux hommes. La prose se dissout et s'oublie; le vers se soutient par sa forme mesurée et se conserve; il se propage par une harmonie qui saisit l'oreille des ignorants; il résume sous des traits vivants tout ce qui fit l'occupation d'une époque. C'est par leurs poëmes que les sociétés se survivent. Pendant qu'il nous reste à peine la dixième partie de Cicéron et la moitié de Tacite, quand tous les exemplaires de la *Jérusalem* auraient péri, il suffirait de réunir quelques moines et quelques mariniers italiens pour la retrouver.

COMMENTAIRE DU CHANT XXVI.

Ce chant est encore un de ceux où Dante se donne la joie de retrouver des poëtes, de s'entretenir avec ses maîtres et ses rivaux. Il a choisi le Purgatoire, ce lieu non de désespoir, mais d'expiation, pour y réunir ces âmes passionnées, mais naïves, qui péchèrent beaucoup, mais qui ne s'endurcirent pas ; il y rencontre les écrivains des trois langues poétiques de son temps : Stace, le poëte latin, Sordello et Arnaud Daniel, tous deux provençaux, et deux Italiens, Buonagiunta de Lucques, et Guido Guinicelli de Bologne. Il saisit l'occasion de juger les plus illustres et de réformer les jugements de la foule ; il ébauche ainsi cet art poétique qu'il entreprit de fixer plus tard dans son traité *de Vulgari Eloquio*.

Terc. 31. — Guido Guinicelli, d'une famille noble de Bologne, exilée pour ses opinions gibelines. Sage, éloquent, mais voluptueux. Il compose en langue vulgaire ; mais il introduit un principe nouveau, l'amour platonique. « L'amour s'abat toujours sur un cœur noble, comme l'oiseau sur un rameau vert. Et la nature n'a pas fait l'amour avant le noble cœur, ni le noble cœur avant l'amour. Car, aussitôt que le soleil fut, son rayon fut aussi... » Voilà pourquoi Dante le nomme son père.

32. — Lycurgue, roi de Némée, allait faire mourir son esclave Hypsipyle, à la négligence de laquelle il imputait la mort de son fils Opheltes, tué par la piqûre d'un serpent. Au moment où elle allait être conduite au supplice, ses fils, Thoüs et Euménius, la reconnurent et la délivrèrent. *G. A. H.*

40. — *Prose de romanzi*. Non point les romans en prose, mais les récits romanesques écrits en strophes monorimes. *Prosa* dési-

gnait les chants d'église monorimes et à leur exemple encore aujourd'hui, les récits dont les paysans provençaux charment leurs veillées. *Versus* signifiait les couplets à rimes combinées, les chants vraiment lyriques. V. Fauriel, art. LANCELOT DU LAC, *Histoire littéraire de France*, t. XXII.

La poésie latine en Italie ne s'interrompt jamais.

> Hoc faciunt urbi,
> Hoc quoque rure viri.

Henri de Settimelo. — Alberto Mussato, auteur de deux tragédies, dix-huit épîtres, dix églogues, élégies, etc. — Hésitations de Dante entre le latin et la langue vulgaire. Erreur de Pétrarque, qui préférait ses poésies latines; et cependant la couronne qui n'est pas flétrie est celle dont il a ceint la jeune tête de Laure.

40. — Arnaud Daniel et Giraud de Borneil. — Juste célébrité de Giraud de Borneil, d'Excideuil en Limousin. Ses poésies sont considérées par Fauriel comme le plus parfait modèle de la poésie provençale, qui elle-même est la fleur du moyen âge.

Arnaud Daniel, troubadour du douzième siècle. Il reste peu de ses compositions lyriques. Sécheresse, artifices de rimes et de versification, il n'a pas d'autre but que d'étonner l'oreille. Son roman : *Lancelot du Lac*. Témoignage du Tasse et de quelques troubadours en sa faveur. Ulrich de Zazichoven trouve ce poëme dans les mains de Hugues de Morville, otage de Richard, et le traduit en allemand rien que pour l'amour de sa dame.

Arnaud Daniel, devenu vieux et pauvre, envoie une chanson très-belle aux rois de France, d'Angleterre et de tout l'Occident. Il en reçoit beaucoup d'argent, et, concluant que Dieu ne l'a pas abandonné, il entre au cloître et y fait une bonne fin. Pétrarque imite les rhythmes d'Arnaud.

Ce que l'Italie reçut de la Provence. — La Méditerranée est un port qui unit toutes les nations établies sur ses rivages. Les communications de l'Italie, de la France et de l'Espagne amènent le commerce des langues. — Les troubadours provençaux vont en Italie et dans les cours d'Este, de Lunigiane, de Vérone et de Montferrat on voit Bernard de Ventadour, Raimbaud de Vaquieras, Cadenet, Pierre Vital.

— Les Italiens composent en provençal. On en compte vingt-cinq. Sordello. Dante lui-même. Canzone 7.

> Ahi faux ris per que trai haves
> Oculos meos et quid tibi feci
> Che fatto m' hai cosi spietata fraude?

CANTO XXVII

1 Siccome quando i primi raggi vibra
 Là dove il suo Fattore il sangue sparse,
 Cadendo Ibero sotto l' alta Libra,
2 E l' onde in Gange da nona riarse,
 Sì stava il Sole; onde 'l giorno sen giva,
 Quando l' Angel di Dio lieto ci apparse.
3 Fuor della fiamma stava in su la riva,
 E cantava *Beati mundo corde*,
 In voce assai più che la nostra viva.
4 Poscia : Più non si va, se pria non morde,
 Anime sante, il fuoco; entrate in esso,
 Ed al cantar di là non siate sorde.
5 Sì disse, come noi gli fummo presso;
 Perch' io divenni tal, quando lo 'ntesi,
 Qual è colui chè nella fossa è messo.
6 In su le man commesse mi protesi,
 Guardando il fuoco, e immaginando forte
 Umani corpi già veduti accesi.

CHANT XXVII

Le soleil était au point d'où il darde ses premiers rayons aux lieux qu'arrosa le sang de son Créateur, l'Èbre coulait sous le signe de la Balance arrivé au zénith,

Et les eaux du Gange se réchauffaient aux feux du midi. Le jour s'en allait donc, quand l'ange du Seigneur nous apparut joyeux.

Hors de la flamme il se tenait sur la rive et chantait *Beati mundo corde*, mais d'une voix bien plus puissante que la nôtre.

Puis : « Ames saintes, dit-il, on ne va pas plus loin sans passer par la morsure du feu ; entrez et ne soyez point sourdes aux chants de l'autre bord. »

Ainsi parla-t-il quand nous fûmes près de lui, et quand je l'entendis je devins pareil à l'homme qu'on met dans la fosse.

Mes mains se joignirent et tout mon corps appuyé sur elles se tordit, tandis que je considérais le feu, en me représentant avec force les corps humains que j'avais vus brûler.

7 Volsersi verso me le buone scorte;
   E Virgilio mi disse: Figliuol mio,
   Qui puote esser tormento, ma non morte.
8 Ricordati, ricordati... e, se io
   Sovr' esso Gerion ti guidai salvo,
   Che farò or che son più presso a Dio?
9 Credi per certo che, se dentro all' alvo
   Di questa fiamma stessi ben mill' anni,
   Non ti potrebbe far d' un capel calvo.
10 E se tu credi forse ch' io t' inganni,
   Fatti ver lei, e fatti far credenza
   Con le tue mani al lembo de' tuoi panni.
11 Pon giù omai, pon giù ogni temenza;
   Volgiti in qua, e vieni oltre sicuro.
   Ed io pur fermo, e contra coscienza.
12 Quando mi vide star pur fermo e duro,
   Turbato un poco, disse: Or vedi, figlio,
   Tra Beatrice e te è questo muro.
13 Com' al nome di Tisbe aperse il ciglio
   Piramo in su la morte, e riguardolla,
   Allor che il gelso diventò vermiglio;
14 Così, la mia durezza fatta solla,
   Mi volsi al savio Duca, udendo il nome
   Che nella mente sempre mi rampolla.
15 Ond' ei crollò la testa, e disse: Come!
   Volemci star di qua? indi sorrise,
   Com' al fanciul si fa ch' è vinto al pome.
16 Poi dentro fuoco innanzi mi si mise,
   Pregando Stazio che venisse retro,
   Che pria per lunga strada ci divise.

Mes bons guides se tournèrent vers moi et Virgile me dit : « Mon fils, ici tu peux trouver la douleur, non la mort...

« Souviens-toi, souviens-toi... et si je t'ai conduit sain et sauf sur le dos de Géryon, que ferai-je maintenant que je suis plus près de Dieu !

« Tiens pour certain que tu resterais mille ans dans le sein de cette flamme, sans qu'elle pût te faire chauve d'un cheveu.

« Et si par hasard tu penses que je te trompe, approche du feu et fais l'épreuve en y mettant de tes mains le bord de tes vêtements.

« Dépose désormais, dépose toute crainte, tourne-toi de ce côté et avance d'un pas sûr. » Mais je n'en restai pas moins immobile ; et je résistai à ma conscience.

Quand il me vit demeurer immobile et obstiné, il se troubla d'abord un peu, puis il dit : « Vois donc, mon fils, entre Béatrix et toi, il n'y a plus que ce mur. »

Comme au nom de Thisbé Pyrame expirant ouvrit les yeux et regarda sa bien-aimée, alors que le fruit du mûrier devint vermeil ;

Ainsi, ma dureté s'amollit, et je me tournai vers mon sage guide en entendant le nom qui jaillit sans cesse dans ma pensée.

Alors Virgile branla la tête : « Quoi donc, dit-il, voulons-nous rester ici, » et il me sourit comme on sourit à un enfant qui se rend pour une pomme.

Puis il entra devant moi dans le feu, priant Stace de marcher derrière, Stace, qui jusque-là, durant un long chemin nous avait séparés.

17 Come fui dentro, in un bogliente vetro
  Gittato.mi sarei per rinfrescarmi ;
  Tanto er' ivi lo incendio senza metro.
18 Lo dolce Padre mio, per confortarmi,
  Pur di Beatrice ragionando andava,
  Dicendo : Gli occhi suoi già veder parmi.
19 Guidavaci una voce che cantava
  Di là ; e noi attenti pure a lei,
  Venimmo fuor là ove si montava.
20 *Venite, benedicti Patris mei,*
  Sonò dentro da un lume, che li era
  Tal, che mi vinse, e guardar nol potei.
21 Lo Sol sen va, soggiunse. e vien la sera ;
  Non v' arrestate, ma studiate il passo,
  Mentre che l' occidente non s' annera.
22 Dritta salia la via per entro il sasso,
  Verso tal parte, ch' io toglieva i raggi
  Dinanzi a me del Sol ch' era già lasso.
23 E di pochi scaglion levammo i saggi,
  Che il Sol corcar, per l' ombra che si spense,
  Sentimmo dietro ed io e gli miei Saggi.
24 E pria che in tutte le sue parti immense
  Fusse orizzonte fatto d' un aspetto,
  E Notte avesse tutte sue dispense,
25 Ciascun di noi d' un grado fece letto ;
  Chè la natura del monte ci affranse
  La possa del salir più che il diletto.
26 Quali si fanno ruminando manse
  Le capre, state rapide e proterve
  Sopra le cime, prima che sien pranse,

Quand je fus entré, je me serais jeté dans du verre bouillant pour me rafraîchir, tant la chaleur y était sans mesure.

Mon doux père, pour m'encourager, allait parlant toujours de Béatrix et disant : « Il me semble déjà voir ses yeux. »

Une voix nous guidait qui chantait sur l'autre rive, et nous n'écoutant qu'elle, nous sortîmes du feu à l'endroit où l'on montait.

« *Venite benedicti Patris mei.* » Ces paroles se firent entendre au milieu d'une lumière qui était là si vive, que, nos yeux furent vaincus et ne purent la regarder.

« Le soleil s'en va, ajouta-t-elle, et voici venir le soir. Ne vous arrêtez point, mais pressez le pas, tandis que l'ombre ne noircit pas encore l'occident. »

Le chemin montait tout droit à travers le rocher dans une direction telle que j'interrompais devant moi les rayons du soleil, déjà fatigué de sa course.

Et nous avions parcouru peu de marches quand nos ombres s'effaçant, nous connûmes mes maîtres et moi que derrière nous le soleil se couchait.

Et avant que l'horizon dans son immensité n'eut plus qu'une couleur et que la nuit eut pris toute sa place,

Chacun de nous d'un degré se fit un lit, car la nature de la montagne nous ôta le pouvoir et le joyeux désir de monter plus haut.

Comme on voit les chèvres qui couraient rapides et hardies sur les cimes des rochers avant d'être repues, ruminer maintenant paisibles,

27 Tacite all' ombra, mentre che 'l Sol ferve,
   Guardate dal pastor che in su la verga
   Poggiato s' è, e lor di posa serve;

28 E quale il mandrian, che fuori alberga,
   Lungo il peculio suo queto pernotta,
   Guardando perchè fiera non lo sperga;

29 Tali eravamo tutti e tre allotta,
   Io come capra, ed ei come pastori,
   Fasciati quinci e quindi dalla grotta.

30 Poco potea parer li del di fuori;
   Ma per quel poco, vedev' io le stelle
   Di lor solere e più chiare e maggiori.

31 Si ruminando, e sì mirando in quelle,
   Mi prese 'l sonno: il sonno che sovente,
   Anzi che 'l fatto sia, sa le novelle.

32 Nell' ora credo, che dell' oriente
   Prima raggiò nel monte Citerea,
   Che di fuoco d' amor par sempre ardente,

33 Giovane e bella in sogno mi parea
   Donna veder andar per una landa
   Cogliendo fiori; e cantando dicea:

34 Sappia, qualunque il mio nome dimanda,
   Ch' io mi son Lia, e vo movendo intorno
   Le belle mani a farmi una ghirlanda.

35 Per piacermi allo specchio qui m' adorno;
   Ma mia suora Rachel mai non si smaga
   Dal suo miraglio, e siede tutto giorno.

36 Ell' è de' suoi begli occhi veder vaga,

Ét pendant que le soleil brûle, rester silencieusement à l'ombre, gardées par le pâtre qui s'appuie sur son bâton, et ainsi appuyé prend soin d'elles;

Et comme le berger qui demeure hors de sa maison, passe la nuit tranquille auprès de son troupeau, prenant garde qu'une bête féroce ne vienne le disperser;

Tels nous étions alors tous les trois, moi comme la chèvre, eux comme les pasteurs, serrés à droite et à gauche par les parois de la grotte.

De là on ne découvrait que peu de l'espace extérieur. Mais dans ce peu d'espace, je voyais les étoiles, et plus claire et plus grande que de coutume.

Tandis qu'ainsi je les contemplais et que je ruminais ainsi, le sommeil me prit, le sommeil qui bien des fois avant l'événement accompli, en sait des nouvelles.

A l'heure, je crois, où l'étoile de Vénus qui semble toujours embrasée du feu de l'amour, parut à l'occident, devançant le soleil, et darda ses rayons sur la montagne.

Je crus voir en songe une femme jeune et belle qui allait cueillant des fleurs à travers une lande, et en chantant elle disait :

« Sache, quiconque demande mon nom, que je suis Lia et je vais étendant autour de moi mes belles mains pour me faire une guirlande.

« Je me pare ici pour me plaire devant mon miroir ; mais ma sœur Rachel ne quitte jamais le sien et demeure assise auprès de lui tout le jour.

« Elle est désireuse de voir ses beaux yeux, comme

Com' io dell' adornarmi colle mani;
Lei lo vedere, e me l' ovrare appaga.

37 E già, per gli splendori antelucani,
Che tanto ai peregrin surgon più grati,
Quanto tornando albergan men lontani,

38 Le tenebre fuggian da tutti i lati,
E il sonno mio con esse; ond' io leva'mi,
Veggendo i gran Maestri già levati.

39 Quel dolce pome, che per tanti rami
Cercando va la cura de' mortali,
Oggi porrà in pace le tue fami:

40 Virgilio inverso me queste cotali
Parole usò, e mai non furo strenne
Che fosser di piacere a queste iguali.

41 Tanto voler sovra voler mi venne
Dell' esser su, ch' ad ogni passa poi
Al volo mi sentia crescer le penne.

42 Come la scala tutta sotto noi
Fu corsa, e fummo in su 'l grado superno,
In me ficcò Virgilio gli occhi suoi,

43 E disse: Il temporal fuoco e l' eterno
Veduto hai, figlio, e se' venuto in parte
Ov' io per me più oltre non discerno.

44 Tratto t' ho qui con ingegno e con arte;
Lo tuo piacere omai prendi per duce;
Fuor se' dell' erte vie, fuor se' dell' arte.

45 Vedi là il Sol, che in fronte ti riluce;
Vedi l' erbetta, i fiori e gli arboscelli,
Che questa terra sol da sè produce.

46 Mentre che vegnon lieti gli occhi belli,

moi de me parer de mes mains. Pour elle le plaisir est de voir et pour moi c'est d'agir. »

Et déjà aux lueurs qui précèdent le jour, d'autant plus chères aux pèlerins qu'ils ont couché moins loin du pays où ils retournent,

Les ténèbres fuyaient de tous côtés et mon sommeil avec elles. C'est pourquoi je me levai, voyant déjà levés mes glorieux maîtres.

« Ce doux fruit que l'inquiétude des mortels va cherchant sur tant de branches, aujourd'hui apaisera ta soif. »

Virgile m'adressa ces paroles et jamais présents ne firent un égal plaisir.

Tant de désir vint s'ajouter à mon désir d'être en haut, qu'ensuite à chaque pas je me sentais croître des ailes pour m'envoler.

Aussitôt que tout l'escalier eut fini sous nos pieds et que nous fûmes à la plus haute marche, Virgile fixa sur moi ses yeux,

Et dit : « Mon fils, tu as vu le feu qui finit et le feu éternel, et tu es arrivé en un lieu, où par moi-même, je ne vois plus avant.

« Je t'ai mené jusqu'ici par l'effort de l'art et du génie. Prends désormais ta volonté pour guide. Tu es au bout des chemins escarpés, au bout des chemins étroits.

« Vois le soleil qui luit devant toi ; vois l'herbe nouvelle, et les fleurs et les jeunes arbres que cette terre porte d'elle-même.

« Pendant que vont venir rayonnant de joie les beaux

Che lagrimando a te venir mi fenno,
Seder ti puoi, e puoi andar tra elli.
47 Non aspettar mio dir più, nè mio cenno:
Libero, dritto, sano è tuo arbitrio,
E fallo fora non fare a suo senno;
48 Perch' io te sopra te corono e mitrio.

yeux dont les larmes m'ont fait venir à toi, tu peux t'asseoir et tu peux errer dans ces jardins.

« N'attends pas de moi ni parole ni signe ; ton arbitre est maintenant libre, droit et sain, et ce serait mal fait de ne point agir selon son jugement.

« C'est pourquoi te faisant maître de toi-même, je te donne la couronne et la mitre. »

COMMENTAIRE DU CHANT XXVII

Terc. 13. — Pyrame et Thisbé. — Ovide (*Métam.*, IV, 2) gâte ce beau sujet par des longueurs et de froids ornements.

L'*Ottimo Commento* abrége Ovide avec la sobriété, la grâce et la naïveté des *novellieri* italiens.

Ovide conte qu'à Babylone vivait un très-beau jeune homme appelé Pyrame, et Thisbé, qui surpassait en beauté toutes les jeunes filles. Leurs maisons se touchaient, séparées seulement par un mur. Dès l'enfance ils s'aimèrent, et, à mesure qu'ils croissaient en âge, en eux s'accrut l'amour. Leurs parents ne permirent point qu'ils s'unissent par mariage, de sorte que finalement ces deux jeunes gens voulurent s'enfuir ensemble. Pyrame fixa le lieu du rendez-vous, hors de Babylone, vers le mûrier qui couvrait la sépulture du roi Ninus. Le soir donc la jeune fille arriva la première et s'assit à l'endroit désigné. Or, une lionne, qui venait de dévorer sa proie, se dirigeait vers la fontaine voisine pour boire, et la lune l'éclairait. Thisbé la vit de loin et s'enfuit épouvantée ; un voile qui couvrait sa tête, enlevé par le vent qui soufflait doucement, fut emporté aux pieds de la lionne. La bête farouche le déchira de sa gueule ensanglantée, et ensuite l'abandonna. Puis elle but et retourna à sa caverne. Pyrame vint un peu plus tard au même lieu. Il trouva le voile de Thisbé déchiré et sanglant ; il la crut dévorée par la bête, il la pleura, et, pensant qu'il était cause de la mort de sa bien-aimée, et ne voulant pas vivre sans elle, de l'épée qu'il portait, il se perça mortellement et tomba par terre. Thisbé, inquiétée, pour ne point manquer de parole à son bien-aimé, retourna au lieu convenu. Elle voit Pyrame mort, court à lui et l'appelle en disant : « O Pyrame ! je suis ta Thisbé. » Lui, à ce nom, ouvrit à peine ses yeux appesantis par la mort. Thisbé, le voyant mourir, choisit de lui faire compagnie, et pria les dieux de les réunir dans la même sépulture, puisque leurs parents n'avaient pas voulu les réunir dans une même vie. Elle se jeta sur la même épée, et le sang des deux jeunes gens arrosa les fruits du mûrier qui jusque-là était blanc. En sorte que par un prodige qui consacra leur mémoire, il devint vermeil, comme dit le texte.

Warton cite un roman de Pyrame et Thisbé, et une histoire en langue anglaise, publiée au seizième siècle.

Istoria di Pyramo e di Thisbe e di la compassionevole morte, accaduta per causa d'un leone, tel est le titre d'un poëme populaire imprimé à Lodi, en soixante-huit octaves. Voici l'avant-dernière strophe : « Jeunes gens donc, qui suivez l'amour, prenez exemple de deux infortunés. Ne vous fiez pas au perfide amour, bien qu'il se montre doux en apparence. Sachez mettre le frein à votre cœur, si vous ne voulez les imiter par vos leçons. Car la fin de l'amour fut toujours la mort..... »

CANTO XXVIII

1 Vago già di cercar dentro e dintorno
   La divina foresta spessa e viva,
   Ch' agli occhi temperava il nuovo giorno,
2 Senza più aspettar lasciai la riva,
   Prendendo la campagna lento lento
   Su per lo suol che d' ogni parte oliva.
3 Un' aura dolce, senza mutamento
   Avere in sè, mi feria per la fronte
   Non di più colpo che soave vento;
4 Per cui le fronde, tremolando pronte,
   Tutte quante piegavano alla parte
   U' la prim' ombra gitta il santo monte;
5 No però dal lor esser dritto sparte
   Tanto che gli augelletti per le cime
   Lasciasser d' operare ogni lor arte;
6 Ma con piena letizia l' ôre prime,
   Cantando, ricevieno intra le foglie,
   Che tenevan bordone alle sue rime,

CHANT XXVIII

Désireux de visiter au dedans et tout autour la forêt divine, épaisse et vive, qui tempérait à mes yeux les nouveaux feux du jour,

Sans plus attendre, je quittai le bord, gagnant la campagne lentement, lentement, et foulant le sol, qui de toutes parts exhalait ses parfums.

Un air doux, inaltérable, me frappait le front d'un frôlement aussi léger que le zéphir.

Sous lui les feuillages frissonnant s'inclinaient tous du côté où la sainte montagne jette sa première ombre :

Cependant ils ne penchaient point si fort, qu'à la cime les oiseaux interrompissent nullement leur musique.

Mais avec une pleine joie, ils accueillaient les premières heures du jour, en chantant au milieu des feuilles, dont le murmure faisait l'accompagnement de leurs chansons.

7 Tal, qual di ramo in ramo si raccoglie
  Per la pineta, in sul lito di Chiassi,
  Quand' Eolo Scirocco fuor discioglie.

8 Già m' avean trasportato i lenti passi
  Dentro all' antica selva tanto, ch'. io
  Non potea rivedere ond' i m' entrassi:

9 Ed ecco più andar mi tolse un rio,
  Che in ver sinistra con sue picciol' onde
  Piegava l' erba che in sua ripa uscio.

10 Tutte l' acque che son di qua più monde,
   Parrieno avere in sè mistura alcuna,
   Verso di quella che nulla nasconde;

11 Avvegna che si muova bruna bruna.
   Sotto l' ombra perpetua, che mai
   Raggiar non lascia sole ivi, nè luna.

12 Co' piè ristetti, e con gli occhi passai
   Di là dal fiumicello, per mirare
   La gran variazion de' freschi mai:

13 E là m' apparve, si com' egli appare
   Subitamente cosa che disvia
   Per maraviglia tutt' altro pensare,

14 Una Donna soletta, che si gia
   Cantando, ed iscegliendo fior da fiore,
   Ond' era pinta tutta la sua via.

15 Deh, bella Donna, ch' a' raggi d' amore
   Ti scaldi, s' i' vo' credere a' sembianti,
   Che soglion esser testimon del cuore,

16 Vegnati voglia di trarreti avanti,
   Diss' io a lei, verso questa riviera,
   Tanto ch' io possa intender che tu canti.

Tel va le bruit grossissant de branche en branche dans le bois de pins sur le rivage de Chiassi, quand Eole déchaîne le Sirocco.

Déjà mes pas lents m'avaient porté à travers l'antique forêt, si avant que je ne pouvais plus voir par où j'étais entré.

Et voilà qu'un ruisseau m'empêcha d'aller plus loin. Il fuyait vers la gauche, pliant sous ses faibles ondes l'herbe qui poussait sur ses bords.

Les eaux les plus pures d'ici-bas sembleraient chargées de quelque souillure, auprès de celle-ci qui ne dérobe rien aux regards.

Bien qu'elle coure toute rembrunie sous l'éternel ombrage, qui ne laisse pénétrer en ces lieux ni les rayons du soleil, ni ceux de la lune,

Mes pieds s'arrêtèrent, et mes regards passèrent le ruisseau pour admirer la grande variété de la printanière verdure.

Et là m'apparut, comme apparaît tout à coup une chose qui par l'étonnement déroute tout autre pensée,

Une dame seulette qui s'en allait chantant et cueillant, fleur après fleur, celles dont toute sa route était émaillée :

« Ah ! belle dame qui t'échauffes aux rayons de l'amour, si j'en veux croire aux traits qui d'ordinaire rendent témoignage du cœur,

« Qu'il te plaise, lui dis-je, de venir plus avant, auprès de cette rivière, assez pour que j'entende ce que tu chantes.

17 Tu mi fai rimembrar dove e qual era
 Proserpina nel tempo che perdette
 La madre lei, ed ella primavera.

18 Come si volge, con la piante strette
 A terra ed intra sè, donna che balli,
 E piede innanzi piede appena mette;

19 Volsesi in su' vermigli ed in su' gialli
 Fioretti verso me, non altrimenti
 Che vergine che gli occhi onesti avvalli;

20 E fece i prieghi miei esser contenti,
 Sì appressando sè, che 'l dolce suono
 Veniva a me co' suoi intendimenti.

21 Tosto che fu là dove l' erbe sono
 Bagnate già dall' onde del bel fiume,
 Di levar gli occhi suoi mi fece dono.

22 Non credo che splendesse tanto lume
 Sotto le ciglia a Venere trafitta
 Dal figlio, fuor di tutto suo costume.

23 Ella ridea dall'altra riva dritta,
 Trattando più color con le sue mani,
 Che l' alta terra senza seme gitta.

24 Tre passi ci facea 'l fiume lontani:
 Ma Ellesponto, là 've passò Serse,
 Ancora freno a tutti orgogli umani,

25 Più odio da Leandro non sofferse,
 Per mareggiare intra Sesto ed Abido,
 Che quel da me, perchè allor non s' aperse.

26 Voi siete nuovi, e forse perch' io rido,
 Cominciò ella, in questo luogo eletto
 All' umana natura per suo nido,

« Tu me rappelles en quel lieu et quelle était Proserpine, quand sa mère la perdit, et qu'elle-même perdit les dons du printemps. »

Comme une femme qui danse, tourne pressant la terre de ses pieds joints, et met à peine un pas devant l'autre,

Ainsi foulant les fleurs jaunes et vermeilles, celle-ci se tourna vers moi, semblable en tout à une vierge qui baisse ses yeux pudiques;

Et elle donna consentement à mes prières, en s'approchant de telle sorte que son doux chant venait à moi avec des paroles distinctes.

Aussitôt qu'elle fut là où déjà les herbes sont baignées par les eaux de la belle rivière, elle me fit la grâce de lever ses yeux.

Je ne crois pas que tant de lumière brillât sous les cils de Vénus quand son fils la blessa d'une façon tout inaccoutumée.

Elle me souriait de la rive droite, tout en cueillant de ses mains l'émail des fleurs que cette haute terre produit sans semence.

La rivière nous séparait de trois pas. Mais l'Hellespont que franchit Xerxès, exemple capable de mettre le frein à tous les orgueils des hommes,

N'irrita pas plus le ressentiment de Léandre, en séparant de ses flots Sestos et Abydos, que ce ruisseau ne m'irrita pour n'avoir pas voulu s'ouvrir alors.

« Vous êtes nouveaux venus, dit-elle, et peut-être parce que vous me voyez riante dans ce lieu choisi pour être le nid de l'humaine nature,

27 Maravigliando tienvi alcun sospetto;
　　Ma luce rende il salmo *Delectasti*
　　Che puote disnebbiar vostro intelletto.

28 E tu che se' dinanzi, e mi pregasti.
　　Di s' altro vuoi udir, ch' io venni presta
　　Ad ogni tua question, tanto che basti.

29 L' acqua, diss' io, e il suon della foresta,
　　Impugnan dentro a me novella fede
　　Di cosa, ch' io udi' contraria a questa.

30 Ond' ella: I' dicerò come procede
　　Per sua cagion, ciò ch' ammirar ti face;
　　E purgherò la nebbia che ti fiede.

31 Lo sommo Bene, che solo a sè piace,
　　Fece l' uom buono; e il ben di questo loco
　　Diede per arra a lui d' eterna pace.

32 Per sua diffalta qui dimorò poco;
　　Per sua diffalta in pianto e in affanno
　　Cambiò onesto riso e dolce giuoco.

33 Perchè il turbar, che sotto da sè fanno
　　L' esalazion dell' acqua e della terra,
　　Che, quanto posson, dietro al calor vanno,

34 All' uomo non facesse alcuna guerra,
　　Questo monte salio ver lo ciel tanto,
　　E libero è da indi, ove si serra.

35 Or, perchè in circuito tutto quanto
　　L' aer si volge con la prima volta,
　　Se non gli è rotto il cerchio d'alcun canto;

36 In questa altezza, che tutta è disciolta

« Quelque doute vous retient et vous étonne. Mais le psaume *Delectasti* jette une lumière qui peut dissiper les nuages de votre intelligence.

« Et toi qui marches devant, et qui m'as prié, si tu veux en apprendre davantage, parle : car je suis prête à répondre à toutes les questions, autant qu'il te faudra. »

« L'eau, répondis-je, et le bruit de la forêt combattent dans moi ma foi nouvelle, en une chose que j'ai entendue contraire à celle que je vois. »

A quoi elle me repartit : « Je dirai comment résulte d'une cause qui lui est propre, l'objet de ton étonnement, et je te délivrerai des nuages dont ta vue est importunée.

« Le souverain Bien, qui ne trouve son plaisir qu'en lui-même, fit l'homme bon, et lui donna le bonheur de ce séjour pour gage de l'éternelle paix.

« Par sa faute, il y resta peu de temps; par sa faute, les pleurs et l'angoisse remplacèrent le rire honnête et le doux plaisir.

« Afin que les exhalaisons de la terre et de l'eau qui suivent autant qu'elles peuvent l'essor du feu, en troublant les régions inférieures,

« Ne fissent à l'homme aucune guerre, cette montagne s'éleva vers le ciel, comme tu le vois, et elle est en paix depuis le lieu où sa porte se ferme.

« Mais comme l'air tout entier se meut en circuit avec la première voûte du ciel, si rien d'aucun côté n'interrompt sa course circulaire,

« Cette hauteur toute livrée à l'air vif et pur en res-

Nell' aer vivo, tal moto percuote,
E fa sonar la selva perch'è folta;
37 E la percossa pianta tanto puote,
Che della sua virtute l'aura impregna,
E quella poi girando intorno scuote:
38 E l'altra terra, secondo ch'è degna
Per sè o per suo ciel, concepe e figlia
Di diverse virtù diverse legna.
39 Non parrebbe di là poi maraviglia,
Udito questo, quando alcuna pianta
Senza seme palese vi s'appiglia.
40 E saper dèi che la campagna santa,
Ove tu se', d'ogni semenza è piena,
E frutto ha in sè che di là non si schianta.
41 L'acqua che vedi non surge di vena
Che ristori vapor che giel converta,
Come fiume ch'acquista o perde lena;
42 Ma esce di fontana salda e certa,
Che tanto dal voler di Dio riprende,
Quant'ella versa da duo parti aperta.
43 Da questa parte con virtù discende,
Che toglie altrui memoria del peccato;
Dall'altra, d'ogni ben fatto la rende.
44 Quinci Letè, così dall'altro lato
Eunoè si chiama, e non adopra,
Se quinci e quindi pria non è gustato.
45 A tutt'altri sapori esto è di sopra.
Ed avvegna ch'assai possa esser sazia
La sete tua, perchè più non ti scopra,
46 Darotti un corollario ancor per grazia;

sent le mouvement, et la forêt en retentit parce qu'elle est touffue.

« Et les plantes ébranlées ont le pouvoir d'imprégner l'air de leur vertu. Puis l'air en tournant la répand tout alentour;

« Et le reste de la terre, selon qu'il se prête par sa fécondité ou par son climat, conçoit et produit des arbres différents et de propriétés diverses.

« Ceci entendu, on ne s'étonnerait plus ensuite dans votre monde si quelque plante y germe sans semence apparente.

« Tu dois savoir que la sainte campagne où tu te trouves est pleine de toutes sortes de semences, et porte des fruits qui là-bas ne se récoltent point.

« L'eau que tu vois ne jaillit pas d'une veine qu'entretienne la vapeur convertie en pluie par le froid, comme un fleuve qui retrouve et perd ses eaux.

« Elle sort d'une source intarissable, assurée, qui reçoit de Dieu autant qu'elle verse par deux ouvertures.

« De ce côté elle descend avec la vertu d'ôter à l'homme le souvenir de son péché, de l'autre côté elle lui donne le souvenir de tout le bien qu'il a fait.

« Ici elle se nomme Léthé, là on l'appelle Ennoé, d'un côté comme de l'autre elle n'opère qu'après qu'on en a bu.

« La saveur en surpasse toute autre saveur. Et, bien que ta soif pût être grandement apaisée quand je ne te découvrirais rien de plus;

« Par grâce je te donnerai encore un corollaire, et je

Nè credo che il mio dir ti sia men caro,
Se oltre promission teco si spazia.

47 Quelli ch' anticamente poetaro
L' età dell' oro e suo stato felice,
Forse in Parnaso esto loco sognaro.

48 Qui fu innocente l' umana radice;
Qui primavera sempre ed ogni frutto;
Nettare è questo di che ciascun dice.

49 Io mi rivolsi addietro allora tutto
A' miei Poeti, e vidi che con riso
Udito avevan l' ultimo costrutto:

50 Poi alla bella Donna tornai 'l viso.

ne pense pas que ma parole te soit moins chère, si elle se donne carrière avec toi au delà de ma promesse.

« Les poëtes qui anciennement chantèrent l'âge d'or et son heureuse condition, peut-être sur le Parnasse rêvèrent de ce lieu.

« Ici dans l'innocence s'éleva la tige humaine. Ici règne un éternel printemps chargé de tous les fruits, ici coule ce nectar dont chacun parle. »

Alors je me retournai tout entier vers mes poëtes, et je vis qu'ils avaient entendu avec un sourire ce dernier propos.

Puis vers la belle dame je reportai mes regards[1].

---

[1] Ce chant trouve son explication dans le commentaire général des huit derniers chants du *Purgatoire*.

CANTO XXIX

1 Cantando come donna innamorata,
   Continuò col fin di sue parole:
   Beati, quorum tecta sunt peccata.
2 E come ninfe che si givan sole
   Per le selvatich' ombre, disiando
   Qual di fuggir, qual di veder lo sole,
3 Allor si mosse contra 'l fiume, andando
   Su per la riva, ed io pari di lei,
   Picciol passo con picciol seguitando.
4 Non eran cento tra' suoi passi e i miei,
   Quando le ripe igualmente dier volta,
   Per modo ch' a levante mi rendei.
5 Nè anche fu così nostra via molta,
   Quando la Donna tutta a me si torse,
   Dicendo: Frate mio, guarda ed ascolta.
6 Ed ecco un lustro subito trascorse
   Da tutte parti per la gran foresta,
   Tal che di balenar mi mise in forse.

CHANT XXIX

Chantant comme une femme éprise d'amour, elle fit succéder à ses dernières paroles le psaume : *Beati, quorum tecta sunt peccata.*

Et comme des nymphes qui s'en iraient par l'ombre des bois, désireuses, les unes de fuir le soleil, les autres de le voir,

Alors elle s'avança contre le cours du fleuve, et moi de pair avec elle, rapetissant mon pas sur le sien.

Nous n'avions pas fait cent pas entre nous deux, quand les bords se détournèrent également, de façon que je me dirigeai vers le levant.

Et notre route ainsi ne s'était pas de beaucoup prolongée, quand la dame se tourna vers moi tout entière, disant : « Mon frère, regarde et écoute. »

Et voici que tout à coup une clarté parcourut la grande forêt dans toutes ses parties, si vive qu'elle me fit douter si je ne voyais pas un éclair.

7 Ma perchè 'l balenar, come vien, resta,
E quel durando più e più splendeva,
Nel mio pensar dicea : Che cosa è questa?

8 Ed una melodia dolce correva
Per l' aer luminoso; onde buon zelo
Mi fe riprender l' ardimento d' Eva,

9 Che, là dove ubbidia la terra e il cielo,
Femmina sola, e pur testè formata,
Non sofferse di star sotto alcun velo;

10 Sotto 'l qual, se divota fosse stata,
Avrei quelle ineffabili delizie
Sentite prima, e poi lunga fiata.

11 Mentr' io m' andava tra tante primizie
Dell' eterno piacer, tutto sospeso,
E disioso ancora a più letizie,

12 Dinanzi a noi, tal quale un fuoco acceso,
Ci si fe l' aer, sotto i verdi rami,
E il dolce suon per canto era già inteso.

13 O sacrosante Vergini, se fami,
Freddi, o vigilie mai per voi soffersi,
Cagion mi sprona ch' io mercè ne chiami.

14 Or convien ch' Elicona per me versi,
E Urania m' aiuti col suo coro,
Forti cose a pensar, mettere in versi.

15 Poco più oltre sette alberi d' oro
Falsava nel parere il lungo tratto
Del mezzo, ch' era ancor tra noi e loro;

16 Ma quando i' fui sì presso di lor fatto,
Che l' obbietto comun, che 'l senso inganna,

CHANT XXIX.

Mais parce que l'éclair aussitôt qu'il vient s'en va, et que cette clarté durait, resplendissant de plus en plus, je disais dans ma pensée : « Qu'est ceci ? »

Et dans l'air lumineux courait une douce mélodie ; en sorte qu'un louable zèle me fit gourmander la témérité d'Ève.

Car là où la terre et le ciel obéissaient, une femme seule, et qui venait seulement d'être formée, ne voulut pas souffrir de voile sur ses yeux,

Ce voile qu'elle aurait dû porter soumise; alors j'eusse goûté plus tôt ces ineffables délices, et plus longtemps.

Tandis qu'au milieu des merveilleuses prémices de l'éternel plaisir, je m'en allai tout ravi, et aspirant encore à de nouvelles joies,

Devant nous, sous les verts rameaux, l'air devint comme un feu embrasé, et le son harmonieux nous laissa distinguer le chant.

O vierges saintes et sacrées, si jamais pour vous je souffris la faim, le froid et les veilles, l'occasion me presse de vous en demander le prix.

C'est l'heure où l'Hélicon doit verser pour moi ses eaux, et Uranie avec le chœur qu'elle mène, m'aider à mettre en vers des choses difficiles à penser.

Un peu plus loin, je crus voir sept arbres d'or, trompé par le grand intervalle qui était encore entre eux et nous.

Mais quand je fus assez rapproché pour que l'objet qui s'adresse à plusieurs sens et qui peut les tromper,

Non perdea per distanza alcun suo atto;

17 La virtù ch' a ragion discorso ammanna
    Siccom' egli eran candelabri apprese,
    E nelle voci del cantare, Osanna.
18 Di sopra fiammeggiava il bello arnese
    Più chiaro assai, che luna per sereno
    Di mezza notte nel suo mezzo mese.
19 Io mi rivolsi d' ammirazion pieno
    Al buon Virgilio, ed esso mi rispose
    Con vista carca di stupor non meno.
20 Indi rendei l' aspetto all' alte cose,
    Che si movieno incontro a noi sì tardi,
    Che foran vinte da novelle spose.
21 La Donna mi sgridò : Perchè pur ardi
    Sì nell' affetto delle vive luci,
    E ciò che vien diretro a lor non guardi?
22 Genti vid' io allor, com' a lor duci,
    Venire appresso vestite di bianco;
    E tal candor giammai di qua non fuci.
23 L' acqua splendeva dal sinistro fianco,
    E rendea a me la mia sinistra costa,
    S' io riguardava in lei, come specchio anco.
24 Quand' io dalla mia riva ebbi tal posta,
    Che solo il fiume mi facea distante,
    Per veder meglio a' passi diedi sosta;
25 E vidi le fiammelle andare avante,
    Lasciando dietro a sè l' aer dipinto,
    E di tratti pennelli avean sembiante;
26 Sì che di sopra rimanea distinto

ne perdit plus par la distance aucune de ses impressions sur moi ;

La faculté qui prépare à la raison la matière de ses discours, reconnut que c'étaient des candélabres, et que les voix chantaient Hosanna.

Ces beaux ouvrages jetaient par en haut une flamme beaucoup plus claire que la lune au milieu de son cours, à minuit et par un ciel serein.

Je me retournai plein d'admiration vers le bon Virgile, et lui me répondit par un regard non moins chargé d'étonnement.

Ensuite je reportai ma vue vers les hauts candélabres qui s'avançaient vers nous si lentement, que de nouvelles épousées eussent marché plus vite.

La dame me réprimanda : « Pourquoi portes-tu sur ces vives lumières toute l'ardeur de tes yeux, et ne regardes-tu pas ce qui vient derrière elles. »

Je vis alors après elles, et comme à leur suite, venir une troupe vêtue de blanc, et pareille blancheur ici-bas ne fut jamais.

Vers la gauche brillait le ruisseau, et si j'y regardais il réfléchissait mon flanc gauche tout comme eût fait un miroir.

Quand, sur la rive où je marchais, j'eus pris une position telle que la rivière seule me séparait de l'apparition, pour mieux voir j'arrêtai mes pas.

Et je vis les flambeaux aller en avant, laissant derrière eux l'air nuancé; semblables à des pinceaux qui tirent des lignes ;

De telle sorte qu'au-dessus d'eux l'espace demeurait

Di sette liste, tutte in quei colori,
Onde fa l' arco il Sole, e Delia il cinto.

27 Questi stendali dietro eran maggiori
Che la mia vista; e, quanto a mio avviso,
Dieci passi distavan quei di fuori.

28 Sotto così bel ciel, com' io diviso,
Ventiquattro seniori, a due a due,
Coronati venian di fiordaliso.

29 Tutti cantavan: Benedetta tue
Nelle figlie d' Adamo, e benedette
Sieno in eterno le bellezze tue.

30 Poscia che i fiori e l' altre fresche erbette,
A rimpetto di me dall' altra sponda,
Libere fur da quelle genti elette,

31 Si come luce luce in ciel seconda,
Vennero appresso lor quattro animali,
Coronato ciascun di verde fronda.

32 Ognuno era pennuto di sei ali,
Le penne piene d' occhi; e gli occhi d' Argo,
Se fosser vivi, sarebber cotali.

33 A descriver lor forma più non spargo
Rime, lettor; ch' altra spesa mi strigne
Tanto, che in questa non posso esser largo.

34 Ma leggi Ezechièl, che li dipigne
Come li vide dalla fredda parte
Vênir con vento, con nube e con igne;

35 E qual li troverai nelle sue carte,
Tali eran quivi, salvo ch' alle penne
Giovanni è meco, e da lui si diparte.

36 Lo spazio dentro a lor quattro contenne

marqué de sept bandes, toutes brillantes des couleurs dont le soleil fait son arc et la lune sa ceinture.

Ces étendards se prolongeaient en arrière plus loin que ma vue, et, autant qu'il me semblait, entre le premier et le septième, la distance était de sept pas.

Sous ce beau ciel, tel que je viens de le décrire, vingt-quatre vieillards, venaient deux à deux, couronnés de fleurs de lis.

Tous chantaient : « Bénie sois-tu entre toutes les filles d'Adam, et soient bénies éternellement tes beautés. »

Après que les fleurs et les fraîches herbes sur l'autre rive que j'avais en face de moi, ne furent plus foulées par cette troupe d'élus,

Comme dans le ciel une lumière succède à une lumière, ainsi à leur suite vinrent quatre animaux couronnés chacun de verts feuillages.

Chacun d'eux avait six ailes dont les plumes étaient pleines d'yeux. Tels on verrait les yeux d'Argus s'ils étaient vivants.

Pour décrire leurs formes je ne prodigue plus mes vers, lecteur, car une autre dépense me presse si fort qu'ici je ne saurai user de largesse.

Mais lis Ezéchiel, qui les dépeint comme il les vit venir des froides régions avec le vent, avec la nuée, avec le feu,

Et tels que tu les trouveras dans ses pages, tels étaient-ils ici, si ce n'est que touchant le nombre des ailes, Jean est avec moi, et se sépare du prophète.

L'espace qu'entre eux ils laissaient contenait un char

Un carro, in su duo rote, trionfale,
Che al collo d'un grifon tirato venne.

37 Ed esso tendea su l'una e l'altr' ale
Tra la mezzana e le tre e tre liste,
Si ch' a nulla, fendendo, facea male.

38 Tanto salivan, che non eran viste;
Le membra d'oro avea quanta era uccello,
E bianche l'altre di vermiglio miste.

39 Non che Roma di carro così bello
Rallegrasse Africano, ovvero Augusto;
Ma quel del Sol saria pover con ello;

40 Quel del Sol che sviando fu combusto,
Per l'orazion dalla Terra devota,
Quando fu Giove arcanamente giusto.

41 Tre donne in giro della destra ruota,
Venian danzando; l'una tanto rossa,
Ch' a pena fora dentro al fuoco nota:

42 L'altr' era, come se le carni e l'ossa
Fossero state di smeraldo fatte;
La terza parea neve testè mossa:

43 Ed or parevan dalla bianca tratte,
Or dalla rossa, e dal canto di questa
L'altre toglièn l'andare e tarde e ratte.

44 Dalla sinistra quattro facean festa,
In porpora vestite dietro al modo
D'una di lor, ch' avea tre occhi in testa

45 Appresso tutto il pertrattato nodo,
Vidi duo vecchi in abito dispari,
Ma pari in atto ed onestato e sodo.

46 L'un si mostrava alcun de' famigliari

triomphal, porté sur deux roues, et qu'un griffon traînait de tout l'effort de son col.

Et le griffon, dressant ses deux ailes, les étendait entre la bande du milieu et les trois de chaque côté, de façon qu'il ne dérobait aucune des trois en la coupant.

Ses ailes s'élevaient si haut que la vue ne les suivait pas; les membres qu'il avait de l'oiseau étaient d'or, les autres blancs mêlés de vermeil.

Non-seulement Rome ne fêta jamais d'un char si beau Scipion l'Africain, ni même Auguste : mais auprès de celui-ci, pauvre serait le char du soleil,

Celui du soleil qui s'écartant de sa route fut brûlé à la prière de la terre suppliante, quand Jupiter par un conseil mystérieux se montra juste.

Auprès de la roue droite, trois femmes venaient dansant en rond, l'une si rouge, qu'entourée de feu à peine s'en distinguerait-elle;

L'autre était comme si ses chairs et ses os eussent été formés d'émeraude; la troisième paraissait comme une neige naguère tombée.

Et tantôt elles semblaient conduites par la blanche, tantôt par la rouge, et au chant de celle-ci les autres mesuraient leur marche lente ou rapide.

Du côté gauche quatre autres se réjouissaient, vêtues de pourpre et se réglant sur l'une d'elles dont la tête avait trois yeux.

Après tout le groupe que je viens de décrire, je vis deux vieillards en habits différents, mais semblables de manières, tous deux graves et calmes.

L'un se montrait disciple de ce grand Hippocrate

Di quel sommo Ippocràte, che natura
Agli animali fe ch' ell' ha più cari.
47 Mostrava l' altro la contraria cura
Con una spada lucida ed acuta,
Tal che di qua dal rio mi fe paura.
48 Poi vidi quattro in umile paruta,
E diretro da tutti un veglio solo
Venir, dormendo, con la faccia arguta.
49 E questi sette col primaio stuolo
Erano abituati; ma di gigli
Dintorno al capo non facevan brolo;
50 Anzi di rose e d' altri fior vermigli :
Giurato avria poco lontano aspetto,
Che tutti ardesser di sopra da' cigli :
51 E quando il carro a me fu a rimpetto,
Un tuon s' udì; e quelle genti degne
Parvero aver l' andar più interdetto,
52 Fermandos' ivi con le prime insegne.

que la Nature fit pour les êtres animés qui lui sont le plus précieux ;

L'autre paraissait occupé d'un soin contraire, armé d'une épée luisante et acérée, telle que d'un bord à l'autre elle me fit peur.

Puis j'en vis quatre dont l'extérieur annonçait l'humilité : et derrière tous les autres venait un vieillard dormant avec un visage plein de vie.

Et les sept derniers étaient vêtus comme les premiers du cortége, seulement leur tête n'était pas ceinte de lis,

Mais de roses et d'autres fleurs vermeilles ; sans les voir de bien loin on eût juré que leurs fronts jetaient des flammes.

Et quand le char fut vis-à-vis de moi, un tonnerre se fit entendre, il sembla qu'à cette troupe vénérable il fut interdit d'aller plus avant, car elle s'arrêta là avec les enseignes qui la précédaient.

COMMENTAIRE DU CHANT XXIX

Le métier du poëte est de faire des miracles, de ressusciter les morts, de reconstruire par enchantement tout ce qui est en ruine, de distraire les esprits du présent et de les ramener au passé, de les enchaîner au spectacle de ce qui n'a plus ni réalité, ni intérêt, ni pouvoir, et de nous arracher à nous-mêmes, ce dont nous lui savons gré, parce que rien ne nous est plus à charge que notre petitesse; et de nous transporter parmi les grandes choses dont nous avons besoin, parce que nous sommes faits pour la grandeur.

Dante, comme tous les grands esprits, aime les difficultés; il se sent inspiré par le péril, ému par les obstacles, et voilà pourquoi il s'est proposé la plus grande difficulté qui fût jamais, ce que jamais aucun critique ne lui eût conseillé, de conduire son lecteur pendant quatorze mille vers à travers ce monde invisible dont rien de visible ne peut donner l'idée; de s'enfoncer, pour ainsi dire, tout vivant dans les obscurités de la métaphysique et de la théologie. — Mais comme tous les esprits justes, Dante n'aime que les difficultés utiles : toute sa métaphysique tourne à la morale, toute sa théologie s'emploie au bien des hommes.

Dante reste le disciple des Pères et des docteurs mais les docteurs, en tenant le paradis terrestre pour un lieu corporel, lui prêtent une signification mystique.

Les premiers chapitres de la *Genèse* ont pour eux deux sens, le littéral et l'allégorique, le passé et l'avenir. Ce symbolisme n'a rien d'arbitraire, il est dans le génie de la Bible et dans la tradition des Hébreux et de tout l'Orient, dans la nature même de l'esprit humain. A vrai dire, toutes les choses visibles ne sont que les signes de l'invisible : les cieux publient leur auteur. Ce langage de la création est aussi celui de l'Écriture sainte.

Allégorie de Dante. — Interprétation di Pietro di Dante. Le paradis terrestre figure la vie de la grâce; Mathilde, l'action. Les sept candélabres sont les dons du Saint-Esprit; les sept bannières, leurs sept fruits, ou les sept sacrements; les vingt-quatre vieillards figurent les vingt-quatre livres de l'Écriture. (Saint Jérôme, *Prolog. Reg.*, *prolog. in Daniel.*) — Les quatre animaux sont les quatre évangélistes; les six ailes, les six lois; le griffon est l'image du Christ. Les deux groupes de femmes sont les trois vertus théologales et les quatre vertus cardinales; les théologales à droite, comme d'une nature plus haute. Les deux vieillards sont saint Luc et saint Paul; les quatre, qui les suivent, les quatre Pères latins; en effet, après l'Écriture, vient la tradition. Le vieillard seul est saint Bernard.

Dante ne marche point au hasard. Il reproduit Ézéchiel, l'Apocalypse et toute la tradition de l'art chrétien. A Rome, dans les mosaïques de Sainte-Praxède, on voit l'agneau sur l'autel, les sept candélabres, les quatre animaux, les vingt-quatre vieillards; au portail de Moissac, les griffons affrontés, le Christ, les quatre animaux, les vieillards. — Si l'on s'étonne de ce cortége pour entourer le char de triomphe où va paraître une jeune femme, c'est que Dante sait bien que dans le véritable amour il entre moins de passion que de respect.

CANTO XXX

1 Quando il settentrion del primo cielo,
    Che nè occaso mai seppe nè orto,
    Nè d'altra nebbia, che di colpa velo,
2 E che faceva li ciascuno accorto
    Di suo dover, come il più basso face
    Qual timon gira per venire a porto,
3 Fermo si affisse, la gente verace,
    Venuta prima tra il grifone ed esso,
    Al carro volse sè, come a sua pace:
4 E un di loro, quasi dal ciel messo,
    Veni, sponsa, de Libano, cantando,
    Gridò tre volte, e tutti gli altri appresso.
5 Quale i beati al novissimo bando
    Surgeran presti ognun di sua caverna,
    La rivestita voce alleluiando;
6 Cotali, in su la divina basterna,
    Si levar cento, *ad vocem tanti senis*,
    Ministri e messaggier di vita eterna.

CHANT XXX

Quand ces sept étoiles du premier ciel, qui ne connurent jamais ni lever, ni coucher, ni d'autre nuage que le voile et la faute originelle,

Et qui là-haut montraient à chacun son devoir, comme les sept étoiles du ciel inférieur guident vers le port celui qui tourne le timon du gouvernail,

Quand elles s'arrêtèrent, les personnages véridiques qui marchaient d'abord entre elles et le griffon se tournèrent vers le char, comme vers le repos de leurs âmes.

Et l'un d'entre eux comme un envoyé du ciel chanta trois fois d'une voix forte : « *Veni, sponsa, de Libano;* » et tous les autres le répétèrent,

Comme au jour des dernières assises les bienheureux se lèveront agiles, chacun de sa fosse, exhalant un *alleluia* de leur voix ressuscitée.

Ainsi, à la voix du grand vieillard, se levèrent sur le char divin plus de cent ministres et messagers de la vie éternelle.

7 Tutti dicean : *Benedictus, qui venis;*
E, fior gittando di sopra e d' intorno,
Manibus o date lilia plenis.

8 Io vidi già nel cominciar del giorno
La parte oriental tutta rosata,
E l' altro ciel di bel sereno adorno,

9 E la faccia del Sol nascere ombrata,
Sì che per temperanza di vapori
L' occhio lo sostenea lunga fiata :

10 Così dentro una nuvola di fiori,
Che dalle mani angeliche saliva,
E ricadeva giù dentro e di fuori,

11 Sovra candido vel cinta d' oliva
Donna m' apparve, sotto verde manto,
Vestita di color di fiamma viva.

12 E lo spirito mio, che già cotanto
Tempo era stato, ch' alla sua presenza
Non era di stupor tremando affranto

13 Sanza degli occhi aver più conoscenza,
Per occulta virtù che da lei mosse,
D' antico amor sentì la gran potenza.

14 Tosto che nella vista mi percosse
L' alta virtù, che già m' avea trafitto
Prima ch' io fuor di puerizia fosse,

15 Volsimi alla sinistra col rispitto
Col quale il fantolin corre alla mamma,
Quando ha paura, o quando egli è afflitto,

16 Per dicere a Virgilio. Men che dramma
Di sangue m' è rimasa, che non tremi;
Conosco i segni dell' antica fiamma.

Tous disaient : « *Benedictus, qui venis,* » et, jetant des fleurs au-dessus du char et tout alentour, ils ajoutaient : « Donnez, donnez des lis à pleines mains. »

J'ai vu d'autres fois, au commencement du jour, la partie orientale du ciel toute rosée, et le reste tout orné d'un bel azur,

Et la face du soleil poindre voilée, de façon qu'à travers les vapeurs qui tempéraient son éclat l'œil le supportait longtemps.

Ainsi, dans un nuage de fleurs qui s'élevait des mains des anges et qui retombait sur le char et au dehors ;

Couronnée d'olivier sur un voile blanc, une femme m'apparut couverte d'un manteau vert, et sa robe avait la couleur d'une vive flamme.

Et mon esprit, si longtemps resté sans ressentir la stupeur, le tremblement, le brisement qui accompagnait sa présence,

Avant de la mieux connaître par les yeux, pénétré d'une vertu secrète qui émanait d'elle, ressentit la grande puissance d'un ancien amour.

Aussitôt que mes regards furent frappés de cette haute perfection qui jadis m'avait blessé avant que je fusse sorti de l'enfance,

Je me tournai vers ma gauche avec ce mouvement de l'enfant qui court à sa mère quand il a peur ou qu'il est affligé ;

Et je voulais dire à Virgile : « Il ne m'est pas resté une goutte de sang qui ne tremble : je reconnais les signes de l'ancienne flamme. »

17 Ma Virgilio n' avea lasciati scemi
    Di sè, Virgilio dolcissimo padre,
    Virgilio, a cui per mia salute die' mi :
18 Nè quantunque perdeo l' antica madre,
    Valse alle guance nette di rugiada,
    Che lagrimando non tornassero adre.
19 Dante, perchè Virgilio se ne vada,
    Non pianger anco, non pianger ancora;
    Chè pianger ti convien per altra spada.
20 Quasi ammiraglio, che in poppa ed in prora
    Viene a veder la gente che ministra
    Per gli altri legni, ed a ben far la incuora,
21 In sù la sponda del carro sinistra,
    Quando mi volsi al suon del nome mio,
    Che di necessità qui si registra,
22 Vidi la Donna, che pria m' appario
    Velata sotto l' angelica festa,
    Drizzar gli occhi ver me di qua dal rio.
23 Tuttochè il vel che le scendea di testa,
    Cerchiato dalla fronde di Minerva,
    Non la lasciasse parer manifesta,
24 Regalmente, nell' atto ancor proterva,
    Continuò, come colui che dice,
    E il più caldo parlar dietro riserva :
25 Guardami ben : ben son, ben son Beatrice :
    Come degnasti d' accedere al monte?
    Non sapei tu, che qui è l' uom felice?
26 Gli occhi mi cadder giù nel chiaro fonte;
    Ma veggendomi in esso io trassi all' erba :
    Tanta vergogna mi gravò la fronte.

Mais Virgile nous avait abandonnés; Virgile, ce père très-doux, Virgile à qui elle m'avait donné pour mon salut;

Et toutes les merveilles que perdit notre antique mère n'empêchèrent pas que mes joues lavées naguère par la rosée redevinssent souillées de pleurs.

« Dante, parce que Virgile s'en va, ne pleure pas. Ne pleure pas encore, car il te faudra pleurer d'une autre blessure. »

Comme un amiral qui va de la poupe à la proue voir les matelots manœuvrer sur les autres navires et leur donne du cœur à bien faire,

Ainsi sur le côté gauche du char, quand je me retournai au bruit de mon nom, qui par nécessité s'enregistre ici,

Je vis la dame, qui d'abord m'était apparue voilée sous les hommages des anges, diriger ses yeux vers moi de ce côté du ruisseau.

Encore que le voile qui descendait de sa tête, entouré du feuillage de Minerve, ne la laissât point voir tout entière,

Altière cependant et toute royale dans son attitude, elle continua, comme celui qui parle et réserve les plus irritées, les plus chaudes paroles pour la fin :

« Regarde-moi bien; je suis bien, je suis bien Béatrix. Comment donc t'es-tu cru digne d'approcher de la montagne? Ne savais-tu pas qu'ici l'homme est heureux?»

Mes regards se baissèrent vers la claire fontaine; mais, y voyant mon image, je les tournai vers l'herbe; tant la honte avait appesanti mon front.

27 Così la madre al figlio par superba,
   Com' ella parve a me; perchè d' amaro
   Sente il sapor della pietate acerba.
28 Ella si tacque, e gli angeli cantaro
   Di subito: *In te, Domine, speravi;*
   Ma oltre *pedes meos* non passaro.
29 Sì come neve tra le vive travi
   Per lo dosso d' Italia si congela
   Soffiata a stretta dalli venti Schiavi,
30 Poi liquefatta in sè stessa trapela,
   Pur che la terra, che perde ombra, spiri,
   Sì che par fuoco fonder la candela;
31 Così fui senza lagrime e sospiri
   Anzi il cantar di que' che notan sempre
   Dietro alle note degli eterni giri.
32 Ma poichè intesi nelle dolci tempre
   Lor compatire a me, più che se detto
   Avesser: Donna, perchè sì lo stempre?
33 Lo giel che m' era intorno al cuor ristretto,
   Spirito ed acqua fessi, e con angoscia
   Per la bocca e per gli occhi uscì del petto.
34 Ella, pur ferma in su la detta coscia
   Del carro stando, alle sustanzie pie
   Volse le sue parole così poscia:
35 Voi vigilate nell' eterno die,
   Sì che notte nè sonno a voi non fura
   Passo, che faccia il secol per su vie;
36 Onde la mia risposta è con più cura,
   Che m' intenda colui che di là piagne,
   Perchè sia colpa e duol d' una misura.

Telle la mère paraît menaçante à son fils, telle me parut Béatrix, parce que la pitié qui châtie laisse une saveur amère.

Elle se tut, et les anges chantèrent aussitôt : « *In te, Domine, speravi.* » Mais ils n'allèrent pas au delà de *pedes meos.*

Comme la neige parmi les arbres, sur le dos de l'Italie, se resserre et se congèle au souffle des vents esclavons,

Puis, se liquéfiant, tombe goutte sur goutte, pour peu que la terre qui n'a point d'ombre envoie son haleine, pareille au feu qui fond le cierge,

Ainsi je restai sans larmes et sans soupirs jusqu'au chant de ces esprits qui mesurent leurs accords sur les accords des sphères éternelles.

Mais après que dans leurs doux concerts j'eus compris leur compassion pour moi mieux que s'ils avaient dit : « Madame, pourquoi le confondre ainsi ? »

La glace qui s'était endurcie autour de mon cœur devint soupirs et pleurs et s'échappa douloureusement de ma poitrine par les lèvres et par les yeux.

Elle cependant, se tenant immobile sur le flanc du char, comme je l'ai dit, s'adressant ensuite à ces êtres miséricordieux, leur parla de la sorte :

« Vous veillez dans le jour éternel, de façon que ni nuit ni sommeil ne vous dérobent un seul des pas que fait le siècle dans sa route.

« Si donc je réponds avec plus de soin, c'est pour me faire entendre de celui qui pleure là-bas, c'est pour que la faute et la peine aient là même mesure.

37 Non pur per ovra delle rote magne,
  Che drizzan ciascun seme ad alcun fine,
  Secondo che le stelle son compagne;
38 Ma per larghezza di grazie divine,
  Che sì alti vapori hanno a lor piova,
  Che nostre viste là non van vicine;
39 Questi fu tal nella sua vita nuova
  Virtualmente, ch'ogni abito destro
  Fatto averebbe in lui mirabil pruova.
40 Ma tanto più maligno e più silvestro
  Si fa il terren col mal seme, e non colto,
  Quant' egli ha più di buon vigor terrestro.
41 Alcun tempo il sostenni col mio volto;
  Mostrando gli occhi giovinetti a lui,
  Meco il menava in dritta parte volto.
42 Sì tosto come in su la soglia fui
  Di mia seconda etade e mutai vita,
  Questi si tolse a me, e diessi altrui.
43 Quando di carne a spirto era salita,
  E bellezza e virtù cresciuta m' era,
  Fu' io a lui men cara e men gradita;
44 E volse i passi suoi per via non vera,
  Immagini di ben seguendo false,
  Che nulla promission rendono intera.
45 Nè l' impetrare spirazion mi valse,
  Con le quali e in sogno ed altrimenti
  Lo rivocai; sì poco a lui ne calse.
46 Tanto giù cadde, che tutti argomenti
  Alla salute sua eran già corti,
  Fuor che mostrargli le perdute genti.

« Non-seulement par l'influence des grandes sphères qui dirigent chaque chose naissante vers une fin, selon les étoiles qui l'accompagnent,

« Mais aussi par l'abondance des grâces divines qui tombent de nuages si hauts, que votre vue n'en approche pas;

« Celui-ci dans son jeune âge fut doué de telle sorte, que toute habitude droite aurait produit en lui d'admirables effets.

« Mais avec la mauvaise herbe et sans culture la terre devient d'autant plus ingrate et plus sauvage qu'elle a plus de bonne séve.

« Quelque temps je le soutins de mes regards, et, lui montrant mes jeunes yeux, je le menais avec moi par le droit chemin.

« Mais sitôt que je fus sur le seuil de mon second âge, et que je changeai de vie, celui-ci se retira de moi pour se donner à d'autres.

« Quand j'étais montée de la chair à l'esprit, quand je venais de croître en beauté comme en vertu, je lui devins moins chère et moins agréable;

« Et il égara ses pas dans une route fausse, poursuivant les mensongères images du bien, qui ne tiennent jusqu'au bout aucune de leurs promesses;

« Et il ne me servit point de lui obtenir les inspirations par lesquelles je le rappelais, en songe ou autrement, tant il en fit peu de compte.

« Il tomba si bas, que déjà tous les moyens étaient impuissants pour son salut, excepté de lui faire voir le peuple des damnés.

47 Per questo visitai l' uscio de' morti,
   E a colui che l' ha quassù condotto,
   Li prièghi miei, piangendo, furon porti.
48 L' alto fato di Dio sarrebbe rotto,
   Se Lete si passasse, e tal vivanda
   Fosse gustata senz' alcuno scotto
49 Di pentimento che lagrime spanda.

« Voilà pourquoi j'ai visité la porte des morts, et j'ai porté à celui qui l'a guidé jusqu'ici mes prières avec mes pleurs.

« Le suprême décret de Dieu serait brisé, si l'on passait le Léthé, si l'on goûtait un tel aliment avant d'avoir payé son tribut ou son écot avec un repentir qui verse des larmes. »

CANTO XXXI

1 O tu, che se' di là dal fiume sacro
   (Volgendo suo parlare a me per punta,
   Che pur per taglio m'era parut' acro),
2 Ricominciò, seguendo senza cunta,
   Dì, dì, se quest' è vero : a tanta accusa
   Tua confession conviene esser congiunta.
3 Era la mia virtù tanto confusa,
   Che la voce si mosse, e pria si spense
   Che dagli organi suoi fosse dischiusa.
4 Poco sofferse; poi disse : Che pense?
   Rispondi a me; chè le memorie triste
   In te non sono ancor dall' acqua offense.
5 Confusione e paura insieme miste
   Mi pinsero un tal sì fuor della bocca,
   Al quale intender fur mestier le viste.
6 Come balestro frange, quando scocca
   Da troppa tesa la sua corda e l'arco,
   E con men foga l'asta il segno tocca;

CHANT XXXI

« O toi qui es au delà du fleuve sacré, » reprit-elle en tournant contre moi la pointe de son discours dont le tranchant seul m'avait paru si déchirant.

Et, poursuivant sans hésiter : « Dis, dis si c'est vrai : à une si grande accusation, il faut que la confession s'ajoute. »

Toutes mes puissances étaient si troublées, que ma voix fit effort et s'éteignit avant de s'être échappée de ses organes.

Elle attendit un peu, puis elle dit : « Qu'en penses-tu ? Réponds-moi, car en toi les mauvais souvenirs ne sont pas encore chassés par les eaux du Léthé. »

La confusion et la peur unies ensemble m'arrachèrent de la bouche un *oui* si faible, qu'il ne fût compris que des yeux.

Comme l'arbalète, quand elle est trop tendue, brise en se débandant sa corde et son arc; alors le dard va frapper le but avec moins de force ;

7 Si scoppia' io sott' esso grave carco,
   Fuori sgorgando lagrime e sospiri,
   E la voce allentò per lo suo varco.

8 Ond' ella a me: Per entro i miei disiri,
   Che ti menavano ad amar lo bene
   Di là dal qual non è a che s' aspiri,

9 Quai fosse attraversate, o quai catene
   Trovasti, perchè del passare innanzi
   Dovessiti così spogliar la spene?

10 E quali agevolezze, o quali avanzi
   Nella fronte degli altri si mostraro,
   Perchè dovessi lor passeggiare anzi?

11 Dopo la tratta d' un sospiro amaro,
   A pena ebbi la voce che rispose,
   E le labbra a fatica la formaro.

12 Piangendo dissi: Le presenti cose
   Col falso lor piacer volser miei passi,
   Tosto che 'l vostro viso si nascose.

13 Ed alla: Se tacessi, o se negassi
   Ciò che confessi, non fora men nota
   La colpa tua: da tal giudice sassi.

14 Ma quando scoppia dalla propria gota
   L'accusa del peccato, in nostra corte,
   Rivolge sè contra il taglio la rota.

15 Tuttavia, perchè me' vergogna porte
   Del tuo errore, e perchè altra volta
   Udendo le sirene sie più forte.

16 Pon giù il seme del piangere, ed ascolta;
   Sì udirai come in contraria parte
   Muover doveati mia carne sepolta.

Ainsi j'éclatai sous ce lourd fardeau, m'épanchant en larmes et en soupirs, de sorte que ma voix se ralentit au passage.

C'est pourquoi elle me dit : « Quand les désirs qui te venaient de moi te conduisaient à l'amour de ce bien au delà duquel il n'en est point de désirable,

« Quels fossés au travers de la route, quelles chaînes tendues as-tu donc trouvées pour te faire dépouiller l'espérance de passer au delà?

« Et quels attraits, quels avantages, se sont montrés, sur le front des autres biens, que tu dusses errer devant eux? »

Après avoir exhalé un soupir amer, à peine eus-je retrouvé la voix pour répondre, et à grand'peine mes lèvres l'articulèrent;

Je dis en pleurant : « Les choses présentes avec leurs plaisirs trompeurs ont détourné mes pas aussitôt que votre visage s'est caché. »

Et elle: « Si tu taisais ou si tu niais ce que tu confesses, ta faute ne serait pas moins connue, si grand est le juge qui la sait!

« Mais quand l'accusation du péché s'échappe de la bouche du pécheur, c'est la loi de notre tribunal que la meule se tourne contre le tranchant de l'épée.

« Néanmoins, afin que tu portes plus de honte de ton erreur, et qu'une autre fois, si tu entends les sirènes, tu te trouves plus fort,

« Arrête la source de tes pleurs et écoute; tu entendras comment ma chair mise au tombeau devait te faire prendre un chemin contraire.

17 Mai non t' appresentò natura ed arte
Piacer, quanto le belle membra in ch' io
Rinchiusa fui, e che son terra sparte:
18 E se il sommo piacer sì ti fallio
Per la mia morte, qual cosa mortale
Dovea poi trarre te nel suo disio?
19 Ben ti dovevi, per lo primo strale
Delle cose fallaci, levar suso
Diretr' a me che non era più tale;
20 Non ti dovea gravar le penne in giuso,
Ad aspettar più colpi, o pargoletta,
O altra vanità con sì brev' uso.

21 Nuovo augelletto due o tre aspetta;
Ma dinanzi dagli occhi de' pennuti
Rete si spiega indarno, o si saetta.

22 Quale i fanciulli vergognando muti,
Con gli occhi a terra, stannosi ascoltando,
E sè riconoscendo, e ripentuti;
23 Tal mi stav' io. Ed ella disse: Quando
Per udir se' dolente, alza la barba,
E prenderai più doglia riguardando.
24 Con men di resistenza si dibarba
Robusto cerro, ovvero a nostral vento,
Ovvero a quel della terra di Iarba,
25 Ch' io non levai al suo comando il mento:
E quando per la barba il viso chiese,
Ben conobbi il velen dell' argomento.
26 E come la mia faccia si distese,

« Jamais la nature, jamais l'art ne te présenta plaisir comparable aux beaux membres où je fus prisonnière, et qui maintenant sont réduits en poudre.

« Et si par ma mort ce souverain plaisir te manqua, quelle chose mortelle devait ensuite te gagner à ses attraits?

« Bien devais-tu, à la première atteinte des choses trompeuses, lever les yeux au ciel pour m'y suivre, moi qui n'étais plus comme elles.

« Et tes ailes ne devaient pas rester appesanties pour attendre quelque autre blessure, par faiblesse pour quelque jeune fille, ou pour quelque autre vanité dont si courte est la jouissance.

« L'oiselet nouvellement éclos attend deux ou trois coups, mais devant les yeux de ceux qui ont toutes leurs plumes, c'est vainement qu'on déploie le filet et qu'on décoche la flèche. »

Comme les enfants muets de honte, les yeux fixés à terre, écoutent immobiles, reconnaissant leur faute et repentants,

Ainsi je me tenais, et elle dit : « Puisque à m'entendre seulement tu te sens si affligé, lève ta barbe, et, en me regardant, tu ressentiras plus de douleur. »

Avec moins de résistance un chêne robuste se déracine au souffle de notre vent, ou au vent de la terre numide,

Que je ne levai le menton à son commandement; et, quand par la barbe elle désigna le visage, je sentis bien le venin de l'allusion.

Et quand je redressai ma face, mes yeux connuren

Posarsi quelle prime creature
Da loro aspersion l'occhio comprese:
27 E le mie luci, ancor poco sicure
Vider Beatrice volta in su la fiera,
Ch'è sola una persona in duo nature.
28 Sotto suo velo, ed oltre la riviera
Verde, pareami più sè stessa antica
Vincer, che l'altre qui quand'ella c'era.
29 Di penter sì mi punse ivi l'ortica,
Che di tutt'altre cose, qual mi torse
Più nel suo amor, più mi si fe nimica.
30 Tanta riconoscenza il cuor mi morse,
Ch'io caddi vinto, e quale allora femmi,
Salsi colei che la cagion mi porse.
31 Poi, quando il cor virtù di fuor rendemmi,
La Donna ch'io avea trovata sola,
Sopra me vidi, e dicea: Tiemmi, tiemmi.

32 Tratto m'avea nel fiume infino a gola,
E, tirandosi me dietro, sen giva
Sovresso l'acqua, lieve come spola.
33 Quando fui presso alla beata riva,
Asperges me sì dolcemente udissi,
Ch'io nol so rimembrar, non ch'io lo scriva.
34 La bella donna nelle braccia aprissi,
Abbracciommi la testa, e mi sommerse,
Ove convenne ch'io l'acqua inghiottissi
35 Indi mi tolse, e bagnato m'offerse
Dentro alla danza delle quattro belle,
E ciascuna col braccio mi coperse.

que les anges, ces premiers-nés des créatures, avaient cessé de jeter des fleurs.

Et mes regards encore mal assurés virent Béatrix tournée vers la bête qui réunit une seule personne en deux natures.

Sous son voile, et séparée de moi par la verte rivière, elle me semblait effacer ce qu'elle fut jadis plus qu'elle n'effaçait les autres quand elle habitait ici-bas.

En ce moment l'ortie du repentir me piqua si fort, que, de toutes les autres choses, celle qui avait le plus détourné mon amour me devint la plus ennemie.

Une si grande connaissance de ma faute me déchira le cœur que je tombai terrassé; et ce que je devins alors, celle-là le sait qui en fut la cause.

Puis, quand le cœur me rendit le pouvoir de comprendre les choses du dehors, je vis au-dessus de ma tête la dame que j'avais d'abord trouvée seule, et elle disait : « Tiens-moi, tiens-moi. »

Elle m'avait entraîné dans le fleuve jusqu'à la gorge, et, me tirant derrière elle, elle s'en allait sur l'eau, légère comme la navette du tisserand.

Quand elle fut près de l'heureuse rive, on entendit chanter *Asperges me* avec tant de douceur, que je ne saurais me le rappeler, bien loin de l'écrire.

La belle dame ouvrit les bras, saisit ma tête et me submergea de façon qu'il fallut boire l'onde.

Puis elle me retira, et, tout trempé, elle me conduisit dans la danse des quatre belles compagnes, et chacune d'elles m'enlaça d'un bras.

36 Noi sem qui ninfe, e nel ciel semo stelle;
    Pria che Beatrice discendesse al mondo,
    Fummo ordinate a lei per sue ancelle.

37 Menrenti agli occhi suoi; ma nel giocondo
    Lume ch' è dentro, aguzzeran li tuoi
    Le tre di là, che miran più profondo.

38 Così cantando cominciaro; e poi
    Al petto del grifon seco menarmi,
    Ove Beatrice volta stava a noi.

39 Disser : Fa che le viste non risparmi;
    Posto t' avem dinanzi agli smeraldi,
    Ond' Amor già ti trasse le sue armi.

40 Mille disiri più che fiamma caldi
    Strinsermi gli occhi agli occhi rilucenti,
    Che pur sovra il grifone stavan saldi.

41 Come in lo specchio il Sol, non altrimenti
    La doppia fiera dentro vi raggiava,
    Or con uni, or con altri reggimenti.

42 Pensa, lettor, s' io mi maravigliava,
    Quando vedea la cosa in sè star queta,
    E nell' idolo suo si trasmutava.

43 Mentre che, piena di stupore e lieta,
    L'anima mia gustava di quel cibo,
    Che, saziando di sè, di sè asseta;

44 Sè dimostrando del più alto tribo
    Negli atti, l' altre tre si fero avanti,
    Danzando al loro angelico caribo.

45 Volgi, Beatrice, volgi gli occhi santi;

« Ici, nous sommes nymphes, au ciel nous sommes étoiles. Avant que Béatrix ne descendît dans le monde, nous fûmes destinées à devenir ses servantes.

« Nous te mènerons devant ses yeux ; mais, pour que les tiens puissent en pénétrer la douce lumière, ils seront aiguisés par les trois femmes que voici de l'autre côté et qui ont le regard plus profond. »

Ainsi commencèrent-elles en chantant, puis elles me conduisirent avec elles en face du griffon ; là, Béatrix se tenait tournée vers nous.

Elles dirent : « Fais en sorte de ne pas ménager ta vue ; nous t'avons placé devant ces émeraudes d'où l'amour jadis te darda ses flèches. »

Mille désirs plus brûlants que la flamme attachèrent mes yeux à ses yeux rayonnants qui demeuraient fixés sur le griffon.

Comme le soleil dans un miroir, de même la bête aux deux natures se réfléchissait, tantôt avec les uns, tantôt avec les autres de ses attributs.

Pense, lecteur, si je m'émerveillais, voyant l'objet rester immobile en soi et changer dans son image.

Tandis que, pleine de stupeur et de joie, mon âme goûtait cette nourriture qui, en nous rassasiant d'elle-même, d'elle-même nous altère,

Les trois autres compagnes, dont les attitudes annonçaient une extraction plus haute, s'avancèrent, réglant leur danse sur leurs chants angéliques.

« Tourne, Béatrix, « tel était leur chant, » tourne tes

>   Era la sua canzone, al tuo fedele,
>   Che, per vederti, ha mossi passi tanti.
> 46· Per grazia fa noi grazia che disvele
>   A lui la bocca tua, sì che discerna
>   La seconda bellezza che tu cele.
> 47 O isplendor di viva luce eterna,
>   Chi pallido si fece sotto l' ombra
>   Sì di Parnaso, o bevve in sua cisterna,
> 48 Che non paresse aver la mente ingombra,
>   Tentando a render te qual tu paresti
>   Là dove armonizzando il ciel t' adombra,
> 49 Quando nell' aere aperto ti solvesti?

yeux vers ton fidèle, qui pour te voir a fait tant de pas!

« Fais-nous gratuitement la grâce de dévoiler pour lui ta bouche, afin qu'il connaisse la seconde beauté que tu caches. »

O splendeur d'une lumière vivante et éternelle! quel est le poëte devenu pâle sous les ombres du Parnasse, ou abreuvé à ses citernes,

Qui ne semblerait pas troublé dans ses pensées, s'il essayait de te rendre telle que tu m'apparus, lorsqu'au grand jour tu te découvris, en ce lieu où tu n'eus plus d'autre voile que la sphère harmonieuse du ciel!

COMMENTAIRE DU CHANT XXX

Terc. 11. — *Petrus Alighierii, XXX. In qua nebula ita figurata Beatrix, id est theologia, descendit coronata oliva, quæ arbor Minervæ deæ scientiæ dicitur... Hoc est quod auctor vult figurare, quod jam dilexit studium theologiæ et in eo postea cessavit, nunc vero reassumere incipit.*

Ottimo Commento, XXX. Béatrix est ici prise pour la science théologique, par laquelle Dante pénètre dans la connaissance de la Jérusalem triomphante. L'auteur l'aime la première, mais peu de temps, pour ne l'avoir pas assez connue; puis il fait voir comment, par amour des choses temporelles, il abandonna l'amour des éternelles et invisibles... Et l'on pourrait expliquer plus simplement, en prenant à la lettre les paroles de Béatrix, qu'il s'agit de madame Béatrix que le poëte aima d'un amour de bienveillance, laquelle partie de ce monde, il aima celle pour laquelle il dit :

Io mi son Pargoletta bella e nova.

COMMENTAIRE DU CHANT XXXI

Terc. 36. — Petrus Aligherii. Les vertus cardinales sont des nymphes, selon l'opinion de saint Thomas, qui veut que les vertus nous soient *infuses* sur la terre ; au ciel ce sont des principes ou des essences. Saint Augustin avait dit dans une de ses lettres : *Actus virtutum, ut hæ nymphæ, sunt in via ; sed in patria idipsum erit virtus et præmium virtutis.*

Comparer le premier chant du *Purgatoire*, où paraissent les quatre étoiles vues seulement de nos premiers pères, et le huitième où elles se sont couchées pour faire place à trois autres qui embrasent tout le ciel. Les quatre premières peuvent répondre à la Croix du sud, les trois autres à l'Alpha de l'Éridan, du Navire et du Poisson d'or.

39. — *Ottimo Commento.* Les émeraudes. C'est fort à propos que le poëte introduit cette pierre précieuse en considération de ses propriétés. Car les oiseaux appelés griffons guettent les émeraudes. L'émeraude est la reine des pierres vertes. Ni pierres, ni herbes n'ont une plus vive verdure. Elle réfléchit les images à la manière d'un miroir. Elle accroît les richesses, aide les beaux parleurs et ceux qui plaident, elle combat le mal caduc, conserve la vue, fortifie les yeux faibles, contient les mouvements luxurieux, rend la mémoire, repousse les fantômes et les démons, calme les tempêtes, étanche le sang et sert aux opérations des devins.

CANTO XXXII

1 Tanto eran gli occhi miei fissi ed attenti
   A disbramarsi la decenne sete,
   Che gli altri sensi m'eran tutti spenti;
2 Ed essi quinci e quindi avén parete
   Di non caler, così lo santo riso
   A sè traéli con l'antica rete;
3 Quando per forza mi fu volto il viso
   Ver la sinistra mia da quelle Dee,
   Perch' io udia da loro un: *Troppo fiso*.
4 E la disposizion che a veder ee
   Negli occhi pur testè dal Sol percossi,
   Sanza la vista alquanto esser mi fee;
5 Ma poichè al poco il viso riformossi
   (Io dico al poco per rispetto al molto
   Sensibile, onde a forza mi rimossi),
6 Vidi in sul braccio destro esser rivolto
   Lo glorioso esercito, e tornarsi
   Col sole e con le sette fiamme al volto.

CHANT XXXII

Mes yeux étaient si immobiles, si attentifs à désaltérer une soif de dix ans, que tous mes autres sens étaient éteints ;

Et mes yeux même avaient à droite et à gauche comme une muraille d'indifférence : tant le divin sourire les attirait dans son ancien filet ;

Quand mon visage fut forcément détourné vers la gauche par ces nymphes, que j'entendis s'écrier : « Tu regardes trop fixement. »

Et cette difficulté de voir qu'éprouvent les yeux que le soleil vient de frapper, me fit rester quelque temps privé de la vue.

Mais quand mon regard redevint capable de saisir une faible lumière (je dis faible par rapport à la grande lumière dont je ne me détachai que de force),

Je vis que la glorieuse armée s'était pliée sur son flanc droit et qu'en tournant elle avait en face le soleil et les sept candélabres.

7 Come sotto gli scudi per salvarsi
   Volgesi schiera, e sè gira col segno,
   Prima che possa tutta in sè mutarsi;

8 Quella milizia del celeste regno,
   Che precedeva, tutta trapassonne
   Pria che piegasse il carro il primo legno.

9 Indi alle rote si tornar le donne,
   E il grifon mosse il benedetto carco,
   Sì che però nulla penna crollonne.

10 La bella donna che mi trasse al varco,
   E Stazio ed io seguitavam la rota
   Che fe l' orbita sua con minor arco.

11 Sì passeggiando l' alta selva vota,
   Colpa di quella ch' al serpente crese,
   Temprava i passi un' angelica nota.

12 Forse in tre voli tanto spazio prese
   Disfrenata saetta, quanto eràmo
   Rimossi, quando Beatrice scese.

13 Io senti' mormorare a tutti: Adamo!
   Poi cerchiaro una pianta dispogliata
   Di fiori e d' altra fronda in ciascun ramo.

14 La chioma sua, che tanto si dilata
   Più, quanto più è su, fora dagl' Indi
   Ne' boschi lor per altezza ammirata.

15 Beato se', grifon, che non discindi
   Col becco d'esto legno dolce al gusto,
   Posciachè mal si torse il ventre quindi.

16 Così d' intorno all' arbore robusto

Comme un bataillon couvert de ses boucliers se replie pour assurer son salut, et commence à tourner avec le drapeau, avant que toute la troupe ait pu imiter ce changement,

Ainsi toute cette milice du céleste royaume qui marchait devant, passa tout entière avant que le char eût tourné son timon.

Alors les femmes se replacèrent près des roues et le griffon ébranla son fardeau béni ; de telle sorte pourtant qu'on ne vit pas frémir une seule de ses plumes.

La belle dame qui m'avait conduit au gué du ruisseau, et Stace et moi, nous suivions la roue dont l'ornière décrivait l'arc le plus petit,

Tandis que nous parcourions ainsi la haute forêt, déserte par la faute de celle qui crut le serpent, des chants angéliques mesuraient nos pas.

Peut-être une flèche délivrée de son frein parcourt en trois vols autant d'espace que nous en avions franchi, quand descendit Béatrix.

J'entendis murmurer par toutes les bouches : Adam! puis tous entourèrent un arbre dont les rameaux étaient dépouillés de fleurs et d'ombrages.

Sa chevelure qui va s'élargissant d'autant plus qu'elle s'élève davantage, serait admirée par sa hauteur dans les forêts de l'Inde.

« Heureux es-tu, griffon, qui de ton bec n'entames point cet arbre doux à goûter! Car les entrailles de l'homme s'en tordirent de douleur. »

Ainsi autour de l'arbre robuste s'écrièrent les autres

Gridaron gli altri; e l'animal binato :
Sì si conserva il seme d'ogni giusto.

17 E volto al temo ch'egli avea tirato,
Trasselo a piè della vedova frasca;
E quel di lei a lei lasciò legato.

18 Come le nostre piante, quando casca
Giù la gran luce mischiata con quella
Che raggia dietro alla celeste lasca,

19 Turgide fansi, e poi si rinnovella
Di suo color ciascuna, pria che 'l Sole
Giunga li suoi corsier sott'altra stella;

20 Men che di rose, e più che di viole,
Colore aprendo, s'innovò la pianta,
Che prima avea le ramora sì sole.

21 Io non lo intesi, nè quaggiù si canta
L'inno che quella gente allor cantaro,
Nè la nota soffersi tuttaquanta.

22 S'io potessi ritrar come assonnaro
Gli occhi spietati, udendo di Siringa,
Gli occhi a cui più vegghiar costò sì caro;

23 Come pintor che con esemplo pinga,
Disegnerei com'io m'addormentai;
Ma qual vuol sia che l'assonnar ben finga.

24 Però trascorro a quando mi svegliai,
E dico ch'un splendor mi squarciò il velo
Del sonno, ed un chiamar: Surgi, che fai?

25 Quale a veder de' fioretti del melo,

personnages, et l'animal aux deux natures répondit :
« Ainsi se conserve la semence de toute justice. »

Et tournant le timon qu'il avait tiré, il le conduisit jusqu'au pied du tronc veuf de sa feuillée et laissa le char là, à l'arbre auquel il appartenait.

Comme nos plantes, quand tombe d'en haut la grande lumière mêlée à celle qui rayonne à la suite du céleste poisson,

Se gonflent de bourgeons, puis renouvellent chacune l'émail de ses fleurs avant que le soleil attelle ses coursiers sous une autre étoile,

Ainsi s'épanouissant en fleurs moins claires que la rose et plus que la violette, se renouvela l'arbre qui d'abord avaient ses rameaux si nus.

Je n'entendis jamais et jamais on ne chante ici-bas l'hymne qu'alors chanta cette troupe et je n'en supportai pas la mélodie jusqu'au bout.

Si je pouvais retracer comment s'endormirent les impitoyables yeux d'Argus, en écoutant l'aventure de Syrinx, ces yeux auxquels il coûta si cher d'avoir veillé plus que ceux des hommes ;

Comme un peintre qui travaille sur un modèle, je dessinerais comment je m'endormis. Mais que tout autre se charge de bien représenter la surprise du sommeil.

Je passe donc au moment où je m'éveillai, et je dis que le voile de mon sommeil se déchira sous une vive lumière, et à ce cri : « Lève-toi ! que fais-tu là ? »

Comme à la vue des jeunes fleurs du pommier, qui

Che del suo pomo gli angeli fa ghiotti,
   E perpetue nozze fa nel cielo,
26 Pietro e Giovanni e Iacopo condotti,
   E vinti ritornaro alla parola,
   Dalla qual furon maggior sonni rotti,
27 E videro scemata loro scuola,
   Così di Moisè come d'Elia,
   E al maestro suo cangiata stola;
28 Tal torna' io, e vidi quella Pia
   Sovra me starsi, che conducitrice
   Fu d' miei passi lungo il fiume pria;
29 E tutto in dubbio dissi: Ov' è Beatrice?
   Ed ella: Vedi lei sotto la frónda
   Nuova sedersi in su la sua radice.
30 Vedi la compagnia che la circonda;
   Gli altri dopo il grifon sen vanno suso,
   Con più dolce canzone e più profonda.
31 E se fu più lo suo parlar diffuso
   Non so, perocchè già negli occhi m' era
   Quella ch' ad altro intender m' avea chiuso.
32 Sola sedeasi in su la terra vera,
   Come guardia lasciata lì del plaustro,
   Che legar vidi alla biforme fiera.
33 In cerchio le facevan di sè claustro
   Le sette ninfe, con que' lumi in mano
   Che son sicuri d'Aquilone e d' Austro.
34 Qui sarai tu poco tempo silvano,
   E sarai meco senza fine cive
   Di quella Roma onde Christo è Romano;
35 Però, in pro del mondo che mal vive,

rend les anges avides de son fruit, et qui défraye les noces éternelles du paradis ;

Pierre, Jacques et Jean conduits sur la montagne s'évanouirent et revinrent à la parole qui interrompit des sommeils plus forts ;

Et virent leur compagnie diminuée de Moïse et d'Élie, et le vêtement de leur maître changé de couleur ;

Tel je revins à moi, et je vis debout près de moi cette femme compatissante qui d'abord conduisit mes pas le long du fleuve ;

Et tout en suspens je dis : « Où est Béatrix ? » Et elle : « Vois, elle est assise sous l'arbre au nouveau feuillage et sur sa racine,

« Vois la compagnie qui l'environne, les autres à la suite du griffon s'en vont au ciel avec un chant plus doux et plus mystérieux. »

Et si son discours fut plus long, je l'ignore ; car déjà mes yeux étaient pleins de celle qui m'avait fermé à toute autre attention.

Seule elle était assise sur la terre nue, elle restait là comme gardienne du char que j'avais vu attacher par la bête aux deux formes.

Rangées en cercle, les sept nymphes faisaient autour d'elle comme un cloître, tenant à la main ces flambeaux qui ne craignent ni l'Aquilon, ni l'Auster.

« Tu seras peu de temps l'hôte de cette forêt, et tu deviendras avec moi le citoyen éternel de cette Rome dont le Christ est citoyen.

« Cependant pour le bien du monde qui vit mal,

  Al carro tieni or gli occhi, e, quel che vedi,
  Ritornato di là, fa che tu scrive.

36. Così Beatrice; ed io che tutto a' piedi
  De' suoi comandamenti era devoto,
  La mente e gli occhi, ov' ella volle, diedi.

37 Non scese mai con si veloce moto
  Fuoco di spessa nube, quando piove
  Da quel confine che più è remoto,

38 Com' io vidi calar l' uccel di Giove
  Per l' arbor giù, rompendo della scorza,
  Non che de' fiori e delle foglie nuove;

39 E ferio 'l carro di tutta sua forza
  Ond' ei piegò, come nave in fortuna,
  Vinta dall' onde, or da poggia or da orza.

40 Poscia vidi avventarsi nella cuna
  Del trionfal veiculo una volpe,
  Che d' ogni pasto buon parea digiuna.

41 Ma riprendendo lei di laide colpe,
  La Donna mia la volse in tanta futa,
  Quanto sofferson l' ossa senza polpe.

42 Poscia, per indi ond' era pria venuta,
  L'aquila vidi scender giù nell' arca
  Del carro, e lasciar lei di sè pennuta.

43 E, qual esce di cuor che si rammarca,
  Tal voce usci del cielo, e cotal disse:
  O navicella mia, com' mal se' carca!

44 Poi parve a me che la terra s' aprisse
  Tr' ambo le rote, e vidi uscirne un drago,
  Che per lo carro su la coda fisse:

45 E, come vespa che ritragge l' ago,

tiens maintenant tes yeux fixés sur le char, et ce que tu vois, de retour là-bas, fais en sorte de l'écrire. »

Ainsi dit Béatrix, et moi qui me tenais tout dévoué aux pieds de ses commandements, du côté qu'elle voulut, j'abandonnai ma pensée et mes regards.

Jamais d'un mouvement si rapide le feu ne descendit d'une si épaisse nuée, quand il tombe de la plus lointaine région du ciel,

Que je ne vis fondre sur l'arbre l'oiseau de Jupiter, déchirant l'écorce et non-seulement les feuilles et les fleurs nouvelles.

Et de toute sa force il frappa le char, qui plia comme un navire en péril et fléchissant sous les lames tantôt à babord, tantôt à tribord.

Puis je vis s'élancer dans le giron du char triomphal un renard qui semblait ne s'être jamais nourri d'une saine pâture.

Mais ma dame, lui reprochant d'odieuses fautes, le mit en fuite aussi vite que le permirent ses os décharnés.

Puis par le même endroit d'où il était déjà venu, je vis l'aigle descendre dans la caisse du char et il la laissa couverte de ses plumes.

Et comme la voix d'un cœur qui se plaint, telle une voix sortit du ciel, elle dit : « O ma nacelle ! que tu es mal chargée ! »

Puis il me parut que la terre s'ouvrait entre les deux roues et j'en vis sortir un dragon qui, relevant sa queue, la plongea dans le char ;

Et comme une guêpe qui retire l'aiguillon, retirant

A sè traendo la coda maligna,
Trasse del fondo, e gissen vago vago.
46 Quel che rimase, come di gramigna
Vivace terra, della piuma, offerta
Forse con intenzion casta e benigna,
47 Si ricoperse, e funne ricoperta
E l'una e l'altra rota e il temo in tanto,
Che più tiene un sospir la bocca aperta.
48 Trasformato così il dificio santo
Mise fuor teste per le parti sue,
Tre sovra il temo, ed una in ciascun canto.
49 Le prime eran cornute come bue;
Ma le quattro un sol corno avean per fronte:
Simile mostro visto mai non fue.
50 Sicura, quasi rocca in alto monte,
Seder sovr' esso una puttana sciolta
M'apparve con le ciglia intorno pronte.

51 E, come perchè non gli fosse tolta,
Vidi di costa a lei dritto un gigante,
E baciavansi insieme alcuna volta:
52 Ma perchè l'occhio cupido e vagante
A me rivolse, quel feroce drudo
La flagellò dal capo insin le piante.
53 Poi, di sospetto pieno e d'ira crudo,
Disciolse il mostro, e trassel per la selva
Tanto, che sol di lei mi fece scudo
54 Alla puttana ed alla nuova belva.

sa queue malfaisante, il emporta une partie du fond et s'en fut en rampant.

Ce qui resta, semblable à une terre vive qui se couvre de chiendent, se recouvrit de la plume, offerte peut-être dans une intention pure et débonnaire ;

Et l'une et l'autre roue et le timon en furent couverts sitôt, qu'un soupir tient plus longtemps la bouche ouverte.

Ainsi transformé, le saint édifice fit sortir de ses diverses parties sept têtes, trois sur le timon, et une à chacun de ses angles.

Les premières étaient cornues comme des bœufs ; mais les quatre autres ne portaient au front qu'une seule corne. Semblable monstre ne fut jamais vu.

Sûre d'elle-même comme une citadelle sur une haute montagne, m'apparut, assise sur le char, une prostituée demi-nue avec des regards prompts à se promener autour d'elle.

Et comme pour empêcher qu'on ne la lui enlevât, je vis côte à côte avec elle un géant debout et de temps à autre tous deux se baisaient.

Mais parce qu'elle tourna vers moi son œil avide et inconstant, ce farouche favori la flagella de la tête aux pieds.

Puis, rempli de soupçon, cruel dans sa colère, il délia le monstre et l'entraîna par la forêt si loin, que la forêt seule me cacha comme d'un bouclier la prostituée et la nouvelle bête.

COMMENTAIRE DU CHANT XXXII

Terc. 15. — PETRUS ALIGHERII. — « Hæc arbor pro obedientia accipitur de qua Daniel : Videbam et ecce arbor in medio terræ et altitudo ejus nimia..., et proceritas ejus contingens cœlum; et S. Augustinus : præcepit Dominus homini, ad probandum quantum esset bonum obedientiæ... Quæ arbor est damnatio humani generis; ideo sic et infructuosa, per Christum qui obediens fuit factus usque ad mortem, exstitit reparata frondibus et fructu. Et hoc est modo quod fingit istum griphonem, id est Christum, Ecclesiam militantem ei arbori, id est obedientiæ, ligasse. Floridi mali sanctos significant. »

37-39. — *Ezechielis*, cap. XVII. — « Aquila grandis, magnarum alarum, longo membrorum ductu, plena plumis, venit ad Libanum et tulit medullam cedri... Summitatem frondium ejus avulsit... » In qua aquila vult significare persecutiones, sub signo aquilæ factas, id est imperii Romani.

Secundario aquila figurat imperialem largitatem Constantini qui replevit currum, id est Ecclesiam, plenies, id est temporalibus bonis. Et legitur tunc fere auditam vocem in arce Romæ dicentem : Hodie infusum est venenum in Ecclesia Dei...

Vulpes figurat impetum Mahometi.

43. — « Draco figurat Antichristum, vel... cupiditatem subsecutam pastorem Ecclesiæ circa temporalia. »

49. — « Meretrix figurat dissolutam prælationem pastorum Ecclesiæ. Gigas figurat regimen et potentiam regum Franciæ... ut patuit in Bonifatio octavo in cujus persona gubernatio Ecclesiæ sic fuit percussa motu dicti regis..., quod fuit ut curia Romana tracta est ultra montes in suo territorio de Roma.

Ottimo. — Selon l'*Ottimo Commento*, le renard représente le schisme ou l'hérésie : quelques-uns veulent que ce soit Mahomet. Par le dragon il semble entendre l'Antechrist.

Les sept têtes figurent les sept péchés capitaux ; les trois premiers : orgueil, envie, colère, contre six commandements ; les quatre autres contre quatre commandements. Les dix cornes figurent les dix persécutions.

La prostituée est celle de l'Apocalypse. « Vogliono alcuni predire questa puttana par la corte di Roma... e tutti ire della terra con lei fornicarono. Et di questo fece l'autore sperienza al tempo di Bonifazio papa ottavo quando v'andò per ambasciadore del suo commune, chi sa con che occhi elli guato, e quale era il suo drudo Bonifazio e non legitimo sposo secondo l'opinione di molti. Dio sa il vero. »

Il suppose que le géant emmène le char dans la forêt du monde, pleine de vices et de ténèbres, décrite au II° chant de l'*Enfer*.

Selon *Benvenuto d'Imola*, la prostituée, c'est Boniface VIII. Le géant, Philippe le Bel, « qui fuit magnus corpore et regno, unde dictus est pulcher. Et fuit recte gigas, quia totus terrenus et insurgens contra Deum more gigantum... »

Selon le *Falso Boccaccio*, l'arbre est l'obéissance ; le char, l'Église ; la courtisane, les pasteurs qui la prostituent ; le géant, le roi de France, et spécialement Philippe le Bel, qui transféra la cour de Rome à Avignon. Selon d'autres, la prostituée représente la simonie, la fausse théologie.

C'est vraiment l'histoire de l'Église telle que Dante la conçoit :
1° Persécution des empereurs. 2° Persécution de l'hérésie. 3° Persécution des richesses. Le Saint-Siége chargé des dons de Constantin. 4° Mahomet, qui vient très-bien après la période constantinienne, et avant les temps carlovingiens. 5° Toute l'Église s'enrichit à l'exemple de la papauté. Les temps carlovingiens, puissance temporelle des évêques. 6° Corruption du clergé, abaissement du Saint-Siége au dixième siècle ; le péché se montre partout. 7° La cour de Rome et la royauté française. Philippe le Bel. Captivité d'Avignon.
— Si Dante déroge ici à sa constante habitude de reléguer dans l'avenir les événements postérieurs à l'an 1300, c'est dans l'obscu-

rité d'une prophétie où la distinction des temps disparaît, où l'avenir se confond avec le passé.

Si la *Divine Comédie* est le poëme de l'amour et de la science, elle est aussi le poëme de la colère, et Dante y a porté tous les feux de la guerre civile. Ces feux embrasent surtout son *Enfer*, mais leur reflet se mêle encore aux clartés du *Purgatoire* et du *Paradis*. Le chantre de Béatrix, le disciple d'Aristote et de saint Thomas, est aussi le magistrat de Florence. Le vaincu, l'exilé, emporta dans son cœur un implacable ressentiment contre la France et contre la cour de Rome. Ce ressentiment l'a mal conseillé; lui, si jaloux de se montrer juste, est injuste envers la France. Injuste envers les papes, il ne dit rien de ces grands papes des onzième, douzième et treizième siècles, fondateurs de la liberté italienne. Il ne voit que les pontifes coupables de condescendance pour les Angevins et les Français, et lui qui flétrit en termes si éloquents le soufflet donné par Guillaume de Nogaret à Boniface VIII, il inflige à la mémoire de Boniface une insulte non moins sanglante et plus durable.

Nous verrons si Dante se déclare ici l'ennemi de la papauté. Mais assurément il se déclare l'ennemi de la cour de Rome, et le motif de sa colère éclate dans les derniers vers de ce chant, comme dans son livre de la *Monarchie*, comme dans ses *Lettres*. Ce qu'il ne pardonne pas à la cour de Rome, c'est d'avoir abandonné la cause de l'empire, c'est de s'être tournée vers la

France. Or, en ce point, avec tout son génie, Dante se trompe.

L'Italie est placée entre deux alliances : la France ou l'Allemagne. Le génie germanique, c'est la conquête, c'est l'invasion, l'établissement territorial. Le génie de la France, c'est le prosélytisme, c'est la propagation de la pensée. Le moyen âge le comprit : sur les bords du Rhin il mit l'empire qui n'avait qu'à frapper du pied cette terre belliqueuse pour en faire sortir des légions : Au bord de la Seine il mit l'école qui n'avait qu'à frapper du pied la montagne de Sainte-Geneviève pour en faire sortir une armée de docteurs. L'esprit germanique n'a rien de commun avec l'esprit latin; il n'en subit l'ascendant qu'avec impatience; il réchauffe encore la mémoire d'Arminius et de Witikind. L'esprit français tient par ses racines mêmes à la civilisation latine. Il n'a rien de menaçant pour la nationalité italienne. Aussi l'Italie foulée par les Allemands a-t-elle dû la moitié de ses siècles de gloire à l'appui de la France. Du temps de Grégoire VII, c'est le Normand Robert Guiscard qui tend la main à la comtesse Mathilde. Au temps de la première ligue lombarde, c'est Louis VII qui soutient Alexandre III, abandonné de l'Angleterre et proscrit par l'Allemagne. Aux croisades, c'est la noblesse française qui partage avec Venise les dépouilles de Constantinople. Et si aujourd'hui l'Italie connut les bienfaits d'une administration libérale, éclairée, énergique, elle les connut sous le drapeau français.

Voilà pour l'Italie. Mais il s'agit des intérêts généraux du monde. Dante se trompa avec génie. Il s'attacha à cette grande idée de la monarchie chrétienne, inaugurée par Charlemagne, poursuivie par Othon le Grand, défendue, popularisée par les docteurs et les poëtes. Il en attendit le salut du monde et Pétrarque l'attendit comme lui. Mais leur espoir fut déçu. Henri VII, Louis de Bavière, Charles IV, Venceslas, n'ont rien fondé; cette grande idée n'avait plus de réalité derrière elle. — Au contraire, la papauté s'attachait à la France dans un moment de décadence apparente, à la veille de cette effroyable guerre de cent ans, à la veille de Crécy. Et cependant la France devait sortir victorieuse de cette épreuve et se retrouver à la tête de la civilisation chrétienne. La papauté avait bien jugé.

Il ne s'agit point de faire un facile éloge de mon pays, mais bien de résoudre un grand doute historique !

L'Italie est un champ de bataille : marché, tribunal et sanctuaire; toutes les nations d'Occident y veulent leur place. A l'empire de l'Italie semble attaché celui du monde, ou du moins la prépondérance européenne. La France a commission d'empêcher la monarchie universelle, par sa position géographique, son indépendance et ses communications avec le Rhin, les Alpes et l'Amérique. Elle a rempli cette mission. François Ier, Louis XIV, Napoléon Ier, finissent le Saint-Empire. A-t-elle à la remplir encore? L'idée de la monarchie universelle n'est pas sortie du monde. Voyez la Russie et le patriarcat de Constantinople : là sont les périls de l'avenir. — Mais après l'affranchissement des individus il faut celui des peuples. Après l'inviolabilité des personnes, ainsi celle des nations. Plus de joug étranger; les nationalités sont faites par l'histoire, par les religions, consacrées à tous ces titres.

La France, chargée de les faire respecter, est l'alliée nécessaire de toutes les nationalités méconnues. Ainsi une lutte formidable menace l'avenir et peut-être la fin du dix-neuvième siècle. Nous nous plaignons souvent de ne pas assister à de grandes choses. Prenons garde d'assister un jour à des choses plus grandes peut-être que ne le voudrait notre faiblesse. L'épée de Charlemagne, de saint Louis, de Louis XIV et de Napoléon est glorieuse, elle a jeté un grand éclat; mais elle est pesante à porter. Il faut que nos mains soient de force à s'en servir. Il faut par des mœurs austères se mettre à la mesure des événements redoutables qui se préparent. Il faut former des caractères égaux aux destinées qu'ils auront à soutenir. C'est dans la conscience, dans le sentiment du devoir, dans l'habitude inflexible d'obéir aux convictions sérieuses, c'est là qu'il faut chercher ces inspirations héroïques que le moyen âge y trouvait. Accusons moins notre époque, et traitons-nous plus sévèrement nous-mêmes. Soyons un peuple fort, et remettons-nous à la Providence pour nous donner des occasions d'être un peuple glorieux!

CANTO XXXIII

1 *Deus, venerunt gentes*, alternando,
   Or tre or quattro, dolce salmodia
   Le donne incominciaro, lagrimando:

2 E Beatrice sospirosa e pia
   Quelle ascoltava sì fatta, che poco
   Più alla croce si cambiò Maria.

3 Ma poichè l'altre vergini dier loco
   A lei di dir, levata dritta in piè,
   Rispose, colorata come fuoco:

4 *Modicum, et non videbitis me,*
   Et iterum, sorelle mie dilette,
   Modicum, et vos videbitis me.

5 Poi le si mise innanzi tutte e sette,
   E dopo sè, solo accennando, mosse
   Ma e la Donna, e il Savio che ristette.

6 Così sen giva, e non credo che fosse

CHANT XXXIII

« *Deus, venerunt gentes.* » Les sept dames commencèrent en pleurant cette douce psalmodie qu'elles continuèrent à deux chœurs, l'un de trois, l'autre de quatre voix.

Et Béatrix, soupirant avec pitié, les écoutait, si défaite, que Marie au pied de la Croix ne changea guère plus de visage.

Mais, lorsque les vierges lui eurent donné lieu de parler, se levant droite sur ses pieds, et colorée comme le feu, elle répondit :

« *Modicum, et non videbitis me*, mes bien-aimées
« sœurs; *et iterum modicum, et vos videbitis me*. »

Puis elle les rangea devant elle, toutes les sept, et derrière elle, d'un signe seulement, elle nous fit marcher, moi, l'autre dame et le sage qui était resté.

Ainsi s'en allait-elle, et je ne crois point que son

Lo decimo suo passo in terra posto,
Quando con gli occhi gli occhi mi percosse;

7 E con tranquillo aspetto: Vien più tosto,
Mi disse, tanto che s'io parlo teco,
Ad ascoltarmi tu sie ben disposto.

8 Sì com' i' fui, com' io doveva, seco,
Dissemi: Frate, perchè non t'attenti
A dimandare omai venendo meco?

9 Come a color, che troppo reverenti,
Dinanzi a suoi maggior parlando sono,
Che non traggon la voce viva a' denti,

10 Avvenne a me, che senza intero suono
Incominciai: Madonna, mia bisogna
Voi conoscete, e ciò ch'ad essa è buono.

11 Ed ella a me: Da tema e da vergogna
Voglio che tu omai ti disviluppe,
Sì che non parli più com' uom che sogna.

12 Sappi che il vaso, che il serpente ruppe,
Fu, e non è; ma chi n' ha colpa creda
Che vendetta di Dio non teme suppe.

13 Non sarà tutto tempo senza reda
L'aquila che lasciò le penne al carro,
Perchè divenne mostro e poscia preda;

14 Ch' io veggio certamente, e però 'l narro,
A darne tempo già stelle propinque,
Sicuro d'ogni intoppo e d'ogni sbarro;

15 Nel quale un cinquecento dieci e cinque,
Messo di Dio, anciderà la fuia,
E quel gigante che con lei delinque.

16 E forse che la mia narrazion buia,

dixième pas fut posé sur la terre, quand de ses yeux elle frappa mes yeux.

Et d'un air tranquille : « Marche plus vite, me dit-elle, afin que, si je te parle, tu sois tout prêt à m'écouter. »

Sitôt que je fus près d'elle, comme je le devais, elle me dit : « Frère, pourquoi ne te hasardes-tu point désormais à m'interroger en cheminant avec moi ? »

Comme ceux qui sont trop touchés de respect en parlant devant leurs supérieurs et qui ne peuvent amener la parole vive jusqu'à leurs dents,

Ainsi m'arriva-t-il que, sans achever de former les sons, je commençai : « Madame, vous connaissez mon besoin et ce qui lui est bon. »

Et elle, à moi : « Je veux que désormais tu te dépouilles de crainte et de honte, si bien que tu ne parles plus comme un homme qui rêve.

« Apprends que l'arche du char que le serpent a brisée fut et n'est plus. Mais sache le coupable que la vengeance de Dieu n'a pas peur des soupes.

« Il ne restera pas toujours sans héritier, l'aigle qui laissa dans le char ses plumes ; par quoi le char est devenu un monstre et ensuite une proie.

« Car je vois avec certitude, et c'est pourquoi je le raconte, des étoiles qui s'approchent sans craindre ni rencontre ni obstacle, pour nous amener le temps,

« Où un nombre cinq cent quinze, envoyé de Dieu, tuera la scélérate et le géant qui pèche avec elle.

« Et peut-être mon récit obscur, comme ceux de Thé-

Qual Temi e Sfinge, men ti persuade,
Perch'a lor modo lo intelletto attuia;
17 Ma tosto fien li fatti le Naiade,
Che solveranno questo enigma forte,
Senza danno di pecore e di biade.
18 Tu nota; e, sì come da me son porte
Queste parole, sì le insegna a' vivi
Del viver ch'è un correre alla morte;
19 Ed aggi a mente, quando tu le scrivi,
Di non celar qual hai vista la pianta,
Ch'è or due volte dirubata quivi.
20 Qualunque ruba quella o quella schianta,
Con bestemmia di fatto offende Dio,
Che solo all'uso suo la creò santa.
21 Per morder quella, in pena ed in disio
Cinquemil'anni e più, l'anima prima
Bramò colui che il morso in se punio.
22 Dorme lo ingegno tuo, se non istima
Per singular cagione essere eccelsa
Lei tanto, e sì travolta nella cima.
23 E, se stati non fossero acqua d'Elsa
Li pensier vani intorno alla tua mente,
E il piacer loro un Piramo alla gelsa;

24 Per tante circostanze solamente
La giustizia di Dio nello interdetto
Conosceresti all'alber moralmente.
25 Ma, perch'io veggio te nello intelletto
Fatto di pietra ed in petrato tinto,
Sì che t'abbaglia il lume del mio detto,

mis et du Sphinx, te persuade peu, parce qu'à leur exemple il cache la pensée.

« Mais bientôt les événements te tiendront lieu des nymphes pour délier cette énigme étroitement nouée, sans perte de troupeaux ni de moissons.

« Toi, prends note de mes paroles, et comme je les profère, enseigne-les aux vivants de cette vie qui est une course vers la mort.

« Et souviens-toi, quand tu les écriras, de ne point cacher quelle t'a paru la plante qui vient d'être deux fois dépouillée devant nous.

« Quiconque la dépouille ou la déchire offense Dieu par un blasphème de fait: car Dieu la créa sainte pour son seul usage.

« Pour y avoir mordu, la première des âmes resta cinq mille ans et plus dans la peine et le désir, soupirant après celui qui punit sur lui-même la morsure.

« Ton génie dort s'il n'estime point qu'une raison singulière fait que cet arbre est si élevé et si large à sa cime ;

« Et si tes vaines pensées n'étaient pas autour de ton intelligence comme l'eau de l'Elsa, et le plaisir que tu y trouvais comme le sang de Pyrame sur le fruit du mûrier !

« Tant de circonstances suffiraient pour te faire comprendre le sens moral de l'arbre et reconnaître la justice de Dieu dans la défense qu'il porta.

« Mais parce que je te vois pétrifié dans ton intelligence et tout trempé de péché, de sorte que la lumière de ma parole t'éblouit :

26 Voglio anche, e se non scritto, almen dipinto,
    Che 'l te ne porti dentro a te per quello
    Che si reca il bordon di palma cinto.
27 Ed io : Sì come cera da suggello,
    Che la figura impressa non trasmuta,
    Segnato è or da voi lo mio cervello.
28 Ma perchè tanto sovra mia veduta
    Vostra parola disiata vola,
    Che più la perde quanto più s'aiuta?
29 Perchè conoschi, disse, quella scuola
    C'hai seguitata, e veggi sua dottrina
    Come può seguitar la mia parola;
30 E veggi vostra via dalla divina
    Distar cotanto, quanto si discorda
    Da terra il ciel che più alto festina.
31 Ond'io risposi lei : Non mi ricorda
    Ch'io straniassi me giammai da voi,
    Nè honne coscienzia che rimorda.
32 E, se tu ricordar non te ne puoi,
    Sorridendo rispose, or ti rammenta
    Sì come di Letè beesti ancoi;
33 E, se dal fumo fuoco s'argomenta,
    Cotesta oblivion chiaro conchiude
    Colpa nella tua voglia altrove attenta.
34 Veramente oramai saranno nude
    Le mie parole, quanto converrassi
    Quelle scovrire alla tua vista rude.
35 E più corrusco, e con più lenti passi,
    Teneva il sole il cerchio di merigge,
    Che qua e là, come gli aspetti, fassi.

« Je veux encore que tu l'emportes sinon écrite, du moins peinte dans toi-même, par la même raison qu'un pèlerin rapporte son bourdon entouré de palmes. »

Et moi : « Comme une cire marquée du sceau ne change plus la figure imprimée sur elle, ainsi mon cerveau garde votre empreinte.

« Mais pourquoi votre parole désirée plane-t-elle si fort au-dessus de mon regard, que plus il s'efforce, plus il la perd ?

« —C'est, dit-elle, pour te faire connaître à quelle école tu t'es attaché et voir comment son enseignement peut suivre ma parole ;

« Et que votre voie est aussi éloignée de la voie divine qu'il y a de distance entre la terre et le ciel, qui, le plus haut de tous, presse son mouvement. »

D'où vient que je lui répondis : « Je n'ai pas souvenir que jamais je me sois détaché de vous ; et ma conscience ne m'en fait pas sentir le remords.

« —Donc, si tu ne peux t'en souvenir, répondit-elle en souriant, rappelle-toi maintenant comment tu bus l'eau du Léthé tout à l'heure.

« Et si de la fumée on conclut le feu, cet oubli prouve clairement la faute de ta volonté appliquée ailleurs.

« Cependant mes paroles seront désormais nues autant qu'il faudra les montrer à ta vue inexpérimentée. »

Et déjà plus éclatant et d'une marche plus lente, le soleil arrivait au cercle qui marque l'heure de midi, et qui change comme les points d'où on le contemple.

36 Quando s'affisser, sì come s'affigge
    Chi va dinanzi a schiera per iscorta,
    Se truova novitate in sue vestigge,

37 Le sette donne al fin d'un'ombra smorta,
    Qual sotto foglie verdi e rami nigri
    Sovra suoi freddi rivi l'Alpe porta.

38 Dinanzi ad esse Eufrates e Tigri
    Veder mi parve uscir d'una fontana,
    E quasi amici dipartirsi pigri.

39 O luce, o gloria della gente umana,
    Che acqua è questa che qui si dispiega
    Da un principio, e sè da sè lontana?

40 Per cotal prego detto mi fu: Prega
    Matelda che il ti dica. E qui rispose,
    Come fa chi da colpa si dislega,

41 La bella Donna: Questo ed altre cose
    Dette li son per me; e son sicura
    Che l'acqua di Letè non gliel nascose.

42 E Beatrice: Forse maggior cura,
    Che spesse volte la memoria priva,
    Fatto ha la mente sua negli occhi oscura.

43 Ma vedi Eunoè che là deriva:
    Menalo ad esso, e, come tu se' usa,
    La tramortita sua virtù ravviva.

44 Come anima gentil che non fa scusa,
    Ma fa sua voglia della voglia altrui,
    Tosto com'è per segno fuor dischiusa;

45 Così, poi che da essa preso fui,
    La bella Donna mossesi, ed a Stazio
    Donnescamente disse: Vien con lui.

Quand s'arrêtèrent, comme celui qui marche en éclaireur devant une troupe, s'il trouve sur ses pas quelque chose inattendue,

Les sept dames aux limites d'une ombre épaisse, telle que les feuillages verts et les rameaux noirs des Alpes en jettent sur leurs froids ruisseaux.

Devant elles, je crus voir l'Euphrate et le Tigre sortir d'une même source, et comme deux amis se séparer à regret.

« O lumière! ô gloire de la race humaine! quelle est cette onde qui se déploie issue d'une même origine et qui se sépare d'elle-même? »

A cette prière il me fut dit : « Prie Mathilde de te le dire. » Et alors, comme fait celui qui se décharge d'une faute,

La belle dame répondit : « Cette chose et d'autres encore lui ont été dites par moi, et je me tiens sûre que l'eau du Léthé ne les a point dérobées. »

Et Béatrix : « Peut-être un soin plus grand qui, plus d'une fois, suffit pour enlever le souvenir, a obscurci les yeux de sa mémoire.

« Mais vois l'Eunoé qui là-bas s'écoule, mène-le vers ce ruisseau, et, comme tu en as la coutume, ravive sa force évanouie. »

Comme une âme généreuse qui ne s'excuse point, mais qui fait sa volonté de la volonté d'autrui, aussitôt que celle-ci s'est produite au dehors par un signe,

Telle, s'emparant de moi, la belle dame se mit en chemin et, à la manière des femmes bien nées, elle dit à Stace : « Viens avec lui. »

46 S'io avessi, lettor, più lungo spazio
　　Da scrivere, io pur cantere' in parte
　　Lo dolce ber che mai non m'avria sazio.
47 Ma perchè piene son tutte le carte
　　Ordite a questa Cantica seconda,
　　Non mi lascia più ir lo fren dell'arte.
48 Io ritornai dalla santissim'onda
　　Rifatto sì, come piante novelle,
　　Rinnovellate di novella fronda,
49 Puro e disposto a salire alle stelle.

CHANT XXXIII.

Si j'avais, lecteur, la place d'en écrire davantage, je chanterais aussi, quoique imparfaitement, le doux breuvage qui jamais ne m'aurait rassasié.

Mais parce que j'ai rempli toutes les feuilles destinées à ce second cantique, le frein de l'art ne me permet pas d'aller plus loin.

Je revins de l'eau très-sainte régénéré comme les nouvelles plantes toutes renouvelées en leur nouveau feuillage ;

J'étais pur et prêt à monter aux étoiles.

COMMENTAIRE DU CHANT XXXIII

Terc. 12. — *Che vendetta di Dio non teme suppe.* — Allusion à la coutume florentine de manger une soupe sur la tombe de celui qu'on avait fait périr afin de désarmer sa vengeance. Il y avait souvent des luttes sanglantes entre les parents du mort gardant sa tombe et ceux du meurtrier qui cherchaient à y prendre quelque nourriture; cette coutume est attestée par Pietro di Dante, l'Ottimo Commento, le Falso Boccaccio et Benvenuto d'Imola. Le Falso Boccaccio ajoute qu'après le supplice de Conradin et de ses compagnons, Charles d'Anjou et les siens mangèrent la soupe sur les corps des suppliciés, disant qu'il n'y aurait pas de vengeance. Benvenuto ajoute aussi : *Et hoc fecerunt multi famosi Florentini, sicut dominus Cursius Donatus.* »

15. — DVX. *Apocalypse*, cap. xiii, 18. — Saint Jean indique ainsi le nom de l'Antechrist : *Et numerus ejus sexcenti sexaginta sex.*

16. — ORACLE DE THÉMIS : C'est l'oracle qui ordonne à Deucalion et à Pyrrha de repeupler la terre en jetant des pierres derrière eux :

> Ossaque post tergum magnæ jactate parentis.
> (Ovide, *Métam.*, i, 383.)

17. — LES NAÏADES. Ovide, *Métamorph*, vii, 760.

> Carmina Naiades non intellecta priorum
> Solvunt ingeniis.....

Nous sommes arrivés à l'un des trois principaux passages où Dante donne carrière à ses mécontentements contre la cour romaine; ces trois passages ont fait la joie de tous les ennemis de la papauté. — Au XIX⁰ chant de l'*Enfer*, il visite le cercle des simoniaques; il y trouve le pape Nicolas III attendant la venue de Boniface VIII et de Clément V. A cette vue, le poëte s'émeut, il s'écrie : « Il vous a reconnus, pasteurs, l'Évangéliste, quand il vit celle qui est assise sur les eaux se prostituer aux rois. » — Au XXXIIe du *Purgatoire*, Dante voit le char de l'Église se charger de têtes monstrueuses, une prostituée s'y tenir debout et se livrer aux embrassements d'un géant : mais déjà les étoiles marquent l'heure où un envoyé de Dieu viendra châtier les deux coupables. — Au XXVIIe du *Paradis*, l'astre de saint Pierre rougit : « Si je change de couleur, ne t'en étonne pas. Celui qui usurpe sur la terre mon siége, mon siége, mon siége vacant devant le Fils de Dieu, a fait de mon cimetière un cloaque de sang et de pourriture... L'épouse du Christ ne fut pas nourrie de mon sang pour s'habituer à ramasser de l'or... Ce ne fut pas notre intention que les clefs servissent d'étendard contre des baptisés ; ni que je devinsse l'empreinte d'un cachet destiné à sceller des priviléges vendus et menteurs... O justice de Dieu, pourquoi sommeilles-tu ? »

INTERPRÉTATION PROTESTANTE. — Francowitz : *Catalogus testium veritatis*. Du Plessis-Mornay : le *Mystère d'iniquité* et l'*Aviso piacevole alla bella Italia*. — Landino, imprimé en 1481, avait annoncé que, le 25 novembre 1484, Saturne et Jupiter se trouveraient en conjonction avec le Scorpion..... « ce qui démontrait changement de religion et changement en mieux ; et comme il ne peut y avoir religion plus vraie que la chrétienne, cette conjonction promettait seulement de ramener la république chrétienne à des conditions meilleures... » Luther était né précisément en novembre 1484, (*Veltro*.) *Un cinque cento dieci e cinque*, 1515, l'année où Luther commence à dogmatiser. D'ailleurs Dante n'a-t-il pas attaqué tous les abus que les protestants poursuivent? Et, comme eux, n'a-t-il pas reconnu dans la papauté la prostituée de l'Apocalypse? Le P. Hardouin prend ces accusations au sérieux. Il finit par croire que la *Divine Comédie* est l'ouvrage de quelque sectateur de Wiclef qui ne s'est pas fait scrupule d'accréditer son livre en le mettant sur la tête d'un auteur mort depuis quatre-vingt-dix ans. De nos jours, M. Grant a renouvelé l'hypothèse protestante et tient à reconnaître dans le Veltro, Luther.

INTERPRÉTATION PHILOSOPHIQUE. — Foscolo : *Discorso sul testo del poema di Dante*, § 48, suppose que Dante, en écrivant son poëme, se propose de hâter une réforme religieuse et politique, d'arracher la conduite des âmes aux mains de l'Église : c'est pourquoi il se suppose transporté au ciel, recevant de saint Pierre l'imposition des mains avec la mission de publier une foi nouvelle : c'est l'un des articles de cette foi de réconcilier le christianisme et le paganisme et de réhabiliter la mythologie avec les doctrines de la philosophie antique. — Rossetti : *Dello spirito antipapale*, découvre une doctrine secrète passant par les prophètes de la Judée, par les mystères d'Éleusis, par les écoles de Pythagore et de Platon, pour se perpétuer au moyen âge chez les Templiers, les Albigeois, les Vaudois, les Fraticelles. Associations secrètes où tous les grands esprits seraient entrés; d'après lui, tout le gai savoir, toute la poésie chevaleresque ne formeraient qu'un langage mystérieux. Dante, Pétrarque, Boccace seraient les chefs de cette croisade de l'intelligence; Béatrix, Laure, Fiammetta seraient les noms de cette société idéale pour laquelle ils combattaient. La peur les empêchait de s'expliquer ouvertement ; mais en pénétrant les allégories de la *Divine Comédie*, on en pénétrait aisément le dessein. Béatrix représente la monarchie impériale; Dieu, l'empereur. L'amour, la vie, la lumière, le salut, le soleil, le jardin, c'est le parti gibelin. Satan, le pape; Rome, l'enfer : la haine, les ténèbres, le désert, c'est le parti guelfe. Il donnait la clef aux initiés par des anagrammes : *Tal*, Teutònico, Arrigo, Lucemborgese.

Ces interprétations déshonorent Dante : elles nient son génie philosophique en supposant que toutes ces belles doctrines dont il a orné son poëme ne sont que des voiles pour cacher un intérêt politique, comme si cette belle intelligence avait pu s'exiler pour toujours dans l'orageuse atmosphère des passions, des erreurs politiques. Sans doute elle y descendit plus d'une fois, et pour son malheur; mais elle fit son habitation ordinaire dans les régions sereines de la vérité de la science, des choses éternelles, dans ces régions où se tiennent les grandes âmes de Platon, d'Aristote, de saint Thomas. Ces interprétations nient toute l'inspiration élégiaque du poëme en ne faisant plus de Béatrix qu'un mensonge.

Enfin, elles abaissent son caractère politique, elles font de ce grand homme un peureux, un hypocrite, un ami des ténèbres. Mais sa vie autorise-t-elle jamais cette calomnie? Mais l'homme qui, tout jeune encore, combattait à Campaldino, qui brava cent fois la mort, pouvait-il craindre les persécutions religieuses que bravaient tant de milliers de paysans? Mais celui qui jamais ne dissimula sa pensée, qui ne sut jamais flatter les grands, qui traita si durement les papes, les empereurs, les rois et les républiques, qui va chassant devant lui à coups de verges tous les vices de ses contemporains, qui jette en enfer ses ennemis et ses amis, qu'avait-il à ménager et comment cet esprit lumineux et véridique se serait-il assujetti à une langue de convention, à de misérables artifices, à une poésie d'énigmes et d'anagrammes? Non, Dante ne fut jamais de ces âmes étroites, courageuses peut-être, mais sombres ; de ces âmes qui ont besoin de haïr, de conspirer, de vivre en guerre contre la société publique, qui peuvent vivre dans les murs d'une société secrète, ni de ces cœurs sans confiance toujours en garde contre le poignard parce qu'ils le connaissent trop bien. Que les conspirateurs ne s'y trompent pas ; ils se donnent là un patron qui les renie, qui a marqué leur place au dernier cercle de son enfer. Lui, si implacable quand il s'agit de l'assassinat politique, où eût-il trouvé assez de supplices pour ceux qui, en plongeant le couteau dans la poitrine d'un homme d'État, du comte Rossi, ont égorgé la liberté italienne et l'ont jetée toute sanglante aux yeux de l'Europe indignée?

Le catholicisme ne se laisse pas arracher ses gloires. Bellarmin, Coeffeteau ont défendu l'orthodoxie de Dante. Trois papes, Paul III, Pie IV, Clément XII, acceptent la dédicace de la *Divine Comédie*, et l'édition romaine de 1791 est approuvée. On est convenu de considérer Dante comme un classique et de regarder quelques-uns de ses traits satiriques et injustes comme des témoignages de l'opinion contemporaine plutôt que d'y voir un sujet de scandale pour les lecteurs actuels. La critique européenne a repoussé les interprétations de Foscolo et de Rossetti, de Lyell et de Guillaume de Schlegel.

Mais ces accusations ne sont pas nouvelles. Selon une ancienne tradition, le livre de Dante à peine publié aurait été fort étudié par les docteurs en théologie. Des frères mineurs ayant lu le passage où Dante trouve saint François qui lui demande des nouvelles de son ordre, parce que depuis longtemps l'ordre n'envoie personne au ciel, ils le tinrent à mal, et firent un procès à Dante devant l'inquisiteur. Dante comparut vêpres passées, et demanda jusqu'au lendemain matin pour donner par écrit comment il croyait en Dieu, consentant, s'il errait, à subir la punition méritée. Il veilla toute la nuit, et le matin, à Tierce, il comparut avec son Credo, où il traitait en deux cent cinquante-trois vers, tous les articles de foi, les sacrements, les péchés, la prière.

> Io scrissi d'amor più volte rime
> Quanto più sappi dolci, belle, e vaghe,
> E in pulirle oprai tutte mie lime.

L'inquisiteur, ayant lu ce travail en présence de son conseil de douze maîtres en théologie, congédia le poëte, et se moqua des frères, qui s'étonnèrent fort qu'en si peu de temps on eût pu faire en vers une chose si merveilleuse. — Ce récit, tiré du manuscrit 1011 de la Riccardiana, à Florence, peut être fabuleux, il n'en atteste pas moins l'opinion qu'on avait du poëte. Je ne peux pas reconnaître à ces traits un précurseur de Luther, mais je ne peux pas reconnaître non plus ce génie ombrageux du moyen âge qu'on représente étouffant la science et bâillonnant le génie.

Dante s'est chargé lui-même de sa justification. Il l'a écrite à toutes les pages de la *Divine Comédie*. Comme s'il prévoyait les calomnies de la postérité, il a voulu se mettre sous la protection d'un jugement solennel. Au XXIVe chant du *Paradis*, Béatrix prie saint Pierre, saint Jacques et saint Jean d'interroger Dante sur la foi, l'espérance et la charité. Saint Pierre lui demande sa profession de foi. Il répond : « Je crois en un Dieu unique, éternel, qui, sans être mû, meut le ciel entier par l'amour et par le désir ; et, pour une telle croyance, je n'ai pas seulement des preuves physiques et métaphysiques, mais je la trouve aussi dans les vérités qui descendent du ciel par Moïse, par les prophètes, par les psaumes, et par vous tous qui écrivîtes sous l'inspiration du Saint-Esprit. Je crois encore en trois personnes éternelles, et j'y crois une essence triple et une, tellement qu'elle comporte à la fois le pluriel et le singulier. La mystérieuse nature divine que je touche ici est plusieurs fois empreinte dans mon esprit par la doctrine évangélique. C'est le principe, c'est la lumière qui se dilate ensuite en flamme vive et qui étincelle en moi comme l'étoile dans les cieux. ». Comme un maître embrasse son serviteur pour une bonne nouvelle, ainsi l'apôtre ceignit la tête de Dante et le bénit en chantant.

Dante est donc chrétien et n'a rien de commun avec l'orgueilleuse école qui ne souffrait pas de mystères. En second lieu Dante est catholique ; car, en même temps que l'Écriture, il prend pour règle de sa foi la tradition. Cette théologie qu'il célèbre, qu'il personnifie sous le nom de Béatrix, c'est la théologie traditionnelle de l'Église[1] ; l'Église, épouse et secrétaire de J. C., incapable de mensonge et d'erreur. De là cette belle vision aux chants X, XI, XII du *Paradis*, où deux chœurs de docteurs comme deux arcs-en-ciel s'arrondissent l'un autour de l'autre dans les nuages... Il contemple les saints des premiers siècles : saint Denis, saint Jean-Chrysostome ; les docteurs des temps barbares : Isidore, Bede, Raban Maur, et les docteurs de la scolastique : saint Anselme, Richard de saint Victor, saint Thomas, saint Bonaventure. Dante se déclare leur disciple, et saint Thomas résout ses doutes ; lui qu'on veut faire le complice des Albigeois, il loue le zèle de saint Dominique, terrible aux ennemis du christianisme. Il prophétise l'éternelle damnation de Fra Dolcino, le principal chef des Fraticelles. Il enferme dans des sépulcres brûlants Frédéric II et le cardinal Ubaldini, Farinata et Cavalcante, coupables d'hérésie, et, s'adressant, dans le IVe livre de son *Convito*, aux ennemis de l'orthodoxie : *O stoltissime e vilissime Bestiuole, che a guisa d'uomini*

---

[1] *Convito*, 2, 4, 6.

vi pascate, che presumate contra nostra fede parlare... Maledetti siate voi, e la vostra presunzione, e chi vi creda.

Il établit dans le *Purgatoire* tous les points controversés avec les protestants, les œuvres satisfactoires, les indulgences, le jubilé, la pénitence. Là, les âmes lui demandent des prières, et Forèse se loue de Nella, sa veuve, qui, avec ses larmes, ses soupirs et ses vœux, a abrégé pour lui les délais du *Purgatoire*. Enfin il croit à l'intercession des saints et par-dessus tout à celle de la Vierge. La Vierge dont le nom ne vient jamais qu'avec respect sur les lèvres de Béatrix. La Vierge....*Bel fiore ch' io sempre invoco e mane e sera*... La Vierge, sous les auspices de qui Dante accomplit son pèlerinage au monde invisible, qu'il retrouve au sommet du Paradis :

« Vierge, mère et fille de ton fils, humble et sublime plus que nulle autre créature, immuable terme d'un éternel dessein. Par toi l'humaine nature fut anoblie à ce point que son auteur ne dédaigna point de devenir son ouvrage. Dans ton sein se ralluma l'amour dont la chaleur a fait germer la fleur de la sainteté dans l'éternelle paix. Au ciel, tu es pour nous un soleil brûlant de charité, et là-bas, parmi les mortels, tu es une source vive d'espérance. Madame, tu es si grande et si puissante, que, si un homme veut quelque grâce, sans recourir à toi, son désir veut voler sans ailes !... En toi la miséricorde, en toi la piété, en toi la munificence, en toi se réunit tout ce qu'il y a de perfection dans les créatures [1]. »

[1] *Parad.*, chant XXX.

LA PAPAUTÉ. — Reste un seul point, la papauté. — Au temporel, Dante a contre elle trois griefs : la lutte contre l'Empire, la faveur pour la France, la part de Boniface aux troubles civils de Florence. — Erreur du poëte : il repoussait la puissance temporelle des papes, rêvant l'Italie antique, l'empire des Césars, l'empire militaire et légal. C'est là ce qui a fini par le rendre infidèle à la cause de l'indépendance (*De Monarchia. Lettre à Henri VII*), et par lui faire solliciter les armes impériales contre sa patrie.

Culte de Dante pour Rome, prédestination de cette ville choisie pour la capitale de l'humanité civilisée. Ses murs sont saints, et ses prières dignes de respect au delà de ce qu'on peut dire et croire. Mais pourquoi ? si ce n'est parce que Rome et l'empire

> Fur stabiliti per lo loco santo,
> U siede il successor del maggior Piero.

Il établit lui-même dans le *De Monarchia* qu'il ne faut pas croire que le prince romain ne soit en rien soumis au pontificat romain, puisque la félicité de cette vie mortelle est dirigée vers l'immortelle félicité. Que César donc soit respectueux envers le Pape, comme doit l'être le fils premier-né envers son père.

> Avete il vecchio e 'l Nuovo Testamento
> El pastor della chiesa che vi guida
> Questo vi basti a vostro salvamento.
> (*Paradiso*, V, 76.)

Juridiction de la papauté. — Pouvoir de remettre les péchés, l'ange va chercher les âmes justes à l'embouchure du Tibre. Pouvoir de les retenir ; excommunication ; exemple de Manfred. Celui qui meurt dans la disgrâce de l'Église, malgré le repentir du dernier moment, reste trente fois autant de temps dans le vestibule du Purgatoire qu'il en a passé dans sa désobéissance.

Distinction de la personne et du pouvoir ; des clefs et de celui qui les porte. — Au XIXe chant de l'*Enfer*, il dit à Nicolas : « J'userais de paroles plus sévères, si je ne me sentais retenu par le respect des clefs souveraines que tu portes. » En purgatoire il s'agenouille devant le pape Adrien V à cause de sa dignité. Le pape le relève. Au XXe chant, dans l'invective contre la race Hugues Capet ; il vénère le Christ prisonnier en la personne de son vicaire.

Si Dante met en Enfer des papes hérétiques et simoniaques, les catholiques ne nient pas que le pape puisse errer comme docteur privé. Les catholiques ne sont pas tenus de croire le souverain pontife impeccable. Dante a mal traité Nicolas III, Boniface VIII, Clément V; il les a damnés en haine de la France. Il a péché, non par hérésie, il a péché par colère, il a péché par excès d'amour.

Il y a deux manières d'aimer : l'une pour les âmes calmes et timides; elles ne veulent voir que le bien, elles sont heureuses d'ignorer le mal; l'autre, pour les âmes orageuses et hardies : elles voient le mal, elles le cherchent précisément parce qu'elles ne peuvent le supporter dans ce qu'elles aiment. Dieu, pour garder la pureté de l'Église, a suscité de siècle en siècle des hommes qui l'ont aimée de cette tendresse jalouse et sévère : saint Bernard, saint Thomas de Cantorbéry et, plus tard, tous les grands réformateurs catholiques du seizième siècle. Dante ne comprend pas autrement le devoir et l'amour. Comme il se fait maltraiter par Béatrix, ainsi maltraita-t-il à son tour Florence, l'Italie, l'Église. Mais qui peut douter qu'il aimât passionnément Florence et l'Italie? De même pour l'Église. Après la mort de Clément V, il écrit aux cardinaux réunis en conclave : « Il se déclare l'adorateur de Dieu Père, Fils et Esprit, « serviteur de la Vierge Marie, et brebis de ce bercail « dont il a été dit à Pierre : *Pasce meum ovile*. S'il écrit « c'est par amour pour cette Rome arrosée du sang des « apôtres, maintenant veuve et délaissée. Peut-être on « lui reprochera d'imiter la témérité d'Oza; mais il ne

« touche point à l'arche, il touche aux bœufs qui la
« conduisent mal. Vous qui êtes placés comme au pre-
« mier rang de l'Église militante, qui, négligeant de
« mener le char de l'Épouse par l'ornière du Christ,
« le poussez au précipice... vous réparerez cette honte
« si vous vous armez enfin, si vous combattez vaillam-
« ment pour l'Épouse du Christ, pour le siége de
« l'Épouse qui est à Rome, pour notre Italie, et, afin de
« tout dire, pour la cité des pèlerins de la terre, afin
« que, sortant du combat, vous puissiez entendre crier
« autour de vous : Gloire au plus haut des cieux ! »

Ou il faut renoncer à entendre le langage du cœur, ou il faut reconnaître ici le cri de cet amour exigeant, impitoyable, qui est le plus incommode, mais aussi le plus sûr de tous les amours.

COMMENTAIRE GÉNÉRAL DES HUIT DERNIERS CHANTS

Les huit derniers chants du *Purgatoire* forment, pour ainsi dire, un poëme complet et dans lequel il faut peut-être chercher le premier dessein de la *Divine comédie*. Quand la mort eut ravi à l'âge de vingt-six ans cette incomparable Béatrix dont le regard avait réveillé le génie de Dante, et dont la pensée le soutenait au milieu de tous les désordres d'un siècle violent; après ce coup terrible, longtemps le poëte resta frappé de stupeur; son esprit demeurait impuissant, et ses yeux n'étaient plus que *deux désirs de pleurer*. Enfin sa douleur même eut besoin de se perpétuer non plus dans des larmes périssables, mais dans des vers qui fussent comme des pleurs immortels. Ce furent d'abord de courtes compositions, des sonnets où il célébrait Béatrix transfigurée, enlevée au delà des sphères célestes, assise dans l'assemblée des saints. Et après un dernier sonnet : « Il m'apparut, dit-il, une admirable vision où je contemplai de telles choses, qu'elles me firent prendre le ferme propos de ne plus parler de cette bienheureuse, tant que je ne pourrais en parler plus dignement. Et pour en venir là, j'étudie autant que je puis comme elle sait en vérité. Si donc la volonté de Celui par qui toutes choses vivent est que je vive un peu, j'espère dire d'elle ce qui ne fut jamais dit d'aucune autre personne. » Cette vision, c'est probablement celle qui remplira les chants où nous venons d'entrer.

A vrai dire, si l'*Enfer* est le poëme de la justice, et le *Paradis* le poëme de la science, le *Purgatoire* est le poëme de l'amour. Voilà pourquoi Dante se plaît à l'embellir des plus douces couleurs. Voilà pourquoi il étend sur ces lieux mélancoliques un ciel sans tempêtes; il y fait revenir par le choix de ses comparaisons les plus aimables images de la nature, les brebis, les colombes, les oiseaux de passage. Voilà pourquoi il y fait paraître des rois chevaliers, des poëtes, des musiciens.

C'est un séjour de souffrances, mais les souffrances sont volontaires. Les justes enveloppés dans la flamme n'ont garde d'en sortir; la douleur est consolée par l'amour : l'amour de Dieu dans les cantiques, l'amour des hommes dans ces entretiens où les justes souffrants se souviennent de leurs amis restés ici-bas.

On y devise d'amour. Virgile en établit la théorie savante : Il n'y a, dit-il, ni créateur, ni créature sans amour. Comment l'amour pèche par son objet, par son excès, par son insuffisance. L'âme reste libre d'aimer bien ou mal. — Dante représente les alternatives du vrai et du faux amour. Il est désabusé, il faut qu'il expie. Arrivé au septième degré, il faut qu'il passe par les flammes. Son effroi est grand, mais Virgile lui parle de Béatrix, et il se rend comme un enfant pour une pomme. Il entre dans la flamme, il se reconnaît impur et coupable. Il fallait moins d'amour pour se jeter dans le feu que pour s'accuser ainsi devant tous les siècles.

Béatrix apparaît dans le paradis terrestre couronnée d'olivier, voilée de blanc, couverte d'un manteau vert et vêtue de couleur de flamme vive. Elle reproche à Dante ses infidélités; et lui, avouant ses fautes, se tient honteux et contrit. Il est plongé dans le Léthé et dans l'Ennoë, et il en sort : *Puro e disposto a salire alle stelle.*

Voilà sans doute la vision qui ravit l'esprit du poëte au premier temps de sa douleur et dont il jura de fixer les traits dans une œuvre telle que nulle autre personne aimée n'en inspira de semblable. C'est autour du triomphe de Béatrix que vinrent se ranger et se mettre en ordre toutes les apparitions terribles et charmantes de la *Divine comédie*.

Mais l'amour qui mène le triomphe de Béatrix, qui remplit le *Purgatoire*, n'est pas celui qui inspira les poëtes profanes de tous les siècles. Les lettrés l'ont appelé l'amour platonique, et, pour être plus vrai, il faudrait dire l'amour chrétien. Nous n'aurons pas pénétré Dante si nous ne pénétrons pas jusqu'à l'origine de ce sentiment qui fit la moitié de son génie, si nous n'étudions pas, comment du chaos de la corruption antique se dégagea ce germe délicat d'où devait sortir toute la civilisation chevaleresque du moyen âge.

Dieu se révèle comme puissance, comme intelligence, comme amour. Quand la notion de Dieu se troubla, le monde païen retint l'idée de la puissance divine en l'affaiblissant. Il retint l'idée de l'intelligence divine en l'obscurcissant. Il ne retint pas l'idée de l'amour. Au lieu de cet amour pur et désintéressé que Dieu porte à ses créatures, le paganisme adora l'amour intéressé, sensuel, qui propage la vie dans la création. Mais la vie n'est qu'à la condition de la mort. L'amour est un Dieu terrible, fils du chaos et frère du Tartare. Et comme tout dans la nature est génération et destruction ; le culte païen devait aboutir à la prostitution religieuse et aux sacrifices humains.

Le génie de la Grèce finit par avoir honte de ces excès. Platon parut, et sa raison, soutenue des traditions antiques glanées aux écoles de l'Orient, s'efforça de remonter à des dogmes plus purs. Il traite deux fois de l'amour.

Dans le *Dialogue du Banquet*, Agathon, couronné pour la meilleure tragédie, convie ses amis, Phèdre, Eryximaque, Aristophane, Socrate. Le banquet terminé, la joueuse de flûte congédiée, on propose l'éloge de l'amour. L'un le célèbre comme le plus grand des dieux; un autre distingue deux amours, l'un céleste, l'autre vulgaire comme les deux Vénus. Un troisième reconnaît l'amour dans toute l'économie du corps humain, dans toute la nature. Il n'y a pas assez d'autels pour ce dieu. — Socrate répète ce qu'il apprit de Diotime la prophétesse. L'amour n'est pas un dieu, c'est un démon, une puissance capable de bien et de mal. Il aspire à l'immortalité, à la perpétuité par la reproduction. Mais il ne reproduit que par son commerce avec la beauté, τόκος ἐν τῷ καλῷ. L'amour de la beauté passagère ne produit rien que de périssable. Mais l'âme plus généreuse cherche la beauté intellectuelle. Si elle

la trouve unie à la beauté du corps, elle s'émeut, elle
produit des œuvres durables de vertu et d'éloquence.
Enfin les beautés visibles élèvent l'homme aux beautés
invisibles, à la beauté morale des lois et des devoirs,
d'où il passera à la beauté des idées pour arriver enfin
à la notion de la beauté absolue. Parvenu à cette hauteur, l'homme devient l'ami de Dieu et engendre les
vertus elles-mêmes, et, plus sûrement que nul autre
d'entre les hommes, il se rend immortel.

Dans le *Dialogue de Phèdre*, les âmes ailées suivent Jupiter et les dieux sur leurs chars. Elles montent
sur la voûte du ciel d'où elles contemplent les véritables essences ; mais beaucoup ne peuvent suivre qu'un
moment le divin cortége ; beaucoup, après avoir en-
trevu les choses éternelles, retombent ; elles se précipitent les unes sur les autres et se brisent les ailes ; alors,
la matière les saisit, un corps leur est donné. Si dans
la vie antérieure elles ont beaucoup vu, elles vont animer un philosophe, un musicien, un homme épris d'a-
mour pour la beauté. Les âmes moins dignes animent
des rois et des guerriers. Au-dessous viennent les magistrats, et ainsi jusqu'au neuvième rang, où sont les
tyrans. Les autres âmes ne reviennent qu'au bout de dix
mille ans à leur condition primitive. Mais au bout de
trois mille ans celles des philosophes, des musiciens et
des amoureux retrouvent leurs ailes et s'envolent. Quand
l'homme s'élève de l'impression des sens à une convic-
tion générale, il ne fait que se rappeler ce qu'il a vu
autrefois à la suite des dieux. Quand une âme grossière
et mal préparée se trouve en présence de la beauté, elle

ne ressent qu'un attrait sans respect, un instinct voluptueux, un désir impur. Mais l'âme purifiée ou celle qui dans l'autre vie a beaucoup vu, si elle se trouve en présence d'un beau visage, d'abord elle frémit, elle se souvient avec une crainte religieuse de ce qu'elle a autrefois contemplé. Ensuite elle honore cette image de la beauté souveraine, elle voudrait lui rendre le culte dû aux dieux. En même temps elle sent une chaleur, une fermentation intérieure la gagner, et repousser ses ailes.

L'AMOUR CHRÉTIEN.

La suite de ces explications nous conduisait à chercher les origines de ce sentiment chaste, délicat et bienfaisant qui attache Dante à la beauté de Béatrix, et qui, après la mort de cette jeune et sainte femme, inspire la *Divine Comédie*. Nous avons dit que le paganisme en altérant la notion de Dieu avait affaibli l'idée de la puissance divine, qu'il avait obscurci l'idée de l'intelligence, mais qu'il avait surtout corrompu l'idée de l'amour. Il avait divinisé l'amour, non celui qui se prodigue et se sacrifie, mais celui qui jouit, celui qui s'assouvit en détruisant; de là ces cultes honteux et sanglants qui furent l'opprobre des peuples les plus polis de la terre.

La philosophie tenta de purifier cette idée pervertie, et Platon, dans le *Phèdre* et dans le *Banquet*, inaugura la notion d'une beauté éternelle, insaisissable aux sens, que l'âme a contemplée dans les visions d'une vie antérieure dont elle reconnaît le reflet dans toutes les beautés passagères et visibles, et dont elle ne peut approcher sans une émotion respectueuse et désintéressée, sans qu'elle sente, pour ainsi dire, repousser ses ailes, sans que ce commerce lui fasse produire des œuvres immortelles de science et de vertu.

Cette beauté souveraine, c'est Dieu, et Platon dit qu'il faut l'aimer; Aristote dit que c'est le bien infiniment désirable; Cicéron déclare que la Divinité est digne d'amour. Mais on ne voit pas qu'ils aient jamais aimé Dieu. Voilà pourquoi, cessant d'aimer selon les instincts de la nature et ne s'élevant pas au-dessus d'elle, les philosophes tombèrent dans des désordres qui furent l'outrage de la nature, et le plus pur des poëtes de l'antiquité écrivit la deuxième églogue. Voilà aussi pourquoi l'amour chaste tient si peu de place dans le théâtre ancien, excepté *Antigone* et *Alceste*. — Le mépris des femmes fut vengé par la dernière dégradation des hommes.

En dehors de cette civilisation grecque vivait un peuple grossier et sensuel, mais où Dieu était aimé. Il lui avait été dit : « Tu aimeras le Seigneur ton Dieu de tout ton cœur, de toute ton âme et de toutes tes forces. » Et dès lors les voix se succédèrent et ne se turent jamais pour répéter de siècle en siècle ce cri d'amour. « Que vos tabernacles sont aimés, Seigneur des vertus; mon âme meurt de désir au souvenir des parvis du Seigneur. Le passereau a trouvé le toit de nos maisons, et la tourterelle un nid pour y poser ses petits. Seigneur, mon âme n'a de repos qu'auprès de vos autels. »

Celui que ces cris appelaient parut enfin, et le christianisme fut la religion de l'amour. Saint Augustin a vu cette différence souveraine, cet abîme entre la philosophie païenne et la théologie chrétienne. Sans doute la révélation a restauré l'idée de puissance, l'idée d'intelligence; mais elle a surtout reconstitué la notion et la pratique de l'amour. Les platoniciens ont connu Dieu, ils ont connu le Verbe de Dieu : ils n'ont pas connu le Verbe fait chair, ils n'ont pas assez aimé pour croire à un amour sans mesure : « Dieu, disaient-ils, ne se communique pas à l'homme. » Ils ont eu la vérité, mais non pas la charité. Ils ont vu la patrie, mais non la voie. Il avait le droit de leur adresser ces reproches, le tendre génie qui dicta le livre des *Confessions*. Il connaissait bien l'amour, celui qui en écrivit avec des traits si brûlants : « L'amour est aux âmes ce que le
« poids est aux corps, il les précipite. L'amour ne souf-
« fre pas de repos, il aime le travail que lui coûte
« l'être aimé. Il n'est rien de si formidable que l'amour
« ne rende facile, rien de si dur qu'il n'adoucisse; il
« n'est pas de fer qui ne s'amollisse à ses feux. O beauté
« toujours ancienne et toujours nouvelle, que je com-
« mence tard à vous aimer ! Vous nous avez fait pour
« vous, mon Dieu, et notre cœur est perpétuellement
« agité jusqu'à ce qu'il se repose en vous. »

Voilà le courant de feu qui va passer à travers la civilisation corrompue, à travers les doctrines, les lois, les mœurs, pour les purifier. C'est cet amour véritable, personnel, qui animera l'amour platonique, le tirera de son impuissance et de sa stérilité. C'est lui qui ré-

chauffera, pour ainsi dire, toute la nature, et qui des beautés créées tirera l'idée du beau absolu, non plus comme une abstraction, mais en lui donnant des traits vivants. Personne n'a plus joui que saint Augustin de la beauté de la création et de celle des œuvres d'art, et dans sa jeunesse il avait écrit sur le beau[1]. Mais le ciel et la terre, et tout ce qu'ils renferment, ne lui disent qu'une chose, d'aimer Dieu, et ne cessent de le dire à tous les hommes pour qu'ils soient inexcusables[2]. Mais toutes les beautés des siècles dont chaque époque ne contient qu'une partie sont comme le grand poëme que chante un musicien ineffable pour nous conduire à la contemplation de l'Éternel[3]. Mais c'est de cette beauté éternelle que les reflets du beau descendent par les âmes aux mains des ouvriers habiles et vont se fixer dans leurs ouvrages[4]. Voilà donc Platon avec ce qu'il a de plus sublime, mais Platon devenu chrétien. « Ce
« qui nous plaît dans tous les arts, c'est la convenance
« qui constitue la beauté et l'harmonie. Mais qui
« cherchera la parfaite harmonie dans les corps?
« L'harmonie première n'est vue que par l'esprit. Car
« comment jugerions-nous qu'elle est inférieure à l'u-
« nité parfaite si nous ne l'apercevions par l'esprit? Et
« toutes ces beautés extérieures, ouvrages de la nature
« ou de l'art, sont soumises à l'espace et au temps;
« pendant que cette unité supérieure, règle de nos ju-
« gements, est indépendante du temps et de l'espace,

[1] *Confessions*, IV, 13.
[2] *Ibid.*, X, 6.
[3] *Epist.*, 138.
[4] *Confess.*, X, 34.

« elle est au-dessus de l'âme raisonnable, elle est Dieu ;
« elle est la première vie et la première essence ainsi
« que la première sagesse[1]. »

En même temps que le christianisme purifie la notion du beau il réhabilite les femmes. Il les réhabilite dans la famille en détruisant le concubinage et le divorce ; elles ne sont plus seulement l'ornement de la maison et le plaisir des yeux, elles sont les anges gardiens de l'époux et des enfants. Le christianisme les réhabilite dans la société en les faisant relever de leur incapacité civile, en leur attribuant la magistrature de la charité. Il les réhabilite dans les lettres et saint Jérôme écrit aux femmes chrétiennes. Elles sont devenues des êtres respectables et sacrées ; elles peuvent devenir l'objet d'un culte désintéressé et parfaitement pur.

Vous en trouvez la plus touchante image dans l'histoire de sainte Cécile et de Valérien. — Le soir des noces Cécile dit à Valérien : « J'ai pour ami un ange de Dieu qui veille sur mon corps avec sollicitude. Si tu oses agir avec moi par l'entraînement d'un amour sensuel, sa fureur s'allumera sur toi, et tu périras dans la fleur de ta brillante jeunesse. Si au contraire il voit que tu m'aimes d'un cœur sincère et d'un amour pur, si tu gardes ma virginité, il t'aimera comme il m'aime et te montrera ses faveurs. » Valérien veut voir l'ange. Cécile l'envoie à l'évêque Urbain. L'évêque le baptise. Valérien retourne auprès de Cécile, l'ange les couronne de roses et leur dit : « Méritez de conserver ces couronnes par la pureté de vos cœurs et de vos corps ; c'est

[1] *De vera Religione*, xxx, xxxi.

du jardin du ciel qu'elles viennent. Ces fleurs ne se faneront pas, et leur parfum ne se perdra jamais. Mais personne ne les pourra voir qu'il n'ait mérité comme vous par sa pureté les complaisances du ciel. »

Ces couronnes sont le symbole de cette poésie de l'amour chrétien qui traversa le moyen âge sans que ses couleurs pâlissent et sans que son parfum se perde jamais.

Nous avons vu comment la notion de l'amour, corrompue par le paganisme, incomplétement corrigée par la philosophie, avait besoin de passer par le christianisme pour y retrouver la pureté, l'élévation, l'énergie. Le feu régénérateur qui dévora les souillures de l'ancien monde, ce fut l'amour divin, et quand un nouveau monde eut commencé, ce fut encore ce feu qui éclaira les ténèbres des temps barbares.

Les Barbares étaient capables de beaucoup haïr, mais aussi de beaucoup aimer ; ces cœurs violents, avides d'or et de belles esclaves, s'enflammaient à la pensée d'un Dieu invisible. Clovis s'écriait au récit de la Passion : « Que n'étais-je là avec mes Francs? » Mais que faut-il dire des Irlandais et des Anglo-Saxons, de leurs cloîtres, leurs exils volontaires, leur apostolat. Saint Boniface évangélisant encore la Gaule à soixante-quinze ans. N'est-ce pas l'amour de Jésus-Christ qui fait la civilisation de l'Occident?

C'est lui qui a fait la grandeur du moyen âge ; il a fait les croisades ; quand les peuples s'ébranlaient pour la délivrance du saint tombeau, quand ces chevaliers héroïques du Temple et de l'Hôpital se vouaient à une guerre éternelle, quand saint Louis abandonnait la France en pleurs pour aller mourir sur la plage de Tunis. C'est pour la gloire du Christ que se sont élevées les cathédrales, cet effort prodigieux pour escalader le ciel, non plus comme les géants en entassant montagne sur montagne, mais en mettant les tours sur les voûtes, et les flèches sur les tours. Quel admirable désintéressement que celui de ces artistes qui sculptent jusqu'aux dernières aiguilles pour les yeux de Dieu et des anges sans souci de la foule !

L'âme de cette époque, c'est saint François d'Assise prenant à témoin les pierres et les rochers, pleurant la passion de Jésus-Christ son maître; c'est saint Bonaventure, dans son *Itinéraire de l'âme à Dieu;* c'est saint Thomas et ses hymnes du *Corpus Dei;* c'est enfin l'*Imitation*... « L'amour est généreux, il fait entre« prendre de grandes choses, il excite toujours à ce « qu'il y a de plus parfait. L'amour aspire à ce qu'il y « a de plus élevé et ne se laisse arrêter par rien de ter« restre... Ni dans le ciel ni sur la terre, il n'y a rien « de plus doux que l'amour, rien de plus fort, rien de « plus haut, rien de plus étendu, rien de plus agréable, « rien de plus parfait ni de meilleur, parce que l'a« mour est né de Dieu, et que, dédaignant toutes les « créatures, il ne peut trouver de repos qu'en Dieu. « Celui qui aime court, vole et se réjouit : il est libre « et rien ne le retient. Souvent l'amour ne connaît « point de bornes, mais son ardeur l'emporte au delà « de toutes les bornes. L'amour ne trouve rien de pe-

« sant; il compte les travaux pour rien, il entreprend
« plus qu'il ne peut; il ne s'excuse jamais sur l'impos-
« sibilité, parce qu'il se croit tout possible et permis. »

L'amour ainsi purifié, la théologie ne craignait pas
d'y toucher. Saint Thomas d'Aquin propose quatorze
questions sur la nature de l'amour, ses causes, ses effets. On s'étonne d'entendre le philosophe catholique
discuter les mêmes points qui feront la métaphysique
des troubadours. Si l'amour est une passion? Si cette
passion est destructive de celui qui l'éprouve? Mais on
reconnaît saint Thomas à la gravité, à la grandeur de sa
doctrine. — L'amour est la loi universelle du monde.
Toutes choses tendent à leur bien, et cette tendance de
chaque chose à son bien se nomme l'amour, naturel,
sensible, rationnel. Mais il y a pour les êtres rationnels
deux sortes d'amour : l'amour de concupiscence, l'a-
mour intéressé qui se nuit par ses excès, qui détruit
la nature humaine par l'égoïsme, et l'amour de bienveillance qui est souverainement conservateur. L'amour
du bien qui convient à l'âme la rend meilleure et la
pousse à la perfection.

Ne dites pas que les chrétiens ne sauront aimer que
Dieu. Le christianisme seul apprend à l'homme à aimer
vraiment la nature avec respect et sans terreur. Ovide
a dit dans la prière des laboureurs à Palès[1] :

> Tu dea pro nobis fontes fontanaque placa
> Numina, tu sparsos per nemus omne deos.
> Nec Dryades, nec nos videamus labra Dianæ
> Nec Faunum medio cum premit arva die.

[1] *Ovid. fast.*, IV.

Au contraire, l'amour chrétien cherche Dieu à travers toute la création, qui est un vestige du Créateur, et comme une échelle pour arriver jusqu'à lui. « Les beau-
« tés visibles, dit Hugues de Saint-Victor, sont comme
« des feuillages que le vent de la mort emporte, mais
« qui jettent de l'ombre et de la fraîcheur et qui at-
« testent aussi la Providence. » Symbolique qui consacre et réhabilite toutes les choses terrestres.

Le christianisme avait réhabilité les femmes, le moyen âge les exalta. Ce fut une admirable prévoyance dans des siècles si forts d'avoir inspiré le respect de la faiblesse. Le principe de ce culte est tout religieux. Comme une femme avait tout perdu, une autre femme avait tout sauvé. C'était l'idéal de la Vierge, de celle qu'on nommait Notre-Dame, qui rayonnait dans toutes ses sœurs. Henri Suso disait : « Madame, ne craignez
« rien, c'est mon habitude de rendre honneur et res-
« pect à toutes les femmes à cause de la mère de Dieu
« qui est au ciel. »

La chevalerie est d'abord la protection de la faiblesse. Hues de Tabarie enseigne à Saladin les devoirs des chevaliers.

> L'autre chose si est moult belle.
> Dame ne doit ne demoiselle
> Pour nule rien mal conseiller.
> Mais se elles ont di lui mestier,
> Aider leur doit en son povoir
> Se il veut los et pris avoir
> Car femmes l'on doit honorer
> Et pour leur droit grand faix porter.

Le service des Dames, conduit à un sentiment plus tendre. L'amour seul est capable de faire endurer tous les périls. La dame de Malsane demande à Giron le Courtois quelle est la chose de ce monde qui plus tôt mène un chevalier à faire prouesse et valeur. « Dame, « dit Giron, n'en doutez point, c'est amour. Amour « est si haute chose et a si merveilleux pouvoir, qu'il « ferait au besoin d'un homme couard un preux et « hardi chevalier[1]. » L'amour seul est capable d'inspirer les poëtes. De là ce nombre infini de troubadours et de *Minnesinger;* il n'en est point qui n'ait sa dame, et qui n'en a pas, s'en fait une idéale ou s'en choisit une absente. Geoffroy Rudel s'éprend de la comtesse de Tripoli, la chante longtemps, passe en Orient pour la voir et y arrive pour mourir à ses pieds.

L'amour devint le principe de la poésie; plus grave chez les Allemands; le jeune Titurel se signait au seul nom de l'amour. Interrogé par un sage, il avoue qu'il est tombé sur l'*Art d'aimer* d'Ovide; il en eut horreur. Le vieillard lui apprend à distinguer l'amour païen de la tendresse chrétienne qui ne s'adresse à la créature que sous l'œil du Créateur. La *Minne* n'a rien de périssable; elle trône au ciel, elle règne sur la terre, elle n'est absente que des enfers.

Dans le gai savoir chez les Provençaux : le chevalier se rend l'homme d'une dame; à genoux devant elle, les deux mains dans les siennes, il lui jure fidélité. Il passe par quatre degrés : hésitants, priants, écoutés, amis.

[1] Saint-Marc Girardin, *Cours de littérature dramatique*, t. II.

Toute espèce de sensualité rigoureusement exclue. Celui
que tourmente la volupté est incapable d'amour. « Il ne
« sait rien d'amour celui qui désire l'entière possession
« de sa dame. Cela n'est plus amour qui tourne à la
« réalité. C'est assez qu'un ami ait de sa dame an-
« neaux ou cordons pour se croire l'égal d'un roi de
« Castille. »

Ces doctrines n'étaient pas sans péril. On en venait
à conclure que l'amour cesse où les devoirs commencent : donc point d'amour en mariage. Éléonore de Poitiers décide qu'une dame a perdu son ami si elle le
prend pour époux. Mais avant de se perdre dans une
puérile galanterie, l'amour chevaleresque forma de
nobles cœurs ; il leur enseigna ce que le stoïcisme n'a-
vait enseigné qu'à un petit nombre de disciples, *abstine
et sustine;* il apprit aux forts à s'incliner devant les faibles. Il introduisit dans les mœurs cette courtoisie qui
n'est que l'oubli de soi-même, l'oubli de soi, principe
des grandes actions et des beaux ouvrages.

Nous avons vu de quelles sources descendaient l'a-
mour platonique du moyen âge. Mais nulle part ces
deux sources, l'une profane, l'autre sacrée, ne jailli-
rent plus vives qu'en Italie au treizième siècle.

D'un côté, c'est la Sicile, ce pays tout baigné d'eau
et de feu, tout couvert de laves et de moissons; un peuple s'y agite, mêlé de sang grec et arabe, sans frein
dans ses vengeances et dans ses plaisirs. Frédéric II y
tient sa cour, grand et mauvais prince, capable de
toutes les affaires et de toutes les voluptés, entouré de

belles captives et d'une académie où les savants mahométans se mêlent aux troubadours et aux jongleurs. Là semblent nés les premiers vers italiens, et ce premier chant est un écho de la muse de Théocrite; il célèbre ce même amour violent, furieux, qui compose les philtres, qui bouleverse toute la nature, qui évoque les dieux des enfers. Nous citerons seulement le *Dialogue de Ciullo d'Alcamo avec sa dame* :

Ciullo. — Rose fraîche et très-odorante qui fleurit vers l'été, les femmes te portent envie, vierges et épouses. Tire-moi de cette fournaise si c'est ton plaisir, car je n'ai de repos ni jour ni nuit, ne songeant qu'à vous seule, ma noble dame.

Madame. — Quand tu me donnerais autant de richesses qu'en possède Saladin, quand tu en ajouterais autant qu'en a le sultan, tu ne toucherais pas encore à ma main... Plutôt je couperais mes tresses, j'irais m'enfermer dans le cloître avec les nonnes avant que ta main m'eût touchée.

Ciullo. — Nombreuses sont les femmes qui ont la tête dure; mais la parole de l'homme les domine et les soumet. Si tu t'enfermes chez les nonnes, sache que j'irai hardiment au monastère, et que je me tiendrai à la porte soir et matin jusqu'à ce que je t'aie à la merci.

Voilà la première source, la source embrasée et fumante qui s'échappait des flancs de l'Etna, et qui a mêlé ses ardeurs à toute la poésie italienne. Frédéric, Manfred et Enzio, Pierre des Vignes, toute cette école sicilienne trouvera des continuateurs, dans Boccace, dans toute la comédie italienne et les drames pastoraux du Tasse et de Guarini. Le génie italien s'endormit comme Samson, la tête sur les genoux de l'infidèle; il se réveilla chargé de liens; ces guirlandes de fleurs cachaient des fers.

D'un autre côté, dans les montagnes d'Ombrie, sur ces chastes sommets que la neige blanchit chaque année, en présence d'une nature belle aussi, mais non plus enivrante, chez un peuple pauvre et chaste, saint François d'Assise avait paru. Cette âme tendre et poétique, en renonçant aux biens de la terre, n'avait pas dépouillé les richesses de son imagination et de sa sensibilité. Pour lui, le service de Dieu est une chevalerie, la pauvreté sa dame, et l'amour divin l'inspiration de ses chants. Cet homme, détaché de tout, aimait la nature avec passion; il passait des heures à considérer les abeilles, il prêchait aux hirondelles, il ne se lassait pas d'admirer la grâce des fleurs et de respirer leurs parfums en songeant à la fleur mystique qui s'épanouit sur la tige de Jessé. En la dix-huitième année de sa pénitence, il composa le *Cantique du soleil* :

« Très-haut et très-puissant Seigneur, à vous appartiennent les louanges, la gloire et toute bénédiction. On ne les doit qu'à vous, et nul homme n'est digne de vous nommer.

« Loué soit Dieu, mon Seigneur, à cause de toutes les créatures, et singulièrement pour notre frère messire le soleil, qui nous donne le jour et la lumière. Il est beau et rayonnant d'une grande splendeur, et il rend témoignage de vous, ô mon Dieu!...

« Loué soyez-vous, Seigneur, pour mon frère le vent, pour l'air et le nuage, et la sérénité, et tous les temps quels qu'ils soient, car c'est par eux que vous soutenez toutes les créatures.

« Loué soit mon Seigneur, pour notre mère la terre, qui nous soutient, nous nourrit, qui produit toutes sortes de fruits, les fleurs diaprées et les herbes. »

Voilà la seconde source, brûlante aussi, mais d'un feu divin, et qui ne tarira pas. L'ordre de Saint-François devient une école de poëtes mystiques. Fr. Pacifico, le roi des vers, Saint Bonaventure, Jacopone de Todi et Ugo della Panciera. — Cette inspiration échauffera la *Jérusalem délivrée* et les hymnes de Manzoni.

CE QUI CARACTÉRISE LES TOSCANS.

L'école de Toscane ne resta pas à la hauteur des poëtes mystiques d'Ombrie; mais elle ne descendit point aux entraînements sensuels des Siciliens.

M. Ruth définit le caractère des Italiens en les comparant aux oiseaux. « Gais, vifs, passionnés pour le plaisir, plus capables d'impressions que de pensées, gouvernés par les sens plus que par l'esprit[1]. » Au contraire : majesté sombre des Étrusques. Gravité des Romains, Rome est comme un temple, le sénat comme une assemblée de rois. Florence, austérité de ses vieux monuments, le palais vieux et la cathédrale. C'est la nature qui la couronne de fleurs. Génie sérieux, philosophique et pratique des Italiens au moyen âge : Pierre Lombard, saint Anselme, saint Thomas, les jurisconsultes de Bologne ; et parmi les Florentins Brunetto Latini, Dino Compagni, Dante et Machiavel.

Le génie florentin devait porter la philosophie dans l'amour. Sans doute Florence ne pouvait pas échapper au gai savoir de la Provence, à cette mythologie ingénieuse qui rappelait l'antiquité. Elle avait des cours d'amour, seigneurs d'amour, cortége de dames et demoiselles

---

[1] *Geschichte der italiénischen Poesie: — Studien über Dante Alighieri.*

accompagnées de chevaliers et de musiciens. Mais Florence ne pouvait rester étrangère à l'inspiration religieuse qui agitait l'Italie. — Guittone d'Arezzo, après une jeunesse orageuse et coupable, se convertit tout à coup et entre dans l'ordre des chevaliers de la Vierge Marie, formés pour combattre l'hérésie par la parole et par l'épée. (*Frati Gaudenti*). Là, voué aux pensées éternelles, il les fait descendre dans cet ordre de sentiments dangereux et charmants qui avaient occupé ses jeunes années. Dans une *Lettre à une Dame*, on reconnaît déjà l'amour platonique dans sa pureté. Mais il ne parle encore qu'en prose. Il faut que la poésie apprenne ce langage.

Guido Cavalcanti, fils d'un père épicurien, suspect lui-même à cause de ses goûts voluptueux et philosophiques. Chant qui rappelle celui de Ciullo d'Alcamo, le *Poëte et la Bergère*, poëme sur la nature de l'amour.

« Une dame m'en prie, et je veux traiter d'un accident qui souvent est funeste et puissant, et qu'on appelle amour ; en sorte que si quelqu'un le nie, il en apprenne la vérité. Il n'a pas d'obscurité pour qui le connaît par expérience. C'est pourquoi je n'espère point qu'un homme au cœur bas puisse jamais comprendre une telle doctrine. Car c'est par le témoignage de la nature que j'entends prouver où réside l'amour, qui le fit naître, quelle en est la puissance et la vertu, son essence et chacun de ses mouvements, et le plaisir qu'on nomme le plaisir d'aimer, et si l'homme enfin peut le montrer aux yeux [1]. »

Les vers de Cavalcanti furent commentés par Egidius Colonna, Paolo del Rosso et Dino del Garbo. Mais cette scolastique semble étouffer toute poésie.

Le genre didactique est l'épreuve où périssent les poëtes médiocres. Mais c'est celui qui fait connaître les forts, comme Lucrèce, Virgile, Dante. Il est facile de développer exclusivement une des fa-

---

[1] Donna mi prega : per ch' i voglio dire
D'un accidente, che sovente è fero
Ed è si altero, ch' è chiamato amore;
Si che chi 'l niega possa 'l ver sentire,
Ed al presente conoscente chero ;
Perchè non spero ch' uom di basso core
A tal ragione porti conoscenza ;
Che senza natural dimostramento
Non ho talento di voler provare
La dov'ei posa e chi lo fò criare...

cultés humaines, l'imagination, la sensibilité, le raisonnement. Le vrai poëte comme le vrai philosophe, c'est celui qui exprime l'humanité tout entière avec la diversité féconde de ses facultés. Platon chasse la poésie de sa république. Mais la poésie se venge en rentrant par tous les côtés dans les dialogues de Platon. C'est elle qui par de frais gazons orne les bords de l'Ilissus où est la scène du *Phédon* : c'est elle qui dispose les lieux aimables où viennent s'asseoir les vieillards dont l'entretien fait le texte du livre des *Lois*. De même Dante a beau porter dans son cœur toutes les passions de la guerre civile, tout le deuil de Béatrix, il faut que la philosophie s'y fasse jour, qu'elle envahisse les veilles de ce grand homme, qu'elle occupe une large place dans son poëme. Le vrai poëte c'est celui qui maîtrise l'imagination par la science, et qui vivifie la science par l'amour.

LES DAMES ITALIENNES AU TREIZIÈME SIÈCLE.

En assistant au mystérieux triomphe que Dante décerne à Béatrix au XXXe chant du *Purgatoire*, en voyant toutes les pompes de l'Apocalypse, les sept chandeliers, les vingt-quatre vieillards, les quatre animaux symboliques, former le cortége de cette jeune femme, on se demande si l'amour avait égaré l'imagination du poëte, ou quel rang tenaient donc les femmes dans un siècle et dans un pays où la poésie sacrée, la poésie savante pouvait leur rendre de tels honneurs.

L'antiquité grecque n'avait pas honoré les femmes, ou plutôt elle n'avait honoré publiquement que les femmes qui sortaient du sanctuaire domestique pour prostituer leur génie ou leur beauté; Sapho, Aspasie, Phryné. Parole d'*Iphigénie*[1].—La matrone romaine est entourée de plus de respect. Véturie, Cornélie; mais le tribunal domestique pouvait faire justice de cette autorité d'un moment. Le christianisme avait seul relevé les femmes, il les faisait libres en les faisant saintes.

LES SAINTES. — Au treizième siècle le ciel de l'Italie est tout peuplé d'étoiles de sainteté; mais à côté de ces astres éclatants de

---

[1] « Faut-il qu'Achille en vienne aux mains avec tous les Grecs et affronte la mort pour une femme? La vie d'un seul homme est plus précieuse que celle de mille femmes. » (Euripide, *Iphigénie en Aulide*.)

saint François d'Assise, de saint Bonaventure, de saint Thomas, brillent des lueurs plus douces. Il semble depuis sainte Hélène et Constantin que rien de grand ne puisse paraître dans l'Église sans qu'une femme y ait part. L'ordre de saint François commence, mais ce grand exemple de pauvreté donné par le fils du marchand d'Assise ne suffit pas. A la rigueur une âme virile peut supporter ces renoncements; il s'agit de savoir si la délicatesse d'une femme, si les habitudes d'une éducation plus molle pourront se plier à la sévérité des conseils évangéliques. Un soir, comme saint François et ses compagnons chantaient l'office dans leur église de Sainte-Marie-des-Anges, une jeune fille pompeusement parée se présente sur le seuil, Clara, fille d'un chevalier nommé Sciffi. Saint François lui coupe les cheveux, lui donne l'habit de la pénitence. Colère de sa famille. Sainte Claire s'enferme au couvent de Saint-Damien. Elle sollicite et obtient du pape Innocent IV le privilége de ne pouvoir être contrainte par qui que ce soit : « à recevoir, avoir ni retenir aucune possession temporelle. » Dès lors, une chrétienne avait égalé le dernier degré d'héroïsme où l'abnégation peut atteindre; elle avait foulé ces faiblesses et ces vanités qui font le charme des femmes, mais qui font aussi leur chaîne. Elle brisait les liens d'or, de soie et de fleurs, et ne laissait plus voir qu'une âme égale aux anges, supérieure à l'humanité. Le pape visite le monastère de Saint-Damien. Sainte Claire bénit les pains et la figure d'une croix y paraît aussitôt. Les Sarrasins de Nocera assiégent Assise. Claire se lève, prend l'ostensoir d'ivoire et d'argent où reposait le corps du Sauveur, s'avance sur le seuil à la vue de l'ennemi et se prosternant : « Voulez-vous donc, ô mon Dieu,
« livrer aux infidèles vos servantes sans défense que j'ai nourries
« dans votre amour. Protégez-les puisque leur mère ne peut plus
« rien pour elles. » Les Sarrasins s'enfuirent. Reconnaissance du peuple d'Assise. L'église de Sainte-Claire est admirable dans sa pauvreté et sa simplicité. La Vierge garde la cité du côté du midi comme saint François du côté du nord.

Les fières cités du moyen âge italien aimaient à se mettre sous le patronage d'une femme; les plus orgueilleuses briguaient l'honneur d'avoir la Vierge Marie pour Dame et pour Reine; Florence se consacrait à sainte Marie des Fleurs. — Sainte Marguerite de Cortone. — Sainte Rose de Viterbe, à dix ans, montant sur une pierre de la place publique prêchant le peuple et disputant contre les hérétiques et les gibelins. — Sainte Zita de Lucques, pauvre servante, devient la patronne d'une grande cité.

Les princesses. — La comtesse Mathilde, 1076. Lutte déclarée entre Henri IV et Grégoire VII, conciliabule de Worms, les évêques allemands abjurent l'autorité de Grégoire, intrus et illégitime. Les évêques lombards assemblés à Pavie excommunient le pape. Ébérard, envoyé de l'empereur, travaille à soulever l'Italie. Le préfet de Rome, Cencio, enlève Grégoire VII, tandis qu'il célébrait la messe la nuit de Noël. Le pape est délivré par le peuple.

Dans cet abandon universel, une femme de trente ans, Mathilde, restée veuve et qui venait de perdre sa mère Béatrix, comtesse de Toscane, se remet au pape avec tous ses biens; elle croyait trouver le repos, elle trouva un demi-siècle de guerre. Nouvelle Débora suscitée pour juger le peuple et combattre l'infidèle.

Elle presse le zèle des princes allemands; diète de Tribur. Henri IV va implorer le pardon du pape à Canossa. Mathilde se fait médiatrice. Vengeance de l'empereur, il défait l'anticésar Rodolphe, fait élire antipape Guibert, évêque de Ravenne. Grégoire VII, poursuivi, contraint de fuir, va mourir à Salerne. Seule Mathilde résiste à cheval, à la tête de ses hommes d'armes; elle couvre ses châteaux menacés, fond pendant la nuit sur le camp de ses ennemis, enlève la bannière impériale et la suspend dans la chapelle de Canossa. Ses peuples ravis d'admiration ne se lassent point d'une guerre désastreuse.

Diligitur valde, villas defendit et arces.

L'activité de sa correspondance encourage le zèle des princes et des peuples. Henri IV meurt et Henri V est obligé de signer le traité qui met fin à la querelle des investitures. Mathilde, avant de mourir, voit l'empereur Henri V aux pieds du pape Pascal II.

Cette femme infatigable et intrépide tenait ses plaids avec sévérité, sa cour avec splendeur; on vantait l'éclat de ses banquets et de ses largesses. Pieuse et assidue aux saintes veilles, lettrée, dictant elle-même sa correspondance, elle se faisait gloire de réunir beaucoup de livres de tous les arts. Pour lui plaire, Anselme de Lucques commente les psaumes, et le jurisconsulte Werner entreprend de restituer le texte des lois romaines. Mais elle est surtout l'âme du parti guelfe, elle forme cette alliance des papes et des communes qui fera la force des deux ligues lombardes, et l'Italie lui devra ses libertés.

Les femmes poètes. — Gaia, fille de Ghérardo, seigneur de Camino, nommée par Dante au XVIe chant du *Purgatoire*, et que Jean de Serravalle appelle une dame prudente, d'un grand conseil, d'une plus grande beauté, lettrée et sachant bien composer en rimes vulgaires. Son père est l'un de ces seigneurs qui accueillaient les poëtes provençaux.

— Vers de Nina, la Sicilienne, aimée de Dante da Majano :

« Qui êtes-vous, vous qui sans vous montrer me faites si douce offrande. Bien me plairait votre vue, pour que mon cœur pût se déclarer.

« Votre message m'agrée et je tiendrais pour plaisir d'entendre votre nom qui promet de se dévouer à mon honneur.

« Mon cœur ne saurait penser chose qui troublât un pur amour, ainsi je l'affirme et veux qu'il en soit toujours.

« Vous ouïr parler est mon désir ; si votre plume est de concert avec votre cœur, et si entre eux il n'est point d'hérésie. »

LES FEMMES DE FLORENCE.

Nous avons vu quel rang tenaient les femmes dans la société italienne, telle que le moyen âge l'avait faite; nous les avons trouvées, comme sainte Claire, prêtant leur faible main aux réformes de l'Église; comme la comtesse Mathilde, couvrant d'une vaillante épée le berceau des libertés publiques; comme Nina la Sicilienne, mêlant leur voix aux premiers chants des poëtes italiens. Il nous reste à considérer de plus près, et dans Florence même, ces mœurs polies, délicates, ingénieuses, qui purent inspirer et justifier l'apothéose de Béatrix.

La vieille Florence. — Si nous étudions Florence avant le treizième siècle, nous n'y trouvons rien que de sévère et d'imposant. Cette colonie romaine, jetée sur une terre étrusque, a gardé le caractère de Rome et de l'Étrurie. Son ambition est de rappeler Rome, sa métropole, par le circuit de ses murs, par ses places et ses églises. De distance en distance s'élèvent les habitations féodales, crénelées et menaçantes, avec leurs tours. Les nobles qui les occupent se donnent pour les descendants des Romains, quelques-uns font remonter leur lignée jusqu'à Troie. Les Uberti descendaient de Catilina, les Infangati de Sextus et les Lamberti de Sarpédon.

Simplicité des mœurs domestiques. — Alors les Florentins vivaient sobrement de mets grossiers à peu de frais, et ils s'habillaient eux et leurs femmes de grossières étoffes. Les dames de Florence ne portaient aucun ornement, et les plus grandes se contentaient d'une robe d'écarlate d'Ypres, avec un manteau fourré de vair, dont le capuchon se rabattait sur la tête; et cent livres étaient la dot ordinaire des femmes, et deux cents, trois cents livres étaient alors considérées comme une dot exorbitante; mais, sous ces vêtements, avec ces costumes simples, les Florentins étaient de bonne foi, loyaux entre eux et fidèles à leur commune [1].

« Florence, dans l'antique enceinte où elle entend encore sonner les heures, vivait en paix, sobre et pudique. On n'y voyait pas de riches colliers, de couronnes, de femmes surchargées de parures. En naissant, la fille n'effrayait pas encore son père ; car le temps du mariage et la somme de la dot n'avaient pas encore passé toutes les mesures. J'ai vu Bellincione Berti marcher avec un baudrier de cuir, et sa femme quitter le miroir sans s'être fardé le visage; j'ai vu les fils de Nerli et ceux de Vecchio se contenter d'un habit de peau, et leurs femmes à leur fuseau et à leur quenouille. Heureuses! Chacune d'elles savait le lieu où elle aurait sa sépulture, et nulle ne pleurait délaissée dans le lit nuptial... L'une veillait au soin du berceau, et, pour consoler l'enfant, employait ce doux parler qui fait la joie des parents; l'autre, en tirant la chevelure de sa quenouille, devisait avec sa famille des Troyens, de Fiésole et de Rome [2]. »

Ces femmes si simples et si pudiques étaient capables d'actions courageuses. Quand l'empereur Othon IV vint en Italie, il alla visiter Florence comme la plus florissante cité de l'empire. Et comme un jour on célébrait à Florence une fête solennelle, l'empereur s'y rendit avec quelques nobles de la ville; et, pendant qu'il était dans la

---

[1] Villani, l. VI, c. LXXI.
[2] Dante, *Paradiso*, XV.

rue regardant passer les jeunes filles qui dans cette ville sont nombreuses et très-belles, voici qu'il vit venir entre autres une vierge d'une beauté achevée. Et l'empereur, touché de tant d'attraits, se retourna vers un vieux chevalier d'une valeur et d'une loyauté reconnues, dont le nom était messire Bellincione (c'était le père de la jeune fille), il lui demanda quelle était cette personne dont il remarquait la noble démarche et le gracieux visage. Bellincione répondit : « Gracieux seigneur, c'est la fille d'un homme qui, s'il le voulait, pourrait vous la faire baiser sur-le-champ. » La jeune fille, qui prêtait l'oreille en passant, entendit la réponse de son père, se tourna vers lui et lui dit avec liberté et pudeur : « En vérité, mon père, que votre révérence me pardonne, mais personne ne me baisera jamais que mon légitime époux. » L'empereur, entendant une si noble réplique et apprenant que c'était la fille de Bellincione, voulut que quelqu'un pût la baiser honnêtement, et dit au père de l'appeler à lui. Ensuite il appela un vaillant chevalier de son cortége, qui fut nommé plus tard Guido l'Ancien, et lui ayant prêté son anneau, il voulut qu'il fiançât la demoiselle, et lui donna en dot le comté du Casentino, qui depuis fut pendant longtemps dans la famille des comtes Guidi. Et c'est du comte Guido l'Ancien et de cette dame que tous les comtes Guidi descendirent.

La part des Florentines dans l'émancipation de la commune de Florence. — Domination des ducs ou marquis de Toscane alliés avec les évêques simoniaques ; vers 1066, l'évêque Pierre de Pavie et le duc Godefroy. — Soulèvement des moines et des clercs. — Le duc Godefroy menace de mort les récalcitrants. Le premier samedi de carême, les officiers impériaux jettent hors de l'église de Saint-Pierre-Scheraggio les clercs insoumis. Grand concours de femmes qui arrachent les voiles de leurs têtes, « échevelées, tout en pleurs, elles « se frappaient la poitrine et gémissaient avec de grands cris : O mal« heur! malheur! ô Christ, on nous chasse d'ici. Et maintenant, « comment nous laissez-vous ici seules, inconsolées? On ne souffre « point que vous habitiez parmi nous. Comment sans vous resterions-« nous ici? Nous savons bien que vous vouliez demeurer avec votre « peuple, mais voilà que vous nous quittez. Simon le magicien vous « met en fuite. » Touchés de ces cris, les clercs ferment les églises, cessent de sonner les cloches et de chanter les offices. Le pape Alexandre II s'émeut, l'évêque est déposé. En 1078, les Florentins, qui ont fait l'épreuve de leur liberté, agrandissent leurs murs. Chaque quartier a ses enseignes; et lorsqu'en 1081 Henri IV vient assiéger Florence, qui tient pour Grégoire VII, après plusieurs combats, voyant la ville forte, bien murée et les citoyens très-unis, il lève le siége.

FLORENCE A LA FIN DU TREIZIÈME SIÈCLE. — La civilisation du treizième siècle vint adoucir les vieilles mœurs. Ce siècle de guerre avait vu fleurir les traditions chevaleresques, la culture des sentiments délicats, les plaisirs de l'esprit et de l'oreille. Le souffle poétique qui échauffa la Normandie et la Provence, la Souabe et la Sicile, commençait à réveiller la Toscane. Les cours d'amour, tenues dans toute l'Italie, paraissent à Florence. (Villani, *ad ann.*, 1283, 1289.) Aux mois de mai et de juin se formaient de nobles compagnies. Toutes vêtues de blanc, sous la conduite d'un jeune homme qu'on nommait le seigneur d'amour, les dames et demoiselles allaient couronnées de fleurs, accompagnées de chevaliers, avec des trompettes et des instruments; elles prenaient place sur des estrades richement drapées, d'où elles considéraient les danses publiques.

Les femmes faisaient l'ornement de ces fêtes, elles prenaient part à ce réveil des imaginations, elles écoutaient des chants, elles en inspiraient. Ces nouveaux plaisirs n'étaient pas sans danger. Relâchement des mœurs, lectures dangereuses. Le roman de *Lancelot*. Le luxe. Les ceintures plus belles que la personne. Les engins des dames florentines. Le temps allait venir où il faudrait du haut de la chaire leur défendre de se montrer nues.

LE GOUVERNEMENT ET LES MŒURS DES DAMES, par Francesco de Barberino. — Au moment où l'ancienne pureté règne encore, où l'élégance des mœurs nouvelles règne déjà, c'est dans ce temps si court qui réalise l'idéal du moyen âge, c'est pour fixer cet idéal et lui donner de la durée, qu'un jurisconsulte florentin, nommé Francesco de Barberino, écrit son livre *Del regimento e costumi delle donne*.

Ce livre, Francesco ne le compose pas, il l'écrit pour obéir à la dame de ses pensées : une dame voilée, mystérieuse et toute divine : elle s'est entretenue avec plusieurs autres dames : Honnêteté, Industrie, Courtoisie, Sapience, Éloquence, pour donner aux femmes une règle parfaite ; seulement, ces hautes personnes ont besoin d'un scribe qui écrive leur doctrine dans le langage des hommes. Francesco en accepte la charge. Il est très-simple, mais très-fidèle; il n'a pas besoin de finesse; il sera simple, point rimé; il mêlera à ses vers des nouvelles qu'il apprit surtout dans ses voyages de France. — Il écrira dans le dialecte toscan.

Les ages. — L'enfant. — L'innocence menace de la quitter... Qu'elle ne quitte jamais sa mère ou ses femmes, qu'elle ne lève pas les yeux et ne parle guère. Je veux bien qu'elle aime à être ornée; si elle porte une guirlande, je la veux élégante et petite, et plus l'enfant est belle, plus petite sera la guirlande. — S'il faut lui apprendre à lire?

La jeune fille. — Virginité lui offre la main pour la conduire au paradis. Dangers de cet âge: Ne paraître plus ni à la fenêtre, ni au balcon, ni même à l'église. Qu'elle chante peu ou point; pour récréation quelque musique, la harpe ou la viole.

Les noces. — Les trompes sonnent. Voici les chants joyeux, la terre jonchée de feuillage; les tables chargées d'or et d'argent; sur les balcons, sous les portiques, nombre de cavaliers, de belles dames. Les dames ont de beaux épagneuls, les perroquets voltigent sous les lambris. L'époux vient : que l'épouse montre plus de crainte que de joie; qu'elle soit caressante pour ses compagnes. Il ne lui sied point de parler de son époux. La noce congédiée, qu'elle soit toute à sa nouvelle condition : Dieu au premier rang dans son cœur; au second, son mari. S'il est violent, qu'elle apaise ses colères, désarme ses vengeances; s'il a des prisonniers, qu'elle les secoure. S'il va à la guerre, qu'elle l'engage doucement à ne pas exposer sa personne, mais qu'elle l'encourage et se montre sûre de la victoire. Qu'elle fasse l'aumône pour qu'à son mari, à elle-même et à toute sa maison, Dieu fasse la grâce de bien dire et de bien faire.

Les plaisirs. — La fête d'amour. — Questions d'amour. Si Dieu aime comme nous? Qu'est-ce que l'amour universel? l'amour licite ou illicite? Quelle différence entre amour et aimer? Plaidoyer de la dame et du cavalier. La Justice prononce. L'homme est plus grand, mais plus coupable. La femme est créée pour l'obéissance, mais honorée par la Vierge Marie. Tous deux sont nécessaires au monde.

Les devoirs. — Quelle femme est désirable? De qui doit-elle se garder? Des pèlerins, des médecins, des juges. « Dames qui allez souvent trouver les devins, c'est péché de vous épargner le bâton. »

Ce qui me frappe, c'est que ces habitudes d'esprit si élevées et si délicates, écloses d'abord dans des pays aristocratiques, en Provence, en Souabe, se transplantent si heureusement et prennent si bien racine dans une ville plébéienne où dominent les gens de métier. C'est que la pureté, le respect des femmes, la poésie, ne sont pas des fleurs du sol féodal, ni qui aient besoin de l'abri des châteaux. Ce sont des fleurs du paradis dont parlait Dante au XXVIIIᵉ chant, et que sème sur la terre le vent de la civilisation chrétienne.

DANTE ET BÉATRIX.

Si Dante n'a pas cru que ce fût trop de toutes les allégories de l'Ancien et du Nouveau Testament, de toutes ces vertus personnifiées sous les traits d'autant de femmes pour introduire et précéder le triomphe de Béatrix, nous avions droit de réveiller aussi les souvenirs de l'amour antique et de l'amour chrétien, de rappeler les femmes illustres de la vieille Italie, pour éclairer la destinée de cette belle et pieuse Florentine qui inspira le plus fier génie du moyen âge.

Au milieu de cette ville belliqueuse, et charmante, passionnée pour la liberté et pour la beauté, où la violence des mœurs publiques était si merveilleusement tempérée par la délicatesse des esprits, il arriva que le 1ᵉʳ mai de l'an 1274, Folco Portinari, citoyen riche et respecté, le fondateur de l'hospice de Sainte-Marie-Nouvelle, invita ceux de son voisinage. Alighieri y fut invité avec Dante, son fils, âgé de neuf ans. L'enfant y vit une autre enfant, Bice, qui venait d'achever sa huitième année. Vêtue de rouge, gracieuse, aimable dans ses manières, belle de figure, et dans ses paroles plus grave que ne l'exigeait son jeune âge. Le jeune garçon fut ému, tous ses esprits tressaillirent. Souvent l'amour le pousse à aller revoir ce jeune ange, il lui trouva des façons si nobles et si louables qu'on pouvait bien dire d'elle ce que dit Homère : elle ne semblait point fille d'un homme mais d'un dieu. Et quoique cette image qui ne le quittait plus le dominât avec tout l'empire de l'amour, toutefois la vertu en était si grande qu'elle ne souffrit jamais que l'amour le gouvernât sans le fidèle conseil de la raison.

Neuf ans plus tard, dans ces fêtes décrites par Villani, un jour vers la neuvième heure, Dante voit passer Béatrix vêtue de blanc; elle le salue; il se retire enivré. La nuit suivante, il eût une vision qu'il décrit dans un sonnet. — Trois réponses de Dante de Majano, Cino da Pistoia et Guido-Cavalcanti.

Il maigrit, change de visage, ne peut plus cacher son amour, il feint d'aimer ailleurs. Il compose le sirvente aux soixante noms; mais son secret lui échappe. On le conduit à une noce où avant d'avoir vu Béatrix, il se sent mal, s'appuie contre une peinture, voit Béatrix et va s'évanouir quand un ami l'emmène.

Sévérité de Béatrix, elle croit Dante épris de la dame qu'il feignait d'aimer, elle lui refuse son salut. Il va pleurer dans sa chambre. Mais il ne l'aime que davantage : c'est alors qu'il compose *Donne ch' avete intelletto d'amore*, et le sonnet : *Tanto gentile et tanto onesta pare.*

« Si noble et si pure paraît la dame de mes pensées quand elle salue, que toute langue tremble et devient muette; et que les yeux n'osent point la regarder.

« Elle s'entend louer, s'en va toute vêtue de pudeur, et l'on dirait une chose venue du ciel pour montrer à la terre un miracle.

« Elle se montre si aimable à qui la contemple, que les yeux en communiquent au cœur un charme qu'on ne peut comprendre si on ne l'éprouve pas.

« Et il semble que de ses lèvres s'exhale un doux esprit tout plein d'amour qui va disant à l'âme : soupire. »

Présages funestes — 1286. Béatrix est mariée à Simone de Bardi. Dante tombe malade. Il se met à penser que Béatrix doit mourir un jour. Il a un songe et se voit mort entouré d'horribles figures. On lui annonce la mort de sa Dame, il voit une nuée accompagnée d'anges monter au ciel. Il se réveille tout en larmes. Il commence une canzone : « Quand le Seigneur appela vers lui cette jeune sainte, pour la faire briller dans sa gloire sous les enseignes de la bienheureuse reine Marie dont elle avait toujours vénéré le nom. » Elle mourut le 9 juin 1290. — Lettre aux princes de la terre : *Quomodo sedet sola civitas plena populo.* Ses pleurs finissent par épuiser sa

vue; peu à peu il retrouve quelque inspiration. Sonnet : *Oltre la spera*.
« Après ce sonnet m'apparut une admirable vision... » *Vita Nuova*.

CHUTE ET RÉPARATION. — Il semble qu'à la suite de Béatrix toutes les pensées du poëte devaient prendre le chemin du ciel. Elles le prirent d'abord. Mais si les pensées du poëte ont les ailes de l'oiseau elles en ont aussi l'inconstance, et comme lui elles finissent par se poser à terre. Nous verrons la chute de Dante, mais nous saurons aussi comment il se releva et par quelle réparation humble et glorieuse il immortalisa le souvenir de son amour, de sa faute et de ses remords.

LA CHUTE. — Depuis quelque temps Dante s'épuisait de larmes quand il s'aperçut des ravages que la douleur faisait dans toute sa personne. En levant les yeux pour voir si quelque autre s'en apercevait comme lui, il remarqua une noble dame jeune et très-belle qui d'une fenêtre le regardait d'un air compatissant, si bien que toute la pitié possible semblait exprimée dans son visage. Et alors il sentit que ses yeux commençaient à pleurer, et il se retira en se disant : « Il ne peut pas se faire que l'amour le plus noble n'accompagne pas cette compatissante dame ; » et sur ce sentiment il composa un sonnet. — Et il arriva qu'il y pensait souvent comme à une chose qui lui plaisait trop. Et il se le reprochait en disant : « Quelle est cette odieuse pensée qui me veut consoler et qui ne me laisse pas le souvenir de ma douleur? » Combat violent. Béatrix occupait encore la citadelle de l'âme, mais Dante laisse voir que le nouvel amour l'emporta.

En 1293, Dante épousa Gemma Donati dont il eut sept enfants. Les souvenirs des premiers temps de cette union se retrouvent au XXIII° et au XXIV° du *Purgatoire*, avec les noms de Forese, d'Annella, et de Piccarda. Les passions politiques rompent ces doux liens. Gemma reste à Florence; les cœurs les plus fermes ne se trouvent pas sans danger hors de ce sanctuaire de la famille qui conserve les vertus faibles. — Mauvais propos de Boccace : « Dans cette âme si pleine de savoir, la luxure trouva une grande place, non-seulement dans sa jeunesse, mais jusqu'à sa maturité. »

Dangers de l'exil. — Vers 1310 lettre à Moroello Malaspina. Malheureusement il a des chants pour ces nouvelles amours. La *Pargoletta*. (*Ballatta* IX.) Vers 1314 séjour à Lucques. *Gentucca*.

« Je suis une enfant jeune et belle et je viens me montrer à vous : le lieu d'où je sors est le séjour de la beauté[1].

« Je sors du ciel et j'y retournerai pour réjouir d'autres yeux de ma lumière, et qui me voit sans s'éprendre n'aura jamais l'intelligence de l'amour ;

« Puisqu'il n'a point trouvé de plaisir dans mon entretien, quand la nature me demanda à celui qui voulut, mesdames, me faire votre compagne.

« Chaque étoile fait pleuvoir dans mes yeux ses clartés et ses vertus. Mes beautés sont nouvelles pour le monde. Car elles sont venues de là-haut et ne peuvent être connues que de l'homme en qui se met l'amour pour le plaisir d'autrui.

« Ces paroles se lisent sur le visage d'un petit ange qui nous est apparu. Et moi qui la regardais en face dans l'espoir de lui échapper j'en suis au risque de perdre la vie. Si grande est la blessure que j'ai reçue d'un Dieu caché dans ses yeux, que je vais pleurant et je n'ai plus trouvé de repos. »

On s'afflige de trouver les mêmes images, les mêmes fleurs, les mêmes étoiles au service de ces amours profanées. Mais au moins il ne rencontra plus la même inspiration, l'amour sensuel le laisse au rang de ses contemporains. Il aurait compté parmi les esprits ingénieux, les rimeurs élégants ; il n'aurait jamais été grand, s'il ne s'était repenti.

La Réparation. — Dante se débattit contre ces séductions : plusieurs fois il put croire qu'il en avait triomphé : la belle consolatrice est d'abord vaincue par le souvenir de Béatrix. — Le jubilé. Dante va à Rome, et, agenouillé devant le pouvoir des clefs, il reçoit l'absolution de ses fautes et, dans cette angoisse d'une conversion disputée, naît le poëme. Enfin Dante paraît s'être arraché aux dernières tentations après son séjour de Lucques, 1314 (*Purgat.* XXIV), et lorsqu'il acheva son *Purgatoire*, au septième degré il trouve les flammes destinées à punir les impurs. Il hésite, au nom de Béatrix il se résout, il traverse l'incendie et arrive au lieu où il entend : *Venite, benedicti Patris mei.* C'est le symbole de sa pénitence.

---

[1] Io mi son pargoletta bella e nova
E son venuta per mostrarmi a vui :
Delle Bellezze e loco dond' io fui.

Il faut que cette pénitence soit publique. Et c'est pourquoi dans ce lieu élevé et ouvert à tous les regards, au sommet du Purgatoire, en présence des anges qu'il fait apparaître et des hommes qui l'écoutent, il se fait reprocher publiquement son péché et publiquement il le confesse. Lui, ce grand homme, il se représente la tête basse, comme l'enfant qu'on châtie. Il s'est souvenu de l'Évangile : « Vous n'entrerez point dans le royaume, si vous n'êtes semblables à des enfants. » Il ne songe pas à se faire de ses passions un sujet de gloire, à se créer des doctrines pour la justification de ses fautes. Tant d'humilité me touche et je comprends que Béatrix pardonne à celui qui l'a aimée jusqu'à ce point de s'humilier devant tous les siècles. Celui qui s'humilie sera élevé. Et c'est pourquoi Dante trouve dans son repentir toute l'inspiration de son génie.

Voilà donc toute l'inspiration du poëme sacré auquel le ciel et la terre mettront la main. La science y était, l'art y était, il fallait qu'un grand feu vînt tout animer ; ce feu c'était celui de la douleur : c'était le feu d'un sacrifice. C'est un amour qui ne jouit pas, un amour qui se consume, qui se purifie. Béatrix n'est montée au ciel que pour accuser Dante et en même temps pour le sauver.

BÉATRIX DEVENUE LE SYMBOLE DE LA THÉOLOGIE.

Dante avait promis à Béatrix des honneurs tels que jamais aucune fille des hommes n'en aurait obtenu de semblables. C'était donc peu de faire son apothéose ; quel est le poëte qui n'a pas porté jusqu'au ciel la beauté qu'il célébrait? Les anciens avaient mis au nombre des astres, la chevelure de Bérénice. A en croire les troubadours, la moitié des nobles châtelaines qu'ils chantent auraient leur place marquée à côté des saintes. Dante, lui-même, n'avait pas refusé cette flatterie aux belles enchanteresses qui avaient un moment égaré son cœur, et par exemple, dans sa IXe ballade, décrivant une de ces jeunes filles que Béatrix lui reprochera d'avoir aimées, il la représente « comme une fille du ciel, venue d'en haut et portant dans ses yeux toutes les clartés et toutes les vertus des étoiles. » Repentant, il devait à Béatrix une réparation qui les séparât pour jamais de cette foule charmante, mais profane.

Il en trouva les moyens dans le symbolisme chrétien dont nous ne connaissons plus les ressources, mais qui peupla de ses inventions les grands monuments du moyen âge.

Deux choses se partagent le monde : l'idéal et le réel. Toute la philosophie s'épuise à les concilier. Tout l'art n'a pas d'autre but que de les réunir, et c'est à quoi se fatiguent les plus beaux génies ; et il y a pour cela deux moyens : l'allégorie et le symbolisme.

L'allégorie domine dans l'art païen. L'art païen matérialise l'idéal et lui prête un corps et des attributs, il personnifie l'amour, la discorde, la fièvre, la peur. Il en remplit sa mythologie. Les poëtes se précipitent dans cette voie : Homère avec sobriété et brièveté, comme dans l'allégorie des prières. Virgile décrit l'entrée de l'enfer :

> Luctus et ultrices posuere cubilia Curæ.

Mais Ovide se donne carrière, tout devient pour lui sujet d'allégorie ; le palais de l'Envie ; dans les *Fastes* l'allégorie de la Majesté. Ce procédé se perpétue avec l'art païen, même sous le règne du christianisme : les mosaïques des églises ou les bas-reliefs des tombeaux, nous représentent les fleuves, le firmament, la terre, etc. Les statues de Chartres, la liberté. De même pour les poëtes : Marcianus Capella personnifie les sept arts. Boèce a personnifié la philosophie : une femme d'un aspect vénérable et dont on ne compte pas les années. Ses vêtements, dont elle-même forma le tissu, sont déchirés comme dans un combat ; dans sa droite des livres, un sceptre dans sa gauche. Alain des Iles personnifie ainsi la théologie.

> Claudit eam vestis auro perfusa, refulgens
> Quam divina manus et solers dextra Minervæ
> Texuit.....

Le symbolisme, au contraire, spiritualise le réel ; et l'art qui les exprime périt par le pédantisme et par la froideur. Mais, dans le christianisme l'idée et la réalité ne se séparent point. L'idée existe en Dieu, mais Dieu, souverainement puissant et souverainement obéi, crée selon son dessein, et l'idée par conséquent passe dans la créature. Ainsi, tous les ouvrages de la création ont une substance propre, mais en même temps ils sont des signes visibles des pensées divines. De même, toute l'histoire n'est qu'un langage ou chaque homme, chaque événement est un caractère de cette écriture dans laquelle la Providence rédige ses décrets. Voilà pourquoi dans l'Ancien Testament tous les personnages sont historiques et en même temps figuratifs : Adam, Isaac, David représentent le Christ. Sous la loi du Nouveau Testament, les saints sont les types des vertus qu'ils pratiquent ; comme saint Luc, sainte Cécile, sainte Catherine, ils deviennent les patrons des professions humbles ou glorieuses dans lesquelles ils se sont sanctifiés. C'est la tradition de l'art chrétien ; Dante s'y conforme. Il fait plus, il donne à la philosophie et à la théologie des traits connus. La belle consolatrice de la *Vita nuova* devient, dans le *Convito*[1], une figure allégorique de la philosophie. Et il imaginait la philosophie « comme une noble dame au miséricordieux visage : les démonstrations dont elle s'éclaire sont des regards, et la persuasion qu'elle porte est un sourire. » Enfin, la théologie avait été aussi la passion de sa jeunesse. On comprend donc qu'il ait confondu ces deux passions ; qu'il ait fait de Béatrix la patronne de la théologie. Dès lors, tout s'explique ; le cortége qui l'accompagne, l'Écriture, la tradition ; les vertus cardinales et théologales, le Christ et le char, le costume de Béatrix ; ses yeux, ses reproches, et le rôle qu'elle jouera désormais.

[1] II, 3.

Ainsi, ce qui paraissait une fiction, n'est que l'expression d'une réalité. Voilà le système de ce prodigieux poëte qui réunit si admirablement les deux grandes puissances de la pensée humaine : l'inspiration qui fait l'art, et la tradition qui constitue la science, le génie et le travail. On a cru honorer Dante en repoussant de ses écrits tout soupçon de réminiscence et d'imitation. Comme si, au contraire, la mémoire n'était pas une des grandes facultés du génie, comme si ce n'était pas un privilége admirable et une royauté, de pouvoir se rendre maître de tout ce qui avait été fait de beau et de grand : les Écritures, l'antiquité, les Pères, pour les faire servir à l'expression de sa pensée, et de tenir tant de grands hommes à ses ordres pour l'exécution de ses desseins. Tous les grands écrivains sont de grands plagiaires. Voyez Bossuet : on ne peut pas remuer une phrase de cet homme sous laquelle il n'y ait une montagne de savoir. Il est grand de toute la hauteur du piédestal où il est monté.

Sans doute, on retrouve encore des traces de pédantisme chez Dante et beaucoup de scholastique. Il travaille sur les idées de son temps, les idées, les questions de l'école, mais il leur prête l'essor poétique. Il fait comme l'enfant Jésus dans les légendes de la sainte enfance. Avec ses compagnons de jeu il pétrit de petits oiseaux d'argile; il souffle dessus et les oiseaux s'envolent. Ainsi, le poëte pétrit la même argile que ses contemporains, il remue les mêmes idées; mais il souffle dessus, et voyez comme elles planent.

Nous savons maintenant comment Dante conçut

l'amour platonique. Assurément, ce n'était pas là l'amour de concupiscence des anciens, ni le gai passe-temps des troubadours, ni la molle sensibilité des Minne-singer. C'était une passion chaste, nourrie de sacrifices et de larmes. C'était une passion sévère et bienfaisante. Dante veut être aimé comme il aime ; c'est pourquoi il se fait si rigoureusement châtier par Béatrix. Il se fait traiter comme lui-même a traité sa patrie, comme il a traité l'Église. Les esprits légers prennent ces cris pour des cris de haine ; mais, ceux qui ont connu l'amour véritable savent ce qu'il a d'austère et d'inflexible.

FIN

TABLE DES MATIÈRES

Avertissement...	v
Introduction. — Extrait d'une leçon d'ouverture, 20 décembre 1847..	1
La langue de Dante.	8
Dante sur la langue vulgaire.	10
Analyse du Purgatoire.	12
Les habitants du Purgatoire.	13
L'Amour en Purgatoire.	14
Principes de critique qu'il faut porter dans l'explication du poëme.	16
Lettre à Can Grande.	17
L'inspiration politique dans le Purgatoire.	19
Chant premier.	22
Commentaire du chant premier.	32
Paganisme de l'invocation.	37
Les quatre étoiles.	39
Comment Dante glorifie le suicide de Caton.	41
Comment Dante imite l'antique.	43
Chant II.	46
Commentaire du chant II.	56
Comment Dante imite la nature	56
Les Anges de Dante.	60
Chant III.	64
Commentaire du chant III.	76
Dante et le jubilé de Boniface VIII	77
Sur la philosophie et ses limites.	78
Manfred.	80
Chant IV.	82
Commentaire du chant IV.	94
Caractère allégorique de tout ce chant.	95
Chant V.	96
Commentaire du chant V.	108

TABLE DES MATIÈRES.

Extrait de l'Ottimo Commento.	109
Bataille de Campaldino.	110
CHANT VI.	112
Commentaire du chant VI.	124
Lettre de Dante aux Florentins.	124
CHANT VII,	126
Commentaire du chant VII.	136
CHANT VIII.	138
Commentaire du chant VIII.	150
Comparaison avec Milton.	151
Extrait d'une leçon d'ouverture. Janvier 1849.	152
CHANT IX.	156
Commentaire du Chant IX.	168
La porte du Purgatoire.	168
CHANT X.	170
CHANT XI.	182
Commentaires des chants X et XI.	194
La sculpture au siècle de Dante.	197
CHANT XII.	199
CHANT XIII.	208
Commentaires des chants XII et XIII.	220
CHANT XIV.	222
Commentaire du chant XIV.	234
CHANT XV.	236
Commentaire du chant XV.	248
CHANT XVI.	250
Commentaire du chant XVI.	262
L'astrologie au moyen âge.	262
De l'absolutisme et de la liberté.	263
La doctrine de la liberté a commencé avec le christianisme.	264
La pratique de la liberté a commencé par l'Église.	265
CHANT XVII.	268
CHANT XVIII.	280
Commentaires des chants XVII et XVIII.	292
L'inspiration didactique ou philosophique.	295
CHANT XIX.	296
Commentaire du chant XIX.	308
CHANT XX.	310
Commentaire du chant XX.	322
Hugues Capet, l'histoire, la légende.	325
Charles de Valois.	327
Vengeance du poëte.	328
Les Templiers.	332
CHANT XXI.	334
Commentaire du chant XXI.	346
Le paradis terrestre.	346
Stace. — Histoire et légende. Stace dans l'école.	349
CHANT XXII.	352
Commentaire du chant XXII.	364
Histoire poétique de Virgile.	364
Virgile chez les anciens.	366
Virgile chez les chrétiens.	367

TABLE DES MATIÈRES.

Virgile au moyen âge. 368
Virgile dans l'Église 369
Virgile dans la Fable. 369
Virgile dans la Divine Comédie. 370
Chant XXIII 372
   Commentaire du chant XXIII. 384
   Forèse. 384
   Les Femmes. 385
Chant XXIV 388
   Commentaire du chant XXIV. 400
   Caractère, vie et mort de Corso Donati. 401
Chant XXV. 404
   Commentaire du chant XXV. 416
   Rapports de l'âme et du corps. — Le corps subtil. . . . 416
Chant XXVI 424
   Commentaire du chant XXVI. 436
Chant XXVII. 440
   Commentaire du chant XXVII. 452
   Pyrame et Thisbé. 452
Chant XXVIII 454
Chant XXIX. 466
   Commentaire du chant XXIX. 478
Chant XXX. 480
   Commentaire du chant XXX 504
Chant XXXI. 492
   Commentaire du chant XXXI 505
Chant XXXII. 506
   Commentaire du chant XXXII 518
Chant XXXIII. 524
   Commentaire du chant XXXIII. 536
   Interprétation protestante. 537
   Interprétation philosophique. 537
   Conclusions. 538
   La papauté. 544
Commentaire général des huit derniers chants. 547
   De l'amour chrétien. 552
   Ce qui caractérise les Toscans. 565
   Les dames italiennes au treizième siècle. 567
   Les saintes 567
   Les princesses. 569
   Les femmes poëtes. 570
   La vieille Florence. 570
   Florence à la fin du treizième siècle. 573
   Analyse : Del regimento e costumi delle donne. 573
   Dante et Béatrix. 575
   Béatrix devenue le symbole de la théologie. 579

PARIS. — IMP. SIMON RAÇON ET COMP., RUE D'ERFURTH, 1.

www.ingramcontent.com/pod-product-compliance
Lightning Source LLC
Chambersburg PA
CBHW050417240426
43661CB00055B/2186